Robert Gerwarth

DIE GRÖSSTE ALLER REVOLUTIONEN

November 1918 und der Aufbruch in eine neue Zeit

Aus dem Englischen
von Alexander Weber

Pantheon

Die englische Originalausgabe erschien 2019 unter dem Titel
1918 and the Making of Modern Germany
bei Oxford University Press.

FSC www.fsc.org
MIX
Papier aus verantwortungsvollen Quellen
FSC® C083411

Verlagsgruppe Random House FSC® N001967

1. Auflage 2019

in der Verlagsgruppe Random House GmbH,
Neumarkter Straße 28, 81673 München
Umschlaggestaltung: Büro Jorge Schmidt, München,
nach einem Entwurf von Designbüro Lübbeke Naumann Thoben
Umschlagmotiv: Demonstration am Bismarck-Denkmal
vor dem Reichstag in Berlin am Tag nach der Ausrufung der Republik,
10.11.1918 © ullstein bild/Haeckel Archiv
Satz: Uhl + Massopust, Aalen
Druck und Bindung: CPI books GmbH, Leck
Printed in Germany
ISBN 978-3-570-55413-5

www.pantheon-verlag.de

Für Helga und Gundi –
Kinder der Weimarer Republik

Inhalt

Ein von den revolutionären Ereignissen in Deutschland sichtlich mitgenommener Wilhelm II. (2.v.l.) wartet mit seinem Gefolge auf einem Bahnhof an der niederländischen Grenze auf den Zug ins Exil. Am Vortag hatte Reichskanzler Max von Baden die Abdankung des Kaisers verkünden lassen, ohne zuvor dessen Zustimmung einzuholen.

EINLEITUNG

»Wie ein schöner Traum«

In den frühen Morgenstunden des 10. November 1918 passierte ein kleiner Autokonvoi nahe der Gemeinde Eijsden die belgisch-niederländische Grenze. In einem der Wagen saß Wilhelm II., der letzte deutsche Kaiser und König von Preußen.

Tags zuvor hatte der deutsche Reichskanzler Max von Baden ohne Einwilligung des Monarchen dessen Abdankung verkündet. Nur wenige Stunden später hatte Philipp Scheidemann, einer der Vorsitzenden der Sozialdemokraten, von einem Balkon des Berliner Reichstagsgebäudes die Republik ausgerufen. Noch am selben Abend, kaum dass die Königin der Niederlande und das niederländische Parlament dem deutschen Kaiser politisches Asyl zugesagt hatten, verließ der königliche Hofzug das Hauptquartier der Obersten Heeresleitung im belgischen Spa. Wilhelm fürchtete, dass er das gleiche Schicksal erleiden könnte wie sein Verwandter, Zar Nikolaus II. von Russland, der kaum vier Monate zuvor mit seiner gesamten Familie von den Bolschewiki brutal ermordet worden war. Dass es zu diesem Verbrechen gekommen war, dürfte die Entscheidung der niederländischen Regierung beeinflusst haben.[1]

In der Hoffnung, unerkannt zu entkommen, stieg Wilhelm kurz vor der niederländischen Grenze vom grün angestrichenen Hofzug in ein Automobil um, von dem zuvor die königlichen Hoheitszeichen entfernt worden waren. Doch die Bevölkerung erkannte den Kaiser trotz dieser Vorkehrungen und beschimpfte ihn wütend als Kriegsverbrecher. Es gelang ihm dennoch, seine Reise in die Niederlande fortzusetzen. Zwei Wochen später, am 28. November 1918, erklärte er offiziell »für alle Zukunft« seinen Verzicht auf den preußischen Thron und die deutsche Kaiserkrone. Zu diesem Zeitpunkt dürfte das nur noch wenige Deutsche interessiert haben.[2]

Wie der Kaiser waren auch die meisten seiner Zeitgenossen überrascht, mit welcher Geschwindigkeit sich die radikale politische Wandlung Deutschlands im Herbst des Jahres 1918 vollzog. Bereits an jenem 10. November 1918, als Wilhelm II. ins Exil floh, veröffentlichte Theodor Wolff, der prominente Chefredakteur des liberalen *Berliner Tageblatts*, eine oft zitierte Lobeshymne auf die revolutionären Ereignisse der Novembertage, denen er noch mehr historische Bedeutung beimaß als der englischen Glorious Revolution von 1688: »Die größte aller Revolutionen hat wie ein plötzlich losbrechender Sturmwind das kaiserliche Regime mit allem, was oben und unten dazu gehörte, gestürzt. Man kann sie die größte aller Revolutionen nennen, weil niemals eine so fest gebaute, mit soliden Mauern umgebene Bastille so in einem Anlauf genommen wurde [...]. Gestern früh war, in Berlin wenigstens, das alles noch da. Gestern Nachmittag existierte nichts mehr davon.«[3]

Besonders bemerkenswert erschien Wolff, dass das kaiserliche Regime nahezu gewaltfrei hinweggefegt worden war: »Jedem Volke, das sich zu wahrer Freiheit erhebt, muss dieses Musterbild vor Augen stehen. Symbole des alten Geistes sind bei uns aneinandergereiht wie die Marmorstatuen in der Siegesallee. Ein reifes, verständiges Volk schafft sie ohne etwas zu zerbrechen fort.«[4]

Wolffs Lobgesang auf die Novemberereignisse mag zunächst überraschen, gilt die Revolution von 1918 doch heute allgemein als bestenfalls »halbe« Revolution. Ganz gewiss gehört sie nicht zu jenen Ereignissen, derer die deutschen Demokraten heute mit Stolz gedenken. In gängigen Geschichtsbüchern, politischen Reden und Zeitungskolumnen werden die politischen Geschehnisse vom Herbst 1918 gewöhnlich als »halbherzige« Revolution bezeichnet. Dabei waren die Errungenschaften dieser wohl einzigen erfolgreichen Revolution in einem hochindustriellen Staat vor 1989 durchaus beachtlich: Innerhalb kurzer Zeit wurde Deutschland auf ungewöhnlich friedliche Weise von einer konstitutionellen Monarchie mit begrenzter politischer Teilhabe des Parlaments zur wohl fortschrittlichsten Republik der Zeit, eine Demokratie, die trotz massiver innen- und außenpolitischer Herausforderungen – Folgen eines verlorenen Krieges – vierzehn Jahre überdauerte und damit länger währte als die meisten anderen 1918 gegründeten Demokratien Europas.

Die dramatische Verwandlung Deutschlands 1918/19 und die Errungenschaften der deutschen Revolution sind noch bemerkenswerter, wenn man bedenkt, dass »1918« nicht nur ein politischer Umbruch stattfand, sondern zugleich eine kulturelle und soziale Revolution, die Geschlechterbeziehungen wie Bürgerrechte tangierte.[5] Die Revolution führte ja nicht nur zum Zusammenbruch des Hohenzollernregimes und anderer deutscher Fürstenhäuser, sondern beförderte auch die politische Mobilisierung und Teilhabe der Frauen, die nach dem massenhaften Sterben an den Fronten des Weltkriegs die Mehrheit der deutschen Bevölkerung stellten.[6] Bis heute wird die Politikgeschichte der Weimarer Republik zumeist aus einer dezidiert männlichen Perspektive erzählt, dabei kam Frauen bei den revolutionären Ereignissen, die der Demokratie zum Sieg verhalfen, eine wesentliche Rolle zu. Deutschland gestand 1918 als eine der ersten großen Industrienationen Frauen das allgemeine Wahlrecht zu und damit eines der grundlegenden Bürgerrechte. Schon in den Jahren 1917 und 1918 war bei den Protesten gegen den Krieg der Ruf nach Wahlgerechtigkeit immer lauter geworden, und das hatte nicht mehr nur das preußische Dreiklassenwahlrecht betroffen, sondern zunehmend auch das Frauenwahlrecht.[7] Als Deutschlands Frauen bei den Wahlen zur Nationalversammlung im Januar 1919 erstmals auf nationaler Ebene ihre Stimme abgeben durften, überstieg die Zahl der wahlberechtigten Frauen die der Männer um 2,8 Millionen.[8] Die durch den Krieg und dessen Folgen verursachten strukturellen Veränderungen in Staat und Gesellschaft verschoben die Mitbestimmungsrechte so grundlegend, wie es sich vor 1914 kaum jemand hätte vorstellen können.[9]

Das Jahr 1918 brachte den Deutschen noch weitere Freiheiten, die vor 1914 niemand für möglich gehalten hätte und die weit über die Aufhebung der offiziellen Zensur hinausgingen.[10] Neben den politischen waren das vor allem größere sexuelle Freiheiten, und zwar für heterosexuelle Frauen wie für homosexuelle Menschen beiderlei Geschlechts. Zwar war Berlin schon vor 1914 ein attraktives Zentrum gleichgeschlechtlicher Subkulturen gewesen, doch die kleinen Freiheiten vor dem Krieg ließen sich mit den Verhältnissen in der Nachkriegszeit kaum vergleichen.[11] Schwulenaktivisten träumten schon von einer Ära sexueller Befreiung und der Gleichberechtigung Homosexueller. »Die große Umwälzung der letzten Wochen können wir von unserem Standpunkt aus nur freudig begrüßen«, schrieb Magnus Hirschfeld, Vorsitzender des in Berlin ansässigen »Wissenschaftlich-humanitären Komitees«, der weltweit ersten Organisation für Lesben, Schwule, Bisexuelle und Transgender (LGBT), im November 1918. »Denn die neue Zeit bringt uns die Freiheit in Wort und Schrift und mit der Befreiung aller bisher Unterdrückten, wie wir sie mit Sicherheit annehmen dürfen, auch eine gerechte Beurteilung derjenigen, denen unsere langjährige Arbeit gilt.«[12]

Gewiss teilten nicht alle Zeitgenossen die Begeisterung und die Hoffnungen von Magnus Hirschfeld und Theodor Wolff. Die Reaktionen auf die Novemberereignisse waren, wie kaum anders zu erwarten, zwiegespalten. Während viele ehemalige Frontoffiziere der Revolution feindselig gegenüberstanden, waren die meisten einfachen Soldaten erleichtert, vier Jahre eines historisch beispiellosen Krieges überlebt zu haben, und sahen in den Ereignissen in der Heimat wohl zuallererst eine Revolution zur Beendigung des Krieges. Viele wurden zu Pazifisten und wollten fortan mit aller Kraft verhindern, dass sich das, was sie zwischen 1914 und 1918 durchlitten hatten, wiederholte. Andere wiederum, vor allem die Matrosen auf den Schiffen der kaiserlichen Hochseeflotte, die den Großteil des Krieges untätig in deutschen Nordseehäfen gelegen hatte, und Soldaten, die im Hinterland stationiert gewesen waren, beteiligten sich an dem Umsturz, der die deutsche Monarchie zu Fall brachte.[13]

An der Heimatfront gingen die Meinungen ebenfalls weit auseinander, wobei die Meinungsunterschiede meist entlang politischer Parteilinien verliefen. So beurteilte der konservative Heidelberger Mediävist Karl Hampe den 9. November aus der Sicht eines bürgerlichen Intellektuellen, der Bismarcks Nationalstaat von 1871 als Höhepunkt der deutschen Geschichte begriff, als den »elendste[n] Tag meines Lebens! Was ist aus Kaiser und Reich geworden! Nach außen steht uns Verstümmelung, Willenlosigkeit, eine Art Schuldknechtschaft bevor;

im Innern [...] Bürgerkrieg, Hungersnot, Chaos.«[14] Sein Berliner Kollege Hans Delbrück, einer der einflussreichsten Historiker im kaiserlichen Deutschland und vehementer Verfechter der Monarchie, teilte diese Ansicht. Als er am 11. November 1918 im Kreise namhafter Intellektueller seinen siebzigsten Geburtstag feierte, war die Stimmung überaus gedrückt, wie sich einer der Anwesenden erinnerte: »Es war eine merkwürdige Feier, ähnlich einer Begräbnisfeier. Man sprach gedämpft.« Delbrück selbst äußerte sich voller Bedauern über das Ende der Monarchie, »mit der all sein politisches Denken und jeder Glaube an Deutschlands Zukunft verwachsen sei«.[15]

Der erzkonservative Politiker Elard von Oldenburg-Januschau – der seinem alten Freund, dem Reichspräsidenten Paul von Hindenburg, im Januar 1933 raten sollte, Hitler zum Kanzler zu ernennen – lehnte die Revolution ebenfalls vehement ab und sprach wohl vielen deutschen Adligen aus der Seele, als er bekannte: »Ich finde keine Worte, um meinen Schmerz über das Geschehen des Novembers 1918 wiederzugeben, um zu schildern, was in mir zerbrach. Ich fühlte eine Welt einstürzen und unter ihren Trümmern alles das begraben, was der Inhalt meines Lebens gewesen war, was meine Eltern mich von Kindesbeinen an zu verehren gelehrt hatten.«[16] Andere gingen in ihrer Verzweiflung noch weiter. Bestürzt vom Zusammenbruch des Kaiserreichs und angesichts einer unsicheren finanziellen Zukunft nahm sich Albert Ballin, der jüdische Schiffsmagnat, am 9. November 1918 das Leben. Der Generaldirektor der einst weltgrößten Reederei HAPAG sah sein Lebenswerk in Trümmern. Nun fühlte er sich außerstande, sich der Zukunft zu stellen.[17]

Es mochte für den einen oder anderen gute Gründe geben, die Zukunft in düsteren Farben zu sehen, doch die überwältigende Mehrheit der Deutschen begrüßte die revolutionäre Umgestaltung Deutschlands von einer konstitutionellen Monarchie mit eingeschränkter parlamentarischer Mitbestimmung zu einer parlamentarischen Demokratie – zumindest im Herbst 1918 und Frühjahr 1919 –, sei es aus innerer Überzeugung oder weil sie sich von der innenpolitischen Demokratisierung des Landes mildere Konditionen für den in Paris zu verhandelnden Frieden versprach.[18] Die Unterstützung für die demokratische Erneuerung und die Sehnsucht nach Frieden war zu jener Zeit viel tiefer in der Bevölkerung verankert, als bisher angenommen wurde. Die Frauenrechtsaktivistinnen Anita Augspurg und Lida Gustava Heymann beispielsweise, die Kurt Eisners sozialistische Revolution in Bayern unterstützten, berichteten voller Enthusiasmus über das »neue Leben« seit dem 9. November 1918: »Zurückdenkend erscheinen die folgenden Monate wie ein schöner Traum, so unwahrscheinlich herrlich waren sie! Das schwer Lastende der Kriegsjahre war gewichen; beschwingt schritt man dahin, zukunftsfroh! Der Tag verlor seine Zeiten, die Stunde der Mahlzeiten wurde vergessen, die Nacht wurde zum Tage, man brauchte keinen Schlaf; nur eine lebendige Flamme brannte: sich helfend am Aufbau einer besseren Gemeinschaft beteiligen. […] Das waren Wintermonate voller Arbeit, Hoffen und Glück.«[19] Der Sozialdemokrat Hermann Müller, der später zweimal zum Reichskanzler ernannt werden sollte, erinnerte sich, wie überschwänglich die Nachricht von der Revolution auch in der deutschen Hauptstadt aufgenommen worden war: »Als ich am 9. November 1918 abends gegen 9 Uhr auf dem Lehrter Bahnhof in Berlin ankam, […] wogten in der Dunkelheit die Massen noch durch die Straßen. Von den Gesichtern war die Freude abzulesen, daß endlich der Umschwung vollzogen war, der das schwergeprüfte deutsche Volk dem heißersehnten Frieden näherbringen sollte.«[20]

Einen Eindruck vom Optimismus jener Tage liefert auch Leonhard Frank in seinem autobiographischem Roman *Links, wo das Herz ist* (1952). Darin schildert Frank, der den Krieg offen ablehnte und deswegen 1915 ins schweizerische Exil fliehen musste, wie sein literarisches Alter Ego Michael Vierkant und dessen österreichische Frau Lisa beim Essen in einem Berliner Restaurant erstmals von der Novemberrevolution in Bayern erfahren: »Da kam ein Zeitungsverkäufer herein und rief: ›Bayern eine freie sozialistische Republik! Kurt Eisner Ministerpräsident!‹ – ›Jetzt wird alles anders, jetzt wird alles gut‹, sagte Michael freudig erregt. ›Alles wird gut. Und wir sind dabei.‹ Er presste die Hand Lisas. Sie sagte: ›Warum mussten vorher Millionen sterben?‹ Er versuchte zu trösten. ›Wenigstens sind sie nicht vergebens gestorben. Jetzt wird alles gut.‹[21] Und sogar der sonst eher verhaltenskeptische anarchistische Schriftsteller Gustav Landauer schrieb am 28. November 1918 enthusiastisch an seinen Freund Fritz Mauthner, er habe den soeben beendeten »Entsetzenskrieg« nur ertragen »in der Erwartung dessen, was nun gekommen ist […] glühendes und inniges Leben, Erfüllung der Augenblicke wie mit Jahrhunderten, geschichtliches Leben«.[22]

Oft war es gerade die fehlende Radikalität der Revolution, ihr Pragmatismus, der von den meisten Zeitgenossen immer wieder lobend hervorgehoben wurde. Diese »Elastizität«, so formulierte es der Direktor des Berliner Kaiser-Wilhelm-Instituts für Physik, Albert Einstein, in einer überaus wohlwollenden Einschätzung für einen schwedischen Kollegen am 14. November, sei »das überraschendste Erlebnis von all den Überraschungen« gewesen.[23]

Ganz gleich, ob sie die Vorgänge vom November 1918 als Bedrohung oder als historisch einzigartige Chance begriffen, in einem waren sich alle Zeitzeugen einig: dass sie eine wahrhaftige Revolution erlebten oder – in den Worten der monarchistischen *Kreuzzeitung* – eine »Umwälzung, wie sie die Geschichte noch nicht gesehen hat«.[24] Von der extremen Rechten bis zur nichtkommunistischen Linken hegte im Herbst 1918 niemand ernsthafte Zweifel daran, dass in Deutschland ein fundamentaler Umsturz der politischen Ordnung stattgefunden hatte. Diese Einschätzung unterscheidet sich erheblich von der Wertung späterer politischer Kommentatoren und Historiker.[25] Diese standen den Ereignissen vom November 1918 stets weitaus ablehnender gegenüber als die große Mehrheit der Zeitgenossen, beschrieben sie nicht selten als »gescheiterte«, »unvollständige« oder gar »verratene« Revolution – Wertungen, die vor allem vom retrospektiven Wissen um das Ende der Weimarer Republik im Januar 1933 geprägt waren und sind.[26] Weil die neuen politischen Entscheidungsträger im Winter 1918/19 bestehende soziale und wirtschaftliche Strukturen, Staatsverwaltungen und Gerichte relativ unberührt ließen und weil die Weimarer Republik 1933 nur vierzehn Jahre nach ihrer Gründung wieder unterging, gilt die Novemberrevolution häufig als »halbherzige« Revolution zweiten Ranges, der es im Vergleich mit den »großen« europäischen Revolutionen von 1789 und 1917 an Dramatik und klarer ideologischer Zielsetzung fehlte.[27] Einige haben sogar bezweifelt, dass die Geschehnisse vom November 1918 die Kriterien einer Revolution erfüllen.[28]

Wie kam es zu dieser drastischen Neubewertung der Vorgänge vom Jahresende 1918? Der Wandel in der öffentlichen Wahrnehmung der Revolution zeichnete sich bereits 1919 ab, als der anfangs noch sehr breite Rückhalt für einen demokratischen Umbruch aus vielerlei Gründen erodierte – nicht zuletzt wegen der unrealistischen Erwartungen vieler Deutscher in Bezug auf das, was sich mit einer Revolution erreichen ließ und wie sich der Demokratisierungsprozess auf den Friedensvertrag auswirken würde, den die siegreichen Alliierten von Januar 1919 an in Paris verhandelten. Die radikale Linke hatte eine Revolution zwar herbeigesehnt, allerdings nicht *diese* Revolution. Wie ihre Führer Karl Liebknecht und Rosa Luxemburg begriffen viele ihrer Anhänger den militärischen Zusammenbruch des deutschen Kaiserreichs im November 1918 als historische Chance zur Verwirklichung eines sozialistischen Staates unter Führung jener Arbeiter- und Soldatenräte, die sich beim Zerfall der alten Ordnung überall im Land spontan gebildet hatten. Ohne Lenins bolschewistische Revolution in Russland zu verklären, verlangten sie einen umfassenderen politischen und gesellschaftlichen Neubeginn, einen weitaus radikaleren Bruch mit den alten Eliten und sozialen Hierarchien des kaiserlichen Deutschlands. Der Entschluss des mehrheitssozialdemokratischen Reichskanzlers Friedrich Ebert, landesweite Wahlen zu einer konstituierenden Nationalversammlung abzuhalten, die über die künftige Regierungsform des neuen Deutschlands entscheiden sollte, wurde von der extremen Linken als fundamentaler »Verrat« gewertet und öffentlich gebrandmarkt, weil dieses Vorgehen der Umsetzung ihrer eigenen Vorstellungen bezüglich einer Neuordnung von Gesellschaft und politischem System zuwiderlief.

Ende 1918 und zu Beginn des Jahres 1919 unterstützte allerdings lediglich eine kleine Minderheit die radikalen linken Positionen. Somit kam es während der revolutionären Ereignisse auch zu einem Höhepunkt in der langen und turbulenten Geschichte von Spaltungsprozessen sowohl innerhalb der deutschen als auch der internationalen Arbeiterbewegung, die vom »Revisionismus-Streit« zwischen orthodoxen Verfechtern eines revolutionären Marxismus und sozialdemokratischen Reformern zu Beginn des Jahrhunderts bis zum Zerwürfnis von 1914 zwischen »Burgfrieden«-Befürwortern und Kriegsgegnern im sozialistischen Lager reichte und 1917 zunächst in der offiziellen Aufspaltung in Mehrheitssozialdemokraten (MSPD) und stärker linksgerichtete Unabhängige Sozialdemokraten (USPD) gipfelte. Der vermeintliche Verrat von 1918/19 hatte eine weitere Eskalation dieses Konflikts zur Folge, da die radikale Linke der MSPD nun vorwarf, eine »echte« Revolution verhindert zu haben, als diese machbar schien. Diese Anschuldigungen wirken bis in unsere Gegenwart nach. Noch im Jahr 2008 erklärte der damalige Vorsitzende der Partei Die Linke Oskar Lafontaine öffentlich, Eberts »Verrat« an der Arbeiterbewegung im Jahr 1918 habe »die Weichen für die unselige Geschichte der Weimarer Republik« gestellt.[29]

Die MSPD-Führung unter Ebert hegte im Herbst 1918 gleichfalls unrealistische, wenn auch gänzlich anders geartete Erwartungen. Sie glaubte, Deutschland könne Gewalt im Innern vermeiden und mit milden Friedensbedingungen rechnen, wenn die Demobilisierung und Demokratisierung ohne den Widerstand der alten Eliten gelang. Dann würde es möglich sein, aus dem verlorenen Krieg als starke Demokratie und als gleichwertiger Partner einer internationalen Nachkriegsordnung hervorzugehen. Diese Hoffnung teilten viele bürgerliche Intellektuelle, auch wenn sie einen politischen Umsturz nicht guthießen.[30] Sie waren aber angenehm überrascht, wie wenig radikal und gewalttätig sich die Geschehnisse im November 1918 entwickelten, und vermerkten erleichtert, dass das Land nach dem Machtwechsel vom 9. November nicht im Bürgerkrieg versunken war. Für den angesehenen Theologen und Philosophen Ernst Troeltsch, dessen *Spektator-Briefe* zu den bekanntesten Zeitdokumenten dieser Jahre zählen, war die Furcht vor Gewalt und Chaos bereits am 10. November beseitigt: »Am nächsten Sonntagmorgen nach banger Nacht ward das Bild aus den Morgenzeitungen klar: der Kaiser in Holland, die Revolution in den meisten Zentren siegreich. […] Kein Mann tot für Kaiser und Reich! Die Beamtenschaft in den Dienst der neuen Regierung getreten. Die Fortdauer aller Verpflichtungen gesichert und kein Sturm auf die Banken!«[31] Der Schriftsteller Thomas Mann hatte einen ähnlichen Eindruck, als er sich am 10. November die Ereignisse des Vortags bei einem Spaziergang durch München ins Gedächtnis rief: »Die deutsche Revolution ist eben die deutsche, wenn auch Revolution. Keine französische Wildheit, keine russisch-kommunistische Trunkenheit«, notierte er erleichtert.[32]

Diese Wahrnehmung wie auch die rückblickende Wertung der Novemberrevolution durch Zeitzeugen veränderte sich im weiteren Verlauf der Revolution, vor allem durch die Radikalisierung und die gewalttätige Eskalation zu Beginn des Jahres 1919. Der »Spartakusaufstand« der radikalen Linken vom Januar 1919, die Münchner Räterepublik wenig später sowie die brutale Gegenreaktion der rechtsgerichteten Freikorpskämpfer ließen Exzesse wie im russischen Bürgerkrieg befürchten. Viele, die die Demokratisierung Deutschlands zunächst befürwortet hatten, waren enttäuscht, als der krasse Gegensatz zwischen den Erwartungen, die sie an einen Verständigungsfrieden knüpften, und den tatsächlichen Konditionen offenbar wurde, die der jungen Demokratie im Sommer 1919 im Versailler Vertrag von den siegreichen Alliierten auferlegt wurden. Obgleich jeder wusste, dass eine Ablehnung dieser Bedingungen eine Fortsetzung der Kampfhandlungen bedeutete, brandmarkte die nationalistische Rechte diese umgehend als »Beweis« für die Unfähigkeit der neuen Republik, bessere Ergebnisse auszuhandeln. Im kollektiven Gedächtnis verschmolzen Revolution, militärische Niederlage und deren unmittelbare Folge – der Versailler Vertrag – allmählich zu einer einzigen Erzählung, in der die Revolution – als Akt des Verrats an den Frontkämpfern – eine vermeintlich unnötige militärische Niederlage zur Folge hatte, und damit waren die Revolutionäre ganz allein für die harten Bedingungen des Pariser Friedensabkommens verantwortlich. Niemand machte sich dieses rasch weit verbreitete Narrativ von Versagen und Verrat beharrlicher und erfolgreicher zunutze als Adolf Hitler. Auf den Tag genau fünf Jahre nach Ausrufung der Republik, am 9. November 1923, unternahm er mit dem »Marsch auf die Feldherrnhalle« den ersten Anlauf zu einer »nationalen Revolution«, die die »Verbrechen« der Revolution sühnen sollte. Während der anschließenden Haftzeit in der bayerischen Festung Landsberg verfasste er dann seine Programmschrift *Mein Kampf*, in der die stilisierte Rückschau auf den 9. November 1918 als politischer »Erweckungsmoment« eine zentrale Rolle spielt.

Hitler, in den letzten Kriegswochen verwundet und zeitweise erblindet, kam am 12. November 1918 in einem Militärkrankenhaus im pommerischen Pasewalk wieder zu Bewusstsein und hatte den Eindruck, die Welt um ihn herum habe sich bis zur Unkenntlichkeit verändert. Die einstmals so mächtige deutsche kaiserliche Armee, in der er als Meldegänger gedient hatte, war zerfallen. Der Kaiser hatte inmitten der Revolutionswirren abgedankt. Sein Heimatland Österreich-Ungarn existierte nicht mehr. Als er von der militärischen Niederlage der Mittelmächte erfuhr, erlitt er einen Nervenzusammenbruch: »[Ich] taumelte […] zum Schlafsaal zurück, warf mich auf mein Lager und grub den brennenden Kopf in Decke und Kissen. Seit dem Tage, da ich am Grabe der Mutter gestanden, hatte ich nicht mehr geweint […]. Nun aber konnte ich nicht mehr anders.«[33]

Für die Nationalsozialisten wurde der 9. November zum Tag der Mobilmachung gegen die Republik, ein Tag, an dem Hitlers Anhänger aufgerufen waren, die »Gefallenen« des gescheiterten Umsturzes zu ehren, indem sie dafür kämpften, das verhasste, 1918 errichtete System durch ein mythisches »Drittes Reich« zu ersetzen.[34] Bereits in den 1920er Jahren sprach Hitlers Chefideologe Alfred Rosenberg vom 9. November als »Schicksalstag«, um den »in leidenschaftlicher Weise gerungen« werde und der mit der brennendsten Frage der Zukunft Deutschlands aufs engste verbunden sei. Sollte diese Zukunft von den »Novemberverbrechern« oder den »nationalen Revolutionären« um Hitler bestimmt werden?[35]

Sowohl vor 1933 als auch nach Hitlers Berufung zum Reichskanzler bezog sich der politische Diskurs der Nationalsozialisten immer wieder auf die Novemberrevolution und die Bestrebungen ihrer Bewegung, deren »Errungenschaften« zu revidieren. In unzähligen Reden erklärte der »Führer«, dass sich ein »November 1918« nie wiederholen dürfe, und diejenigen, die für die »Novemberverbrechen« verantwortlich seien – die politische Linke und natürlich »die Juden« –, dafür bestraft werden müssten. Bis zu seinem Tod blieb Hitler wie besessen von jenem »Verrat«, den er mit dem November 1918 verband. Noch in seinen letzten Befehlen von 1945 beharrte er darauf, dass es um keinen Preis eine Wiederholung der »Verbrechen« vom November 1918 geben werde, keinen Dolchstoß und keine Revolution. Wenn dies die Auslöschung der deutschen Nation und der deutschen Bevölkerung bedeute, dann zog er den »ehrenhaften« Untergang einer schmachvollen Kapitulation vor.[36]

Mit der totalen Niederlage des »Dritten Reiches« fand die Kontroverse über die Bedeutung des 9. November 1918 für den Verlauf der deutschen Geschichte aber längst kein Ende, wie der Historiker Wolfgang Niess gezeigt hat. Obwohl sich die Stoßrichtung der Debatten im Laufe der Jahre mehrfach änderte, verloren die Auseinandersetzungen kaum etwas von ihrer Schärfe – was mehr über die sich wandelnde politische Kultur in Deutschland als über die Revolution an sich verrät. Im politischen wie im historischen Diskurs der DDR etwa spielte die Novemberrevolution eine wesentliche Rolle, da sie die Existenz einer mächtigen sozialistischen »Einheitspartei« legitimierte – der regierenden SED, die 1946 aus der Zwangsvereinigung von SPD und KPD im sowjetisch besetzen Ostteil Deutschlands hervorgegangen war. Eben weil eine solche geeinte Partei der Arbeiterklasse 1918/19 gefehlt habe, so die offizielle historische Lesart in der DDR, sei eine echte »proletarische Revolution« von vornherein zum Scheitern verurteilt gewesen. Anstatt sich mit den Vorgängen von 1918 auf ernsthafte und unvoreingenommene Weise auseinanderzusetzen, ließ die marxistisch-leninistische Geschichtsschreibung der DDR – wie kaum anders zu erwarten – ausschließlich diese Deutung zu und sah in der Novemberrevolution einen bürgerlichen Aufstand. Auch diese Erzählung misst den Führern der MSPD die Rolle von Verrätern zu – von Abtrünnigen, die die proletarische Revolution preisgegeben und hintertrieben hatten. Allein der Spartakusbund und die KPD verkörpern hier die zukunftsweisenden Kräfte, die Helden, deren visionäre revolutionäre Pläne von Ebert, Noske und ihren bürgerlich-reaktionären Schergen vereitelt wurden.[37]

Wenngleich die Forschung in der Bundesrepublik vergleichsweise frei von staatlicher Einflussnahme war, erwiesen sich auch hier die historischen Deutungen der Novemberrevolution als zeitgeistabhängig. Die großen historischen Debatten der Nachkriegszeit wurden dominiert von der Suche nach den Ursachen der »deutschen Katastrophe« des Nationalsozialismus wie auch vom intellektuellen Klima des Kalten Krieges. Der Umstand, dass zwischen der Revolution von 1918 und dem Anbruch des »Dritten Reiches« gerade einmal vierzehn Jahre lagen, führte schließlich zum Aufkommen der irreführenden Meta-Erzählung von der »todgeweihten« Republik – eines übereilt improvisierten Intermezzos zwischen Kaiserreich und Hitler-Diktatur.[38] »Weimar« geriet zu einer Warnung der Geschichte, dass Demokratien scheitern können, und gleichwohl zu einer Art Negativmatrize der 1949 geschaffenen Bundesrepublik, vor der diese sich positiv abhob – als die stabilere, westlichere und wirtschaftlich erfolgreichere Demokratie.[39]

Aber auch innerhalb der Bundesrepublik blieben die Meinungen über »1918« extrem gespalten und waren im Laufe der Jahrzehnte beträchtlichem Wandel unterworfen. In der fachhistorischen wie in der öffentlichen Debatte nach 1945 beschäftigte man sich vor allem mit der Frage, ob den Hauptakteuren vom November 1918 – insbesondere den Führern der MSPD – nicht auch andere Handlungsoptionen offen gestanden hätten.[40] Merkwürdigerweise glichen die abweichenden Positionen dieser Diskussion dabei stark den Standpunkten von MSPD und USPD in der Weimarer Republik. Während die einen argumentierten, die einzige Alternative zu Eberts parlamentarischer Demokratie – unter Einbeziehung der alten demokratiefeindlichen Eliten des Kaiserreichs – wäre eine bolschewistische Diktatur nach russischem Vorbild gewesen,[41] sahen andere, weiter links stehende Historiker in den Arbeiter- und Soldatenräten ein erhebliches – von Ebert aber nicht genutztes – Demokratisierungspotenzial.[42] Ganz ähnlich wie die radikalen Linken der 1920er und frühen 1930er Jahre in den Vorwürfen gegen Ebert und die MSPD bezeichneten manche Historiker die Geschehnisse von 1918 als »verratene Revolution«.[43]

Die Ansicht, Ebert und seine Mehrheitssozialdemokraten hätten in Deutschland keine stabilen demokratischen Grundlagen geschaffen, war oft gepaart mit der Unterstellung, Hitler hätte Deutschland und der Welt womöglich erspart bleiben können, wenn nur die Revolution von 1918/19 nicht »unvollendet« geblieben wäre.[44] Dass die Weimarer Demokratie bis zum Ausbruch der Weltwirtschaftskrise Ende 1929 etlichen Versuchen der radikalen Linken und Rechten, gewaltsam die Macht an sich zu reißen, erfolgreich getrotzt hat, wurde dabei bewusst ignoriert – größtenteils, weil es dem fest verwurzelten Narrativ der labilen Republik und des sozialdemokratischen »Verrats« an der »wahren« Revolution nun einmal im Wege stand.

Die öffentlichen Debatten über den 9. November 1918 und die Bedeutung der Weimarer Republik in der deutschen Geschichte werden in jüngerer Zeit weit weniger hitzig geführt – manche bezeichnen die Novemberereignisse heute gar als »vergessene Revolution«[45] –, doch die wissenschaftliche Beschäftigung mit diesen Jahren hat nicht nachgelassen und eine ganze Reihe von Paradigmenwechseln durchlaufen, die unseren Blick auf die Ereignisse von 1918 nachhaltig verändert haben. So stimmen die meisten Historiker heute darin überein, dass die Geschichte der ersten deutschen Demokratie nicht allein im Hinblick auf ihr Ende untersucht werden darf, sondern eine unvoreingenommene, ergebnisoffene Betrachtung erfordert.[46] Bis heute hat dieser Konsens jedoch keine neue allgemeine Darstellung der Novemberrevolution hervorgebracht, die dieses Versprechen tatsächlich einlöst.[47]

Der hundertste Jahrestag der Revolution bietet nun die Chance zur nüchternen Auseinandersetzung mit den Vorgängen von 1918 und auf eine neue historische Erzählung, die den Blick mehr darauf richtet, wie die Zeitgenossen die Welt um sich herum erlebten, was sie wahrnahmen und welche Vorstellungen sie sich von der Zukunft machten. Wenn viele das Resultat der militärischen Niederlage Deutschlands mit dem Begriff »Krise« versahen, dann wohl vor allem, weil das der Ungewissheit bezüglich der Zukunft ihres Landes am ehesten Ausdruck verlieh, einer Zukunft, über die sie zwar spekulieren, die sie aber nicht vorhersehen konnten.[48]

Die zweite historiographische Strömung, die unseren Blick auf die Ereignisse vom November 1918 weitaus stärker bestimmen sollte, als dies bisher der Fall war, ist die transnationale Geschichtsschreibung, die in den letzten Jahren die historische Perspektive auf das deutsche Kaiserreich stark verändert hat. Die Novemberrevolution wird dagegen immer noch vorzugsweise im nationalen Kontext betrachtet mit gelegentlichen Bezügen zu gleichzeitigen Vorgängen in Westeuropa.[49] Dabei ist es äußerst fraglich, ob die historischen Vorgänge in Deutschland nach der Niederlage von 1918 im Rahmen der Geschichte »des Westens« überhaupt hinreichend untersucht werden können. Gerade im Kontext der Entwicklungen in Frankreich und Großbritannien scheint das fraglich, schließlich waren dies beim Waffenstillstand 1918 fest etablierte, historisch gewachsene Demokratien, die zudem als Sieger aus dem Ersten Weltkrieg hervorgegangen waren – was auf Deutschland eben alles nicht zutraf. Die deutsche Geschichte verlief in den folgenden Jahren vielmehr ähnlich der in den Staaten Ostmitteleuropas: Der militärischen Niederlage und der Implosion der Landimperien folgten Revolutionen und demokratische Staatsgründungen.

Verglichen mit den anderen Nachfolgestaaten ehemaliger Großreiche und den neuen demokratischen Staaten im Europa nach 1918 – etwa Ungarn oder den baltischen Staaten – war die Weimarer Republik allerdings relativ stabil und ungewöhnlich langlebig. Als etwa ein Jahrzehnt nach dem Waffenstillstand immer mehr Europäer die Demokratie als rückständige und überholte Regierungsform betrachteten, außerstande, die sozio-ökonomischen und politischen Auswirkungen der Weltwirtschaftskrise zu meistern, erwies sich unter den nach 1918 in Europa neu geschaffenen parlamentarischen Demokratien – mit den nennenswerten Ausnahmen Tschechoslowakei und Finnland – die Weimarer Republik als eine derjenigen, die gegen die autoritären Strömungen am längsten standhielt.

Wenn man die tiefgreifenden Umwälzungen vom November 1918 angemessen einschätzen will, darf man des weiteren nicht unberücksichtigt lassen, dass das untergegangene wilhelminische Imperium 1918 von einem postimperialen Nationalstaat ersetzt wurde. Tatsächlich handelte es sich beim Kaiserreich sogar um ein Imperium in mehr als einem Sinn.

- Erstens war es nach innen ethnisch-hierarchisch geordnet.[50] Die Bevölkerung des Deutschen Reiches umfasste beträchtliche nichtdeutsche Minderheiten, darunter etwa 3,5 Millionen polnischsprachige Bürger vor allem in Westpreußen, Posen und an der Ruhr, 200 000 Elsass-Lothringer, deren Muttersprache Französisch war, und darüber hinaus 150 000 Nordschleswiger, die Dänisch sprachen. Zumindest kulturell wurden diese Minderheiten nie als vollwertige deutsche Staatsbürger anerkannt, und die Behörden schätzten sie generell als potenziell illoyal und sezessionistisch ein.[51] Durch den Verlust Posens, Westpreußens und Elsass-Lothringens wurde die Zahl der ethnisch nichtdeutschen Bewohner des Reiches erheblich reduziert, und aus dem Imperium wurde ein postimperialer Nationalstaat, der ethnisch deutlich weniger durchmischt war als seine östlichen Nachbarn.
- Zweitens sollte nicht vergessen werden, dass Deutschland vor dem Ersten Weltkrieg ein globales Kolonialreich war mit Überseegebieten in Afrika, Asien und dem Pazifik, die größtenteils im späten 19. Jahrhundert kolonialisiert worden waren. Noch zu Beginn des Ersten Weltkriegs erstreckte sich die Herrschaft Deutschlands auf all diese imperialen Besitzungen, und zwar von der deutschen Konzession im chinesischen Shandong bis nach Samoa im Pazifik.
- Drittens stieg das Kaiserreich vom Herbst 1915 an mit der Zurückdrängung der russischen Armee zu einem europäischen Landimperium auf, das sowohl über annektierte Territorien (Ober-Ost) als auch über eine ganze Reihe von abhängigen Satellitenstaaten herrschte. Insbesondere der Vertrag von Brest-Litowsk sollte Deutschland die Kontrolle über ausgedehnte Gebiete im Westen des einstigen Zarenreichs bescheren. Die Niederlage vom November 1918 verhieß das jähe Ende dieser vielfältigen kolonialen Projekte, wenn freilich auch nicht jener imperialen Großmachtphantasien, in denen speziell Ostmitteleuropa als Sehnsuchtsort künftiger kolonialer Eroberungen weiter eine bedeutende Rolle spielen sollte.[52]

Erst aus dieser weiteren Perspektive wird deutlich, dass die historische Entwicklung Großbritanniens und Frankreichs – der beiden wichtigsten europäischen Siegerstaaten des Ersten Weltkriegs – nicht normativ, sondern überaus ungewöhnlich war. Die deutsche Revolution von 1918 war Teil einer Reihe von politischen Veränderungen, die in Europa eher die Regel als die Ausnahme waren, etwa die vielen gewaltsamen Umwälzungen in den ausgedehnten postimperialen Territorien des zusammengebrochenen russischen, österreichisch-ungarischen und osmanischen Großreiches. Die Novemberrevolution muss als Teil einer Epoche der Revolutionen begriffen werden, die 1917 in Petrograd begann und erst 1923 endete, als sich aus dem anatolischen Kern des Osmanischen Reiches ein republikanischer türkischer Nationalstaat formte. Allein zwischen 1917 und 1920 kam es in Europa zu 27 gewaltsamen Machtwechseln, viele davon begleitet von latenten oder offenen Bürgerkriegen.[53] Russland im Besonderen erlebte in zwölf Monaten zwei Revolutionen, die das Land in einen Bürgerkrieg stürzten, der über drei Millionen Opfer forderte. Im benachbarten Finnland, ehemals ein autonomes Großfürstentum innerhalb des Romanow-Imperiums und im Ersten Weltkrieg noch neutral, kam 1918 bei einem kurzen, aber extrem blutigen Bürgerkrieg innerhalb von drei Monaten über ein Prozent der Bevölkerung des Landes ums Leben. Zwischen 1918 und 1923 starben bei bewaffneten Konflikten im Nachkriegseuropa über vier Millionen Menschen – mehr als die Weltkriegstoten Großbritanniens, Frankreichs und der Vereinigten Staaten zusammengenommen. Zudem streiften Millionen verarmter Flüchtlinge aus Mittel-, Ost- und Südeuropa auf der Suche nach Sicherheit und einem besseren Leben durch die kriegsgeschundenen Gebiete Europas. Mindestens 7,7 Millionen Menschen waren bereits während des Ersten Weltkriegs aus ihrer Heimat vertrieben worden; in der Nachkriegszeit kamen weitere Millionen hinzu.[54]

Zwischen 1918 und 1922 machten sich die Menschen in den Nachfolgestaaten der zusammengebrochenen Vielvölkerstaaten Europas in großen Massen auf die Flucht, da sie in ihrer Heimat nicht mehr leben wollten oder durften.[55] So flohen etwa mehrere Hunderttausend Magyaren aus Rumänien, der Tschechoslowakei und Jugoslawien nach Ungarn, als man sie aus ihren Ländern verjagte. Nach der Rückgabe Elsass-Lothringens an Frankreich verwies die französische Regierung im Winter 1918/19 Tausende Deutschstämmige des Landes, selbst wenn diese keinerlei familiäre oder anderweitige Bindungen zu Deutschland mehr besaßen.[56] Christliche Bürger des Osmanischen Reiches und muslimische Griechen – insgesamt weit über eine Million Menschen – mussten aufgrund ihrer Religionszugehörigkeit ihre Heimat verlassen. Aus Russland flohen die Menschen vor Verfolgung, Armut, Hunger und eskalierender Gewalt gen Westen. Nicht ohne Grund haben einige Historiker die ersten Jahre nach 1918 als Zeit eines »erweiterten europäischen Bürgerkriegs« bezeichnet.[57]

Im Vergleich zu den revolutionären Regimewechseln in anderen Ländern Europas und den darauffolgenden Bürgerkriegen in Russland, der Ukraine, Finnland oder gar Ungarn erwies sich die deutsche Revolution als erstaunlich unblutig. Doch die Ereignisse dort übten massiven Einfluss auf die Art und Weise aus, wie die Deutschen die Geschehnisse im eigenen Land wahrnahmen. Ältere, kulturell tief verwurzelte Revolutionsängste wurden etwa seit 1917 durch Berichte aus dem revolutionären Russland befeuert, was bei vielen Befürchtungen – und auf der extremen Linken Hoffnungen – nährte, Deutschland könne das nächste Land sein, in dem es zur bolschewistischen Machtergreifung kommt.[58] Diese Befürchtungen beschränkten sich keineswegs auf die Anhänger der extremen Rechten, sondern reichten bis ins linke Lager hinein. So beklagte die eher gemäßigt linke Künstlerin Käthe Kollwitz Ende 1918 in ihrem Tagebuch die »fürchterlichsten Zustände in Rußland« und fragte sich besorgt: »Droht Deutschland eine ähnliche anarchistische Zukunft wie Rußland?«[59] Warum die Auffassung, Deutschland drohten »russische Verhältnisse« – eine Annahme, die auch Eberts Entscheidungen der Jahre 1918/19 maßgeblich beeinflusste –, so weit verbreitet war, lässt sich nur verstehen, wenn man die deutsche Erfahrung in einen größeren mittel- und osteuropäischen Kontext stellt.

Eine solch weit gefasste Perspektive ist auch nötig, wenn man den »Rang« der deutschen Revolution in der neueren europäischen Geschichte ermitteln will. Sowohl die große europäische Revolution des

Westens – die Französische Revolution von 1789 – als auch die große europäische Revolution des Ostens – die russische Revolution von 1917 – mündeten schon nach kurzer Zeit in Bürgerkriege und Diktaturen, was ihre historische Bedeutung aber keineswegs schmälert. Verglichen mit anderen europäischen Umstürzen zu Beginn des 20. Jahrhunderts – in Finnland 1918 und in Ungarn 1919 – waren die revolutionären Ereignisse in Deutschland ungewöhnlich gewaltlos und gemessen an ihren Zielen – der Wiederherstellung des Friedens und der Ersetzung einer Monarchie durch ein demokratisches System – auch bemerkenswert erfolgreich. Während in Finnland und Ungarn die Konterrevolution triumphierte und es zu verheerenden Gewaltausbrüchen kam, vollbrachte die Regierung Ebert das Kunststück, die revolutionäre Energie zu kanalisieren, im Angesicht einer nie dagewesenen Niederlage die öffentliche Ordnung aufrecht zu erhalten und Millionen von schwer bewaffneten Soldaten friedlich zu demobilisieren.

Betrachtet man die enormen Herausforderungen, vor denen die Weimarer Republik stand, scheint Theodor Wolffs Begeisterung über die »größte aller Revolutionen« maßlos optimistisch, wenn nicht gar naiv. Dass diese Stimmungslage allerdings weit verbreitet war, wird beim teleologischen Blick auf die Novemberrevolution gerne ausgeblendet. Hier soll daher keine umfassende Geschichte der Jahre 1918 bis 1923 vorgelegt, sondern der Versuch unternommen werden, diese Stimmungslage in die Politikgeschichte der Novemberrevolution einzubetten und so auf den Übergang vom Krieg zum Frieden zu blicken, sodass die immensen Hoffnungen und Erwartungen deutlich werden, von denen diese Phase der deutschen Geschichte – zumindest zu Beginn – erfüllt war. Um diese Hoffnungen und den damals herrschenden Optimismus verstehen zu können, muss man zunächst das Jahr 1917 betrachten, in dem sich der Charakter des Ersten Weltkriegs entscheidend wandelte und die Erwartungen der Deutschen für die Zukunft geprägt werden sollten.

KAPITEL I

1917 und die Revolution der Erwartungen

Am 19. Januar 1917 ging in der deutschen Gesandtschaft in Mexiko-Stadt ein Telegramm mit einer höchst bemerkenswerten und ebenso folgenreichen Anweisung ein. Der deutsche Außenminister Arthur Zimmermann forderte darin Heinrich von Eckardt, den deutschen Gesandten in Mexiko, auf, die Möglichkeiten einer militärischen Allianz mit Mexiko auszuloten. Sollte Mexiko aufseiten der Mittelmächte in den Krieg eintreten, das möge er der mexikanischen Regierung unter Venustiano Carranza ausrichten, werde Berlin dem Land finanzielle und logistische Hilfe zukommen lassen. Zudem werde man etwaige Bestrebungen unterstützen, die ehemals mexikanischen, im Jahr 1848 von den USA annektierten Gebiete Texas, Neumexiko und Arizona zurückzugewinnen. Neben dieser brisanten Offerte enthielt das Telegramm noch den Hinweis auf die militärische Rückendeckung durch die »rücksichtslose Anwendung unserer U-Boote« im Atlantik. In einer weiteren Depesche vom 5. Februar drängte Zimmermann seinen Gesandten dann, unverzüglich mit dem mexikanischen Präsidenten in Kontakt zu treten.[1]

Der scheinbar aberwitzige Vorschlag – eine Idee des jungen Außenamtmitarbeiters Hans Arthur von Kemnitz, die rasch Anklang in höchsten politischen und militärischen Kreisen fand – verdient eine eingehendere Erläuterung. Denn letztlich haben die »Zimmermann-Depesche« und die Erklärung des uneingeschränkten U-Boot-Kriegs durch Deutschland, die einige Tage zuvor erfolgte, die USA zum Eintritt in den Ersten Weltkrieg aufseiten der Entente veranlasst.[2] Zimmermann, ein Karrierediplomat, der im November 1916 deutscher Außenminister wurde, hatte schon 1914 dafür plädiert, indigene Aufstände in den imperialen Territorien der Alliierten zu provozieren.

Tatsächlich schmiedete das Auswärtige Amt seit Kriegsbeginn insgeheim Pläne zur Destabilisierung der Alliierten, indem man revolutionäre Bewegungen unterschiedlicher politischer Couleur förderte: irische Republikaner, die sich von London lossagen wollten, Dschihadisten in den britischen und französischen Kolonialreichen sowie russische Revolutionäre, die sich gegen das autokratische Regime in Petrograd verschworen hatten.[3] Die Regierung in Berlin stand den politischen Zielen all dieser Bewegungen im Grunde genommen ziemlich gleichgültig gegenüber und suchte diese lediglich für ihre eigenen Zwecke zu nutzen, und das hieß, die Alliierten von innen heraus zu schwächen.[4] Zimmermann zeigte sich dabei von Anfang an sehr engagiert. Schon 1914 traf er mit dem Menschenrechtsaktivisten und Republikaner Roger Casement zusammen, der die britische Herrschaft über Irland gewaltsam beenden wollte. Mit diesem verhandelte er über Hilfe bei der Bewaffnung der irischen Revolutionäre. Darüber hinaus unterstützte er die Errichtung des sogenannten Halbmondlagers in Wünsdorf bei Zossen, in dem etwa 30 000 kriegsgefangene Muslime aus der britischen und französischen Armee interniert waren. Diese sollten zum Überlaufen animiert und für den »Heiligen Krieg« gegen ihre Kolonialherren ausgebildet werden.[5] Zum Leidwesen der Strategen im deutschen Außenamt schienen alle diese Bemühungen aber kaum zu fruchten. Den rund 3000 muslimischen Kriegsgefangenen, die von Wünsdorf in ihre Heimat zurückgeschickt wurden und dort Unruhe stiften sollten, gelang es nie, Dschihadisten in nennenswerter Zahl zu mobilisieren. Im Frühjahr 1916 erlitt Berlin einen weiteren Rückschlag, als der von Deutschland unterstützte Osteraufstand in Irland nicht zur erhofften landesweiten Revolution führte und Roger Casement, der die ersten beiden Kriegsjahre im Reich verbracht und versucht hatte, aus Landsleuten in deutscher Gefangenschaft eine »Irische Brigade« zu rekrutieren, kurz nach seiner geheimen Reise nach Irland in einem deutschen U-Boot und Landung an der Küste von Kerry verhaftet wurde.

Der so glücklos agierende Zimmermann war Ende November 1916 als Nachfolger Gottlieb von Jagows zum neuen Außenminister ernannt worden. Jagow war am 22. November aus Protest gegen die geplante Ausweitung des U-Boot-Kriegs durch die deutsche Militärführung zurückgetreten. Nach der Versenkung des amerikanischen Passagierschiffs *Lusitania* durch ein deutsches U-Boot im Mai 1915, bei der 1200 Menschen umkamen, hatte die kaiserliche Marine auf Druck des Reichskanzlers den Einsatz von U-Booten zurückgefahren, um den Kriegseintritt Washingtons nicht zu provozieren. Während der Jahre 1915 und 1916 war dies ein Hauptstreitpunkt zwischen Kanzler Bethmann Hollweg und der deutschen Admiralität. Der Kanzler hielt es politisch wie militärisch für erstrebenswert, dass Amerika neutral blieb, da die Vereinigten Staaten die einzige westliche Großmacht waren, die noch einen Verhandlungsfrieden vermitteln und die verfahrene Pattsituation auflösen konnten, in der sich die Kriegsparteien an der Westfront befanden.[6] In dem Maße, wie die Aussicht auf einen Verhandlungsfrieden schwand, stieg allerdings der Druck der deutschen Armee- und Marineführung auf den Reichskanzler, die U-Boote für einen entscheidenden Schlag gegen Großbritannien einzusetzen. Am 9. Januar 1917 gab Bethmann Hollweg dem Drängen der Obersten Heeresleitung (OHL) schließlich nach und stimmte der Wiederaufnahme des uneingeschränkten U-Boot-Kriegs zu.[7]

Außenminister Zimmermann, der die Pläne der OHL und der Seekriegsleitung (Skl) schon seit Längerem unterstützte, traf nun – unter anderem mit der Depesche an die deutsche Gesandtschaft in Mexiko – seine eigenen Vorbereitungen für den Fall einer Kriegserklärung Washingtons. Doch zu Zimmermanns Pech wurde das Telegramm vom britischen Geheimdienst abgefangen, dechiffriert und dem amerikanischen Botschafter in London, Walter Hines Page, vorgelegt, der es umgehend an US-Präsident Woodrow Wilson weiterleitete.[8] Wilson ließ den Text der Depesche veröffentlichen, deren Authentizität Zimmermann zu allem Überfluss auch noch bestätigte. Die Kunde von der deutschen Offerte an die Mexikaner schlug in den USA ein wie eine Bombe, und dafür gab es vor allem zwei Gründe: Erstens zeigte die Depesche nach Wilsons Auffassung die Unaufrichtigkeit der deutschen Regierung, die sich nach außen hin offen gab für eine amerikanische Vermittlung bei der Suche nach einem Kompromissfrieden, aber insgeheim ein Bündnis gegen die Vereinigten

Staaten schmiedete.[9] Anstatt sich nach Kräften um eine Friedenslösung zu bemühen, gieße Deutschland Öl ins Feuer und stachle Amerikas Nachbarn auf, zu dem die USA ohnehin ein schwieriges Verhältnis hatten. Mexiko war seit Beginn des Jahrhunderts ein von revolutionären Umtrieben geschütteltes Land. Bereits zweimal, 1914 und erneut 1916, hatten US-Truppen dort militärisch eingegriffen, um die Interessen der Vereinigten Staaten zu wahren.[10] Der zweite Grund, der die Zimmermann-Depesche so bedeutend wie brisant machte, war deren unglücklicher Zeitpunkt. Die Nachricht des britischen Geheimdienstes über das abgefangene Fernschreiben erreichte Washington am 1. Februar 1917, just als Deutschland die Wiederaufnahme des uneingeschränkten U-Boot-Kriegs verkündete, was die öffentliche Meinung in den USA noch weiter zum Eintritt der USA in den Konflikt tendieren ließ.

Die Wiederaufnahme des uneingeschränkten U-Boot-Kriegs hatte eine längere Vorgeschichte. Kurz nachdem die Deutschen ihre U-Boot-Angriffe gegen britische Frachtschiffe verstärkt hatten, die sie – oft zu Recht – verdächtigten, im Frachtraum Rüstungsgüter geladen zu haben, torpedierten sie am 24. März 1916 den britischen Dampfer *Sussex* im Ärmelkanal, wobei achtzig Menschen starben und etliche Amerikaner verletzt wurden. Washington reagierte darauf ungewöhnlich scharf, indem man der Berliner Führung ein Ultimatum stellte: Falls Deutschland die Attacken auf Passagier- oder Handelsschiffe nicht einstelle, erfolge der Abbruch aller diplomatischen Beziehungen. Damit rückte die Kriegserklärung der USA gefährlich nahe. Daraufhin erklärte Reichskanzler Bethmann Hollweg den verstärkten U-Boot-Krieg für beendet. Des Weiteren legte er das »Sussex-Gelöbnis« ab, das deutsche Unterseeboote zur Einhaltung der Prisenordnung verpflichtete, nach der U-Boote auftauchen, Handelsschiffe auf Kriegsgüter untersuchen und die Mannschaften in Sicherheit bringen mussten, bevor sie das Schiff versenkten. Die Deutschen hatten diese Prisenordnung nicht mehr befolgt, seitdem Großbritannien sogenannte *Q-Ships* einsetzte, vermeintliche Handelsschiffe, die U-Boote an die Oberfläche lockten und dann mit verdeckten Bordgeschützen angriffen. Nach Schätzungen sollen diese »U-Boot-Fallen«

im Verlauf des Krieges vierzehn deutsche U-Boote versenkt und über sechzig beschädigt haben. Im Gegenzug für sein Zugeständnis forderte Bethmann Hollweg daher von den USA ein strengeres Vorgehen gegen die illegale, gegen die deutsche Zivilbevölkerung gerichtete Seeblockade der Briten. Denn nach Ansicht der Deutschen verhielt sich Washington gegen die Briten und ihren Einsatz von *Q-Ships* und Seeblockaden weitaus nachsichtiger als gegen die Deutschen.[11]

Als Ende August 1916 der Chef der Obersten Heeresleitung, Erich von Falkenhayn, wegen Erfolglosigkeit an der Westfront entlassen und durch den beliebten »Sieger von Tannenberg«, Paul von Hindenburg, ersetzt wurde, verlor Bethmann Hollweg aber zunehmend an Einfluss. Denn Hindenburg und seine rechte Hand, Erich Ludendorff, griffen viel direkter in das Regierungshandeln ein und errichteten bald de facto eine Militärdiktatur. Gegen die Zivilregierung setzten sie sich in der Frage des verstärkten Einsatzes von U-Booten schließlich durch mit dem Argument, dass die Seeblockade durchbrochen werden müsse, die für die Hungerkrise an der Heimatfront verantwortlich war. Ein Ende der Seeblockade könne zudem wieder Bewegung in die festgefahrene militärische Lage an der Westfront bringen.[12]

Die anhaltende Blockade und die Angst vor besser koordinierten alliierten Offensiven waren Anfang 1917 die zentralen Argumente für die Wiederaufnahme des uneingeschränkten U-Boot-Kriegs, den die aggressiv agierende deutsche Marineleitung unter Admiral Reinhard Scheer seit geraumer Zeit forderte. Die Zahl der deutschen U-Boote war bereits von 41 im Januar 1916 auf 103 im Januar 1917 gestiegen und erreichte im Oktober 1917 mit 140 Booten ihren Höhepunkt.[13] Zu diesem Zeitpunkt kontrollierten die Alliierten den Großteil der Seewege und konnten sich über ihre Kolonien und neutrale Staaten – allen voran die USA – ausreichend mit Industriegütern, Lebensmitteln und Rohstoffen versorgen, während lebenswichtige Importe der Mittelmächte blockiert wurden. Dagegen gab es nach Ansicht der Marineführung nur eine Waffe: Deutschland musste seine U-Boote einsetzen und entgegen internationalen Gepflogenheiten die Schiffe der Gegenseite versenken, ohne die zivilen Opfer zuvor zu warnen und in Sicherheit zu bringen. US-Präsident Wilson beharrte aber nach wie vor auf der strikten Anwendung des Seerechts. Das werteten die Deutschen als eine Verletzung der Neutralität, zumal die amerikanischen Waffenlieferungen an die Alliierten einen wesentlichen Beitrag zu dem Geschosshagel leisteten, der tagtäglich auf die deutschen Stellungen an der Westfront niederging.[14]

Schätzungen der deutschen Admiralität zufolge waren die deutschen U-Boote in der Lage, monatlich rund 600 000 Tonnen Fracht zu versenken und somit die britischen Versorgungslinien derart zu beeinträchtigen, dass London innerhalb von fünf Monaten um Frieden ersuchen würde. In diesem äußerst optimistischen Szenario spielte der Eintritt der USA in den Krieg keine Rolle, da dieser vorüber sein würde, bevor Washington seine Truppen mobilisiert und nach Europa verschifft hatte. Ein Verzicht auf den uneingeschränkten U-Boot-Krieg hätte dagegen eine schleichende wirtschaftliche Strangulation Deutschlands zur Folge. Hindenburg, Ludendorff und der Kaiser beschlossen, das Risiko einzugehen – gegen den ausdrücklichen Wunsch der Zivilregierung, darunter Außenminister von Jagow und Reichskanzler Bethmann Hollweg, der das Risiko für unverhältnismäßig hielt.

Am 31. Januar 1917 wurde international bekannt, dass Deutschland den uneingeschränkten U-Boot-Krieg tags darauf wieder aufnehmen würde. In einer »Sperrzone« um die Britischen Inseln und Frankreich mussten fortan so gut wie alle Schiffe damit rechnen, ohne Vorwarnung torpediert zu werden. Bethmann Hollweg warnte, dass man es der alliierten Propaganda damit leicht mache, Deutschland als Kriegsverbrecher zu brandmarken.[15] Denn vom 1. Februar 1917 an richtete sich der uneingeschränkte U-Boot-Krieg Deutschlands auch gegen alle unter US-Flagge fahrenden Schiffe im Atlantik, egal ob Passagierdampfer oder Handelsschiffe. Als bereits im Februar zwei Schiffe versenkt wurden, beließen viele amerikanische Reedereien ihre Schiffe in den Häfen.[16]

In Deutschland war man sich durchaus bewusst, dass der uneingeschränkte U-Boot-Krieg den Kriegseintritt der USA wenn nicht unvermeidlich, dann doch zumindest höchstwahrscheinlich machte. So schrieb etwa die australische Musikerin Ethel Cooper, die während des Krieges in Leipzig lebte, in einem durch die Schweiz geschmuggelten Brief an ihre Schwester Emmie in Adelaide: »Der erste Februar ist gekommen und gegangen, der U-Boot-Krieg ist erklärt worden, und wir warten, wie alle Welt, auf die weitere Entwicklung.« Weiter heißt es, ihre amerikanischen Nachbarn hätten »zum vierten Mal gepackt und ihren Hauswirten gekündigt, und die beiden holländischen und dänischen Familien, die ich kenne, diskutieren, ob sie nicht besser das gleiche tun sollten, und alle halten den gegenwärtigen Zeitpunkt für den kritischsten seit dem 1. August 1914. Die Amerikaner sagen, daß sie vor Scham vergehen müßten, wenn Mr Wilson wieder einen Kompromiß schließt.«[17] Und in Bern notierte der stets gut unterrichtete Harry Graf Kessler am 1. Februar 1917 in sein Tagebuch: »Im Ganzen ist die Stimmung bei uns gedrückt, aber entschlossen; Stimmung des Mannes, der einer lebensgefährlichen, aber nicht mehr aufzuschiebenden Operation entgegengeht.«[18]

Die Nachricht von dem deutschen Bündnisangebot an die Mexikaner, die Washington fast gleichzeitig mit der Ankündigung des erneuten uneingeschränkten U-Boot-Krieges erreichte, brachte das Fass schließlich zum Überlaufen. Angesichts der Stimmungslage in den USA und aufgrund seiner allseits bekannten Einstellung zum uneingeschränkten U-Boot-Krieg blieb Wilson wenig anderes übrig, als den Neutralitätskurs der USA aufzugeben. Am 2. April 1917 unterrichtete er den Kongress von seiner Absicht, Deutschland den Krieg zu erklären. Vier Tage später wurde die offizielle Erklärung unterzeichnet.[19]

Die deutschen Entscheidungsträger hatten damit gerechnet, dass der uneingeschränkte U-Boot-Krieg ein amerikanisches Eingreifen in den Krieg nach sich ziehen würde, aber kalkuliert, dass Großbritannien und Frankreich geschlagen sein würden, bevor die ganze Tragweite des amerikanischen Engagements spürbar wurde. Die gravierende Fehleinschätzung der deutschen Führung betraf also nicht die Frage, *ob* Amerika in den Konflikt eintreten würde, sondern welche Folgen das haben würde. Denn selbst wenn es noch bis zum Frühjahr 1918 dauern sollte, bis eine maßgebliche Anzahl von US-Soldaten in Frankreich landete, verschob die amerikanische Kriegserklärung das Kräfteverhältnis doch sofort zugunsten der Alliierten. Der Kriegseintritt der USA trug, wie sich zeigen sollte, entscheidend zur deutschen Niederlage bei.

Ebenso entscheidend hat Wilsons Versprechen eines Friedens ohne Besiegte die Zeit nach dem Krieg geprägt. Wilson war kein Berufspolitiker und sein Weg ins höchste Staatsamt eher ungewöhnlich. Im Gegensatz zu vielen seiner Vorgänger war er nicht als erfolgreicher Geschäftsmann in die Politik gegangen, sondern hatte zuvor eine akademische Laufbahn absolviert. Der im Jahr 1856 als Sohn eines presbyterianischen Pfarrers in Virginia geborene und streng calvinistisch erzogene Präsident hatte den Amerikanischen Bürgerkrieg (1861–1865) als Kind miterlebt. Sein politisches Denken sollte zeitlebens von der protestantischen Theologie und dem Liberalismus des 19. Jahrhunderts geprägt bleiben.[20] Nach dem Jurastudium in Princeton wurde er 1885 mit einer politikwissenschaftlichen Arbeit zum Thema *Congressional Government* promoviert, in der er sich kritisch mit undemokratischen Aspekten des amerikanischen Parlamentarismus auseinandersetzte. Die Arbeit trug ihm in akademischen Kreisen viel Anerkennung ein, ebenso die zweite Studie *The State* (1899). Sie beruhte maßgeblich auf der Rezeption deutscher politikwissenschaftlicher Schriften, die Wilson im Original lesen konnte. Nachdem er mehrere Jahre als Professor in Princeton gewirkt hatte, wurde er 1902, mit 46 Jahren, zum Rektor der Universität berufen. Seine Amtszeit endete jedoch vorzeitig, als er sich 1910 mit einem Großteil der Professoren überwarf, die ihm dogmatischen Eifer und mangelnde Flexibilität vorwarfen.[21]

Noch im selben Jahr, 1910, wurde Wilson zum Gouverneur von New Jersey gewählt. Bald hatte er sich als einer der Führer des »progressiven Flügels« innerhalb der Demokratischen Partei etabliert, der sich für einen aktiven Staat, staatliche Sozialleistungen und wirtschaftliche Regulierung einsetzte. Als Gouverneur führte er etwa die Unfallversicherung für Arbeiter ein. Bei den Präsidentschaftswahlen von 1912 errang er als Kandidat der Demokraten den Sieg. Im Jahr 1916 wurde er wiedergewählt unter dem Wahlkampfslogan »Er hat uns aus dem Krieg herausgehalten«– ein Versprechen, das er nach wenigen Monaten brechen sollte.[22]

Obwohl Wilson stets die strikte Neutralität seines Landes beteuerte, war es für die Vereinigten Staaten schwer, sich gänzlich aus dem Krieg herauszuhalten. Fünfzehn Prozent der US-Bürger waren im Ausland geboren. Seit dem Kriegsausbruch in Europa hatten zahlreiche europäische Einwanderer mit britischen, irischen, deutschen oder italienischen Wurzeln wiederholt öffentlich Unterstützung für ihre Herkunftsländer bekundet und über die Frage von Einmischung oder Nichteinmischung gestritten.[23] Weder die irischstämmigen Amerikaner – größtenteils Unabhängigkeitsbefürworter, die London nach der Hinrichtung der Anführer des gescheiterten Osteraufstandes von 1916 noch feindseliger gegenüberstanden – noch die osteuropäischen Juden in den USA, die vor antisemitischen Pogromen im zaristischen Russland und dem Ansiedlungsrayon geflohen waren, hegten große Sympathien für die Alliierten. Und die deutschstämmigen Amerikaner standen ebenfalls kaum aufseiten der Alliierten, was zu beachten war, weil sie die größte ethnische Minderheit im Land darstellten: Von den 92 Millionen US-Amerikanern im Jahr 1910 waren 2,5 Millionen in Deutschland zur Welt gekommen; weitere 5,8 Millionen der im Land Geborenen hatten deutsche Eltern.[24] Obwohl Wilson überzeugt war, dass neunzig Prozent der US-Bevölkerung die Alliierten favorisierten, hatte er dennoch allen Grund zu der Befürchtung, dass rivalisierende ethnische Loyalitäten erhebliche Spannungen im Land zur Folge haben könnten.

Schwerer noch wogen die wirtschaftlichen Auswirkungen des Krieges: Die britische Seeblockade Deutschlands schränkte amerikanische Exporte massiv ein. Auch um diese Exportverluste auszugleichen, hatte Wilson Großbritannien und Frankreich bereits 1914 gestattet, amerikanische Waren auf Kredit zu kaufen – Kredite, die im Laufe des Krieges dramatisch anwuchsen. Je länger der Krieg dauerte, desto abhängiger wurden London und Paris von amerikanischen Lieferungen und Krediten. Andererseits war Washington auf Waffenexporte und sonstigen Handel mit Großbritannien und Frankreich dringend angewiesen, um seine boomende Wirtschaft am Laufen zu halten.[25]

Im Laufe des Krieges sollte sich die amerikanische Haltung gegenüber Deutschland durch den U-Boot-Krieg immer weiter verschlechtern. Doch obgleich die Torpedierung des britischen Ozeandampfers *RMS Lusitania* am 7. Mai 1915 – bei dem 1100 Passagiere und Besatzungsmitglieder, darunter 128 amerikanische Staatsbürger, ums Leben kamen – sowie der erste deutsche Giftgasangriff an der Westfront in den USA Empörung auslösten, befürwortete die Mehrheit der Amerikaner weiterhin Wilsons Politik der Nichteinmischung. Wilson signalisierte Kampfbereitschaft, bemühte sich aber zugleich um Verhandlungen zwischen den verfeindeten Seiten. Nach dem Untergang der *Lusitania* sollte der U-Boot-Streit sogar in den Hintergrund treten und beide Seiten nach einem Ausweg aus dem verlustreichen Stellungskrieg an der Westfront suchen lassen.[26]

Zu diesem Zeitpunkt glaubte Wilson noch, Deutschland sei bereit, an einer Friedenslösung unter seiner Vermittlung mitzuarbeiten. Nach dem knappen Sieg bei den Präsidentschaftswahlen Ende 1916 bemühte er sich weiterhin um einen Verhandlungsfrieden und unterhielt geheime Kontakte zu Deutschland und Österreich-Ungarn. Gleich zu Beginn seiner zweiten Amtszeit sandte er seinen Vertrauten und inoffiziellen Berater, den texanischen Geschäftsmann und politischen Strippenzieher Edward House, nach Europa mit dem Auftrag, die Chancen für einen Kompromissfrieden ohne Sieger und Besiegte auszuloten. Doch die ernüchternden Ergebnisse dieser Unterredungen brachten ihn allmählich zu der Überzeugung, dass die Vereinigten Staaten dem Frieden und der Nachkriegsordnung ihren Stempel nur würden aufdrücken können, wenn sie selbst in den Krieg eintraten – und zwar aufseiten Frankreichs und des Vereinigten Königreichs, Staaten, mit denen die USA enge wirtschaftliche Beziehungen unterhielten und deren politische Systeme Wilson näherstanden als die der Mittelmächte. Da er sich von London oder Paris aber nicht vor den Karren spannen lassen wollte, beharrte er auch weiterhin auf einer eigenständigen amerikanischen Politik mit eigenen Zielen.[27]

Diese Ziele präsentierte der Präsident der Öffentlichkeit am 8. Januar 1918 in einer programmatischen Rede vor beiden Häusern des US-Kongresses. Es war seine Vision der künftigen Friedensordnung, die im Kern auf dem Selbstbestimmungsrecht der Völker basierte. Einige der von Wilson aufgelisteten und in vierzehn Punkten aufgeführten Forderungen – etwa nach einem unabhängigen polnischen Staat mit Zugang zum Meer, der Räumung der von den Mittelmächten besetzten Gebiete und der Preisgabe Elsass-Lothringens – waren sehr konkret, andere wiederum – wie die nach der Freiheit der Meere, nach Rüstungsbeschränkungen und der Errichtung eines Völkerbunds – blieben vergleichsweise abstrakt. Bereits in seiner berühmten »Frieden ohne Sieg«-Rede vor dem US-Senat am 22. Januar 1917 – hatte Wilson verkündet, er strebe einen Verhandlungsfrieden, keinen Beutefrieden an. Versöhnung statt Triumph, Gerechtigkeit statt Rache – das seien die Prinzipien, auf denen die neue Weltordnung aufgebaut werden solle. »Sieg würde einen Frieden bedeuten, den man dem Verlierer aufzwinge«, erklärte der US-Präsident den anwesenden Senatoren. »Solch ein Frieden würde niemals halten. Er wäre auf Treibsand gebaut.«[28] Wilson verknüpfte den Friedensschluss schon jetzt mit der Forderung nach Volkssouveränität und Demokratisierung. Hieraus ergab sich bereits die Rechtfertigung, warum ein unabhängiges Polen notwendig sei, in dem »fortan allen Völkern, die bislang unter der Herrschaft von Regierungen gelebt haben, die ihren eigenen Überzeugungen und Bestrebungen feindselig gegenüberstehen, das Recht auf Unantastbarkeit von Leib und Leben, Ausübung des Glaubens sowie wirtschaftlicher und gesellschaftlicher Entwicklung zugestanden werden soll«. Ein gefestigtes Polen und damit einhergehend ein stabiles europäisches und internationales System *mit* Polen könne es nur geben, so fuhr der Präsident fort, wenn »Polen« in Zukunft aus einer Gemeinschaft freier Individuen bestehe.[29]

Wilson verband den Krieg zunehmend mit einem weltweiten Kreuzzug für die Demokratie. Nach seiner Ansicht konnte nur eine grundlegende Umgestaltung zwischen- wie innerstaatlicher Machtverhältnisse dem Ausbruch eines derart grausamen Konflikts im Rückblick einen Sinn verleihen. Wilsons Vision zukünftiger staatlicher Souveränität, tief verwurzelt im Liberalismus des 19. Jahrhunderts, ruhte auf den Schultern rational denkender, autonomer und moralisch verantwortlicher Individuen. Wie bereits von Adam Smith in *Wealth of Nations* (1776) vorgedacht, schwebte ihm eine Welt vor, in der »befreite« Individuen Märkte zu gerechten und effizienten

In einer Rede vor beiden Häusern des Kongresses am 2. April 1917 empfiehlt US-Präsident Woodrow Wilson die Kriegserklärung an Deutschland. Das Verhältnis der beiden Staaten hatte sich in den Monaten zuvor rapide verschlechtert, insbesondere durch die Wiederaufnahme des uneingeschränkten U Boot-Krieges von deutscher Seite und die Zimmermann-Depesche.

Instrumenten der Verteilung von Ressourcen machen. Wie schon John Stuart Mill in *On Liberty* (1859) postuliert hatte, würden diese Individuen durch den verantwortlichen Gebrauch ihrer Wählerstimmen dafür sorgen, dass sich das politische System ständig weiter verbesserte. Auf das internationale Staatenwesen übertragen waren gebildete Individuen imstande, eine neue Weltordnung zu schaffen.[30]

Nach Wilsons Auffassung waren politisch reife Individuen Menschen, die »Bundesschlüsse« eingehen konnten – ein Begriff, der in der amerikanischen Politik weder vor noch nach Wilsons Amtszeit viel Verwendung fand. Freie und mündige Menschen schließen dabei einen Bund, leisten einen ebenso heiligen wie unverbrüchlichen Schwur vor anderen und vor Gott. Das macht sie zu einer Art geheiligter Gemeinschaft. Auf diese Weise etwa wurden die biblischen Hebräer zu einem Volk, ebenso die Pilgerväter im Massachusetts der Kolonialzeit. Amerikaner wurden durch die De-facto-Bünde der Unabhängigkeitserklärung und der Verfassung der Vereinigten Staaten zur Nation. Wilson selbst sah sich hier vor allem in der Tradition seiner schottischen Vorfahren, der *Covenanters* des 17. Jahrhunderts, die per Treueeid bezeugt hatten, den presbyterianischen Glauben gegen die Eingriffe der anglikanischen Kirche zu verteidigen. Gleichgültig ob religiös oder staatsbürgerlich fundiert, barg ein solcher Bundesschluss für Wilson eine quasireligiöse Qualität und stellte eine individualisierte, absolute Verpflichtung gegenüber der Gemeinschaft dar.[31]

Bei allen politischen Reflexionen über die künftige Ordnung von Staaten und deren Verhältnis zueinander hatte Wilson stets das Modell der Vereinigten Staaten im Sinn, das nach Kriegsende auf die besiegten Staaten und die internationale Ordnung ausgedehnt werden sollte. Seine idealistischen Ideen spielten 1919 bei den Friedensverhandlungen in Paris eine wichtige Rolle, und zwar sowohl was die Erwartungen der Deutschen an den erhofften Wilson-Frieden anging – also einen Frieden ohne Sieger und Besiegte – als auch was die Neuordnung der Welt betraf.

Keine 72 Stunden nach der amerikanischen Kriegserklärung an Deutschland kam es in der neutralen Schweiz zu einem Ereignis, das im Laufe des folgenden Jahres ebenso große Auswirkungen auf den Fortgang des Krieges und die deutschen Vorstellungen von der Nachkriegswelt haben sollte: Am 9. April 1917, es war der Ostersonntag, trat Wladimir Iljitsch Uljanow mit seiner Frau und Mitstreiterin Nadja sowie dreißig seiner engsten Mitarbeiter auf dem Bahnhof in Zürich die lange Reise nach Russland an.[32]

Die Machthaber in Berlin, die die streng geheime Eisenbahnfahrt aus der neutralen Schweiz durch deutsches Staatsgebiet genehmigt und die Weiterfahrt nach Russland organisiert hatten, setzten große Hoffnungen in diesen Mann, der seine journalistischen Artikel in obskuren linksradikalen Blättern mit Kleinstauflage unter dem Pseudonym »Lenin« veröffentlichte und von dem bis dahin über den Kreis der Sozialistischen Internationale hinaus nur wenige gehört hatten. Ausgestattet mit einer beträchtlichen Geldsumme, sollte sich dieser Lenin an die Spitze der kleinen bolschewistischen Bewegung in seinem Heimatland setzen, die Februarrevolution radikalisieren und den Krieg Russlands gegen die Mittelmächte beenden.[33]

Nachdem die Februarrevolution in Russland die Zarenherrschaft hinweggefegt hatte, war Berlin entschlossen, die Strategie, Revolutionäre in ihre Heimatländer zurückzuschleusen, wieder aufzunehmen. Die Idee, im autokratischen Russland einen Volksaufstand anzuzetteln, war bereits im Sommer 1914 entstanden. Damals hatten deutsche Diplomaten in den neutralen europäischen Staaten mit Unterstützung von Informanten Namenslisten geeigneter Kandidaten aus den wachsenden linksradikalen Exilgemeinden erstellt. 1915 tauchte erstmals Lenins Name auf einer dieser Listen auf. Nach der Abdankung des Zaren informierte das Auswärtige Amt die deutsche Regierung und die Oberste Heeresleitung, dass es in der neutralen Schweiz eine ganze Reihe radikaler Marxisten gebe. Diese könnten die bolschewistische Fraktion der extremen Linken in Petrograd, die den Krieg ablehnte, erheblich stärken. Man schlug vor, deren Rückkehr nach Russland zu organisieren, und die politischen und militärischen Entscheidungsträger in Berlin willigten ein.[34]

Als der 47-jährige Lenin im April 1917 die Reise nach Petrograd antrat, hatte er rund drei Jahrzehnte revolutionärer Agitation hinter sich. Er war sechzehn Jahre alt, als sein Vater 1886 an einer Hirnblutung starb. Die Familie, die ursprünglich aus der Wolgastadt Simbirsk – dem heutigen Uljanowsk – stammte, zog daraufhin auf das mütterliche Familiengut in der Nähe von Kasan. Schon im folgenden Jahr traf sie ein weiterer Schicksalsschlag: Wladimirs älterer Bruder Alexander wurde wegen der Beteiligung an einem vereitelten Attentat auf Zar Alexander III. verhaftet und hingerichtet. Nach dem Tod des Bruders engagierte sich Wladimir verstärkt in marxistischen Kreisen. Da er wegen der Teilnahme an Studentenprotesten gegen den Zaren von der Kasaner Universität verwiesen wurde, verfolgte er seine politischen Interessen als Jurastudent in Moskau weiter. Nach dem Examen arbeitete der junge Anwalt tatkräftig in der revolutionären Bewegung und unterhielt Kontakte zu führenden russischen Sozialdemokraten. 1897 wurde er nach der Rückkehr von einer Europareise verhaftet und wegen politischer Agitation für drei Jahre nach Sibirien verbannt.[35] In der Verbannung entwickelte er seine Ideen zur revolutionären Praxis und legte sich – womöglich nach dem sibirischen Fluss Lena – den Kampfnamen »Lenin« zu.[36]

Von 1900 an lebte Lenin in Westeuropa, zunächst in der Schweiz, dann eine Zeitlang in München, wo er die Zeitung *Iskra* (»Der Funke«) herausgab, in der auch seine bekannte programmatische Schrift »Was tun?« (1902) erschien. Sein Denken gründete nach wie vor fest auf Marx' Analyse des Kapitalismus, aber in einem wichtigen Punkt wichen seine Überlegungen zum Aufbau einer kommunistischen Gesellschaft von dessen Theorien ab: Nach Marx würde es im Endstadium der bürgerlichen Gesellschaft und des kapitalistischen Wirtschaftssystems aufgrund von Klassengegensätzen zwangsläufig zu einer spontanen Erhebung des Volkes kommen. Diese konnte Marx zufolge nur in einer hochentwickelten Industriegesellschaft ausbrechen, in der die Arbeiterschaft ein ausgeprägtes Klassenbewusstsein ausgebildet hatte. Auf diesen »natürlichen« revolutionären Moment konnte Lenin nicht warten, denn beide Voraussetzungen waren in Russland nicht im Entferntesten gegeben. Daher plante er die gewaltsame Machtübernahme durch einen Staatsstreich, durchgeführt von einer entschlossenen und straff organisierten Elite aus Berufsrevolutionären.[37] Sogenannte Sowjets – Arbeiterräte, wie sie sich bereits im Verlauf der Revolution von 1905 spontan in vielen großen Städten des Zarenreichs gegründet hatten – sollten die Revolution weiter vorantreiben, indem sie das Klassenbewusstsein unter Bauern und Arbeitern förderten, die mehrheitlich weder lesen noch schreiben konnten.[38] In diesem Punkt unterschied sich Lenin maßgeblich von den Menschewiki und den Sozialdemokraten.

Bei Kriegsausbruch 1914 lebte Lenin in der Schweiz, in einem der wenigen Länder Europas, in denen kein Krieg herrschte. In der Stadt an der Limmat verfügte man über gute Nachrichtenverbindungen in alle Teile Europas und eine lange Tradition der Beherbergung von Dissidenten. Zürich war die Geburtsstätte des Dadaismus, der avantgardistischen Kunstbewegung um Hugo Ball und Tristan Tzara im *Cabaret Voltaire* und damals das Zuhause etlicher Radikaler der europäischen Linken, die auf eine Revolution hofften, sich aber selten einig waren, wie diese zu bewerkstelligen sei.[39] Reibereien innerhalb der politischen Linken hatte es schon immer gegeben.

Seit der Gründung der Zweiten Sozialistischen Internationale im Jahr 1889 stritten verschiedene Lager endlos über den richtigen Weg zur Verwirklichung des idealen proletarischen Staates, wobei die Gräben zwischen den Befürwortern von Reformen und jenen, die eine Revolution für unerlässlich hielten, zu Beginn des 20. Jahrhunderts zunehmend tiefer wurden. Im Fall der russischen Sozialdemokraten standen als wichtigste Fraktionen Lenins radikale Bolschewiki den moderateren Menschewiki gegenüber, die – im Einklang mit Marx' Theorien – eine bürgerlich-demokratische Neuordnung Russlands anstrebten, da es erst danach zu einer proletarischen Revolution kommen könne. Diese Unvereinbarkeit der Standpunkte hatte 1903 die Spaltung der Partei zur Folge.[40]

Der Kriegsausbruch 1914 verschärfte die Zerwürfnisse innerhalb der europäischen Arbeiterbewegung noch. Ein Großteil der sozialdemokratischen Parteien stimmte 1914 den Kriegskrediten ihrer Länder zu und stellte somit Landestreue über internationale Klassensolidarität.[41] Das traf auch auf Deutschland zu. Dort war die sozialdemokratische Wählerschaft vor Kriegsausbruch von 1,4 Millionen im Jahr 1890 auf über 4,2 Millionen im Jahr 1912 angestiegen. Doch je erfolgreicher die SPD wurde, desto dringender stellte sich die Frage, was das oberste Ziel der Partei war: Wollte man – dem orthodoxen Marxismus folgend – das Regime des Kaiserreichs mit einer Revolution zu Fall bringen? Oder bestand das Ziel in der schrittweisen Reformierung des bestehenden Systems, eines Systems, das den Bürgern trotz aller Mängel erheblich mehr Freiheit, politische Mitbestimmung und Sozialleistungen bot als etwa das zaristische Russland. Die russische Revolution von 1905 und deren blutige Niederschlagung durch das Zarenregime hatten innerhalb der sozialistischen Bewegung eine hitzige Debatte über den einzuschlagenden Weg ausgelöst.

Während radikale russische Sozialisten wie Leo Trotzki zu dem Schluss kamen, dass ein despotisches Regime wie das des Zaren nicht reformierbar sei, sondern durch eine Revolution gestürzt werden müsse, lagen die Dinge in Deutschland ganz anders. Beim Mannheimer Parteitag der Sozialdemokraten im Jahr 1906 wies der Parteivorsitzende August Bebel ausdrücklich auf die eklatanten Unterschiede zwischen Deutschland und Russland hin: »In Russland wird der Kampf um eine neue Staatsordnung geführt, bei uns aber sind seit einer längeren Reihe von Jahren die Vorbedingungen, um die man in Russland noch kämpfen muss, erfüllt.« Im Saal brandete Beifall auf, man rief: »Sehr richtig!« Bebel fuhr fort: »Deshalb ist die Situation in Deutschland mit der in Rußland nicht zu vergleichen. Soviel wir an der Ordnung der Dinge auch auszusetzen haben, niemand wird doch behaupten, daß wir in unserem Kampfe in allen Fällen zu ähnlichen Methoden zu greifen hätten wie unsere russischen Genossen!«[42]

Die Überwindung des etablierten Klassensystems blieb programmatisch das ideologische Ziel der SPD, doch wie man die sozialistische Gesellschaft der Zukunft herbeizuführen gedachte, das war umstritten. Der rechte Flügel der Partei und ihr führender Theoretiker Eduard Bernstein drängten auf einen Bruch mit dem Marx'schen Dogma des gewaltsamen proletarischen Umsturzes. In seiner großen Streitschrift *Die Voraussetzungen des Sozialismus und die Aufgaben der Sozialdemokratie* forderte Bernstein bereits 1899 ein Bekenntnis der SPD zu dem, »was sie heute in Wirklichkeit ist: eine demokratisch-sozialistische Reformpartei«.[43] Ganz ähnlich klang dies 1893 in den Schriften des marxistischen Theoretikers Karl Kautsky: »Für die Diktatur des Proletariats kann ich mir aber eine andere Form nicht denken als die eines kraftvollen Parlaments nach englischem Muster mit einer sozialdemokratischen Mehrheit und einem starken und bewussten Proletariat hinter sich. […] Ein parlamentarisches Regime bedeutet in Deutschland den Sieg des Proletariats, aber auch umgekehrt.«[44]

Die Linken in der Partei sahen in einer derartigen Reformpolitik allerdings eine Kapitulation vor dem imperialen Staat – ein Disput, der bis zum Ausbruch des Ersten Weltkriegs bestehen blieb und durch diesen noch verstärkt wurde. Denn die seit dem Tod Bebels 1913 gemeinsam von Friedrich Ebert und Hugo Haase geführte Partei war in der Frage, ob sie den vom Kaiser zum »Defensivkrieg« erklärten Konflikt durch die Bewilligung von Kriegskrediten unterstützen solle oder nicht, tief gespalten – ein Konflikt, ohne den die eskalierenden Spannungen innerhalb der Arbeiterbewegung bis zum Crescendo vom Winter 1918/19 nicht zu verstehen sind. Hatte im Dezember 1914 nur ein einziger SPD-Abgeordneter, Karl Liebknecht, gegen weitere Kriegskredite gestimmt, so sollte es in den kommenden Jahren immer mehr parteiinterne Dissidenten geben. Personifiziert wurde dieser Streit durch die beiden Co-Vorsitzenden der SPD Friedrich Ebert und Hugo Haase, die noch 1913 als Vertreter der unterschiedlichen Parteiflügel harmonisch zusammengearbeitet hatten. Ebert, ein langjähriger sozialdemokratischer Parteifunktionär mit tadelloser Arbeiterbiographie, übernahm als erster »Mann aus dem Volke« im November 1918 das Amt des Reichskanzlers. Ihm sollte in der Novemberrevolution eine zentrale Rolle zukommen. Danach wurde er der erste Reichspräsident der Weimarer Republik, ein Amt, das er bis zu seinem frühen Tod 1925 innehatte.

Ebert entstammte einfachen Verhältnissen, eine sozialdemokratische Musterkarriere war ihm nicht in die Wiege gelegt. Er wurde 1871 in der Universitätsstadt Heidelberg als Sohn eines Schneiders geboren und absolvierte eine Lehre als Sattler, bevor er auf Wanderschaft ging. Über die noch junge Gewerkschaftsbewegung kam er zur Politik. Es zog ihn in das stark proletarisch geprägte Bremen, wo er zunächst als Lokalredakteur der sozialdemokratischen *Bürger-Zeitung* arbeitete, aber bald eine Gastwirtschaft eröffnete, die rasch zum Treffpunkt politisch Gleichgesinnter wurde. Ebert engagierte sich intensiv in der Bremer Lokalpolitik, wurde Bremer Parteivorsitzender und 1912 in den Reichstag gewählt, wo die SPD die stärkste Fraktion stellte. Seine langjährige Arbeit als Parteisoldat brachte es mit sich, dass er die Parteistruktur und die wichtigsten Funktionäre der SPD gut kannte und sich als führender Vertreter des mittleren und rechten Parteiflügels der Unterstützung einer Mehrheit der Mitglieder sicher sein konnte.[45]

In vielerlei Hinsicht war Ebert beispielhaft für den Pragmatismus, der die zweite Generation sozialdemokratischer Führer in Deutschland auszeichnete. Obwohl er sich als Marxist verstand, sah er in den Jahren vor dem Ersten Weltkrieg sein oberstes politisches Ziel in der schrittweisen Verbesserung der Lebensbedingungen der Arbeiterklasse durch Reformen. Nach dem Tod des langjährigen Parteiführers August Bebel wurde Ebert zusammen mit dem deutlich radikaleren Hugo Haase, einem namhaften deutsch-jüdischen Anwalt und sozialistischen Politiker aus dem ostpreußischen Königsberg, zum SPD-Vorsitzenden gewählt.[46]

Haase war 1863 als Sohn eines jüdischen Schusters in der ostpreußischen Kleinstadt Allenstein unweit der damaligen deutsch-russischen Grenze zur Welt gekommen, hatte aufgrund seines akademischen Talents das Gymnasium in Rastenburg besucht und anschließend Jura in Königsberg studiert. Schon als Referendar war er in die SPD eingetreten. Als junger Anwalt spezialisierte er sich auf Fälle politischer Justiz und vertrat vor allem Arbeiter, für die er teilweise ohne Honorar arbeitete.[47]

Der Ausbruch des Krieges sollte das Verhältnis der beiden Männer zueinander nachhaltig verändern. Im Jahr 1914 hatte sich der Pazifist Haase noch widerwillig der Parteidisziplin gefügt und für die Kriegsanleihen gestimmt, konnte diese Position aber schon bald nicht mehr mit seinem Gewissen vereinbaren. Zwei Jahre später, 1916, kam es zum offenen Bruch mit Ebert: Haase wich von der Parteilinie ab und votierte gegen den Nothaushalt der Regierung. Da er und siebzehn weitere Kritiker der »Burgfrieden«-Politik Eberts daraufhin aus der SPD-Reichstagsfraktion ausgeschlossen wurden, gründeten sie die »Sozialdemokratische Arbeitsgemeinschaft«, kurz SAG. Damit war die Einheit der deutschen Arbeiterbewegung dahin – für immer, wie sich im folgenden Jahr zeigen sollte. Am 8. April 1917, einen Tag bevor Lenin in Zürich den Zug nach Petrograd bestieg, wurde in Gotha eine neue sozialistische Partei aus der Taufe gehoben: die USPD unter dem gemeinsamen Vorsitz von Hugo Haase und Georg Ledebour, dem bereits 67-jährigen Antimilitaristen und vormaligen SPD-Linken, der 1916 gemeinsam mit Haase aus der SPD-Reichstagsfraktion ausgeschlossen worden war. Schon Ende des Jahres zählte die neue Partei etwa 100 000 Mitglieder – deutlich weniger als die Mehrheitssozialdemokratie, aber immerhin so viele, dass sie keine zu vernachlässigende Größe war.

Während die politische Linke Deutschlands zu Ostern 1917 mit der Gründung einer neuen Partei beschäftigt war, bereitete sich Lenin auf seine Rolle bei der Revolution in Russland vor. Die Züricher Emigranten, die von den Ereignissen in Russland lediglich aus zweiter Hand erfuhren, waren erst Anfang März 1917 über den Ausbruch der Revolution informiert worden.[48] Obgleich er wusste, wie sehr Krieg, Hunger und die ineffiziente und verhasste Verwaltung die Legitimität des zaristischen Regimes untergruben, war Lenin – wie die meisten zeitgenössischen Beobachter – vom Sturz Nikolaus' II. überrascht worden.[49] Russlands schwindelerregende militärische Verluste sowie die Zerstörung des wirtschaftlichen und sozialen Gefüges in den westlichen Provinzen des Romanow-Imperiums hatten eine Situation heraufbeschworen, in der ein revolutionärer Umsturz überaus wahrscheinlich geworden war. Der entscheidende Faktor, der schließlich zum Ausbruch der Revolution führte, waren wohl tatsächlich die Nahrungsmittelengpässe. Bereits im Winter 1916 berichtete eine russische Zeitung von den desaströsen Auswirkungen der kriegsbedingten »Lebensmittel-Versorgungskrise« und gab vor allem der Regierung die Schuld daran: »Ein Land mit so viel Getreide – der größte Getreideexporteur der Welt – litt schon im dritten Kriegswinter unter Getreidemangel.«[50] Wenig überraschend stieg auch die Inflation, und die Löhne der meisten Arbeiter hielten nicht mit den steigenden Lebensmittelpreisen Schritt.

Die Hungerkrise wurde so zum eigentlichen Auslöser jener Revolution, die Zar Nikolaus und sein Regime im März 1917 – nach julianischem Kalender Februar – hinwegfegte. Für den unmittelbaren Funken, der das Pulverfass am 8. März (23. Februar) zur Explosion brachte, sorgten 7000 Arbeiterinnen aus den Textilfabriken des Wyborger Distrikts, die am Internationalen Frauentag die Arbeit niederlegten und gegen die unzureichenden Nahrungsmittelzuteilungen protestierten. Ihrem Marsch durch die Straßen Petrograds schlossen sich immer mehr Arbeiter aus den umliegenden Fabriken an. Bis zum Abend zogen zwischen 80 000 und 120 000 Menschen durch die Stadt.[51] Zunächst zeigten sich die Verantwortlichen in Petrograd wenig besorgt. Sie hielten es nicht einmal für nötig, den Zaren in seinem militärischen Hauptquartier in Mogilew davon zu unterrichten. In den nächsten Tagen rissen die Proteste aber nicht ab, sondern erhielten immer mehr Zulauf.[52] Und was noch schlimmer war: Auf den Kundgebungen, die als Protest gegen die Mangelversorgung begonnen hatten, wurden zunehmend politische Forderungen laut. Man verlangte nach Demokratie und forderte ein Ende des Krieges, geißelte die Inkompetenz des Zarenregimes, ja sogar des Herrschers selbst.[53]

Als das zaristische Regime am 11. März den unklugen Versuch unternahm, die Proteste mit Gewalt niederzuschlagen, schlossen sich auch die Truppen den Aufständischen an.[54] Erst als in Petrograd bereits die Minister des Zaren ihre Ämter niederlegten und die Flucht ergriffen, ließ sich Nikolaus II. in Mogilew überzeugen, zu Gunsten seines Bruders, des Großfürsten Michail Alexandrowitsch, abzudanken. Doch dieser wies den vergifteten Kelch aus Angst um sein Leben umgehend zurück.[55]

Der Thronverzicht des Zaren besiegelte das Ende der Romanow-Dynastie und der tausendjährigen monarchistischen Herrschaft in Russland. Die Schockwellen dieses Regimewechsels waren auch jenseits der russischen Grenzen deutlich spürbar. Mit der Februarrevolution breitete sich eine kaum zu überschätzende neue Dynamik über das kriegsgebeutelte Europa aus. Überall wurden nun grundlegende Fragen nach der künftigen Art politischer Legitimation aufgeworfen. Noch war nicht klar, in welche Richtung sich die Ereignisse von 1917 entwickeln würden, aber eines stand fest: Erstmals seit 1789 war in einer europäischen Großmacht ein bestehendes Regime durch eine Revolution gestürzt worden.

Während in Petrograd, Moskau und anderswo die alte Ordnung zusammenbrach, schlossen sich einige Duma-Abgeordnete zu einem Gremium zusammen, das als »Provisorische Regierung« in die Geschichte einging. Zum Ministerpräsidenten wurde der liberale Fürst Georgi Jewgenjewitsch Lwow bestimmt. Andere einflussreiche Mitglieder der neuen Exekutive waren der Duma-Präsident Michail Rodsjanko, der Historiker und Führer der konstitutionellen Demokraten (»Kadetten«) Pawel Miljukow sowie der sozialistische Anwalt Alexander Kerenski als stellvertretender Vorsitzender.[56] Zur selben

Zeit formierte sich eine politische Gegenkraft in Form der örtlichen Sowjets – Volksvertretungen nach dem Vorbild der Revolution von 1905, die den Massen auf der Straße eine Stimme geben wollten.[57] Im wichtigsten dieser Räte, dem Petrograder Sowjet, waren mehr Soldaten als Arbeiter vertreten, und das Exekutivkomitee bestand vor allem aus sozialistischen Intellektuellen – meist Menschewiki, Bolschewiki und Sozialrevolutionäre. Mit Bildung der Sowjets begann eine als *dwoewlastije* (»Doppelherrschaft«) bezeichnete Periode, die ursprünglich nur als Übergangsphase gedacht war, bis eine demokratisch gewählte verfassunggebende Versammlung über die politische Zukunft des Landes entscheiden würde. Fürs Erste jedoch gingen die Provisorische Regierung und der Petrograder Sowjet eine spannungsreiche informelle Zusammenarbeit ein, da sie das Wesen wie auch die Ziele der Revolution grundverschieden interpretierten.[58]

Obwohl der Ausgang der Revolution im März und April 1917 noch völlig offen war, witterte Lenin seine Chance. Weil sie sich aus »Bürgerlichen« zusammensetzte und vor allem weil sie sich unter alliiertem Druck für die Fortsetzung des verhassten Krieges entschied, war die Provisorische Regierung in Lenins Augen kaum besser als das Regime des Zaren. In seinem ersten »Brief aus der Ferne« vom März 1917 schrieb er, der »imperialistische Krieg« habe den historischen Prozess beschleunigt, den Zarismus gestürzt und den Kampf zwischen Bourgeoisie und Proletariat derart zugespitzt, dass der Konflikt in Russland zwangsläufig in einen internationalen »Bürgerkrieg zwischen den feindlichen Klassen« münden müsse. Darüber hinaus geißelte er die Provisorische Regierung als Marionettenregime, das seine Existenz allein den Briten und Franzosen verdanke, »damit der imperialistische Krieg fortgesetzt werden kann«, und prophezeite den Sieg einer echten revolutionären Bewegung »für *Brot*, für *Frieden*, für *wahre Freiheit*«.[59]

Anders als noch im Jahr 1905, als es ihm nicht gelungen war, den Verlauf der Revolution zu beeinflussen, durfte er diesmal keine Zeit verlieren. Er musste so rasch wie möglich nach Russland zurückkehren, um die Dinge vor Ort selbst in die Hand zu nehmen. Daher kam ihm das Angebot der Deutschen gerade recht. Lenin wusste, dass sie ihn für ihre eigenen Interessen benutzten, glaubte aber, dass der Zweck – eine womöglich erfolgreiche bolschewistische Revolution in Russland – die Mittel heilige. In den Verhandlungen mit der deutschen Abordnung forderte er, dass sein Waggon und der seiner Mitreisenden als extraterritoriales Gebiet zu gelten habe. Mit einem Stück Tafelkreide wurde daher »deutsches« von »russischem Hoheitsgebiet« getrennt. Ferner bestand Lenin darauf, dass es zwischen den begleitenden deutschen Offizieren und den russischen Revolutionären zu keinerlei Kontakt kommen dürfe.[60]

Kaum hatte der Zug die deutsche Grenze passiert, gewahrten die Reisenden, die den Krieg nur aus den Zeitungen kannten, dass die Zustände in Deutschland andere waren als in der neutralen Schweiz. An den Bahnhöfen in Frankfurt und Berlin sahen sie ausgemergelte Soldaten und abgezehrte Zivilisten, was Lenin in der Hoffnung bestärkte, der Krieg könnte auch in Deutschland bald eine Revolution auslösen. Denn Deutschland, so viel stand fest, spielte als hochindustrielle Großmacht, zwischen Ost- und Westeuropa gelegen, auf dem Weg zur Weltrevolution eine ganz zentrale Rolle. Auf Rügen gingen er und seine Entourage an Bord eines Schiffes, das sie nach Trelleborg brachte. Von dort reisten sie per Bahn weiter nach Stockholm, wo sie in einen Zug Richtung Petrograd umstiegen. Entgegen seinen Befürchtungen hatten Lenin und sein Gefolge bei der Einreise nach Russland keine Probleme. Am 16. April 1917 – nach zwölf Jahren im Exil – kehrte Lenin in die russische Hauptstadt zurück, wo er von seinen begeisterten bolschewistischen Anhängern mit Blumen empfangen wurde. Sie spielten die Marseillaise und schwenkten rote Fahnen, während der Zug in den Finnischen Bahnhof von Petrograd einfuhr.[61]

Als er Mitte April nach Russland zurückkehrte, konnte Lenin sowohl vom bereits erfolgten Machtwechsel als auch von der Unfähigkeit der Übergangsregierung profitieren, die in sie gesetzten immensen Hoffnungen und Erwartungen zu erfüllen. Die Zusage der neuen Führung an die Alliierten, den militärischen Verpflichtungen nachzukommen, bedeutete zwangsläufig die Fortsetzung des verhassten Waffengangs. Die Revolution jedoch hatte die Hoffnung auf einen raschen Frieden und eine Bodenreform geschürt – Hoffnungen, die vorerst nicht zu erfüllen waren. Die Enttäuschung, die dies in weiten Teilen der russischen Gesellschaft zur Folge hatte, erschütterte die Glaubwürdigkeit und Autorität der neuen politischen Akteure kolossal. Mit ihrer Entscheidung, den Krieg fortzusetzen, verlor die Provisorische Regierung die Unterstützung der Soldaten, während die Landbevölkerung ihr das Aufschieben der versprochenen Landreform bis nach dem Krieg nicht verzieh.[62] Das Schicksal der Provisorischen Regierung war also untrennbar mit der Beteiligung am »Großen Krieg« verbunden. Während sich die Provisorische Regierung zur Weiterführung der russischen Kriegsanstrengungen durchrang, ergriff Lenin seine Chance: Er heizte das politische Klima auf, indem er den Krieg bereits in der ersten seiner berühmten »Aprilthesen« als einen »unbedingten imperialistischen Raubkrieg« brandmarkte, der so rasch wie möglich beendet werden müsse.[63]

Unterdessen hoffte der frisch ernannte Kriegsminister Alexander Kerenski, die revolutionäre Energie auf die Streitkräfte lenken zu können, und ordnete im Sommer 1917 eine neue Offensive an. Vom 1. Juli 1917 an attackierte die russische Armee die österreichisch-ungarischen und deutschen Truppen in Galizien und stieß in Richtung Lemberg vor. Wie schon im Vorjahr bei der Brussilow-Offensive verfolgte man eine doppelte Zielsetzung: die Einnahme Lembergs und das Ausscheiden Österreich-Ungarns aus dem Krieg. Massiver Artilleriebeschuss und anschließende Infanterieattacken mit einer großen Zahl von Sturmtruppen bescherten den Russen anfänglich Erfolge. Doch die hartnäckige Gegenwehr vor allem deutscher Streitkräfte verhinderte den entscheidenden Durchbruch und fügte den angreifenden Russen schließlich schwere Verluste zu.[64] Die schnell ansteigenden Gefallenenzahlen ließen den Kampfgeist der verbliebenen Soldaten rasch erlahmen. Kaum waren die ersten gegnerischen Verteidigungslinien überrannt, weigerten sich Infanteristen der 7. und 11. Armee, weiter vorzurücken. Hastig einberufene Soldatenräte debattierten, was als Nächstes zu tun sei, und selbst wenn sich eine Division nicht rundweg weigerte vorzurücken, wurde doch kein Befehl mehr ohne vorherige Diskussion im Divisionskomitee ausgeführt. Schlechtes Wetter und ernsthafte Versorgungsengpässe taten

Als Lenin Mitte April 1917 in Petrograd ankommt, wird er von seinen Anhängern jubelnd empfangen. Ein halbes Jahr später sollten die Bolschewiki durch einen Putsch die Macht in Russland übernehmen und bald darauf den drakonischen Frieden von Brest-Litowsk unterzeichnen.

ein Übriges, und so kam die Offensive im Laufe der ersten zwei Juliwochen zum Erliegen.[65]

Als deutsche und k.u.k. Truppen Mitte Juli zum Gegenangriff übergingen, brach der russische Vorstoß endgültig in sich zusammen. Ohne auf nennenswerten Widerstand zu treffen, marschierten die Armeen der Mittelmächte durch Galizien, die Ukraine und das Baltikum. Innerhalb weniger Tage zogen sich die Russen fast 240 Kilometer weit zurück. Im September – August nach dem alten Kalender – kapitulierte mit Riga die zweitgrößte Hafenstadt des Reiches vor den deutschen Streitkräften.[66] Je weiter die Mittelmächte vorstießen, desto schneller zerfiel die russische Armee. Komplette Einheiten verschwanden, bekämpften sich gegenseitig, plünderten Dörfer, brannten Gutshäuser nieder oder lösten sich auf, weil die Männer einfach nach Hause gingen. Bis Ende 1917 desertierten etwa 370 000 Soldaten.[67] Noch mehr Sorgen als die riesige Zahl der Deserteure bereitete der Provisorischen Regierung aber die mehr als eine Million Soldaten in den Garnisonen und im Hinterland, die sich zunehmend auf die Seite der Bolschewiki schlug, den örtlichen Vertretern der Regierung hingegen die Unterstützung verweigerte.[68]

Die militärischen Fehlschläge hatten nicht nur den Zerfall der russischen Streitkräfte zur Folge, sondern beförderten auch die Bemühungen all jener innenpolitischen Kräfte, die die Provisorische Regierung stürzen wollten. Mitte Juli unternahmen Mitglieder der bolschewistischen Roten Garden, Soldaten der Petrograder Garnison und Matrosen vom Marinestützpunkt auf der vorgelagerten Insel Kronstadt in der Hauptstadt einen Putschversuch. Als es loyalen Regierungstruppen endlich gelang, den Tagungsort des Petrograder Sowjets, das Taurische Palais, zu stürmen, hatten die Kämpfe zwischen Regierungstreuen und Bolschewiki bereits rund 400 Tote gefordert. Trotz der Niederwerfung des Aufstands, der Lenin und seinen engen Vertrauten Grigori Sinowjew vorübergehend zur Flucht nach Finnland zwang, waren die Bolschewiki nur wenige Monate später in der Lage, einen zweiten und diesmal erfolgreicheren Staatsstreich zu unternehmen.[69] Diesmal waren die Umstände günstiger. Kerenski, der nach dem fehlgeschlagenen Juliputsch der Bolschewiki Ministerpräsident geworden war, büßte nach dem katastrophalen Scheitern der Sommeroffensive jeglichen Rückhalt bei den Militärs ein. Sechs Tage nach der Einnahme Rigas durch deutsche Truppen entschloss sich der Oberbefehlshaber der Armee, General Lawr Kornilow, zu einem Umsturzversuch, der aufgrund der bewaffneten Gegenwehr der Petrograder und Moskauer Sowjets sowie des passiven Widerstands von Eisenbahnarbeitern und Telegraphisten rasch in sich zusammenbrach. Kornilow und einige andere Generäle wurden festgenommen.[70] Die großen Nutznießer des Kornilow-Putsches waren die Bolschewiki. Um die Revolution vor Kornilow zu »retten«, hatte Kerenski ihre Hilfe in Anspruch genommen, rund 40 000 Gewehre an vormals unbewaffnete Petrograder Arbeiter ausgeben lassen und deren inhaftierte Anführer freigelassen.

Unverhofft waren die Bolschewiki also wieder obenauf, während Kerenski die verbliebene Unterstützung der Konservativen und Liberalen verlor, ebenso die der militärischen Führung und sogar eines Großteils der gemäßigten Linken.[71] Lenins Partei profitierte zudem davon, dass ein besonders begnadeter Organisator aus dem amerikanischen Exil zurückkehrte: Leo Trotzki.

Der als Lew Bronstein geborene Trotzki entstammte einer vergleichsweise wohlhabenden jüdischen Bauernfamilie aus Jankowa und hatte wie Lenin mehrere Jahre im Exil verbracht – zunächst in Sibirien, wo er den Namen eines Wärters annahm, mit dessen gestohlenem Pass ihm 1902 die Flucht gelang, später im Ausland. In seiner New Yorker Zeit gab der einstmals linke Menschewik Trotzki zusammen mit einem anderen prominenten Kommunisten – dem zukünftigen Generalsekretär des Komintern-Exekutivkomitees Nikolai Bucharin – eine Emigrantenzeitung heraus. Als er sich zunehmend dem Bolschewismus zuwandte, erregte er Lenins Aufmerksamkeit, der Trotzkis intellektuelle Fähigkeiten und dessen Organisationstalent bald schätzen lernte, ebenso dessen rücksichtslosen Ehrgeiz und die Bereitschaft, mit äußerster Brutalität gegen die Feinde des Bolschewismus vorzugehen. Überdies hatte Trotzkis seit 1905 entwickelte Theorie der »permanenten Revolution« Lenin in der Auffassung bestärkt, dass die Revolution selbst in einem relativ rückschrittlichen Land wie Russland gelingen und dann in andere Länder »exportiert« werden könne. Schon kurz nach seiner Rückkehr aus dem Exil trug Trotzki entscheidend zum Aufbau einer bolschewistischen Kampftruppe bei. Ihm und diesen Roten Garden sollte beim Staatsstreich wenige Monate später eine Schlüsselrolle zukommen.[72]

Lenin hielt sich vorerst weiterhin in Finnland auf und verfasste dort seine programmatische Schrift *Staat und Revolution* (1917), in der er die Kompromissbereitschaft der russischen Sozialdemokraten und Menschewiki scharf attackierte. Er verlangte eine weitaus umfassendere Zerschlagung des Staates durch eine revolutionäre »Vorhut«, womit er Marx' Forderung nach einer Diktatur des Proletariats aufgriff, welche letztlich in einer klassenlosen Gesellschaft münden sollte.[73]

In Petrograd gelang es Kerenski derweil nicht, die Stimmung im Land zu beruhigen, wenngleich Ende August endlich die lange versprochenen, aber wiederholt verschobenen Wahlen zur verfassunggebenden Versammlung für den 25. November angekündigt wurden. Anfang Herbst wurde die Lage in Russland noch instabiler: Die

Zentralregierung, die ihr Gewaltmonopol auf dem ausgedehnten Staatsgebiet längst eingebüßt hatte, sah sich nun auch noch mit Autonomieforderungen aus den westlichen Grenzgebieten des einstigen Großreichs sowie aus Zentralasien konfrontiert.[74] Auf dem Land nahmen Kleinbauern, die nicht länger auf die Klärung der Bodenfrage durch die konstituierende Versammlung warten wollten, das Heft des Handelns in die Hand und besetzten die Gutshöfe.[75]

Verglichen mit dem gewaltsamen Vorgehen der Bauern auf dem Land verlief die Machtergreifung der Bolschewiki, zu der es am 25. und 26. Oktober – 7. und 8. November nach dem gregorianischen Kalender – schließlich kam, nahezu unblutig. Anders als in Sergei Eisensteins legendärem Propagandafilm *Oktober* (1928) dargestellt, wurden die Bolschewiki allerdings keineswegs von den revolutionären Volksmassen an die Macht gehievt. Vielmehr stürzten sie die Provisorische Regierung mit einem kleinen, wenn auch gewagten chirurgischen Coup: Militante Bolschewiki brachten die Petrograder Garnison unter ihre Kontrolle und besetzten einige strategisch bedeutende Orte in der Hauptstadt, darunter das Elektrizitätswerk, die Hauptpost, die Staatsbank, das zentrale Telegraphenamt sowie die wichtigsten Brücken und Bahnhöfe – eine revolutionäre Taktik, die bald an vielen anderen Orten in Europa Schule machen sollte. Unterstützt von den probolschewistischen Matrosen des Panzerkreuzers *Aurora*, die ihnen mit ihren Schiffskanonen Feuerschutz gaben, besetzten die Bolschewiki schließlich den Winterpalast, den Sitz der nun völlig isolierten Provisorischen Regierung. Als Matrose verkleidet gelang Kerenski die Flucht in die amerikanische Botschaft. Von dort brach er schließlich ins Ausland auf. Er kehrte nie wieder in seine Heimat zurück und starb 1970 in den Vereinigten Staaten.[76]

Am nächsten Morgen veröffentlichte Lenin seinen berühmten Aufruf *An die Bürger Russlands*: »Die Provisorische Regierung ist gestürzt. Die staatliche Gewalt ist in die Hände des Organs des Petrograder Sowjets übergegangen [...]. Die Sache, für die das Volk gekämpft hat – unverzüglicher Abschluss eines demokratischen Friedens, Abschaffung des Eigentumsrechts der Gutsbesitzer an ihrem Land, Arbeiterkontrolle über die Produktion, Schaffung einer Sowjetregierung – dies alles ist gesichert. Es lebe die Revolution der Arbeiter, Soldaten und Bauern!«[77]

Im Vergleich mit den Gewaltexzessen des Bürgerkriegs, der bald folgen sollte, war dies eine beinahe friedliche Revolution. Der Sturm auf den Winterpalast hatte sechs Menschen das Leben gekostet – die einzigen Todesopfer der Oktoberrevolution in der russischen Hauptstadt. In Moskau war es nicht so glimpflich ausgegangen, da dort die Offizierskadetten den Bolschewiki noch eine ganze Woche lang Widerstand leisteten. Im Vergleich mit anderen Umstürzen verlief aber auch dort die eigentliche Machtübernahme bemerkenswert gewaltfrei.[78] Doch Lenin wusste nur zu gut, wie unsicher die Machtposition seiner Bolschewiki noch immer war. Er musste seine Herrschaft auf das gesamte ehemalige Zarenreich ausdehnen und diese festigen. Das war in Anbetracht der riesigen Landmasse und der vielen auf diesem Gebiet lebenden Völker keine leichte Aufgabe, zumal es die Bolschewiki, deren Anhängerschaft rasant zunahm, zu diesem Zeitpunkt nur auf gerade einmal 15 000 feste Parteimitglieder brachten. Lenin erkaufte seiner Partei daher etwas Zeit, indem er die allgemeinen Wahlen zur konstituierenden Versammlung wie geplant im November abhalten ließ. Als jedoch die gemäßigtere Partei der Sozialrevolutionäre mit 41 Prozent der Stimmen als großer Gewinner aus dem Urnengang hervorging, während die Bolschewiki nur auf 23,5 Prozent kamen, löste Lenin die Versammlung in Petrograd nach nur einem Tag wieder auf.[79]

Lenins Putsch hatte Auswirkungen weit über Russland hinaus und zog sofort die ungeteilte Aufmerksamkeit der Zeitgenossen aus Europa und der ganzen Welt auf sich. In Deutschland bejubelte die extreme Linke die Geburt des ersten sozialistischen Staates der Geschichte. Die führende sozialistische Aktivistin des Landes, Rosa Luxemburg, schrieb in ihrer Gefängniszelle in Wronke nahe Posen voller Begeisterung: »Die herrlichen Dinge in Russland wirken auf mich wie Lebenselixier. Das ist ja für uns alle eine Heilsbotschaft.«[80] Die Mehrheitssozialdemokraten dagegen verfolgten den Aufstieg des Bolschewismus mit großem Misstrauen. Die Auflösung der verfassunggebenden Versammlung durch Lenin und sein Vorgehen gegen

Menschewiki und Sozialrevolutionäre blieb ihnen in den kommenden Monaten im Hinterkopf und galt alsbald als abschreckendes Beispiel, insbesondere im Januar 1919, als Karl Liebknecht und seine Spartakusgruppe die Regierung Ebert mit Rücktrittsforderungen und unverhohlenen Gewaltdrohungen herausforderten. Ebert und anderen MSPD-Politikern muss es vorgekommen sein, als würde Liebknecht Lenins Beispiel folgen und mit Gewalt die Diktatur einer Minderheit zu errichten versuchen.

Ein weiterer Grund, weshalb so viele Sozialdemokraten den Bolschewismus ablehnten, war die Brutalität, mit der Lenin die Revolution voranzutreiben schien. Auch der zukünftige preußische Ministerpräsident und prominente MSPD-Politiker Otto Braun ließ keinen Zweifel an seiner Ablehnung des Bolschewismus, als er im Parteiorgan *Vorwärts* ebenso leidenschaftlich wie unmissverständlich schrieb: »Es muß unzweideutig ausgesprochen werden, daß wir als Sozialdemokraten diese Gewaltmethoden der Bolschewiki aufs schärfste verurteilen. Der Sozialismus kann nicht auf Bajonetten und Maschinengewehren errichtet werden. Soll er Dauer und Bestand haben, kann er nur auf demokratischem Wege verwirklicht werden.« Was Russland zur Zeit erlebe, so erklärte Braun, sei eine Diktatur, »wie sie brutaler und rücksichtsloser unter dem Schandregiment des Zaren nicht bestand«.[81]

In Russland bemühte sich Lenin unterdessen, die Bürger über das Ende der verfassunggebenden Versammlung und der Demokratie im Allgemeinen hinwegzutrösten, indem er einige seiner populärsten Versprechen wiederholte: sofortiger Friede, völlige Demokratie in der Armee, Selbstbestimmungsrecht aller Völker und Nationalitäten, Kontrolle der Fabriken durch die Arbeiter sowie Überführung allen bisher von Adel, Bürgertum, Kirche und Regierung gehaltenen Grundbesitzes in die Hände des »Volkes«. Kurz nachdem Sozialrevolutionäre und Menschewiki aus Protest gegen den bolschewistischen Handstreich die Versammlung verlassen hatten, wurde Lenins Manifest vom Zweiten Allrussischen Sowjetkongress in Petrograd angenommen.[82]

Rasch erarbeitete Lenins Regierung nun Gesetze, um die Versprechen in die Tat umzusetzen, allen voran die Bodenreform. Das am 8. November 1917 vom Kongress verabschiedete »Dekret über den

Boden« stellte mit der Abschaffung privaten Landbesitzes einen ersten entscheidenden Schritt dar. Die Enteigneten erhielten für ihre Verluste keinerlei Entschädigung, es sei denn, es handelte sich um Kleinbauern, die ihren Boden selbst bewirtschafteten.[83] Das »Dekret über den Boden« wiegelte die Bauern jedoch weder auf noch zwang es sie zur Besetzung der Landgüter. Vielmehr sanktionierte und beförderte der Erlass eine Entwicklung, die längst in vollem Gange war. Bis zum Februar 1918 waren bereits rund 75 Prozent aller Gutshöfe in Russland konfisziert.[84] Unter den Enteigneten befanden sich nicht nur adlige Grundbesitzer, sondern auch »wohlhabende« Bauern, deren Besitz nun umverteilt wurde.[85] Zudem verstaatlichten die Bolschewiki die Ländereien der orthodoxen Kirche, darunter über tausend Klöster. Zwischen Mitte November 1917 und Anfang März 1918 erließ Lenin rund dreißig Dekrete zur Nationalisierung von Privatunternehmen, Banken und Fabriken.[86]

Lenins zweites und ebenso populäres Versprechen betraf die Beendigung des Krieges. Zu diesem Zeitpunkt wusste er bereits um die Unvermeidbarkeit der russischen Niederlage und begriff diese – pragmatisch und berechnend wie immer – auch als große Chance: Letztlich hatten die militärischen Misserfolge Russlands die Bolschewiki überhaupt erst an die Macht gebracht. Der komplette Rückzug aus dem Krieg erschien ihm nun als einziger Ausweg zur Rettung der bolschewistischen Revolution. Russlands Ausscheiden aus dem Konflikt würde es ihm erlauben, sich voll und ganz seinen zahlreichen inneren Feinden zu widmen. Nicht zuletzt ging er davon aus, dass infolge von Kriegsmüdigkeit und materieller Not auch in anderen Kombattantenstaaten Mittel- und Westeuropas in Kürze Revolutionen ausbrechen und so den europaweiten, wenn nicht gar weltweiten Sieg des Bolschewismus einläuten würden. Am 15. Dezember 1917 unterzeichneten Lenins Unterhändler einen Waffenstillstand mit den Mittelmächten.

In Deutschland waren die letzten Kriegsmonate nach der De-facto-Niederlage Petrograds von hohen, aber oft widersprüchlichen Erwartungen geprägt: Auf der extremen Linken weckte Lenins Putsch die Hoffnung, dass eine radikale Revolution auch in Deutschland möglich sei, wenn auch ohne Unterstützung der MSPD. In rechtsnationalistischen Kreisen wiederum sorgte der Rückzug Russlands aus dem Krieg für eine Welle der Zuversicht, da Deutschland nun im Westen in die Offensive gehen konnte, selbst wenn diese Strategie – speziell in Hinblick auf den U-Boot-Krieg – die Vereinigten Staaten in den Konflikt hineinziehen würde. Somit wurden die politischen wie militärischen Entscheidungen Deutschlands 1917/18 in erheblichem Maße von zwei internationalen Ereignissen beeinflusst: dem Kriegseintritt der USA und der Revolution in Russland.

KAPITEL II

Hoffen auf den Sieg

Nur wenige Tage nach Inkrafttreten des Waffenstillstands zwischen Russland und den Mittelmächten begann in der Festungsstadt Brest-Litowsk, dem Hauptquartier der deutschen Streitkräfte an der Ostfront, eine Friedenskonferenz. Die Bolschewiki hatten mit Erfolg darauf gedrungen, die Friedensverhandlungen öffentlich stattfinden zu lassen – eine historische Premiere, dazu gedacht, die imperialistischen Kriegsziele Deutschlands zu entlarven und gleichzeitig den Bolschewismus als »Friedensideologie« propagandistisch aufzuwerten.[1]

Was die Zusammensetzung der Abordnungen betraf, waren die Verhandlungen bemerkenswert, prallten hier doch erstmals Vertreter der alten imperialen Kräfte auf die eines neuen revolutionären Staates. Die vierzehn Delegierten der Mittelmächte – fünf Deutsche, vier aus der Donaumonarchie, drei des Osmanischen Reiches sowie zwei Bulgaren – repräsentierten entweder Glanz und Gloria des Ancien Régime wie der dünnhäutige k.u.k. Außenminister Ottokar Graf Czernin, der sich wiederholt über die schlechten Tischmanieren der Bolschewiki beklagte, oder aber die Kräfte des extremen Nationalismus wie Talât Pascha, eine der Schlüsselfiguren des Genozids an den Armeniern.

Die bolschewistische Gesandtschaft in Brest-Litowsk – zunächst angeführt von Adolf Joffe, dann vom neu ernannten Volkskommissar des Auswärtigen Leo Trotzki – machte umgehend deutlich, dass sie das exakte Gegenteil darstellte: Trotzkis Delegation sollte all jene vertreten, denen die Bolschewiki ihre Macht verdankten. Sie bestand aus 28 Mitgliedern, darunter Arbeiter, Soldaten und Matrosen in Zivil, Frauen und ein Bauer. Die Deutschen und ihre Verbündeten schienen brüskiert, hatten sie so etwas doch noch nie gesehen – jedenfalls nicht im Rahmen formeller diplomatischer Unterredungen.[2]

Die deutsche Delegation, angeführt vom Staatssekretär des Auswärtigen Amtes Richard von Kühlmann, wollte den Krieg an der Ostfront so schnell wie möglich beenden und war zugleich bestrebt, in Ostmitteleuropa eine Art informelles Imperium zu errichten – bestehend aus formell unabhängigen Nationalstaaten an Russlands Westgrenze, deren wirtschaftliche wie politische Geschicke jedoch von Deutschland kontrolliert werden konnten. An der deutschen Haltung in Brest-Litowsk ließ sich auf aufschlussreiche Weise ablesen, welche Richtung die Kontroverse über die deutschen Kriegsziele genommen hatte, die seit 1914 die Parteien im Land spaltete: fort von der Position, dass man einen »Verteidigungskrieg« führe – wie die deutsche Regierung 1914 stets behauptet hatte, um sich die parlamentarische Unterstützung der linken und liberalen Parteien zu sichern –, hin zu imperial-annexionistischen Zielen, wie sie schon im expansiven »Septemberprogramm« Bethmann Hollwegs von 1914 formuliert wurden. Gegen den Willen der Reichstagsmehrheit hatte die politische Rechte in Deutschland seither auf einen Siegfrieden gepocht, durch den Deutschland zu einem großen kontinentalen Landimperium werden sollte. Solche Phantasien waren weiter befeuert worden durch die Eroberung ausgedehnter osteuropäischer Gebiete nach der erfolgreichen Zurückschlagung der russischen Vorstöße nach Ostpreußen und dem anschließenden »Großen Rückzug« der Zarenarmee aus Ostmitteleuropa im Jahr 1915.

All dies gab der Idee eines zumindest informellen deutschen Imperiums in Ostmitteleuropa neue Nahrung. So bezeichnete etwa Friedrich von Schwerin, ein prominentes Mitglied des Alldeutschen Verbands, in einem Memorandum für das Kanzleramt vom März 1915 den Krieg als »Möglichkeit –vielleicht zum letzten Male in der Weltgeschichte –, daß Deutschland seine kolonisatorische Mission nach dem Osten in entschiedener Weise wieder aufnimmt«.[3] Auch die Deutsche Vaterlandspartei (DLVP), die nach ihrer Gründung im Jahr 1917 rasch eine Million Mitglieder warb und sich für annexionistische Kriegsziele einsetzte, betrachtete den Osten als das vorrangige Ziel künftiger deutscher imperialer Bestrebungen. Ein wichtiger Bestandteil dieser Pläne war die erhoffte Zusammenführung aller diasporalen

Gemeinschaften, also die Vision, sämtliche über Osteuropa verstreuten deutschen Volksgruppen in einem großdeutschen »Imperium« zu vereinen, vor allem jene »Volksdeutschen«, die im Baltikum, in der Ukraine, in Rumänien und in dem zu Russland gehörenden Teil Polens lebten.[4] Dieser Traum eines kontinentaleuropäischen deutschen Imperiums, das alle Deutschen Europas umfasste, war zwar weit älter als der Krieg, erfuhr aber im Verlauf des Konflikts eine unerwartete Dynamik, da seine Anhänger die historisch einzigartige Gelegenheit witterten, ihn wahr zu machen.[5]

In Brest-Litowsk sollte der deutsche Anspruch, die Zukunft Ostmitteleuropas zu gestalten, Realität werden. Deshalb setzte sich die deutsche Delegation dort massiv für eine von Russland unabhängige Ukraine ein, um sich im Gegenzug von der Ukraine umfassende Getreide- und Erzlieferungen zu sichern, die die fortgesetzten Kriegsanstrengungen der Mittelmächte an anderen Fronten absichern sollten.[6] Als General Max Hoffmann, Chef des Generalstabs an der Ostfront, öffentlich machte, dass die Deutschen die »nationale Selbstbestimmung« Polens, Litauens und Kurlands billigten, echauffierte sich Trotzki zu Recht über den kaum verhohlenen Imperialismus, der sich in dieser Unabhängigkeit von Berlins Gnaden ausdrückte. Er drohte mit dem Abbruch der Verhandlungen. Erst zehn Tage später, nach Rücksprache der russischen Delegation mit ihrer Regierung in Petrograd, für die eine Fortführung der Kampfhandlungen fatal gewesen wäre, wurden die Konsultationen fortgesetzt.[7]

Innerhalb der bolschewistischen Führung war man sich keineswegs einig, wie man in den weiteren Verhandlungen vorgehen sollte. Lenin beurteilte die Lage pragmatisch und befürwortete einen Frieden um jeden Preis in der Hoffnung, zunächst die Macht der Bolschewiki im Land zu festigen und die Errungenschaften der russischen Revolution innenpolitisch abzusichern. Trotzki und andere waren dagegen überzeugt, dass es nur eine Frage von Wochen sei, bis sich die Massen auch in anderen Teilen Europas – allen voran in Deutschland – erheben würden. Bis dahin, so ihr Kalkül, gelte es, die Verhandlungen mit den Mittelmächten möglichst in die Länge zu ziehen. Nach seiner Rückkehr nach Brest-Litowsk spielte Trotzki daher auf

Zeit. Seine leidenschaftlichen Tiraden gegen die imperialistischen Ziele der Mittelmächte, gespickt mit Appellen an das deutsche Volk, verfehlten ihre Wirkung nicht: Am 14. Januar riefen die österreichischen Sozialdemokraten zu Großdemonstrationen und Streiks auf, die rasch auf das gesamte k.u.k. Reich und bis nach Deutschland übergriffen.[8] In Berlin legten rund 400 000 Beschäftigte die Arbeit nieder – es war der weitaus größte Streik des Krieges. Der USPD-Vorsitzende Hugo Haase schrieb damals in einem Brief an seine Tochter Else, er betrachte die Streiks als »das größte Ereignis in der Geschichte der deutschen Arbeiterklasse. Ein so starker Opfersinn und Idealismus ist sehr lange nicht zu beobachten gewesen.«[9]

Haases Enthusiasmus war nicht unbegründet. Der Januarstreik war größtenteils von den »Revolutionären Obleuten« organisiert worden – den sozialdemokratischen Verbindungsmännern in den großen Industriebetrieben, deren Aufgabe es war, im Falle eines von der Parteiführung beschlossenen Streiks die Arbeiter in den Betrieben zu mobilisieren. Anfang 1918 hatten sich die meisten dieser Obleute allerdings schon auf die Seite der Unabhängigen Sozialdemokraten geschlagen und ihre Vorbereitungen größtenteils ohne Wissen der MSPD-Führung getroffen. Eine der Schlüsselfiguren bei der Planung und Durchführung der Januarstreiks war der 37-jährige Richard Müller, ein altgedienter Gewerkschaftler in der Berliner Metallindustrie.

Wie viele andere linksgerichtete Sozialisten hatte Müller die Billigung der Kriegsanleihen durch die SPD im Jahr 1914 abgelehnt und nach 1917 in der USPD seine neue politische Heimat gefunden. Als Anführer der Revolutionären Obleute gelang ihm und seinen Mitstreitern nun im Januar 1918 eine Massenmobilisierung gegen den Krieg und die als räuberisch-imperialistisch empfundenen Friedensbedingungen, die Russland angeboten worden waren. In einem beispiellosen Protest gegen den Krieg und einen deutschen Annexionsfrieden marschierten insgesamt 400 000 Demonstranten durch die Straßen Berlins und forderten einen Frieden ohne Annexionen und Reparationen sowie das Selbstbestimmungsrecht der Völker.[10] Auch die MSPD-Spitze erklärte sich am 30. Januar – ungeachtet aller Differenzen mit der USPD – zur Beteiligung am Streik bereit, allerdings wohl vor allem, um

Ende Januar 1918 folgt ein großer Teil der deutschen Metallarbeiter dem Streikaufruf der Revolutionären Obleute und legt aus Protest gegen den Krieg die Arbeit nieder. Es war der größte Streik während des Ersten Weltkriegs, an dem sich auch viele Frauen beteiligten, die inzwischen an den Werkbänken in den Fabriken standen. Nachdem der Aufstand Anfang Februar unter dem Druck des Staates zusammengebrochen war, kam es zu vielen Verhaftungen und zur Abkommandierung von Rädelsführern in Strafbataillone.

eine revolutionäre Eskalation zu verhindern oder – in den Worten Scheidemanns – ein »nicht zu billigendes, aber verständliches Unternehmen nicht nur in ruhige Bahnen zu lenken, sondern auch durch Verhandlungen mit der Regierung schnellstens zum Ende zu bringen«.[11] In den deutschen Rüstungsbetrieben, den Werften und Zechen streikte in den folgenden Tagen mehr als eine Million Arbeiter und Arbeiterinnen.

Und doch brach der Ausstand unter dem Druck von Polizei und Militär nach wenigen Tagen zusammen. Am 4. Februar gab die Streikleitung auf. Gegen die geballte Macht von Polizei und Militär hatten die Streikenden letztlich keine Chance, zumal ein Großteil der Deutschen nach Brest-Litowsk noch optimistisch in die Zukunft blickte und einen deutschen Sieg an der Westfront in den kommenden Monaten erwartete. Hunderte Aktivisten gingen in Haft, Tausende wurden zu den Strafbataillonen an vorderster Front eingezogen, darunter Richard

Müller, der Anführer der Revolutionären Obleute und Cheforganisator der Streiks, sowie Leo Jogiches, der während der Inhaftierung Luxemburgs und Liebknechts als Chefstratege des kleinen, aber militanten und aktiv beteiligten Spartakusbundes auftrat.[12]

Auch wenn die massiven Januarstreiks in Deutschland am Ende von den Ordnungskräften niedergeschlagen wurden, bestärkten sie Lenin und Trotzki in ihrer Ansicht, dass ein Übergreifen der bolschewistischen Revolution nach Westen kurz bevorstehe. Doch Kühlmann und die anderen Gesandten der Mittelmächte waren die Verzögerungstaktik der Bolschewiki leid. Sie verloren die Geduld und schlossen am 9. Februar einen separaten Vertrag mit der Ukraine. Im Rahmen dieses sogenannten Brotfriedens verpflichtete sich die Ukraine Deutschland und Österreich-Ungarn gegenüber zur Lieferung von jährlich einer Million Tonnen Brot im Austausch für die Anerkennung der Ukrainischen Volksrepublik (UNR), die kurz zuvor ihre Unabhängigkeit von Russland erklärt hatte.[13]

Als er von dem Sonderfrieden erfuhr, stürmte Trotzki aufgebracht aus dem Tagungsraum und verweigerte weitere Gespräche. Die Mittelmächte reagierten mit der Wiederaufnahme der Kriegshandlungen. Vom 18. Februar an rückte eine Million Soldaten deutscher und österreichisch-ungarischer Verbände gen Osten vor. Sie nutzten die Schienenwege, und da sie auf keinen nennenswerten Widerstand der russischen Armee stießen, eroberten sie innerhalb kurzer Zeit weite Gebiete sowie die strategisch wichtigen Städte Dorpat (Tartu), Reval (Tallinn) und Narwa (Narva). Die verbliebenen Landesteile Lettlands, Livlands, Estlands und Weißrusslands wurden ebenso überrannt wie die nun »befreite« Ukraine, deren Hauptstadt Kiew am 1. März in deutsche Hände fiel.[14]

Mit Beginn der Offensive trafen in Petrograd neue, nun nicht mehr verhandelbare Friedensbedingungen der Mittelmächte ein. Kurz nach der Einnahme Kiews unterzeichneten die Bolschewiki schließlich den Vertrag von Brest-Litowsk auf Druck Lenins, der sehr klar vorhersah, dass seine Revolution am Ende sein würde, wenn deutsche Truppen Petrograd einnahmen. Für den Fall, dass seine Regierung die Unterzeichnung des Friedens ablehnte, hatte Lenin mit seinem Rücktritt gedroht – als Parteivorsitzender wie als Vorsitzender im Rat der Volkskommissare. Der Vertrag brachte Deutschland dem Kriegsziel der nationalen Rechten und der OHL, zur imperialen Hegemonialmacht Europas aufzusteigen, so nahe wie nie seit 1914. Für die Rechte stellte der Siegfrieden mit Russland einen beachtlichen Triumph dar. Denn der im Frühjahr 1918 geschlossene Vertrag von Brest-Litowsk ließ keinen Zweifel daran, welche Seite sich im Streit um die deutschen Kriegsziele durchgesetzt hatte. Die annexionistisch-expansionistische Vision eines Großreichs im Osten schien Wirklichkeit zu werden, denn das Abkommen von Brest-Litowsk, wäre es von Dauer gewesen, hätte den Grundstein eines neuen deutschen Landimperiums auf dem Kontinent gelegt.

Wohl wissend, dass die Bolschewiki keinerlei Entschädigungszahlungen würden leisten können, wollte Berlin sich mit weitreichenden Gebietsabtretungen entlohnen lassen – Abtretungen, die die Reparationen des Versailler Vertrags von 1919 vergleichsweise milde erscheinen lassen. So verlangten die Deutschen von den Bolschewiki, dass sie große und überaus rohstoffreiche Regionen des ehemaligen Zarenreichs endgültig in die »Unabhängigkeit« entließen, eine Unabhängigkeit, die in vielen Fällen eine massive Präsenz deutscher Truppen vorsah. Das betraf unter anderem Finnland, Russlands polnische Gebiete, Estland, Livland, Kurland, Litauen, die Ukraine und Bessarabien. Ferner forderten sie die Rückgabe der im Russisch-Osmanischen Krieg 1877/78 an Russland gefallenen Provinzen Ardahan, Kars und Batumi an das Osmanische Reich. Sowjetrussland büßte damit nahezu alle westlichen nichtrussischen Gebiete des einstigen Romanow-Imperiums ein: eine Fläche von 1,6 Millionen Quadratkilometern – die doppelte Größe des Deutschen Reiches – und ein Drittel seiner Vorkriegsbevölkerung. Das Land verlor 73 Prozent seiner Eisenerzproduktion, nicht weniger als 89 Prozent seiner Kohlevorkommen sowie einen beträchtlichen Teil seiner Industriebetriebe.[15]

Die deutschen Nationalisten waren außer sich vor Freude. Leopold von Bayern, Deutschlands Oberbefehlshaber an der Ostfront, sprach vielen von ihnen aus dem Herzen, als er Anfang März 1918 vermerkte, der Friede von Brest-Litowsk werde »ein Wendepunkt in der Weltgeschichte werden«.[16] Dass Russlands Ausscheiden aus dem Krieg auch eine Reihe unerwünschter Folgen zeitigen und die Revolutionen in Mitteleuropa vorantreiben würde, das konnte der Prinz noch nicht ahnen. So führte die Entlassung Hunderttausender Kriegsgefangener im Winter 1918/19 vor allem aus der österreichisch-ungarischen Armee zu einer nachhaltigen Radikalisierung, da die bolschewistische Ideologie unter den heimkehrenden Soldaten bereits viele Anhänger gefunden hatte.[17] Einige von ihnen sollten sich später zu Anführern der mittel- und südosteuropäischen Linken entwickeln, darunter der österreichische Sozialist Otto Bauer, der Ungar Béla Kun und der kroatische Oberfeldwebel Josip Broz, besser bekannt unter seinem späteren kommunistischen Kampfnamen Tito.[18] Vorerst allerdings überwog die Zuversicht, dass sich das Blatt zugunsten Deutschlands gewendet hatte.

Vor der Unterzeichnung des Abkommens von Brest-Litowsk war die deutsche Armee geographisch zwischen Ost und West zerteilt. Von den sechs Millionen deutschen Soldaten, die Anfang 1918 im Feld standen, kämpften etwa 3,5 Millionen an der Westfront. Der Vertrag von Brest-Litowsk hatte Deutschland ein ausgedehntes Protektorat auf dem Gebiet des ehemaligen Zarenreichs beschert, zu dessen Absicherung der Erste Generalquartiermeister der OHL, Erich Ludendorff, erhebliche Truppenteile im Osten belassen musste: Rund eine Dreiviertelmillion deutsche Soldaten taten an einer Vielzahl von Außenposten Dienst, die von der baltischen Küste bis hinab nach Georgien reichten.[19] Aber Ludendorff zog nun seine besten Einheiten von der Ostfront ab und verlegte etliche Divisionen nach Westen. Zurück blieben kleinere Garnisonen, zumeist bestehend aus älteren Soldaten, Truppen aus Elsass-Lothringen, die man im Kampf gegen Frankreich nicht für verlässlich hielt, sowie verwundete Soldaten und solche mit wiederkehrenden oder chronischen Gesundheitsproblemen. Der Stabschef von Ober-Ost, jenes mehr als 100 000 Quadratkilometer großen, seit November 1915 deutsch kontrollierten Besatzungsgebiets an der Ostfront, musste in jenen Tagen feststellen: »Unsere Osttruppen bestehen aus den ältesten Jahrgängen. Dazu die Masse der Elsaß-Lothringer. Alles, was einigermaßen gut war, hat man uns abgenommen.«[20]

Die Niederlage Russlands war jedoch nicht der einzige Grund, weshalb sich die militärische Führung der Mittelmächte zum Jahresende 1917 zuversichtlich zeigte, dass ein Sieg an der Westfront machbar sei. Zwar hatten die Vereinigten Staaten ihre Kriegserklärung an Deutschland vom April 1917 im Dezember auch auf Österreich-Ungarn ausgeweitet, doch zu diesem Zeitpunkt waren gerade einmal 175 000 US-Soldaten in Europa gelandet – viele davon ohne jede Kampferfahrung.[21] Es gab daher guten Grund zu der Annahme, dass die Mittelmächte zum ersten Mal seit Jahren strategisch wieder das Heft in der Hand hielten – zumindest bis die alliierten Linien an der Westfront mit amerikanischen Soldaten aufgefüllt waren. Zudem hatte das Ausscheiden Russlands ein weiteres Mitglied der Entente militärisch isoliert, das sich nun von starken deutschen, österreichisch-ungarischen und bulgarischen Streitkräften umzingelt sah: Rumänien. Am 9. Dezember 1917 blickte man in Bukarest den neuen Realitäten ins Auge und unterzeichnete den drakonischen Waffenstillstand von Focşani.[22]

Am 11. November 1917, genau ein Jahr vor dem Ende des Krieges im Osten, blickte Deutschlands wichtigster Militärstratege, Erich Ludendorff, also mit gutem Grund optimistisch in die Zukunft. Nun würde alles auf ein finales Kräftemessen an der Westfront herauslaufen: »Die Lage in Russland und Italien wird es voraussichtlich ermöglichen, im neuen Jahr einen Schlag auf dem Westkriegsschauplatz zu führen. Das beiderseitige Kräfteverhältnis wird etwa gleich sein. Es können für eine Offensive etwa 35 Divisionen und 1000 schwere Geschütze verfügbar gemacht werden […]. Unsere Gesamtlage fordert, möglichst früh zuzuschlagen, möglichst Ende Februar oder Anfang März, ehe die Amerikaner starke Kräfte in die Waagschale werfen können.«[23]

Oberst Albrecht von Thaer, der im März 1918 von der Front in den Generalstab versetzt werden sollte, teilte die Zuversicht seines Vorgesetzten, als er am Silvestertag 1917 in seinem Tagebuch festhielt: »Vom rein militärischen Standpunkt gesehen und somit auch vom außenpolitischen war seit Kriegsbeginn unsere Lage eigentlich noch nie so gut. Rußland, diese Riesenmilitärmacht total erledigt, bittet um

Frieden; Rumänien desgleichen. Serbien und Montenegro sind einfach weg. Italien wird nur noch mühselig gestützt von England und Frankreich und wir stehen in seiner besten Provinz. England und Frankreich zwar noch kampfbereit, aber doch schon stark abgekämpft (vor allem die Franzosen) und Engländer doch sehr durch den U-Bootkrieg bedrängt.«[24] Selbst gemäßigte Politiker und Befürworter eines Verständigungsfriedens stimmten in den Chor der Optimisten ein. So schrieb etwa der gerade erst zum Kölner Bürgermeister gewählte 42-jährige Konrad Adenauer im Januar 1918, das Jahr 1917 habe »mit der für uns günstigsten Lage seit Beginn des Krieges unter Aussicht auf einen guten, ehrenvollen Frieden« geendet.[25]

Während Adenauer und andere Politiker des Zentrums und der Linken auf einen »ehrenvollen Frieden« hofften, der den Krieg ohne Sieger beenden würde, wollte die Militärführung mehr. Für sie versprach Brest-Litowsk die Aussicht auf Satellitenstaaten in Ostmitteleuropa und enorme Mengen an Getreide, Baumwolle und Öl. In erster Linie aber würde man nun Truppen für eine letzte Offensive freimachen können, um den Krieg im Westen zu gewinnen, bevor die amerikanischen Soldaten in relevanter Zahl eintrafen. Allerdings war sich der deutsche Führungsstab bewusst, dass die Entscheidung schnell gesucht werden musste.[26] Kriegsmüdigkeit und Disziplinprobleme hatten in allen kriegführenden Nationen zugenommen, auch bei den deutschen Truppen. Ende 1917 und Anfang 1918 waren die Anzeichen wirtschaftlicher Entbehrung und innenpolitischer Spannungen an der Heimatfront kaum noch zu leugnen. Und der politische »Burgfrieden«, den die Parteien im Reichstag 1914 geschlossen hatten, bröckelte bereits stark, als die Mehrheit der Parlamentarier im Juli 1917 eine von MSPD, Linksliberalen sowie katholischer Zentrumspartei unterstützte Friedensresolution verabschiedete, in der ein Frieden ohne Reparationen und Gebietsabtretungen gefordert wurde.

Die Friedensresolution löste nicht nur in der OHL, die dem Reichstag »Defätismus« vorwarf, einen Sturm der Entrüstung aus, sie führte sogar zur Gründung einer neuen politischen Partei der radikalen Rechten – der Deutschen Vaterlandspartei. Diese Gruppierung lehnte die Friedensresolution grundlegend ab und warb damit rasch über eine Million Mitglieder.[27] Obwohl der neu ernannte Reichskanzler Georg Michaelis – Bethmann Hollweg war auf Druck der OHL zurückgetreten – die Resolution rundweg ignorierte, führte sie doch jedem vor Augen, dass die Strapazen des Krieges mittlerweile jeglichen Konsens über dessen Sinn und Zweck, der zuvor in der deutschen Gesellschaft geherrscht haben mochte, ausgehöhlt hatten. Mit zunehmender Kriegsmüdigkeit geriet auch die Legitimität der kaiserlichen Herrschaft und der »stillen« Militärdiktatur, zu der sie verkommen war, massiv ins Wanken.[28] Dem Regime gelang es weder, die Entbehrungen der Zivilbevölkerung zu lindern, noch den Krieg zum versprochenen siegreichen Ende zu führen. Je länger sich der Konflikt hinzog, desto mehr nahm die Unzufriedenheit zu, und die Frontberichte beurlaubter Soldaten trugen ihren Teil zur Verschlechterung der Stimmung unter der Zivilbevölkerung bei. Bereits im Sommer 1917, bei Anbruch des vierten Kriegsjahres, vermeldete die Heeresleitung in Karlsruhe eine äußerst niedrige Kampfmoral sowie eine wachsende Wut auf die militärische und politische Führung des Reiches.[29]

Nicht nur in Deutschland wuchs die Unzufriedenheit. In den meisten Kombattantenstaaten kam es zu ähnlichen Unmutsäußerungen, die die herrschenden Schichten oftmals noch erheblich mehr beunruhigten. Frankreich erlebte zwischen Juli 1916 und Mai 1918 eine massive Streikwelle in der Metallindustrie, und im Frühjahr 1917 breiteten sich Streiks in der gesamten Arbeiterschaft aus, die höhere Löhne und ein Ende des Krieges forderte. Im Mai und Juni 1917 kam es in der französischen Armee zu einer Reihe von Meutereien, einer »Disziplinkrise«, die etwa die Hälfte aller französischen Divisionen an der Westfront erfasste, wo Soldaten Kundgebungen organisierten und den Frontdienst verweigerten.[30] So besorgniserregend diese Proteste auch sein mochten, sie ließen sich letztlich in Schach halten und wuchsen sich nie zu einer Revolution aus, die Frankreichs Kriegsteilnahme ernstlich bedroht hätte.

Auch in Norditalien kam es im Frühjahr und Sommer 1917 zu schweren Unruhen und Protesten, die sich – nicht selten angeführt von Frauen – gegen steigende Preise, Nahrungsmittelengpässe und die Fortführung des Krieges richteten und schließlich mit der Turiner

Brotrevolte vom August 1917 ihren Höhepunkt erreichten.[31] In Großbritannien nahmen Ausmaß und Häufigkeit von Arbeitsniederlegungen während des Krieges ebenfalls zu, doch entlud sich der wachsende Unmut nur in Dublin in einer revolutionären Erhebung – dem von den *Irish Volunteers* und der *Citizen Army* am 24. April 1916 losgetretenen Osteraufstand.[32]

In Deutschland gipfelten Kriegsmüdigkeit und politische Unzufriedenheit in den umfangreichen Januarstreiks des Jahres 1918 – Unruhen, die man mit einer Mischung aus polizeilicher Repression und dem abermaligen Versprechen eines kurz bevorstehenden Sieges noch einmal in den Griff bekommen konnte. Die militärischen Erfolge im Osten waren in diesem Zusammenhang von maßgeblicher Bedeutung, denn sie dämmten den allgemeinen Kriegsverdruss zumindest zeitweise ein und halfen, die Öffentlichkeit für die vermeintliche Entscheidungsschlacht gegen Großbritannien und Frankreich zu mobilisieren, für die die OHL 48 Divisionen von der Ostfront nach Westen verlegt hatte.[33]

Dieser verfehlte Optimismus in den Hauptstädten der Mittelmächte und die Hoffnung auf einen raschen Sieg bildeten den Hintergrund für die Ereignisse des letzten Kriegsjahres. Während die Aussicht auf den bevorstehenden Sieg den Kampfgeist der Soldaten neu entfachte, schraubte sie zugleich deren Erwartungen in die Höhe und damit die Gefahr maßloser Enttäuschung und einer umfassenden Zersetzung der Heeresmoral.[34] Jetzt hing alles vom Erfolg oder Scheitern der Frühjahrsoffensive ab. Die militärischen Erfahrungen seit 1914 hatten allerdings gezeigt, dass ein mit maschineller Feuerkraft geführter Krieg die Defensive entscheidend begünstigte, während eine offensive Strategie das Risiko gravierender Verluste erhöhte. Doch Hindenburg und Ludendorff bot sich keine ernsthafte Alternative: Gewiss, die Truppen hätten in ihren gut befestigten Stellungen bleiben und den neu eingetroffenen, unerfahrenen amerikanischen Rekruten enorme Verluste zufügen können, doch die Bevölkerungen der Mittelmächte würden den Krieg kaum noch länger mittragen. Folglich beabsichtigte Ludendorff mit seiner Frühjahrsoffensive, den Krieg rasch zu beenden, indem er das britische Expeditionsheer zum

Ärmelkanal zurückdrängte und so dessen Evakuierung erzwang. Erst dann würde man den Franzosen den entscheidenden Schlag versetzen. Das Hauptziel des Angriffs mit dem Decknamen »Operation Michael« bestand daher darin, die britischen Linien am Somme-Arras-Frontabschnitt zu durchbrechen, wo die numerische Überlegenheit der Deutschen bei etwa 2 zu 1 lag.[35]

Die Überraschungsoffensive begann in den frühen Morgenstunden des 21. März mit einem Bombardement von bis dahin nie dagewesener Heftigkeit. In fünf Stunden feuerten rund 6000 deutsche Geschütze weit über eine Million Granaten auf die britischen Frontstellungen. Wie der deutsche Infanterieleutnant Ernst Jünger in seinem Kriegstagebuch – das in überarbeiteter Form unter dem Titel *In Stahlgewittern* zum Weltbestseller wurde – festhielt, verursachte der massive Granatbeschuss einen »Orkan« aus Feuer, der so furchtbar war, »dass auch die größten der überstandenen Schlachten dagegen erschienen wie ein Kinderspiel«. Nach stundenlangem ununterbrochenen Artilleriefeuer erhielt die Infanterie den Befehl, auf die feindlichen Linien loszustürmen. »Der große Augenblick war gekommen. Die Feuerwalze rollte auf die ersten Gräben zu. Wir traten an.«[36]

Die mit 32 Divisionen vorrückende deutsche Infanterie überrannte rasch den südlichen Frontabschnitt. Allein am ersten Tag machten die drei angreifenden deutschen Armeen 21 000 Gefangene und brachten dem Gegner Verluste in Höhe von mehr als 17 500 Mann bei.[37] Die Alliierten packte – kurzzeitig – das blanke Entsetzen. Am 24. März gab Feldmarschall Douglas Haig dem französischen Oberkommandierenden Henri-Philippe Pétain zu verstehen, dass sich die britischen Linien nicht mehr halten ließen und er die Verteidigung von Amiens aufgeben müsse. Tags darauf, am 25. März, befahl Haig seinen Truppen tatsächlich, sich auf ihre Positionen von 1916 zurückzuziehen.[38] Inmitten des chaotischen Rückzugs wurden erste Pläne geschmiedet, die britischen Expeditionskorps von französischen Häfen entlang des Ärmelkanals aus zu evakuieren, genau wie Ludendorff es geplant hatte. Die Frühjahrsoffensive war der bitterste Rückschlag, den die Engländer während des gesamten Krieges erlitten. Sie zwang die Alliierten, endlich ihre internen Rivalitäten zu überwinden und ein gemeinsames Oberkommando unter General Ferdinand Foch einzurichten.[39]

Nach diesem Erfolg sah sich der deutsche Führungsstab in seinen Hoffnungen und Erwartungen bestätigt. Alles schien nach Plan zu laufen. Bereits am 23. März zeigte sich Kaiser Wilhelm II. überzeugt: »Die Schlacht ist gewonnen, die Engländer total geschlagen!«[40] Die optimistische Einschätzung, dass der Sieg zum Greifen nahe sei, machte sich auch an der Heimatfront breit – ein entscheidender Faktor für die Art und Weise, wie die Deutschen ihre Niederlage später deuteten.

Am 26. März sandte der Vorstandsvorsitzende des Krupp-Konzerns, Alfred Hugenberg, General Hindenburg ein Glückwunschtelegramm: »Der Friede mit Rußland […] und der große Sieg dieser Tage über die Engländer sind die zwei mächtig hallenden Hammerschläge an alle deutschen Herzen […]. Wer am deutschen Siege kleinmütig verzweifelte und auch wer nie an ihn geglaubt hat, sieht ihn nun als greifbare Möglichkeit vor sich und muss sich dem Gedanken des Sieges beugen.«[41] Selbst Sozialdemokraten wie der Gewerkschafter des »Alten Verbandes«, Heinrich Aufderstrasse, ließen sich von der Euphorie anstecken: »Der heutige Siegesrausch läßt sich bald mit dem der ersten Kriegsmonate vergleichen.«[42]

In Wahrheit hatten die deutschen Landgewinne durch die »Operation Michael«, so beachtlich sie auch waren, so gut wie keine Auswirkungen. Als die Operation am 5. April endete, war die 18. deutsche Armee gut fünfzig Kilometer auf feindliches Gebiet vorgestoßen – eine Verschiebung der westlichen Frontlinie, wie es sie seit 1914 nicht mehr gegeben hatte. Etwa 90 000 alliierte Soldaten hatten sich ergeben, rund 1300 Artilleriegeschütze waren in deutsche Hände gefallen.[43] Der strategische Nutzen war jedoch minimal. Die Briten waren angezählt, aber längst nicht geschlagen. Zwar hatten die Deutschen ein beträchtliches Gebiet erobert, doch bestand dieses vor allem aus verwüstetem, wertlosem Ödland, über das sie nun ihre ohnehin schon extrem überdehnten Versorgunglinien ziehen mussten.[44] Was aber noch schlimmer war: Die Deutschen hatten in der Offensive rund 240 000 Mann verloren mit besonders gravierenden Gefallenenraten in den unersetzbaren Elitesturmtruppen.[45] Die Engländer dagegen konnten ihre Reihen fast postwendend mit neuen Rekruten aus der Heimat wieder schließen – schon Ende April landeten 100 000 von ihnen in französischen Häfen.[46]

Nachdem er alle Trümpfe mit der Frühjahrsoffensive aus der Hand gegeben hatte, geriet Ludendorff unter enormen Erfolgsdruck und beging Leichtsinnsfehler. Da er mit der »Operation Michael« sein Hauptziel, die Briten aus dem Konflikt zu drängen, nicht erreicht hatte, suchte er sein Glück an einem anderen Frontabschnitt. Bei der Planung der Frühjahrsoffensive Ende 1917 hatte er als Alternative einen Großangriff in Flandern unter dem Decknamen »Operation Georg« in Erwägung gezogen. Nach dem Scheitern von »Operation Michael« kam »Operation Georg« nun zurück aufs Tapet, wenn auch in kleinerem Maßstab, was sich schon im neuen Namen des Unternehmens niederschlug: »Operation Georgette«. Zwei deutsche Armeen erhielten den Auftrag, die neun alliierten Divisionen zu überrennen – acht britische und eine portugiesische –, die zwischen den deutschen Linien und dem strategisch bedeutenden Eisenbahnknotenpunkt von Hazebrouck standen, über den wichtige alliierte Nachschublinien verliefen.

Der Angriff, der am frühen Morgen des 9. April mit schwerem Geschützfeuer begann, schien zunächst überaus erfolgreich zu sein. Deutsche Sturmtruppen durchbrachen die portugiesischen Verteidigungslinien und rückten bis zum Abend rund zehn Kilometer vor. Die Offensive wurde in den folgenden Tagen fortgesetzt, kam aber wenige Kilometer vor Hazebrouck jäh zum Erliegen. Schuld an Ludendorffs erneutem Fehlschlag war nicht nur der zähe britische Widerstand, sondern auch die Erschöpfung der deutschen Soldaten, von denen viele bereits an der »Operation Michael« teilgenommen hatten.[47]

Das Ausbleiben des erwarteten raschen und deutlichen Sieges bereitete an der Heimatfront zunehmend Sorgen. Am 1. Mai 1918 äußerte der gut vernetzte deutsche Historiker Friedrich Meinecke, der regelmäßig mit hochrangigen Politikern zusammentraf, wachsende Zweifel am Erfolg der Offensive. Meinecke, der zu Beginn der Frühjahrsoffensive noch in sein Tagebuch geschrieben hatte, dass der

Vormarsch »alle Hoffnungen wieder aufflammen« lasse,[48] beurteilte die Lage nun weit pessimistischer: »Ich muss mich fortgesetzt sehr dunkler Gedanken erwehren. Dieser Krieg kann das werden, was der Peloponnesische und Dreißigjährige Krieg einst waren, der Anfang vom Abstieg [...] der Europäischen Kultur [...]. [D]ie einmal losgelassenen und entfesselten Gewalten im Innern erschrecken mich [...]. Das gleiche Wahlrecht ist nötig – ebenso wie ein Quantum von Militarismus auf der anderen Seite –, aber die Synthese zwischen beiden wird vielleicht nicht gelingen – und überspannte Reaktion und schließlich Revolution als Gegenschlag kann kommen. Und dann, wie in Rußland, eine breiartige Auflösung aller Dinge?«[49]

Ludendorff wollte sich noch immer nicht eingestehen, dass seine Frühjahrsoffensive ohne einen entscheidenden Sieg verpufft war. Doch als sich die Briten auch mit der »Operation Georgette« nicht in die Knie zwingen ließen, agierte die deutsche Führung zunehmend kopflos. Ludendorff stellte seine Angriffe ein und schlug an einem anderen Frontabschnitt zu. Die Ende Mai eingeleitete Aisne-Offensive gegen die Franzosen, der mit zwei Millionen Granaten binnen viereinhalb Stunden der schwerste Artilleriebeschuss des gesamten Krieges vorausgegangen war, stellte einen letzten verzweifelten Versuch dar, den Krieg doch noch zu gewinnen. Sie brachte den weitesten Vorstoß deutscher Truppen gen Westen überhaupt. Nach Einnahme von Château-Thierry an der Marne standen deutsche Truppen nun – wie schon 1914 – wieder in Reichweite der französischen Hauptstadt, wo durch Einschläge deutscher Fernkampfartillerie fast 900 Menschen ums Leben kamen.[50]

Die Offensiven der deutschen Armee vom Frühjahr und Frühsommer 1918 schufen jedoch mehr Probleme, als sie lösten. Die Kommunikations- und Versorgungswege waren nun länger, und es gestaltete sich zunehmend schwieriger, ausreichend Nachschub an die Front zu befördern. Die Essensvorräte, die deutsche Soldaten in den hastig verlassenen Schützengräben der Feinde fanden – Weißbrot, Corned Beef, Gebäck und Wein –, lieferten den ausgehungerten Männern buchstäblich eine Kostprobe der wirtschaftlichen Überlegenheit des Gegners. Ernüchternd wirkten auch die immensen deutschen

Opferzahlen: Bis Ende Juni 1918 waren insgesamt 915 000 Männer gefallen, so viele wie seit den ersten zwei Kriegsmonaten 1914 nicht mehr. Der hohe Blutzoll, den Ludendorffs riskante Schachzüge gefordert hatten, zahlte sich nicht aus. Während die deutschen Verluste – häufig unter den besten und erfahrensten Kämpfern – nicht wettzumachen waren, konnten die Alliierten ihre Reihen mit den 250 000 Amerikanern, die jeden Monat in Europa eintrafen, üppig auffüllen.[51]

Zu allem Überfluss suchte nun auch noch die erste Welle der »Spanischen Grippe« die deutschen Frontlinien heim – ein besonders aggressives Grippevirus, das weltweit am Ende mehr als fünfzig Millionen Opfer forderte und die deutschen merkwürdigerweise viel gravierender befiel als die alliierten Soldaten.[52] Das Virus, das in der Regel nur für Kinder und Alte lebensgefährlich war, wütete besonders heftig unter den jungen und gesunden Soldaten der deutschen Angriffsformationen.[53] Allein die 6. deutsche Armee im Elsass meldete in der ersten Julihälfte täglich 10 000 neue Fälle. Insgesamt erkrankten zwischen Mai und Juli 1918 über eine Million deutsche Soldaten. Demgegenüber hatte die britische Armee während der Monate Juni und Juli gerade einmal 50 000 Grippefälle zu verzeichnen.[54] Auch andere Krankheiten – Lungenentzündung, Ruhr und sogar Malaria – trugen zur Schwächung der deutschen Truppen bei.[55]

Vom Sommer an waren die dezimierten, durch die vorherigen Offensiven und diverse Krankheiten entkräfteten deutschen Soldaten dann kontinuierlichen Gegenangriffen der Alliierten ausgesetzt. Die französische Gegenoffensive, die im Juli 1918 die Zweite Schlacht an der Marne einläutete, sowie der Angriff der Briten bei Amiens am 8. August zeigten, dass die Alliierten nun das Heft des Handelns in der Hand hielten und sich das Blatt zu ihren Gunsten gewendet hatte. Sechzehn deutsche Divisionen wurden im Zuge der alliierten Gegenschläge ausgelöscht. Noch ließ sich der völlige Zusammenbruch der Front vermeiden, doch die deutschen Soldaten waren zermürbt und entmutigt und suchten die Schuld für ihre fatale Lage zunehmend bei der eigenen Militärführung.[56] So berichtete die Feldpost-Zensurstelle der 6. Armee, immer mehr Soldaten würden offen über den »preußischen Militarismus« und sogar den Kaiser selbst klagen.[57]

Ohne Aussicht auf Verstärkung, logistisch überdehnt und von Krankheiten und den vielen Offensiven dezimiert, waren die deutschen Truppen nicht mehr in der Lage, den alliierten Angriffen standzuhalten. Innerhalb kurzer Zeit gingen sämtliche seit dem Frühjahr eroberten Gebiete wieder verloren. Eine Woche nachdem die Alliierten die Deutschen am 8. August – dem »schwarzen Tag« des deutschen Heeres – auf breiter Front zurückgedrängt hatten, riet Ludendorff dem Kaiser zu einem Verhandlungsfrieden. Es war eine Option, der er sich den gesamten Krieg über strikt verweigert hatte.[58]

KAPITEL III

Endspiel

Unter Vorsitz des deutschen Kaisers kamen am 14. August 1918 Reichskanzler Georg von Hertling und die Militärführung zu einer Dringlichkeitssitzung zusammen. Es galt, die sich eklatant verschlechternde militärische Lage sowie notwendige Gegenmaßnahmen zu erörtern. Hindenburg und Ludendorff behaupteten zwar, dass die Fronttruppen noch in der Lage seien, die Verteidigungslinien auf französischen Boden zu halten, wiesen Hertling aber eindringlich darauf hin, dass dies nur gelingen könne, wenn die Heimat geschlossen hinter der Armee stehe.[1] Es kristallisierte sich also bereits eine Argumentation heraus, die in den letzten Kriegstagen zur Grundthese der OHL werden sollte: An der Niederlage sei nicht die oberste Militärführung schuld, sondern die Heimatfront, wo der Defätismus am Ende obsiegt habe und die »im Felde ungeschlagene« Armee verraten worden sei.

Die Wirklichkeit sah anders aus. Langsam, aber unaufhaltsam wurde die deutsche Front zurückgedrängt. Nach dem 21. August gewannen die Briten bei Arras und Péronne erneut die Oberhand und erzielten erhebliche Landgewinne, während sich die deutschen Soldaten, die es leid waren, in einem längst verlorenen Krieg zu kämpfen, den Alliierten immer öfter ergaben. Hindenburg und Ludendorff beurteilten die Lage so ernst, dass sie ihr militärisches Hauptquartier am 5. September von Avesnes ins belgische Spa zurückverlegten. Allmählich dämmerte ihnen, dass der Krieg endgültig verloren war. Von überall trafen nun Berichte über die zerrüttete Kampfmoral der Truppe ein. In einem dieser Kommuniqués, angefertigt von der Feldpost-Zensurstelle der 6. Armee, heißt es: »Kriegsmüdigkeit und Gedrücktheit ist allgemein.«[2]

Zu diesem Zeitpunkt war Ludendorff nur noch ein Schatten seiner selbst. In den vergangenen zwei Jahren hatten Hindenburg und er faktisch eine Militärdiktatur errichtet, wobei die gesamte deutsche Kriegführung im Grunde in Ludendorffs Händen lag. So wie die Siege an der Ostfront über Russland und Rumänien seine Position gestärkt hatten, untergrub das Scheitern der Offensiven im Westen nun sein Selbstvertrauen.[3]

Zur tiefen Krisenstimmung, die von Ludendorff Besitz ergriff, trug auch der militärische Zusammenbruch der deutschen Verbündeten an den anderen Fronten bei, zu dem es im Spätsommer und Frühherbst 1918 kam. Im Osten starteten die Alliierten am 14. September eine Offensive und schlugen die bulgarische Armee so vernichtend, dass sie nach zwei Wochen um einen Waffenstillstand ersuchte. Der rasche Zusammenbruch kam für die meisten Beobachter völlig überraschend. Seit dem Kriegseintritt 1915 hatte Bulgariens Armee verbissen gekämpft und zunächst eine ganze Reihe von Siegen erringen können (1915: Niš, Ovçe Pole, Kosovo, Krivolak; 1916: Lerin, Chegan, Bitola, Strumica, Cerna, Tutrakan, Dobritsch, Kobadin und Bukarest). Vor 1918 hatte die bulgarische Armee keine entscheidende Schlacht verloren und die konzertierten Angriffe britischer und französischer Truppen auf die starken bulgarischen Verteidigungslinien nahe der mazedonischen Kleinstadt Dojran wiederholt zurückgeschlagen.[4]

Der Durchbruch gelang der Entente schließlich an einer anderen Stelle der bulgarischen Südwestfront. Im Laufe des Sommers 1918 hatten die Alliieren an der mazedonischen Front nördlich von Thessaloniki mehr als 31 Divisionen zusammengezogen, rund 650 000 Mann. Der von französischen und serbischen Truppen am 14. September 1918 eröffneten Großoffensive konnten die bulgarischen Verteidiger nichts mehr entgegensetzen. Bei Dobro Polje durchbrachen Franzosen und Serben die gegnerischen Linien, während britische und griechische Verbände die bulgarischen Verteidigungsstellungen am Dojransee überrollten. Obgleich einige Einheiten erbitterten Widerstand leisteten, fiel das Gros der bulgarischen Armee rasch in sich zusammen. Am 25. September ersuchte die bulgarische Führung die Alliierten um Einstellung der Kampfhandlungen.[5]

Als die bulgarische Delegation vier Tage später in Thessaloniki den Waffenstillstand unterzeichnete, war das Land, das den Mittelmächten als letztes beigetreten war, das erste, das die Koalition wieder verließ. In dem Abkommen verpflichtete sich Bulgarien zur kompletten Demobilisierung seiner Streitkräfte – mit Ausnahme einer Handvoll Truppen zum Schutz der türkischen Grenze und der Eisenbahnlinien –, zur Übergabe seines Militärgeräts an die Entente, zur Stationierung alliierter Verbände an strategischen Punkten des Landes sowie – und das war für die Regierung in Sofia wohl der schmerzlichste Punkt – zum kompletten Rückzug seiner Truppen aus allen im Krieg eroberten serbischen und griechischen Territorien, auch aus Mazedonien, einer Region, die Bulgarien seit seiner Unabhängigkeit im späten 19. Jahrhundert für sich beanspruchte. Obendrein erhielt die Waffenstillstandsvereinbarung eine Reihe von Geheimklauseln, die eine zeitweilige alliierte Besetzung vorsahen, falls Bulgarien den Krieg doch nicht beendete. Hinzu kam eine weitere bittere Pille: Um sich des »Wohlverhaltens« der Bulgaren zu versichern, sollte die beträchtliche Anzahl von 86 000 bis 112 000 bulgarischen Soldaten auf unabsehbare Zeit in alliierter Kriegsgefangenschaft verbleiben.[6]

Zeitgenossen erkannten die Tragweite der niederschmetternden Meldungen von der Ostfront sofort: »Heute Unglücksnachricht aus Bulgarien. Anfang vom Ende«, schrieb Friedrich Meinecke in sein Tagebuch.[7] Auch die Berliner Künstlerin Käthe Kollwitz – gewiss keine glühende Anhängerin des Militarismus – stimmte in diesen Tenor ein: »Furchtbar drückende Athmosphäre in der Politik [...]. Widersprechendste Gefühle. Deutschland verliert den Krieg [...]. Was kommt nun? Wird das patriotische Gefühl noch einmal so aufflammen, daß eine Verteidigung bis zum Letzten einsetzt? [...] Wahnsinn käm es mir vor, wenn das Spiel verloren ist, es nicht abzubrechen und zu retten, was noch zu retten ist. Die Jugend, die noch lebt, muß Deutschland behalten, sonst verarmt es absolut. Darum nicht einen Tag weiter Krieg, wenn man erkennt, daß er verloren ist.«[8]

Die Niederlage Bulgariens im September 1918 ließ bei den meisten politisch informierten Beobachtern die Erkenntnis reifen, dass der Krieg verloren war. Denn nun war die Landverbindung zwischen dem Osmanischen Reich und den restlichen Mittelmächten gekappt, und der Sieg über Bulgarien eröffnete den Alliierten von Westen her den direkten Weg nach Konstantinopel sowie aus östlicher Richtung ins österreichisch besetzte Serbien.[9] Die Mittelmächte verfügten über keine zusätzlichen Truppen, um das noch abzuwenden.

An der italienischen Front war es schon Mitte Juni zu einer Vorentscheidung gekommen, zur sogenannten Zweiten Piaveschlacht. Diese hatte am 15. Juni mit einer unüberlegten und schlecht vorbereiteten Offensive der k.u.k. Truppen auf einem achtzig Kilometer langen Frontabschnitt begonnen.[10] Der Angriff brach unter dem erbitterten Widerstand der Italiener, die nach der verheerenden Niederlage bei Caporetto im Vorjahr nun unter dem Oberkommando von General Armando Diaz standen, rasch in sich zusammen.[11] Die Zweite Piaveschlacht markierte den Anfang vom Ende der Habsburgerarmee: 142 000 Soldaten wurden getötet oder verwundet, 25 000 gerieten in Gefangenschaft.[12] Die Doppelmonarchie war längst nicht mehr in der Lage, solche Verluste mit neuen Rekruten auszugleichen. Selbst die Entlassung des langgedienten Chefs des Generalstabs Konrad von Hötzendorff Mitte Juli 1918 konnte zu diesem Zeitpunkt nichts mehr bewirken.[13] Am 14. September richtete Kaiser Karl I. einen Friedensappell an die Alliierten. Die französischen und britischen Regierungen gaben sich jedoch skeptisch und werteten die Worte des Kaisers als Versuch, die Entente zu spalten. Washington antwortete lediglich, man habe Wien bereits Friedensbedingungen übermittelt. Jede weitere Diskussion erübrige sich daher.[14]

Während die Habsburgerarmee von der verhängnisvollen Piaveschlacht geschwächt war, versuchte Rom, den soeben gewonnenen strategischen Vorteil zu nutzen und sich für die nach Kriegsende einsetzenden Verhandlungen in eine günstigere Position zu bringen. Am 24. Oktober startete das italienische Heer eine Doppeloffensive am Monte Grappa und am gegenüberliegenden Piave-Ufer bei Vittorio Veneto. Fünf Tage später befanden sich die Habsburgertruppen in Auflösung und zogen sich auf ganzer Linie zurück. Mindestens 300 000 Soldaten und 24 Generäle gingen in Gefangenschaft. Am 30. Oktober nahmen die Italiener Vittorio Veneto ein. Daraufhin beorderte die ungarische Regierung ihre Truppen zurück, was den Zusammenbruch der verbliebenen Habsburgerarmee noch beschleunigte.[15] Am 2. November bat das österreichische Oberkommando um einen Waffenstillstand. Wenig später übermittelte der italienische Stabschef Armando Diaz seinen Truppen eine triumphierende »Bekanntmachung des Sieges«: »Die österreichisch-ungarische Armee ist bezwungen [...]. Die Überreste eines der ehemals mächtigsten Heere der Welt kehren in Hoffnungslosigkeit und Chaos zurück in die Bergtäler, aus denen sie einst voll prahlerischer Zuversicht hinabgestiegen waren.«[16]

Als die Waffenruhe mit Österreich-Ungarn am 4. November in Kraft trat, hatte bereits ein weiterer Hauptakteur der Mittelmächte seine Niederlage eingeräumt: das Osmanische Reich. Der am 30. Oktober unterzeichnete Waffenstillstand von Moudros beendete für die Osmanen einen langen und erbitterten Krieg, der bereits im September 1911 begonnen hatte. Nach dem Durchbruch der Briten in Palästina am 20. September und der Einnahme von Damaskus durch britisch-arabische Truppen am 1. Oktober war die Kapitulation Konstantinopels nur noch eine Frage der Zeit gewesen.[17] Die Deutschen wussten das.

Anfang November war Deutschland somit die letzte Mittelmacht, die sich weiterhin im Krieg befand. Trotz der immer aussichtsloseren militärischen Lage gelang den Deutschen das Kunststück, die 400 Kilometer lange Frontlinie nach der Kapitulation des bulgarischen Verbündeten noch anderthalb Monate zu halten. Dabei glaubte kaum jemand, dass die Niederlage noch abzuwenden sei, obwohl die OHL der Reichsregierung wiederholt falsche Angaben darüber machte, wie verzweifelt die Situation tatsächlich war.

Für die Soldaten im Feld ging es nur noch ums nackte Überleben, wie der deutsch-jüdische Leutnant Otto Meyer an seine Frau Gertrud schrieb: »Aber jetzt weiss ich, was Krieg ist. Am 25.9. Abends 11 Uhr kam der Angriff, zunächst ein riesiges Trommelfeuer [...]. Die Trommelei ging ununterbrochen, hauptsächlich auf das Vorfeld, die Hauptwiderstandslinie I, die noch 30 Minuten hinter uns lag und das Hintergelände. Unser Zwischengelände war etwas freier wenn auch schlimm genug [...]. Wir krochen und sprangen und rannten durch Granatlöcher und Grabenreste und Stacheldraht und rings um uns die Einschläge aller Kaliber, Schwefel und jedes Gift, das denkbar ist, vor allem Gas. Trotzdem es allmählich Tag geworden war, konnte man in dem Nebel und Qualm buchstäblich nicht zwei Meter weit sehen, und das Zusammenhalten war unmöglich, in kurzer Zeit war mein Bursche auch von uns abgekommen. Er ist aber gestern Abend noch in unserer Feuerstellung angekommen, ist also lebendig. Sonst ging es uns bei Allem merkwürdig gut, ich bekam ein paar Mal Steinbrocken, aber der Stahlhelm schützte mich. Das Scheussliche war nur das Gas, das das Atmen zur Qual machte.«[18]

Während die Soldaten an der Front die fatalen Konsequenzen der politisch-militärischen Entscheidungen erleiden mussten, bot das Ausscheiden Bulgariens aus dem Konflikt Ludendorff einen willkommenen Vorwand, den Krieg zu beenden, ohne die Verantwortung für die Niederlage zu übernehmen. Am 29. September, dem Tag des Waffenstillstands in Bulgarien, setzten er und Hindenburg dem Kaiser ihre Einschätzung der militärischen Lage auseinander – mit allen politischen Konsequenzen: »Ich habe [...] Seine Majestät gebeten, jetzt auch diejenigen Kreise an die Regierung zu bringen, *denen wir* es in der *Hauptsache* zu *verdanken haben, daß wir so weit gekommen sind*«, teilte Ludendorff den hochrangigen Offizieren der OHL am 1. Oktober mit. Seine Eile, den Konflikt zu beenden, so räumte er freimütig ein, sei sowohl dem bevorstehenden Sieg der Alliierten als auch der schlechten Kampfmoral der deutschen Soldaten geschuldet. »Auf die Truppen sei *kein* Verlaß mehr«, gestand er ein.[19] Die Schuld an der deutschen Niederlage, die er nun als »unvermeidbar« ansah, suchte er freilich nicht bei der Armeeführung, sondern bei den Abgeordneten der politischen Linken im Reichstag: »Die sollen nun den Frieden schließen, der jetzt geschlossen werden muß. Sie sollen die Suppe jetzt essen, die sie uns eingebrockt haben.«[20] Abgesehen davon, dass die OHL mit dieser »Revolution von oben« versuchte, die Verantwortung für die unausweichliche Niederlage auf die Reichstagsmehrheit abzuwälzen, versprach die Abschiebung der Verantwortung an die Volksvertreter noch einen weiteren Vorteil: US-Präsident Wilson – derjenige unter den westlichen Staatschefs, der Deutschland wohl am weitesten entgegenzukommen bereit war – würde einer Friedens-

Nach dem Scheitern der deutschen Frühjahrsoffensive von 1918 holen die Westalliierten zum finalen Gegenschlag aus. In den letzten Monaten des Krieges, von August bis Anfang November 1918, gehen über 386 000 deutsche Soldaten in alliierte Kriegsgefangenschaft.

lösung auf Basis seiner Vierzehn-Punkte-Rede wohl eher zugetan sein, wenn er mit einer demokratisch legitimierten Berliner Regierung verhandelte.[21] Wilson hatte nämlich noch in seiner Kongressbotschaft vom 11. Februar 1918 unmissverständlich klargestellt:

> Es wird keine Gebietsabtretungen geben, keine Kriegsentschädigungen, keine Strafzahlungen […] nationale Bestrebungen müssen respektiert werden; Völker dürfen jetzt nur aufgrund ihrer eigenen Zustimmung beherrscht und regiert werden. »Selbstbestimmung« ist […] ein unerlässliches Handlungsprinzip, das die Staatsmänner von nun an nur noch zu ihrem Verderben ignorieren werden.[22]

Von Januar bis September waren Wilsons Vierzehn Punkte für Hindenburgs und Ludendorffs strategische Überlegungen noch von keinerlei Bedeutung gewesen. Doch nun erschien ihnen ein milder »Wilson'scher Frieden« ohne Sieger und Besiegte das Beste, was sich Deutschland noch erhoffen durfte. Nach der eklatanten Missachtung der Neutralität Belgiens, den Verwüstungen, die das deutsche Heer auf französischem, belgischem und russischem Boden sowie unter den Bevölkerungen der besetzten Länder angerichtet hatte, dem Versenken unzähliger britischer Handelsschiffe und dem Tod von Millionen alliierter Soldaten, das wussten Ludendorff und Hindenburg, würden weder London noch Paris ein großzügiges Friedensangebot unterbreiten, erst recht nicht, nachdem die Truppen der Entente nun wieder auf dem Vormarsch waren. Und ihnen war ebenso klar, dass die Alliierten ein Zeichen für die innenpolitische Demokratisierung des Landes verlangen würden, bevor sie ernsthaft mit Deutschland verhandelten. Nur vor diesem Hintergrund wird der plötzliche »Sinneswandel« der OHL verständlich.

Gemäß der Empfehlung seiner OHL verkündete Wilhelm II. am 30. September öffentlich seinen Wunsch, dass »Männer, die vom Vertrauen des Volkes getragen sind, in weitem Umfange teilnehmen an den Rechten und Pflichten der Regierung«.[23] Mit diesem Erlass initiierte der Kaiser einen zutiefst zynischen Demokratisierungsprozess, der nicht zuletzt dazu dienen sollte, die potenziell revolutionäre Situation in Deutschland zu entschärfen, die zusehends jener glich, die in Russland das Zarenregime zu Fall gebracht hatte.

Die erste Folge dieses überraschenden Reformwillens war die Ablösung des Reichskanzlers Georg von Hertling – eines eisernen Reformgegners und letztlich eines Erfüllungsgehilfen der OHL – durch den 51-jährigen Max von Baden.

Prinz Max, ein liberaler Intellektueller aus Süddeutschland, unterschied sich erheblich von seinen Vorgängern und ebenso seine Regierung, die von einem weiten Spektrum politischer Parteien getragen wurde.[24] Der neue Reichskanzler konnte auf die Stimmen der Fortschrittlichen Volkspartei, der Nationalliberalen, der katholischen Zentrumspartei und der Sozialdemokraten zählen und versammelte damit die überwältigende Mehrheit des Parlaments hinter sich. Friedrich Ebert, obwohl selbst kein Mitglied der Regierung, hatte sich massiv für die Unterstützung Badens durch seine Partei eingesetzt, vor allem um eine Revolution nach russischem Vorbild zu verhindern: »Wollen wir jetzt keine Verständigung mit den bürgerlichen

Am 3. Oktober 1918 ernannt der Kaiser den liberalen Aristokraten Prinz Max von Baden (2.v.r.) zum Reichskanzler und leitete die Oktoberreformen ein. Damit war erstmals in der deutschen Geschichte ein Reichskanzler abhängig von der aus Sozialdemokraten, Zentrum und Linksliberalen bestehenden Reichstagsmehrheit.

Parteien und der Regierung, dann müssen wir die Dinge laufen lassen. Dann greifen wir zur revolutionären Taktik, stellen uns auf die eigenen Füße und überlassen das Schicksal der Partei der Revolution« – einer Revolution, die Ebert nicht wollte: »Wer die Revolution in Russland erlebt hat, der kann im Interesse des Proletariats nicht wünschen, daß eine ähnliche Entwicklung auch bei uns eintritt. Wir müssen uns im Gegenteil in die Bresche werfen, wir müssen sehen, ob wir genug Einfluß bekommen, unsere Forderungen durchzusetzen und wenn es möglich ist, sie mit der Rettung des Landes zu verbinden, dann ist es unsere verdammte Pflicht und Schuldigkeit, das zu tun.«[25]

Was die MSPD durch ihre Regierungsbeteiligung erreichen wollte, war auch ohne Barrikadenkämpfe revolutionär: Die Diktatfrieden mit Rumänien und Russland sollten aufgehoben werden, Belgien, Montenegro und Serbien sollten geräumt werden. Innenpolitisch forderten die Sozialdemokraten freie, allgemeine und gleiche Wahlen, auch in Preußen, wo nach wie vor das Dreiklassenwahlrecht galt, und die Berufung der Regierungsmitglieder aus der Reichstagsmehrheit, also aus dem Kreis von MSPD, Liberalen und Zentrum. In der Sache war dies mehr, als die SPD in Jahrzehnten erreicht hatte: die vollständige Parlamentarisierung und Demokratisierung des deutschen Kaiserreichs. Durch die dramatische militärische Wende des Jahres 1918 waren diese Ziele nun zum Greifen nah, doch brachte das die neue Regierung auch in die unglückliche Situation, einen längst verlorenen Krieg beenden und für die Niederlage – so hoffte es zumindest die OHL – auch noch Verantwortung übernehmen zu müssen.[26]

Noch am Tag seiner Berufung zum Reichskanzler, am 3. Oktober 1918, hatte Max von Baden auf Drängen Ludendorffs nach dem unverzüglichen Ende der Kampfhandlungen allein mit der Regierung Wilson – und mit keinem der anderen alliieren Staaten – Kontakt aufgenommen und um umgehende Beendigung der Feindseligkeiten ersucht.[27] Als Grundlage künftiger Verhandlungen berief sich die deutsche Regierung in ihrem Schreiben an den amerikanischen Präsidenten auf dessen im Januar 1918 postulierte Vierzehn Punkte sowie auf Wilsons jüngste Mount-Vernon-Rede vom 27. September.[28]

Politische Beobachter machten sich Gedanken über die unmittelbaren Konsequenzen dieses Schrittes. So notierte Friedrich Meinecke am 3. Oktober in sein Tagebuch: »Namenlose Aussichten, wenn die Front, zertrümmert und fassungslos, nach Hause strömt und ihre Massen über uns ergießt [...]. Noch ahnen die meisten Menschen nicht, wie ernst es steht.«[29] Auch einige der Feldkommandeure waren skeptisch, wie das Angebot an Wilson wohl aufgenommen werden würde. Am 7. Oktober vermerkte der Stabschef von Ober-Ost, Generalmajor Max Hoffmann, in seinem Tagebuch: »Ich warte, was der Gebieter Wilson auf unsere Bitte antworten wird – ich nehme an, er wird solche Bedingungen stellen, daß sie einem ›Nein‹ gleichkommen [...]. Die Zeiten sind nicht schön.«[30]

Der Austausch der diplomatischen Noten verlief keineswegs so, wie Baden oder Hoffmann das erwartet hatten. Wilsons erste Antwort von 8. Oktober, in der er nachfragte, ob die deutsche Regierung denn nun den Willen des Volkes verkörpere und die Vierzehn Punkte als Grundlage eines Friedens akzeptiere, stimmte noch verhalten optimistisch.[31] Auf deutscher Seite begannen am 11. Oktober die Beratungen darüber, was man auf die amerikanische Note antworten sollte. Im Kabinett war man sich uneinig, was eine Annahme der Vierzehn Punkte durch Deutschland überhaupt bedeuten würde. Waren diese als Grundlage eines künftigen Friedensabkommens bedingungslos zu akzeptieren? Oder stellten sie lediglich eine Ausgangsbasis für Verhandlungen dar? Der liberal-konservative Staatssekretär des Auswärtigen Amtes, Wilhelm Solf, gab zu bedenken, die vorbehaltlose Anerkennung der Vierzehn Punkte werde sowohl Elsass-Lothringen als auch die deutschen Ostgebiete umgehend zum Gegenstand einer künftigen Friedenskonferenz machen. Sein Kabinettskollege, Staatssekretär Matthias Erzberger von der katholischen Zentrumspartei, war hingegen dafür, die Vierzehn Punkte als Grundlage eines künftigen Friedensvertrages zu akzeptieren. Er hielt deren Formulierungen für so vage, dass sich ausreichend Spielraum für Verhandlungen bot. Würden die Vierzehn Punkte im Laufe dieser Unterredungen wiederholt zu Ungunsten des Reichs ausgelegt, könne die deutsche Regierung die Gespräche einfach scheitern lassen. Anscheinend glaubte das Kabinett – ähnlich wie die OHL – noch immer an die Möglichkeit eines »Friedens ohne Sieger« – trotz der überaus verheerenden Nachrichten von der Front.[32]

Selbst die OHL war bereit, einer militärischen Räumung Frankreichs und Belgiens zuzustimmen. Voraussetzung eines solchen Rückzugs musste jedoch die Unterzeichnung eines Waffenstillstands sein. Anschließend wollten Hindenburg und Ludendorff die Truppen an die Reichsgrenze zurückziehen, um den militärischen *Status quo ante* für die Dauer der Friedensgespräche wiederherzustellen. Die mögliche Räumung der besetzten Ostgebiete war dagegen durchaus umstritten. Sowohl die OHL als auch das Auswärtige Amt hofften weiterhin, die deutschen Truppen während der Friedensverhandlungen dort belassen zu können. Was das Ende des U-Boot-Kriegs betraf, enthielt man sich einer Erklärung, da eine Antwort der Marineführung noch nicht eingetroffen war. Über inoffizielle diplomatische Kanäle signalisierte man der US-Regierung allerdings, dass die U-Boot-Angriffe entlang der amerikanischen Küste beendet würden. Auf Wilsons Frage, in wessen Namen die erste deutsche Note versandt worden sei, verständigte sich das Kabinett auf eine ausweichende Antwort: Sowohl die ehemalige als auch die derzeitige politische Führung, die das Vertrauen der Parlamentsmehrheit genieße, stehe hinter der Forderung nach einem Waffenstillstand.[33] Die deutsche Note enthielt darüber hinaus eine Passage, die dazu gedacht war, auch Washingtons Verbündete auf die Vierzehn Punkte als Verhandlungsgrundlage zu verpflichten. Am 12. Oktober wurden die Gespräche zwischen OHL und Kabinett abgeschlossen und die deutsche Note abgeschickt.[34]

Wilsons Antwort vom 14. Oktober versetzte den deutschen Hoffnungen auf einen Verhandlungsfrieden ohne Sieger einen schweren Dämpfer. In weitaus schärferem Ton als in seinem ersten Schreiben stellte der Präsident klar, dass sich die Verbündeten nicht entzweien ließen und die Bedingungen für einen Waffenstillstand allein von den Alliierten formuliert würden. Zudem rügte er Berlin massiv für die Fortsetzung »ungesetzlicher und unmenschlicher Praktiken« der Kriegführung. Wilson, in beiden Häusern des US-Kongresses massiv unter Beschuss der Republikaner und außenpolitisch unter Druck durch seine Alliierten in Paris und London, merkte überdies an, dass Deutschland seiner Ansicht nach noch immer unter einer »Willkürherrschaft« stehe, womit er vermutlich den Kaiser und die Armeeführung um Hindenburg und Ludendorff meinte, deren Absetzung er damit im Grunde verlangte.[35]

Dass Wilson seine Tonart so verschärfte, hatte eine ganze Reihe von Gründen: Erstens standen bald die Zwischenwahlen zum Kongress an. Diese waren von immenser Bedeutung, da die republikanischen Kritiker Wilsons nicht müde wurden, ihn an seine Rede vom 27. September über die »unrechtmäßige« deutsche Regierung zu erinnern – eine Regierung, mit der er nun Frieden schließen wollte. Dieser innenpolitische Druck ließ Wilson keine andere Wahl, als von Deutschland einen unwiderruflichen Regierungswechsel zu fordern und diesen zur Voraussetzung für Waffenstillstandsverhandlungen zu machen. Ein zweiter Grund war Deutschlands scheinbar schizophrene Haltung zum U-Boot-Krieg. Am 11. Oktober, einen Tag, bevor die deutsche Regierung ihre zweite Note an Wilson versandt hatte, war das britische Passagierschiff *Leinster* von einem deutschen U-Boot, der

U 123, in der Bucht von Dublin versenkt worden, wobei rund 500 Passagiere ums Leben kamen. Wilsons Regierung war entsetzt und verlieh ihrer Empörung im zweiten Schreiben offen Ausdruck: »Zu derselben Zeit, wo die deutsche Regierung an die Regierung der Vereinigten Staaten mit Friedensvorschlägen herantritt, sind ihre U-Boote damit beschäftigt, auf See Passagierschiffe zu versenken, und nicht nur die Schiffe, sondern auch die Boote, in denen ihre Passagiere und Besatzungen versuchen, sich in Sicherheit zu bringen. Die deutschen Armeen schlagen bei ihrem jetzigen erzwungenen Rückzug aus Flandern und Frankreich den Weg mutwilliger Zerstörung ein, der immer als direkte Verletzung der Regeln und Gebräuche der zivilisierten Kriegführung betrachtet worden ist.«[36]

Der dritte und wohl wichtigste Grund für Wilsons härtere Position war die zunehmende Einflussnahme der europäischen Verbündeten Washingtons. Der französische Geheimdienst hatte die erste deutsche Waffenstillstandsnote an Wilson abgefangen und deren Inhalt sofort an die Regierungschefs der anderen Ententestaaten weitergeleitet. Insbesondere London und Paris waren misstrauisch und rätselten, wieso die Deutschen nur mit Wilson Kontakt aufnahmen und nicht mit dem alliierten Oberkommando unter Marschall Foch. Deshalb begannen sie unverzüglich mit der Erstellung eines Forderungenkatalogs für den Waffenstillstand. Dieser umfasste die sofortige Räumung Frankreichs und Belgiens, den Rückzug sämtlicher Truppen hinter den Rhein, die alliierte Besatzung aller geräumten nichtdeutschen Gebiete mitsamt der Festungsstädte Metz und Straßburg, die Internierung der deutschen Flotte sowie die Auslieferung von sechzig Unterseebooten an die Entente.[37]

Als Wilsons Antwort auf das deutsche Gesuch vom 9. Oktober bei den Machthabern in Paris bekannt wurde, löste der gemäßigte Ton des Schreibens schieres Entsetzen aus. Die französische Regierung gab sich daraufhin kompromisslos und verlangte, dass Waffenstillstandsbedingungen ausschließlich vom Alliierten Obersten Kriegsrat beschlossen werden dürften. Um ein gemeinsames Vorgehen zu gewährleisten, wurde Wilson ersucht, umgehend seinen Berater Edward M. House nach Paris zu entsenden, der sich dort mit dem britischen

Premierminister Lloyd George, dem französischen Präsidenten Clemenceau und dem italienischen Ministerpräsidenten Orlando besprechen sollte.[38] Mit seiner zweiten, drastischeren Note an die deutsche Regierung versuchte Wilson also nicht nur, seine Kritiker zu Hause zu beschwichtigen, sondern zugleich seinen europäischen Verbündeten zu signalisieren, dass er nicht gegen ihre Interessen handeln würde.

Der Plan von Reichsregierung und OHL, allein mit Wilson zu verhandeln und so die feindseligen Regierungen in London und Paris außen vor zu lassen, war also nicht aufgegangen. Das einzig Tröstliche an Wilsons zweiter Note war nach Ludendorffs, Hindenburgs und Badens Ansicht die Tatsache, dass der amerikanische Präsident die Abdankung des Kaisers noch nicht zur Vorbedingung eines Waffenstillstands erklärt hatte.[39] Auch in der deutschen Öffentlichkeit wurde Wilsons zweites Schreiben als Rückschlag wahrgenommen. So vermerkte etwa Käthe Kollwitz am 15. Oktober 1918 in ihrem Tagebuch: »Wilsons Antwort. Böse Enttäuschung. Die Stimmung für Verteidigungskrieg bis zum Ende wächst. Ich schreibe dagegen.«[40]

Die deutsche Antwort auf Wilsons zweite Note diente ausschließlich der Schadensbegrenzung. In dem auf den 20. Oktober datierten, doch erst am nächsten Morgen abgeschickten Schreiben betonte man die weitreichenden politischen Reformen im Land: Die Entscheidung über die Beendigung des Krieges sei dem Reichstag übertragen worden, und auch die Wahl des Kanzlers durch die Parlamentsmehrheit werde in Kürze eingeführt. Des Weiteren versicherte man, die Versenkung von Passagierschiffen zu unterlassen, und bestand ausdrücklich darauf, dass es an der Westfront zu keinerlei Verletzungen des internationalen Rechts gekommen sei. »Die deutschen Truppen haben die strengste Weisung, das Privateigentum zu schonen und für die Bevölkerung nach Kräften zu sorgen. Wo trotzdem Ausschreitungen vorkommen, werden die Schuldigen bestraft.« Ferner wurde betont, dass Deutschland keinen Frieden akzeptieren werde, der »mit der Ehre des deutschen Volkes und mit der Anbahnung eines Friedens der Gerechtigkeit unvereinbar sein würde«.[41]

Am 23. Oktober ging Wilsons dritte und vorletzte Note in Berlin ein. Der US-Präsident war recht zufrieden mit der deutschen Reaktion auf seine zweite Note und fühlte sich in dieser Haltung bestärkt, als am 21. Oktober ein Antrag der Republikaner, die ihm weitere Verhandlungen mit den Deutschen vor deren endgültiger Kapitulation verbieten wollten, im Senat scheiterte.[42] Nachdem die deutsche Führung die Vierzehn Punkte als Grundlage eines Waffenstillstands akzeptiert hatte, war es nach Wilsons Ansicht an der Zeit, das auch von den Alliierten zu verlangen, damit diese »nicht die Hand nach mehr ausstrecken, als ihnen rechtmäßig zusteht«.[43] Wilson wollte, dass der Waffenstillstand rasch zustande kam. Wenn es nicht gelang, den Krieg umgehend zu beenden, davon war er überzeugt, würden London und Paris die Friedensbedingungen diktieren und seine Vorstellungen von einem Friedensvertrag unterlaufen.[44] Kopfzerbrechen bereitete Wilson auch die etwaige politische Destabilisierung Deutschlands, die eine Revolution nach bolschewistischem Vorbild zur Folge haben konnte. Mitte Oktober hatte die US-Regierung über die amerikanische Botschaft in der Schweiz erstmals Berichte über die sogenannte Spartakusgruppe erhalten.

In Washington wuchs die Sorge, Deutschland könnte ein »zweites Russland« werden. Dieses Szenario war wohl auch der Grund für Wilsons nun deutlich gemäßigtere Haltung dem Kaiser gegenüber. Bis dahin hatte er den Deutschen – wenn auch nur indirekt – in seinen Noten suggeriert, dass sich eine Abdankung Wilhelms II. vorteilhaft auf die Waffenstillstandsverhandlungen auswirken würde. Nun sah er im Kaiser einen potenziellen Gehilfen im Kampf gegen die Ausbreitung des Bolschewismus. Wie sein Innenminister Franklin Knight Lane sich erinnerte, gestand Wilson ihm am 23. Oktober, er »fürchte den Bolschewismus in Europa, und der Kaiser werde gebraucht, um ihn zu verhindern – um die Ordnung aufrechtzuerhalten«.[45]

Wilson war weniger daran gelegen, den deutschen Kaiser unter demokratische Kontrolle zu bringen als das deutsche Militär, das sich fortan dem Willen des Volkes – sprich des Parlaments – unterordnen sollte.[46] Der amerikanische Präsident bestand daher darauf, dass »die Vereinigten Staaten ausschließlich mit glaubwürdigen Repräsentanten des deutschen Volkes« Gespräche führten, und drohte: »Sind sie jedoch gezwungen, mit den militärischen Führern und monarchischen

Alleinherrschern Deutschlands zu verhandeln […] so müssen sie keine Friedensverhandlungen fordern, sondern die Kapitulation.«[47] Das wies das deutsche Oberkommando barsch zurück und befahl den Truppen, sich für einen »Kampf bis zum äußersten« zu rüsten, um eine schmachvolle Kapitulation abzuwenden. Nach Ansicht der OHL forderte Wilson schlicht eine deutsche Kapitulation, ohne der deutschen Seite die Chance auf einen »ehrenhaften« Frieden durch Verhandlungen einzuräumen. Einige hochrangige Offiziere teilten diese Meinung. So hielt Generalmajor Max Hoffmann im Oktober fest: »Das Schlimme an dem allgemeinen Zusammenbruch ist, daß er ohne Grund erfolgt. Unsere Truppen sind nach wie vor gut. Wir können im Westen halten, es braucht nur gefordert zu werden, und den Osten halte ich, wenn es sein muß, ohne Truppen. Aber alles verliert die Nerven.«[48]

Anders als die Militärs um Ludendorff und Hindenburg, die sich über Wilsons Frontalangriff empörten, sah die neue politische Führung in der Note einen Hoffnungsschimmer: Nach gewissen Zusagen und konstitutionellen Reformen schien Washington nun bereit, seine Verbündeten mit in die Unterredungen einzubeziehen. Doch je mehr die diplomatischer Optionen schwanden, desto weniger ließen sich die Standpunkte der OHL und der Regierung Baden vereinbaren. Obwohl der Reichskanzler die Militärführung ausdrücklich angewiesen hatte, in ihrem Hauptquartier in Spa zu bleiben, reisten Ludendorff und Hindenburg am Morgen des 26. Oktober nach Berlin und drängten die Regierung zum sofortigen Abbruch der Verhandlungen. Nach diesem Affront stellte Baden den Kaiser vor die Wahl: Entweder tauschte Wilhelm die Führung der OHL unverzüglich aus, oder er, Baden, werde zurücktreten.[49]

Der Reichskanzler war fest entschlossen, den Krieg um jeden Preis zu beenden. Um Badens Rücktritt zu vermeiden, zeigte sich Wilhelm nun sogar bereit, seinem neuen Kanzler gegen das Oberkommando beizuspringen.[50] Am Morgen des 26. Oktober bestellte der Kaiser Ludendorff und Hindenburg zu einer Audienz ins Berliner Schloss Bellevue ein, in deren Verlauf er Ludendorff entließ.[51] Generalmajor Max Hoffmann hielt am nächsten Tag in seinem Tagebuch fest: »Gestern abend kam die telephonische Mitteilung, daß Ludendorff zurückgetreten sei und seinen Abschied nehme […]. Wenn auch unzweifelhaft Ludendorff an dem jetzigen Zusammenbruch Schuld trägt – er durfte die Offensive nicht machen –, so wird es doch schwer, beinahe unmöglich sein, ihn zu ersetzen […]. Ob Hindenburg bleibt, weiß ich nicht, ich hoffe es, da es moralisch in Volk und Heer schlecht wirken würde, wenn er ginge.«[52]

Eben aus dieser Furcht, Hindenburgs Suspendierung könne Volk und Armee noch weiter demoralisieren, beließ der Kaiser den Feldmarschall auf seinem Posten. Noch am selben Tag erhielt der Stabschef der Heeresgruppe Kiew in der Ukraine, General Wilhelm Groener, ein Telegramm von Hindenburg, der ihn ins Hauptquartier nach Spa beorderte, wo er zum neuen Ersten Generalquartiermeister ernannt wurde. Das war eine interessante Personalentscheidung, unterschied den Karriereoffizier doch vieles von dem preußischen Modelloffizier Ludendorff.

Der 1867 im schwäbischen Ludwigsburg geborene Groener hatte es im Weltkrieg bis an die Spitze des für die Kriegswirtschaft zuständigen Kriegsamtes gebracht. In dieser Funktion lernte er Sozialdemokraten und Gewerkschafter kennen und arbeitete in aller Regel sehr vertrauensvoll mit ihnen zusammen. Ohne die gemäßigte Arbeiterschaft, davon war er überzeugt, werde der Übergang vom Krieg zum Frieden nicht möglich sein. Im Gegensatz zu Ludendorff bezweifelte Groener schon früh, dass ein Siegfrieden überhaupt erreichbar sei. Diese Zweifel nahmen im Spätsommer 1918 dermaßen zu, dass er in einem Brief an seine Frau von der »verfehlten Politik der Obersten Heeresleitung« sprach und jenen politischen Kräften eine Mitverantwortung zusprach, die in der Kriegszieldebatte nach der Weltgeltung Deutschlands statt nach einem Verständigungsfrieden gestrebt hätten.[53] Diesem Nachfolger Ludendorffs trug der Kaiser nun auf zu retten, was in dem verlorenen Krieg noch zu retten war.

Am 27. Oktober, einen Tag nach Ludendorffs Entlassung, nahm die deutsche Regierung Wilsons Bedingungen an und betonte, dass Deutschland einen tiefgreifenden Reformprozess durchlaufe: »Die Friedensverhandlungen werden von einer Volksregierung geführt, in deren Händen die entstehenden Machtbefugnisse tatsächlich und verfassungsmäßig ruhen. Ihr sind auch die militärischen Gewalten unterstellt.«[54]

Am 28. Oktober 1918 wurde dann tatsächlich die Umwandlung Deutschlands in eine konstitutionelle Monarchie mit einer allein von der Parlamentsmehrheit getragenen Regierung durch eine entsprechende Änderung der Reichsverfassung von 1871 besiegelt.[55] Demokraten wie der führende bayerische MSPD-Politiker Erhard Auer reagierten verzückt: »Wir durchleben die größte Revolution, die es je gegeben hat! Nur die Form ist heute eine andere, weil es möglich ist, auf legalem Wege zu erreichen, wofür wir seit Jahrhunderten stritten.«[56]

Doch die Verfassungsreformen kamen zu spät, um eine Revolution noch zu verhindern. Wie zuvor in Russland, hatten die militärischen Niederlagen und die allgemeine Kriegsmüdigkeit in Deutschland längst den Boden für einen Umsturz bereitet. Allerdings war es keineswegs die Revolution, die zur Niederlage geführt hat, wie in nationalen Kreisen fortan behauptet wurde. Die Auslöser waren wie in Russland materielle Entbehrung, Streiks in der Industriearbeiterschaft und die massive Unzufriedenheit der Soldaten in dem aussichtslos gewordenen Krieg. Die Strapazen des Krieges hatten sowohl die Legitimität der kaiserlichen Herrschaft als auch der De-facto-Militärdiktatur der OHL unterhöhlt und ein Regime ins Wanken gebracht, das weder in der Lage war, die bittere Not der Zivilbevölkerung zu lindern, noch, den Krieg siegreich zu beenden.[57]

Mit dem militärischen Zusammenbruch im Herbst 1918 hatte das Kaiserreich den letzten noch verbliebenen Rückhalt im Volk verloren. Der Boden für einen Aufstand gegen das kaiserliche Regime war mit dem Vormarsch der Alliierten und der lähmenden Kriegsmüdigkeit an der Heimatfront bereitet, es bedurfte nur noch eines Funkens, um die Flammen der Revolution zu entzünden.

KAPITEL IV

Der Matrosenaufstand

Die eigentliche deutsche Revolution begann mit dem Aufstand der in Deutschland stationierten Matrosen und Soldaten. Der Funke, der das Pulverfass zur Explosion brachte, war eine Order des Oberkommandos der kaiserlichen Marine: Am 28. Oktober 1918 befahl Admiral Reinhard Scheer der Flotte, auszulaufen und der Royal Navy in einer letzten Entscheidungsschlacht entgegenzutreten. »Wenn auch nicht zu erwarten ist, dass hierdurch der Lauf der Dinge eine entscheidende Wendung erfährt«, so heißt es in einem Strategiepapier der Marine vom 16. Oktober, »so ist es doch aus moralischen Gesichtspunkten Ehren- und Existenzfrage der Marine, im letzten Kampf ihr Äußerstes getan zu haben.«[1]

An der Wiederherstellung der »Ehre« war dem Oberkommando der Marine anscheinend besonders gelegen. Die deutsche Kriegsflotte war von 1898 an unter beträchtlichen Kosten hochgerüstet und massiv ausgebaut worden, was die Spannungen zwischen Deutschland und Großbritannien entscheidend befördert hatte. Doch dann erwies sich die teure Flotte während des Krieges als nahezu nutzlos. Im Gegensatz zu den deutschen Landstreitkräften, die seit August 1914 ununterbrochen an allen Fronten kämpften, lagen die Schiffe die meiste Zeit in heimischen Häfen vor Anker, da sie gar nicht in der Lage waren, die britische Seeblockade zu durchbrechen. Seit der unentschiedenen und strategisch bedeutungslosen Seeschlacht vor dem Skagerrak Ende Mai 1916 hatte sich die Marine auf die U-Boot-Waffe beschränkt.[2] In dem immer intensiver geführten U-Boot-Krieg wurden die besten und erfahrensten Marineoffiziere eingesetzt, während auf den größeren Schiffen immer öfter rangniedrige Offiziere oder gar Offiziersanwärter ohne jede Befehlserfahrung Dienst taten.[3] Die gravierenden Fehleinschätzungen der Admiralität bezüglich der Effektivität der Flotte blieben auch der Öffentlichkeit nicht verborgen, weshalb es in einem beliebten Spottlied der Zeit hieß: »Lieb Vaterland, magst ruhig sein – die Flotte schläft im Hafen ein.«[4]

Neben dem Spott, den die Flotte erntete, sorgten Verdruss und Langeweile, höchst ungleiche Essensrationen für Offiziere und einfache Matrosen und ein rigoroses Regiment an Bord für wachsenden Unmut bei den Besatzungen. Bereits Anfang August 1917 war es unter den Seeleuten zu Fällen von Ungehorsam und Befehlsverweigerung gekommen. Das Marinekommando reagierte mit drakonischen Strafen: Die zwei »Rädelsführer« der Meuterei, Albin Köbis und Max Reichpietsch, wurden am 5. September 1917 hingerichtet, 76 Heizer und Matrosen erhielten hohe Gefängnisstrafen.[5] Im selben Monat wurden auch die beiden Vorsitzenden der Kieler USPD, Max Güth und Arthur Sens, die geplant hatten, mit einem Flottenstreik Friedensverhandlungen zu erzwingen, zu langjährigen Haftstrafen verurteilt.[6] Hierdurch gelang es der Admiralität im Sommer 1917 vorerst, die Disziplin in der Marine wiederherzustellen, doch die Lage blieb angespannt, und diese Anspannung nahm im Verlauf des Jahres weiter zu.

Während die Oberste Heeresleitung nach den gescheiterten Frühjahrs- und Sommeroffensiven des Jahres 1918 nach und nach einsah, dass ein militärischer Sieg außer Reichweite war und einen Waffenstillstand durch Verhandlungen zunehmend für unumgänglich hielt, war die Seekriegsleitung unter Admiral Reinhard Scheer noch weit von jeder Einsicht entfernt.[7] Als der Verbindungsoffizier der Marine im OHL-Hauptquartier in Spa, Korvettenkapitän von York, Scheer am 4. Oktober über Ludendorffs Ansicht in Kenntnis setzte, »daß einer event. Forderung Englands um Auslieferung der Flotte wohl auch nachgekommen werden müßte, daß überhaupt die Marine wohl in der Hauptsache die Zeche bezahlen müßte«,[8] war dieser außer sich. Scheer zeigte sich nicht bereit, die Auslieferung der Flotte an Großbritannien widerstandslos hinzunehmen.

Der Stabschef des Hochseekommandos, Konteradmiral Adolf von Trotha, entwarf daraufhin einen drastischen Plan zur »Ehrenrettung« der deutschen Marine. Wie von Trotha deutlich machte, müsse diese Option im äußersten Fall gewählt werden, weil »unsere Flotte sonst einem schmachvollen Ende entgegengeht [...]. Der Flotte steht ein solcher Schlußkampf als höchstes Ziel vor Augen, um nicht diesen Krieg beschließen zu müssen, ohne daß die in ihr steckende nationale Kraft voll zur schlagenden Wirkung gekommen ist.« Und dann fügte er noch hinzu: »Aus einem ehrenvollen Kampf der Flotte, auch wenn er ein Todeskampf wird in diesem Kriege, wird – wenn unser Volk nicht überhaupt national versagt – eine neue deutsche Zukunfts-Flotte hervorwachsen; einer durch schmachvollen Frieden gefesselten Flotte ist die Zukunft gebrochen.«[9] In einem Begleitbrief an Admiral Magnus von Levetzow präzisierte Trotha die Idee eines »ehrenvollen Untergangs« der deutschen Flotte: »Es liegt auf der Hand, dass uns ein Schrecken der Scham erfaßt bei dem Gedanken, die Flotte könne, ohne zum Schlagen gekommen zu sein, der inneren Vernichtung überliefert werden. Der Einsatz um in Ehren unterzugehen, lohnt doch auch noch, denn eine schwere Wunde würden wir England schon noch beibringen.«[10] Nun, da der Krieg sich dem Ende näherte und die Niederlage unvermeidlich schien, glaubten die Admiräle, den dramatischen Schlusspunkt setzen zu müssen: eine groß angelegte Flottenoffensive gegen den britischen Gegner, selbst wenn das die komplette Zerstörung der deutschen Hochseeflotte bedeutete.[11]

Der Operationsplan, den Trotha bis zum 24. Oktober ausgearbeitet hatte und der drei Tage später von Scheer gebilligt wurde, sah einen nächtlichen Vorstoß der gesamten kaiserlichen Hochseeflotte in die Hoofden vor, jenen Teil der Nordsee zwischen dem Ärmelkanal, der Ostküste Englands und der niederländischen Küste.[12] Von dort aus sollten kleine Einheiten den Schiffsverkehr an der niederländischen Küste lahmlegen und erste Angriffe auf die Themsemündung unternehmen. Man ging davon aus, dass die britische Admiralität versuchen würde, der deutschen Hochseeflotte nördlich der Hoofden die Rückzugswege abzuschneiden. Auf dem Weg dorthin sollten etliche britische Schiffe von lauernden deutschen U-Booten versenkt werden oder in neu verlegte Minensperren geraten, was den Deutschen in der eigentlichen Seeschlacht, die im Gebiet um die niederländische Insel Terschelling stattfinden sollte, einen strategischen Vorteil verschaffen würde.[13] Der Operationsplan der Flotte sollte den Mannschaften erst auf See eröffnet werden, wenn alle Verbindungen zum Festland längst gekappt waren, um jede denkbare Koordination von Widerstand seitens der Matrosen zu unterbinden.

Aber dazu sollte es nie kommen. Trotz aller Bemühungen um Geheimhaltung breiteten sich rasch Gerüchte über einen bevorstehenden Kampfeinsatz unter den Mannschaften aus. Die Seeleute, die über die laufenden Friedensverhandlungen zwischen Deutschland und den Vereinigten Staaten im Bilde waren, wollten sich aber nicht in einem mittlerweile sinnlosen Krieg aufopfern. Einem zeitgenössischen Bericht zufolge verstärkten auch Abschiedsbriefe, die von Offizieren der *SMS Markgraf* verfasst worden waren, den Eindruck der Matrosen, dass die Admiralität ein Selbstmordkommando plante.[14]

Am Abend vor dem Auslaufen der Flotte, als die Kapitäne der Flaggschiffe auf ihre Befehle warteten, machten bereits Berichte über ernste Befehlsverweigerungen an Bord der Schlachtschiffe *Helgoland* und *Thüringen* die Runde, jener Schiffe, die einst in der Skagerrakschlacht die *HMS Black Prince* versenkt hatten. Daraufhin weigerten sich die Matrosen, die Anker zu lichten, was offene Auseinandersetzungen zwischen Offizieren und Mannschaften zur Folge hatte.[15]

Die ranghohen Befehlshaber der Hochseeflotte schienen sichtlich überrascht vom Ausmaß des Ungehorsams und reagierten überaus ungeschickt, indem sie die Inhaftierung sämtlicher Meuterer anordneten.[16] Als es den Offizieren der beiden Schlachtschiffe dennoch nicht gelang, die Ordnung wiederherzustellen, brachte die Seekriegsleitung die Torpedoboote *B 97* und *B 112* gegen die *Helgoland* und die *Thüringen* in Stellung, Großkampfschiffe mit über tausend Mann Besatzung und je zwölf großen Bordgeschützen. Während die kleineren Boote sich zum Abschuss ihrer Torpedos bereit machten, richteten die Meuterer auf der ungleich größeren *Helgoland* ihre Geschütze auf eines der Torpedoboote. Letztlich eskalierte die Lage nicht, weil beide Seiten vor dem ersten Schuss zurückschreckten. Am Ende des Tages waren etwa 600 aufständische Seeleute festgenommen und an Land gebracht worden – über ein Viertel beider Besatzungen.[17] Infolge dieser dramatischen Ereignisse beschlossen der Kommandant des dritten Geschwaders, Vizeadmiral Hugo Kraft, und sein Vorgesetzter Admiral

Entscheidend für den Erfolg der Revolution war die Solidarisierung breiter Bevölkerungsschichten mit den revoltierenden Matrosen der Hochseeflotte. Binnen wenigen Tagen kommt es in vielen deutschen Städten zu Demonstrationen wie am 6. November 1918 vor dem Marine-Stationsgebäude in Wilhelmshaven.

Franz Ritter von Hipper, die fünf größten Schiffe mit über 5000 Mann Besatzung von Wilhelmshaven auf den Marinestützpunkt nach Kiel zu verlegen in der Hoffnung, ein anderes Umfeld und ein Landgang werde die Gemüter beruhigen und eine weitere Ausbreitung der Meutereien verhindern.[18]

Diese Entscheidung sollte weitreichende Folgen haben. Denn noch während die riesigen Schlachtschiffe *König*, *Bayern*, *Großer Kurfürst*, *Kronprinz* und *Markgraf* durch den Kaiser-Wilhelm-Kanal in Richtung Kiel unterwegs waren, kam es zu weiteren Befehlsverweigerungen. Der Geschwaderkommandeur Vizeadmiral Hugo Kraft ließ daraufhin 47 Seeleute, vermeintliche Rädelsführer des Wilhelmshavener Aufstands, umgehend festsetzen. Insgesamt befanden sich an Bord der Schiffe schließlich 200 inhaftierte Matrosen, die in Arrestanstalten überführt wurden, kaum dass die Kriegsschiffe in den frühen Morgenstunden des 1. November in Kiel angelegt hatten.[19]

Wie keine zweite deutsche Stadt war Kiel seit der Jahrhundertwende von der kaiserlichen Flotte geprägt worden. Viele der Schlachtschiffe lagen dort vor Anker, dazu eine Vielzahl kleinerer Schiffe und diverse andere Marineeinheiten. Die Stadt an der Förde war eine Soldaten- und Arbeiterstadt – rund 50 000 Soldaten waren in den dortigen Kasernen stationiert, und die Arbeiter in den großen Fabriken stellten über zwei Drittel der Kieler Arbeiterschaft. Während des Krieges war ein Großteil in den Rüstungsbetrieben und den Werften beschäftigt. Kein Wunder, dass die Sozialdemokraten Kiel als eine ihrer Hochburgen betrachteten: Bei den Stadtratswahlen 1910 hatte die SPD über die Hälfte der Stimmen errungen, und sie übte über die Gewerkschaften in den Kriegsjahren weiterhin erheblichen Einfluss aus.

Die aufständischen Matrosen des III. Geschwaders in diese zutiefst proletarische Stadt zu verlegen, wo sie in Seemannskneipen und schummrigen Kaschemmen etwas »Dampf ablassen« sollten, war nicht ohne Risiko. Das schien den Befehlshabern aber nicht bewusst zu sein, jedenfalls nahmen sie die Gefahr nicht allzu ernst. Geschwaderkommandeur Kraft hatte sich zuvor mit dem neu ernannten Kieler Gouverneur Wilhelm Souchon darauf verständigt, dass den Rädelsführern der Meuterei der Prozess gemacht, dem Großteil der Matrosen aber ein großzügiger Landurlaub gewährt würde. Die Warnungen hoher Offiziere, dass »die Anwesenheit des III. Geschwaders mit seinen unsicheren Elementen unter den Besatzungen bei der Überfüllung von Kiel mit Truppen und Rüstungsarbeitern eine hohe Gefahr« bedeute, schlugen sie in den Wind.[20]

Die Warnungen sollten sich jedoch als begründet erweisen, denn etwa 250 Matrosen der *Markgraf*, der *König* und der *Bayern* nutzten den Landgang am 1. November, um sich im Kieler Gewerkschaftshaus mit Abgeordneten der MSPD und der USPD zu treffen. In den Gesprächen ging es vor allem darum, wie sich ein erneuter Einsatzbefehl der Admiralität zum Kampf gegen die Royal Navy vermeiden ließe, und darum, wie man die inhaftierten Kameraden freibekomme, denen eine Anklage wegen Aufwiegelung zur Meuterei drohte.[21] Schließlich wurde für den nächsten Tag eine weitere Zusammenkunft anberaumt.

Am 2. November erschienen doppelt so viele Matrosen wie am Vortag im Kieler Gewerkschaftshaus, sodass man die Versammlung auf einen großen Exerzierplatz in der Stadt verlegte.[22] Einer der Redner dort war Karl Artelt, der sich zu einer Schlüsselfigur des Kieler Aufstands entwickeln sollte. Der stämmige 27-jährige Matrose hatte wegen seiner Beteiligung an einem Streik bereits 1917 im Gefängnis gesessen und anschließend in einem Strafbataillon in Flandern gedient. Anfang Januar 1918 war Artelt jedoch zurück in Kiel, wo er auf der Werft »Germania« arbeitete und sich zugleich als USPD-Mitglied politisch engagierte.[23] In seiner Rede vor den Matrosen ging er weit über die ursprüngliche Forderung nach Freilassung der Gefangenen hinaus und formulierte umfassendere politische Ziele wie die Abschaffung des »Militarismus« und die Entmachtung der herrschenden Klassen. Laut Polizeibericht schloss er dabei die Anwendung von Gewalt nicht aus.[24] Abschließend kündigte er für den 3. November eine noch größere Versammlung auf dem Großen Exerzierplatz an und forderte die Anwesenden auf, alle Marineeinheiten über die Zusammenkunft und den anschließenden Protestmarsch zu unterrichten, mit dem die Seeleute ihren Forderungen Gewicht verleihen wollten.

Mit Unterstützung ihrer Kieler USPD-Genossen ließen die Aufständischen noch am selben Abend Flugzettel drucken, in denen sie Arbeiter und Soldaten zur Solidarität mit den inhaftierten Matrosen aufriefen: »Kameraden, schießt nicht auf Eure Brüder! Arbeiter, demonstriert in Massen, lasst die Soldaten nicht im Stich!«[25] Die Revolte gegen die vermeintliche »Todesfahrt« nahm eindeutig politische Züge an, als die Revolutionäre schließlich Frieden um jeden Preis und die umgehende Abdankung des Kaisers verlangten – Forderungen, die denen der russischen Aufständischen in Petrograd Anfang 1917 durchaus ähnelten.[26] Die zivile und militärische Führung vor Ort wusste nicht, wie sie auf diese Massenproteste reagieren sollte. Die kleine Eingreiftruppe des Militärgouverneurs war darauf ausgelegt, Streiks und Unruhen in der Stadt niederzuschlagen und Plünderungen zu vermeiden, aber eine derartige Meuterei überforderte ihre Kräfte, und sie war auch gar nicht darauf vorbereitet.

Als sich die Kommandeure des Kieler Marinestützpunkts am Abend des 2. November trafen, um Maßnahmen gegen die Revolte zu erörtern, konnten sie sich zunächst nicht auf eine Strategie einigen.[27]

Noch in der Nacht ließ Kraft 57 weitere Matrosen und Heizer der *SMS Markgraf* verhaften.[28] Am nächsten Tag fassten die Kommandeure dann einen Plan: Um zu vermeiden, dass die Matrosen die Rebellion in die Stadt trugen, würden eine Stunde vor der geplanten Versammlung in der ganzen Stadt die Alarmglocken läuten und sämtliche Matrosen und Soldaten zu ihren Einheiten zurückbeordern. Die Truppenoffiziere sollten dann in den Mannschaftsquartieren versuchen, die Männer zu beruhigen und sie von der Vergeblichkeit der Meuterei zu überzeugen.[29]

Nach der Besprechung vom 3. November wandte sich Gouverneur Souchon erstmals an Berlin und berichtete von »äußerst gefährlichen Zuständen« in Kiel. Alle »möglichen Sicherheitsmaßnahmen zur Aufrechterhaltung der Manneszucht in der Marine« würden ergriffen, um den Gehorsam der Matrosen sicherzustellen. Aber Souchon schien an den Erfolg dieser »Maßnahmen« nicht recht zu glauben, denn er bat die Reichsregierung, »hervorragende sozialdemokratische Abgeordnete hierherzuschicken, um im Sinne der Vermeidung von Revolution und Revolte zu sprechen«.[30] Die Reichsminister in Berlin waren höchst beunruhigt: Ein Matrosenaufstand, während die Waffenstillstandsgespräche noch im vollen Gange waren, würde die Verhandlungsposition Berlins erheblich schwächen. Philipp Scheidemann, der im Oktober in Max von Badens Kabinett eingetreten war, mahnte, ein solcher Aufstand könne einen unkontrollierbaren Flächenbrand auslösen und eine gewaltsame Reaktion antidemokratischer Kräfte der alten Ordnung zur Folge haben.[31] Die Regierung kam Souchons Bitte daher nach und entsandte Gustav Noske, den MSPD-Militärexperten im Reichstag, und den Staatssekretär Conrad Haußmann von der Fortschrittlichen Volkspartei nach Kiel. Die beiden hofften, die Rebellion eindämmen zu können, wenn sie vor den Meuterern versicherten, dass die Regierung auf einen sofortigen Frieden und weitere politische Reformen hinarbeite.[32]

Aber die Lage in Kiel geriet außer Kontrolle, noch bevor Noske und Haußmann Berlin verlassen hatten. Als die Glocken am Nachmittag des 3. November Alarm läuteten und die Seeleute zurück auf die Schiffe riefen, leisteten nur wenige Matrosen dieser Aufforderung

Folge. Bis zum Beginn der Veranstaltung auf dem Exerzierplatz im Vieburger Gehölz war nur die Hälfte zu ihren Einheiten zurückgekehrt. Der Alarm hatte sein Ziel verfehlt, aber er machte die Zivilbevölkerung darauf aufmerksam, dass in Kiel etwas Ungewöhnliches vor sich ging. Immer mehr schaulustige Zivilisten schlossen sich den aufständischen Matrosen an, die zu der angekündigten Versammlung auf den Exerzierplatz strömten.[33]

Um 18 Uhr waren dort 5000 bis 6000 Menschen versammelt, zumeist Matrosen. Die beschwichtigenden Worte des Kieler Gewerkschaftsvorsitzenden Gustav Garbe stießen bei ihnen auf taube Ohren. Sie forderten Frieden, Freiheit und Brot.[34] Es wurde zum Marsch auf die Arrestanstalt in der Feldstraße aufgerufen, wo die meisten inhaftierten Matrosen gefangen gehalten wurden. Auch eine nahe gelegene Offiziersmesse sollte gestürmt werden. Schließlich setzte sich ein gewaltiger Demonstrationszug in Richtung der Hauptarrestanstalt in Bewegung.[35] Der Weg führte an dem Lokal *Waldwiese* vorbei, das als behelfsmäßiges Gefängnis diente. Die Protestierer verlangten die umgehende Freilassung aller dort wegen Nichtbeachtung des Stadtalarms festgehaltenen Kameraden. Der diensthabende Offizier weigerte sich zunächst, doch als die Aufständischen sich mit Gewalt Zugang zu verschaffen suchten, Fenster einschlugen und die Waffenkammer plünderten, ergab er sich der Übermacht. Um Blutvergießen zu vermeiden, ließ er die Inhaftierten frei, die sich sogleich dem Protestmarsch in Richtung Stadtmitte anschlossen. Derart bewaffnet und verstärkt stießen die Demonstranten am Bahnhof mit einer Militärpatrouille zusammen, von der sie weitere Gewehre erbeuteten. Bei dieser Auseinandersetzung forderte die Novemberrevolution ihr erstes Todesopfer, als eine Passantin unabsichtlich vor eine fahrende Straßenbahn gestoßen wurde und starb. Selbst von diesem tragischen Unfall ließ sich der Protestzug durch die Innenstadt nun nicht mehr aufhalten.[36] Und die Gäste der Kneipen und Cafés bekundeten den Protestierenden lautstark ihre Unterstützung.

Inzwischen hatte man alle Stationskommandanten über das, was sich in der Stadt abspielte, unterrichtet. Souchon wies daraufhin die letzten loyalen Einheiten, die fast ausschließlich aus Kadetten und

Rekruten bestanden, an, dem Protestzug mit allen Mitteln entgegenzutreten und nötigenfalls rücksichtslos von der Waffe Gebrauch zu machen.[37] Eine etwa dreißig- bis vierzigköpfige Einheit dieser jungen und unerfahrenen Soldaten unter Führung des Reserveleutnants Oskar Steinhäuser errichtete in der Karlstraße eine Straßensperre, um zu verhindern, dass die aufständischen Matrosen ihre verhafteten Genossen befreiten. Dieser Absperrung näherten sich die aufgepeitschten Protestanten nun. Steinhäuser und seine Leute, bang und nervös, brachten ihre Gewehre in Anschlag. Der Reserveleutnant brüllte, er habe Befehl zu schießen, wenn die Menge mit Gewalt gegen seine Leute vorgehe.[38] Wie genau die Lage weiter eskalierte, lässt sich heute nicht mehr mit absoluter Sicherheit sagen. Vermutlich schoben die von hinten nachdrängenden Demonstranten die ersten Reihen näher und näher an Steinhäusers Straßensperre heran, und dieser gab schließlich Befehl, das Feuer zu eröffnen.[39] Nach der ersten Salve der Soldaten erwiderten einige Aufständische das Feuer. Steinhäuser wurde von mehreren Kugeln getroffen und von herbeigeeilten Polizisten vor der aufgebrachten Menge in Sicherheit gebracht, während die Kieler Feuerwehr die Matrosen mit ihren Wasserwerfern auseinandertrieb. Der Vorfall forderte sieben Tote und 29 Verletzte, von denen zwei später ihren schweren Verletzungen erlagen.[40]

Die Eskalation der Gewalt löste auf beiden Seiten Bestürzung aus. Bis zu diesem Zeitpunkt war die Revolte vor allem von den Matrosen aus Wilhelmshaven getragen worden im Schulterschluss mit der politisch wenig bedeutsamen Kieler USPD und den mit ihr sympathisierenden Revolutionären Obleuten. Aber als die Unruhen immer breitere Massen erfassten, war es nur noch eine Frage der Zeit, wann der Funke auf die Kieler Marineeinheiten und Werftarbeiter überspringen würde. Doch Gouverneur Souchon und die Kieler Marineführung hatten die Tragweite des Ganzen noch immer nicht erfasst.[41] Sie glaubten weiterhin, dass auf die Mehrheit der in Kiel stationierten Soldaten und Matrosen Verlass sei. Erst die Erklärung der in Kiel stationierten 1. Torpedodivision am 4. November, dass auch sie sich der Meuterei angeschlossen habe, öffnete ihnen die Augen. Ausgerechnet diese Division stellte Forderungen, die weit über die Freilassung gefangener

Kiel wurde in den ersten Novembertagen zum Ausgangspunkt und Zentrum der Revolution. Die revoltierenden Matrosen dieser Heizerbrigade bringen unmissverständlich zum Ausdruck, dass sie Sympathien für den bei den Eliten so gefürchteten Bolschewismus hegen.

Matrosen und ein Ende des Krieges hinausgingen, denn sie verlangte die Abdankung der Hohenzollerndynastie und die Einführung des allgemeinen Wahlrechts für Männer und Frauen.[42] Das verhieß nichts Gutes für die Unterstützer des Hohenzollernregimes. Eine weitere Politisierung der Demonstrationen und die Ausweitung der Proteste auf die in derselben Kaserne wie die 1. Torpedodivision stationierten U-Boot-Divisionen schienen nun kaum noch vermeidbar.[43] Am frühen Nachmittag ließen daher mehrere hohe Offiziere des Kieler Stützpunkts den Gouverneur wissen, dass sie und die Militärpolizei die öffentliche Ordnung nicht länger aufrecht erhalten könnten. Souchon blieb nichts anderes übrig, als mit einer Abordnung der Aufständischen, die sich bereits als »Soldatenrat« bezeichnete, zu verhandeln.[44]

Räte dieser Art sollten sich im weiteren Verlauf der Ereignisse vom November 1918 zu Schlüsselinstitutionen entwickeln. Die Frage ihrer Bedeutung und Rolle bei der künftigen politischen Gestaltung Deutschlands allerdings sollte die deutsche Linke am Ende spalten.

Üblicherweise wurden solche Räte bei Großversammlungen streikender Arbeiter oder meuternder Matrosen und Soldaten gewählt. Anschließend wurden ihre Vertreter per Zuruf ermächtigt, mit den Obrigkeiten – Regierungsbeamten oder hochrangigen Offizieren – zu verhandeln. Obwohl vorwiegend männlich, galten die aus derartigen Zusammenkünften hervorgehenden Soldatenräte bei ihren Anhängern als ungefilterter Ausdruck des »Volkswillens«. Ihren Ursprung hatten sie in der russischen Revolution von 1905. Nach dem Sturz des Zaren 1917 spielten sie erneut eine wichtige Rolle in Russland. Diese »russischen Wurzeln« prägten das Bild, das man sich gemeinhin von den Räten machte. Für ihre Anhänger, vor allem Unabhängige Sozialdemokraten und Spartakisten, stellten sie eine unverfälschte Form basisdemokratischer politischer Vertretung dar. Die Gegner, darunter auch führende Persönlichkeiten in der MSPD, betrachteten sie hingegen als Vorboten des »Bolschewismus«, die lediglich Chaos, Niedergang und wirtschaftliche Verwerfungen hervorriefen. Auch jene gemäßigten Sozialdemokraten, die die Räte anfangs befürworteten, sahen in ihnen bald bestenfalls eine Übergangslösung auf dem Weg zur parlamentarischen Demokratie.

Anfang November 1918 ging es dem Kieler Soldatenrat unter Leitung Karl Artelts darum, Souchon, der sich widerwillig zu einem Treffen mit einer Abordnung der Aufständischen bereit erklärt hatte, zunächst einmal die Hauptforderungen der Matrosen zu übermitteln.[45] Der Gouverneur machte in den Verhandlungen zwar gewisse Zugeständnisse, zu einer Einigung gelangte man aber nicht. Die Vertreter der örtlichen Arbeiterschaft – die Revolutionären Obleute – drohten daraufhin, für den 5. November in sämtlichen Kieler Fabriken zum Generalstreik aufzurufen.[46] Um diesen abzuwenden, blieb Souchon keine andere Wahl, als weiter mit den Matrosen- und Arbeitervertretern zu verhandeln, die mit Nachdruck Frieden und Demokratie forderten, was zwei Tage zuvor bereits die 1. Torpedodivision getan hatte. Es war klar, daß Souchon gar nicht die Macht hatte, diese Forderungen zu erfüllen. Dennoch stellte man ihm ein Ultimatum, als er durchblicken ließ, dass er Truppen von außerhalb anfordern könne: Sobald auswärtige Einheiten in Kiel einträfen, um die Rebellion niederzuschlagen, würden die Schlachtschiffe im Hafen mit dem seeseitigen Beschuss strategischer Punkte in der Stadt beginnen.[47]

Dies war zweifellos ein gewichtiges Argument. Wie der Journalist Bernhard Rausch am 5. November vermerkte, hielten die protestierenden Seeleute alle Trümpfe in der Hand. Zur Verteidigung der Stadt hatten sie mittlerweile 40 000 schwer bewaffnete Männer auf ihrer Seite und zudem als stärkste Waffe die schwere Schiffsartillerie. Das war, so Rausch, für alle sichtbar eine »völlig veränderte Welt. Über der deutschen Flotte, vom Kieler Rathaus und dem Schlossturm wehte die rote Fahne der Revolution«.[48]

Souchon erreichte in den Verhandlungen mit Matrosen und Obleuten nichts, gewann aber etwas Zeit. Er habe, wie er später erklärte, nur noch darauf gezielt, »die erregten Massen bis zur Ankunft des unterwegs befindlichen Noske und Staatssekretärs Haußmann durch Verhandlungen hinzuhalten«.[49] So ließ er sich schließlich zur Freilassung der inhaftierten Matrosen und Heizer bewegen, die sich keiner strafbaren Handlungen schuldig gemacht hatten – insgesamt sechzehn Männer. Unter dem frenetischen Jubel mehrerer Tausend Matrosen wurden die Gefangenen noch am selben Tag aus der Arrestanstalt in der Feldstraße entlassen.[50]

Nun ruhten alle Hoffnungen auf Haußmann und Noske, die am Abend des 4. November eintreffen sollten. Paradoxerweise knüpften die rebellierenden Matrosen und streikenden Arbeiter ebenso hohe Erwartungen an Noske wie Souchon, allerdings glaubten sie, dass die MSPD ihnen im Kampf für die revolutionäre Umgestaltung Deutschlands beispringen würde. Als der Zug aus Berlin endlich im Kieler Hauptbahnhof eintraf, wurde insbesondere Noske von Hunderten wartender Matrosen in der Vorhalle mit »brausendem Hurra willkommen geheißen«.[51] Ein Wagen brachte ihn und Haußmann zum Wilhelmsplatz im Zentrum der Stadt, wo Tausende von Demonstranten die Abgeordneten bereits erwarteten.

Im Nu wurde den beiden klar, dass dies keine einfache Meuterei war. Noske suchte die Menge zu beschwichtigen, indem er allen an dem Aufstand Beteiligten Straffreiheit zusicherte. Zudem verkündete er, dass in den nächsten Tagen ein Waffenstillstand unterzeichnet werde.[52] Anschließend fuhren Haußmann und Noske zum Kieler Gewerkschaftshaus, wo rund vierzig Matrosen- und Soldatenvertreter eine Liste ihrer Forderungen aufstellten, die bald in ganz Deutschland als die »14 Kieler Punkte« bekannt wurde. Diese Forderungen umfassten unter anderem die Freilassung *sämtlicher* inhaftierter Matrosen und politischer Gefangener, vollständige Rede- und Pressefreiheit, Aufhebung der Zensur, angemessene Behandlung der Soldaten durch ihre Vorgesetzten, völlige persönliche Freiheit jedes Mannes vom Ende eines Dienstes bis zur Wiederaufnahme des Dienstes sowie die Einbeziehung der Soldatenräte in alle künftigen Maßnahmen.[53]

Im Großen und Ganzen folgten die »14 Kieler Punkte« den Vorschlägen des Kieler USPD-Vorsitzenden Lothar Popp. Popp, der aus einfachen Verhältnissen stammte, hatte sich vor dem Krieg als Betreiber mehrerer Süßwarenläden eine bescheidene Existenz aufgebaut. Als langjähriges SPD-Mitglied und Pazifist war er nach der Zustimmung seiner Partei zu den Kriegsanleihen 1914 immer weiter nach links gerückt und im Zuge der Januarstreiks von 1918 schließlich zur Führungsfigur der Kieler USPD aufgestiegen. Im November 1918 kam Popp die Schlüsselrolle bei der Formulierung jener »Kieler Punkte« zu, die alsbald vielen anderen revolutionären Soldaten- und Arbeiterräten als Vorlage dienten. Die politischen Forderungen betrafen die sofortige Abdankung des Kaisers und die Umwandlung der Monarchie in eine Volksrepublik, eine umfassende Wahlrechtsreform mit Einführung des Frauenwahlrechts, die Aufhebung der Pressezensur sowie die umgehende Freilassung aller politischen Gefangenen, darunter alle in den vergangenen Tagen festgesetzten Matrosen und Demonstranten.[54]

In Kiel wurde über keine dieser Forderungen entschieden, schließlich waren Haußmann und Noske ohne klares politisches Mandat des Reichskanzlers angereist und fühlten sich nicht befugt, weitreichende Entscheidung über die Zukunft Deutschlands zu fällen. Doch Noske sagte den Protestierenden seine Unterstützung zu, selbst als klar wurde, dass sie ihre Waffen erst niederlegen würden, wenn der Kaiser abgedankt hatte.[55] Und bei einem Treffen mit Souchon und mehreren Abgesandten der Matrosen noch am selben Abend riet Noske dem

Stadtgouverneur, keine auswärtigen Truppen in die Stadt zu beordern und eine bereits eingetroffene Lübecker Infanteriekompanie wieder abzuziehen. Angesichts Tausender bewaffneter Aufständischer und der gewaltigen Geschütze auf den Kriegsschiffen, so warnte er, würde ein militärisches Eingreifen beträchtliches Blutvergießen zur Folge haben und womöglich eine landesweite Streikwelle auslösen. Das jedoch müsse unter allen Umständen vermieden werden, solange die Waffenstillstandsverhandlungen mit den Alliierten andauerten.[56]

Am Abend gelang es Noske endlich, telefonisch Kontakt zum Kabinett in Berlin aufzunehmen und zu vermelden, dass jegliche Disziplin in der Marine zusammengebrochen sei, die Aufständischen einen umgehenden Waffenstillstand und die Abdankung des Kaisers verlangten und ihn, Noske, zum Vorsitzenden des Kieler Arbeiter- und Soldatenrats gewählt hatten. Die Kieler Revolutionäre konnten nicht ahnen, dass sie mit Noske, der tags darauf auch Souchons Gouverneursposten übernahm, einen Anführer gewählt hatten, der in Wahrheit beabsichtigte, »der Kieler Meuterei, die ich persönlich aufs schärfste verurteile, ein Ende zu machen«.[57] Sie hielten den Mann aus Berlin für einen mächtigen Verbündeten.[58]

Gut informierte Beobachter schätzten die Bedeutung der Kieler Ereignisse für ganz Deutschland durchaus richtig ein. Noch am selben Abend floh Prinz Heinrich, der Bruder Wilhelms II. und Generalinspektor der kaiserlichen Marine, aus dem Kieler Schloss. In Berlin notierte der Historiker Friedrich Meinecke in seinem Tagebuch: »Der Damm ist gebrochen.«[59]

KAPITEL V

Der Ölfleck der Revolution

Die Hoffnungen der Verantwortlichen, dass sich die Kieler Meuterei lokal begrenzen und einhegen ließe, wurden bitter enttäuscht. Sie wuchs sich in wenigen Tagen zu einer wahren Revolution aus und griff auf andere Hafenstädte entlang der deutschen Küste über, von Bremen und Wilhelmshaven im Westen bis zur Marinegarnison an der Memelmündung im ostpreußischen Tilsit. In der größten Hafenstadt des Landes, in Hamburg, traten Arbeiter und Matrosen am 5. November in den Ausstand. Auf den Kriegsschiffen im Hamburger Hafen hissten die Mannschaften rote Fahnen – ein Zeichen der Solidarität mit ihren Kieler Kameraden. In Altona und St. Pauli patroullierten bewaffnete Matrosen und Soldaten in den Straßen, die Gewehrläufe demonstrativ zu Boden gerichtet – vorschriftsmäßig mussten sie nach oben zeigen – und mit roten Armbinden an den Ärmeln.[1]

Am 6. November reiste der künftige Reichskanzler Hermann Müller (MSPD) mit dem Schnellzug von Berlin nach Kiel. Im Hamburger Arbeiterviertel Rothenburgsort wurde der Zug angehalten. Auf dem Bahnsteig tummelten sich bewaffnete Matrosen, die den Offizieren die Achselstücke abrissen. Am Abend vernahm Müller, der die Nacht in Hamburg verbringen musste, schwere Schritte auf dem Hotelflur und lautes Hämmern an allen Türen. Schlaftrunken öffnete er die Tür und sah sich Matrosen mit roten Armbinden gegenüber, die die Papiere der Gäste überprüften. Er reichte einem der Männer seinen Pass, der das Dokument eingehend musterte und darauf hinwies, dass der Ausweis bereits am 17. März 1918 abgelaufen sei. Dann gab er das Dokument mit einem Lächeln zurück, salutierte und ging weiter. Müller war verdutzt: »Wäre es in einem anderen Land denkbar gewesen, dass in der Nacht nach Beginn einer Revolution ein Revolutionär sich Sorgen um die Verlängerung eines Passes gemacht hätte?«[2]

Die revolutionären Unruhen erreichten sogar Helgoland, jenen kleinen Archipel mit seinen imposanten Klippen rund fünfzig Kilometer vor der deutschen Nordwestküste, das vor der Abtretung an Deutschland im Jahr 1890 eine britische Kolonie gewesen war. Am 6. November verweigerten die dort stationierten deutschen Soldaten und Marineeinheiten ihren Offizieren den Gehorsam. Die Truppen hissten auf der Insel die rote Fahne und wählten einen Rat, der die Befehlsgewalt übernahm.[3] Dass die deutsche Revolution in der Peripherie ihren Anfang nahm – auf Marinestützpunkten und in Küstenstädten –, unterscheidet sie von den anderen großen Revolutionen der Neuzeit, ob 1789 in Frankreich oder 1917 in Russland, wo die Unruhen stets in der Hauptstadt ausbrachen, im Zentrum der Macht. In Deutschland hingegen war Berlin die letzte Stadt, die im November 1918 in die Hände der Revolutionäre fiel. In den Tagen vor der Abdankung des Kaisers und der offiziellen Ausrufung der Republik am 9. November nahmen die Ereignisse einen höchst regionalisierten Verlauf, was zumindest teilweise der föderalen Struktur des kaiserlichen Deutschlands geschuldet war – einem Bund aus 26 eigenständigen Territorien, die meisten davon Monarchien mit eigenen Fürsten, Königen oder Herzögen.

In der ersten Novemberwoche schienen die revolutionären Ereignisse in all diesen Gebieten ein und demselben Muster zu folgen: Sie begannen mit Soldaten- und Arbeiterprotesten, die sich infolge mangelhaften Krisenmanagements der Obrigkeit binnen Stunden radikalisierten. Marineinfanteristen, Militärpolizei, Reserveeinheiten und andere örtliche Garnisonsstreitkräfte, die man gegen die revolutionären Massen in Stellung brachte, erwiesen sich als unfähig oder unwillig, der Rebellion energisch entgegenzutreten. Anstatt zu kämpfen, begrüßte das Heimatheer die Meuterer freudig als Kameraden und schloss sich wie ein großer Teil der Industriearbeiterschaft kurzerhand der Revolution an.[4] Einen Eindruck von der Stimmung auf den Straßen deutscher Großstädte vermittelte etwa die USPD-Anhängerin Sidonie (»Toni«) Sender, die in Frankfurt am Main Zeugin der Revolution wurde: »Menschenmengen drängten durch die Straßen, Kasernen wurden besetzt, Häftlinge befreit, rote Fahnen auf dem Hauptbahnhof gehißt; Soldaten und Arbeiter berieten und faßten folgenschwere Beschlüsse – und während dieser ganzen Zeit hatte der preußische Polizeichef tief und vielleicht sogar unbehelligt von Träumen geschlafen.«[5]

Der Umsturz erfolgte nach keinem vorbestimmten Plan wie etwa in Russland nach der Machtergreifung durch die Bolschewiki. Vielmehr verlief er in Form einer spontanen Antikriegsbewegung mit völlig unterschiedlichen Akteuren, Zielsetzungen und Schauplätzen. Zu keinem Zeitpunkt haben die Hungerprotestler, streikenden Rüstungsarbeiter und fahnenflüchtigen Soldaten eine einheitliche Front gebildet.[6] Der in Berlin weilende Harry Graf Kessler beschrieb das dem deutschen Partikularismus geschuldete ungewöhnliche Muster bereits am 7. November in seinem Tagebuch: »Die Physiognomie der Revolution beginnt sich abzuzeichnen: allmähliche Inbesitznahme, Ölfleck, durch die meuternden Matrosen von der Küste aus. Sie isolieren Berlin, das bald nur noch eine Insel sein wird. Umgekehrt wie in Frankreich revolutioniert die Provinz die Hauptstadt, die See das Land: Wikingerstrategie.«[7]

Am 7. November, als Kessler seine Gedanken zu Papier brachte, breitete sich die Revolution tatsächlich bis nach Bayern aus. Wie andernorts hatten sich auch über dieses traditionell konservative, ländlich geprägten Königreich Kriegsmüdigkeit und Fiedenssehnsüchte ausgebreitet. Wie alle Deutschen hatten die Bayern hart unter den Entbehrungen des Kriegs gelitten, und in fast allen Familien herrschte Trauer über den Verlust gefallener Söhne, Brüder oder Väter. Allein 13 000 junge Münchner hatten im »Großen Krieg« ihr Leben gelassen. Aus ganz Bayern waren über 170 000 Männer nicht von der Front zurückgekehrt, etwa 65 Prozent davon waren zwischen 20 und 29 Jahre alt.[8]

Ende Oktober hatte sich die ohnehin angespannte Lage noch weiter verschlechtert: Der militärische Zusammenbruch Österreich-Ungarns machte die Entsendung bayerischer Truppen nach Salzburg und Tirol notwendig zur Sicherung der bayerischen Südgrenze.[9] Dies sorgte für weiteren Unmut in der kriegsmüden Bevölkerung. Proteste und Demonstrationen für Frieden und demokratische Reformen gab es nun beinahe jeden Tag. Am 2. November billigte der alternde bayerische König Ludwig III. schließlich eine Reihe von Gesetzen, die sich an den Oktoberreformen des Reiches orientierten: Die bayerische Regierung würde fortan von der Parlamentsmehrheit bestimmt werden und nicht mehr durch die Berufung des Königs.[10] Aber auch in Bayern war es für eine »Revolution von oben« längst zu spät. Am folgenden Morgen rollte ein Zug mit rund tausend deutschen Matrosen durch München. Sie kamen aus der österreichisch-ungarischen Hafenstadt Pula in Istrien und waren auf dem Weg nach Kiel und Wilhelmshaven. Da es dort zur Revolte gekommen war, hielten die bayerischen Behörden den Zug auf, was sie besser unterlassen hätten, denn die Matrosen stiegen aus und heizten die Stimmung in der Stadt weiter auf.[11]

In dieser explosiven Atmosphäre – und mit weit weniger Anhängern, als die gemäßigteren Brüder von der MSPD vorzuweisen hatten – glückte den Unabhängigen Sozialdemokraten ein beachtlicher Coup: Gemeinsam mit der MSPD riefen sie zu einer großen Friedenskundgebung auf der Theresienwiese auf, einer weitläufigen Freifläche in der Stadt, wo seit dem 19. Jahrhundert alljährlich das Oktoberfest stattfand.[12] Die Ereignisse des 7. November sollten einen Wendepunkt in der Entwicklung Bayerns markieren. Nach Schätzungen nahmen 60 000 Menschen an der Demonstration teil.[13] Zahlreiche Redner, darunter der bayerische MSPD-Chef Erhard Auer, forderten Frieden und Demokratie; von Räten sprach er indes nicht. Sodann verließen die meisten MSPD-Anhänger die Kundgebung auf der Theresienwiese, an der Spitze Auer. Die Unabhängigen blieben zurück. Nun wurden lautstark Forderungen nach der sofortigen Einsetzung eines Arbeiter- und Soldatenrates erhoben. Schließlich verabschiedeten die Demonstranten eine radikale Resolution, in der die sofortige Abdankung des Kaisers gefordert wurde, ferner die Einführung der Demokratie und die Entlassung aller »reaktionären Elemente« aus staatlichen Ämtern, Frieden um jeden Preis und der Achtstundentag.[14]

Die Schlüsselfigur, die sich in dieser Situation zum Anführer der Revolution in Bayern aufschwang, war der Unabhängige Sozialdemokrat Kurt Eisner. Er war der Anführer einer vergleichsweise kleinen politischen Partei, sollte aber in den folgenden Revolutionswochen den Ton angeben. Eisner, ein jüdischer Theaterkritiker der *Münchener Post*, entsprach ziemlich genau dem Klischee von den linken Intellektuellen, die damals die Kaffeehäuser im Münchener Künstlerviertel Schwabing bevölkerten. Er stammte aus Berlin, wo er 1867 als Sohn eines Textilfabrikanten geboren worden war. Nach dem Studium – Germanistik und Philosophie – schrieb er für diverse Zeitungen, darunter die liberale *Frankfurter Zeitung*. 1898 fing er als Redakteur beim sozialdemokratischen Parteiorgan *Vorwärts* an. Dort gehörte er anfangs zum rechten SPD-Flügel und sympathisierte mit den »Revisionisten« in der Partei, die sich für eine Loslösung der Sozialdemokratie vom revolutionären orthodoxen Marxismus starkmachten.[15] Er galt in Berlin als Schützling Wilhelm Liebknechts, der ihn 1899 zu seinem Nachfolger als Herausgeber des *Vorwärts* machte. Nach einem Zerwürfnis mit den Zeitungskollegen über seinen »revisionistischen« Ansatz verlor Eisner 1905 jedoch seine Stelle und verließ Berlin in Richtung Bayern, wo er zunächst in Nürnberg und dann in München als Journalist arbeitete. In diesen Jahren orientierte er sich politisch zunehmend nach links.

Eisner hatte die Billigung der Kriegsanleihen durch die SPD zu Kriegsbeginn noch begrüßt in der Hoffnung, der Krieg werde den Zusammenbruch der despotischen Zarenherrschaft in Russland beschleunigen. Doch bereits im Jahr darauf änderte er seine Meinung grundlegend und vertrat bald radikal-pazifistische Ansichten. Seine Abkehr von der offiziellen Parteilinie brachte ihn in Konflikt mit dem Herausgeber der *Münchener Post* und mit der militärischen Zensurstelle. Als er in seinen Artikeln schließlich den »Offensivgeist« und die annexionistischen Bestrebungen Deutschlands anprangerte, wurde er als politischer Redakteur entlassen. Gelegentlich durfte er noch Buchrezensionen verfassen. Von 1916 an war er praktisch arbeitslos.[16]

Im Frühjahr 1917 brach Eisner offiziell mit den Mehrheitssozialdemokraten und nahm im April des Jahres an der Gründungsversammlung der Unabhängigen Sozialdemokraten in Gotha teil. Allmählich entwickelte er sich zu einer zentralen Figur in der Münchener USPD.[17] Gemeinsam mit Unabhängigen Sozialisten aus anderen Teilen Deutschlands rief Eisner im Januar 1918 zu einem Generalstreik in der Rüstungsindustrie auf.[18] Daraufhin wurde er verhaftet und verbrachte die nächsten achteinhalb Monate im Stadelheimer Gefängnis.[19] Am 15. Oktober kam er im Rahmen einer Generalamnestie für politische Gefangene überraschend frei und nahm seine revolutionäre Agitation umgehend wieder auf.[20] In einer Rede vor rund 2000 Zuhörern erklärte Eisner am 3. November 1918 die am Vortag in Bayern verkündeten Verfassungsreformen für vollkommen unzureichend und forderte sofortigen Frieden – einen bayerischen Separatfrieden, wenn es sein musste – sowie eine Volksregierung, die eng mit der soeben im benachbarten Österreich gebildeten demokratisch gewählten Führung zusammenarbeitete: »Wir grüßen über die Grenze die neue österreichische Republik und fordern, daß eine vom Volk einzusetzende bayerische Regierung mit den deutschen Republikanern Österreichs gemeinsam den Frieden im Namen Deutschlands verkündet, sofern in Berlin nicht der Wille oder die Macht vorhanden ist, den Frieden sofort zu erreichen.«[21] Eisners Rivale, der MSPD-Vorsitzende Erhard Auer, wandte sich daraufhin gegen Eisner und beschuldigte diesen öffentlich, auf eine Spaltung des Deutschen Reiches hinzuwirken.[22]

Mit der gemeinsamen Großdemonstration am 7. November ließ sich die tiefe Kluft, die zwischen den beiden sozialdemokratischen Parteien in Bayern klaffte, nicht mehr überspielen. Noch während der Kundgebung auf der Theresienwiese brach Eisner mit seiner Anhängerschar auf, um die in der Stadt stationierten Garnisonen zu »befreien«, wobei sie auf keinen nennenswerten Widerstand der Soldaten trafen. Unter Eisners Anhängern befand sich auch die junge Sozialistin Hilde Kramer. Tief bewegt beobachtete sie, wie bei der gewaltigen Friedensdemonstration vom 7. November rote Fahnen geschwenkt wurden und die Menschen »Nieder mit dem Krieg!«, »Es lebe der Friede« und »Es lebe die Republik!« riefen. »So, dachte ich mir, muß die Revolution aussehen: Massen von Soldaten mit offenen Uniformröcken und ohne Kopfbedeckung strömten durch die Dachauer Straße. Unter ihnen waren zahlreiche Zivilisten, Männer, Frauen und auch Kinder […]. Ich wurde Teil einer wirbelnden Masse, ohne zu wissen, wohin der Weg führte.«[23]

Bis neun Uhr abends hatten die Revolutionäre sämtliche Garnisonen in der bayerischen Hauptstadt »umgedreht«, und es gab schlicht

Am 8. November feiern Soldaten vor dem Mathäserbräu in München – dem Sitz des neu konstituierten Arbeiter- und Soldatenrates –, wo Kurt Eisner in der Nacht zuvor die bayerische Republik ausgerufen hat. Bayern kam Berlin damit um zwei Tage zuvor.

keine Truppen mehr, die man gegen die Aufständischen hätte mobilisieren können, als diese den Hauptbahnhof, das Haupttelegraphenamt und den Bayerischen Landtag besetzten.[24]

Noch am selben Abend wählte der Arbeiter- und Soldatenrat Eisner zu seinem Vorsitzenden. Der Münchner Revolutionär Felix Fechenbach erinnerte sich, in welch atemberaubender Geschwindigkeit die politischen Umwälzungen stattfanden: »Lastautos mit Gewehren und Munition fuhren an. Soldaten und Arbeiter kamen, wurden bewaffnet, zu kleinen Trupps zusammengestellt und marschierten ab zur Besetzung öffentlicher Gebäude […]. Um 10 Uhr abends waren alle Ministerien, das Generalkommando, Bahnhof, Post- und Telegraphenamt in der Hand der Revolutionäre. Dann marschierte der Arbeiter- und Soldatenrat begleitet von sechzig Bewaffneten, zum Landtagsgebäude, das ohne Widerstand übergeben wurde […]. Sämtliche Eingänge wurden mit Maschinengewehrposten besetzt, außerdem die Zugangsstraße gesichert […]. Um ½11 Uhr abends eröffnete Kurt

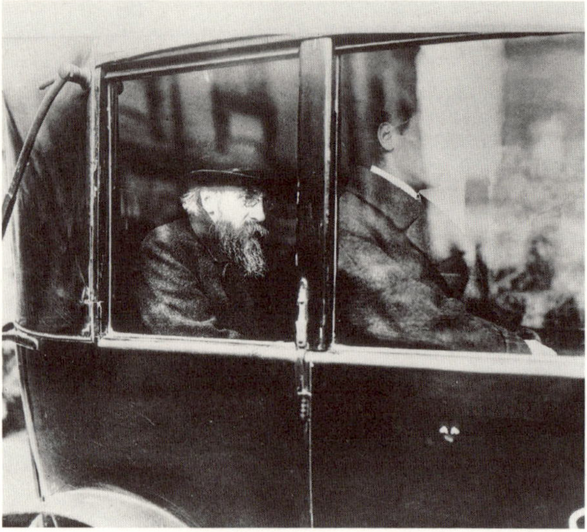

Kurt Eisner auf dem Weg zu einem Treffen mit Friedrich Ebert. Eisner war die Schlüsselfigur der Novemberrevolution in Bayern. Trotz der relativ schwachen Position seiner USPD gelang es ihm, sich gegen den bayerischen MSPD-Vorsitzenden Erhard Auer als Führer der revolutionären Bewegung durchzusetzen.

Eisner die vorläufige konstituierende Versammlung der Arbeiter-, Soldaten- und Bauernräte.«[25]

Wenig später rief Eisner die Republik Bayern aus und beendete damit die tausendjährige Herrschaft des Hauses Wittelsbach, deren letzter König, Ludwig III., noch in der Nacht mit seiner Familie aus der bayerischen Hauptstadt floh. Dann bildete er eine von den Räten gebilligte provisorische Regierung aus MSPD und USPD unter seiner Führung. Die ungleich größere Fraktion der bayerischen Mehrheitssozialdemokraten hatte Eisner geschickt ausmanövriert: Der bayerische MSPD-Vorsitzende Auer übernahm lediglich das Innenministerium in Eisners Regierung.[26]

Die zeitgenössischen Reaktionen auf Eisners Staatsstreich gingen je nach politischer Gesinnung erheblich auseinander. Viele im linken Lager hatten den Eindruck, dass allein der Akt der Revolution, das Aufbegehren gegen die ausgedienten Obrigkeiten der Vergangenheit, den einfachen Leuten – wenn auch nur für einen kurzen Moment –

Macht verlieh und das Gefühl, an der Neugestaltung ihrer eigenen Welt teilzuhaben. Der Dichter Rainer Maria Rilke, der am 7. November 1918 eine Massenversammlung im großen Biersaal eines Münchner Hotels besuchte, schrieb darüber später seiner Frau Clara, er habe dort dem berühmten Soziologen Max Weber gelauscht, »der als einer der besten Köpfe und als guter Redner gilt«, ebenso dem Anarchisten Erich Mühsam sowie einigen Studenten und Soldaten. Rilke zeigte sich von der Veranstaltung tief beeindruckt, vom Enthusiasmus des Moments und den eng gedrängten Massen, so dicht zusammengepfercht, dass für die Kellner kaum ein Durchkommen war. Plötzlich sprang ein junger Arbeiter beherzt auf die Bühne und wandte sich an Weber und die anderen Redner auf dem Podium. »Haben Sie oder Sie, habt Ihr das Waffenstillstandsangebot gemacht?«, fragte er. Dann fuhr er fort: »Und doch müßten wir das tun, nicht diese Herrn da oben; bemächtigen wir uns einer Funkstation und sprechen wir, die gewöhnlichen Leute zu den gewöhnlichen Leuten drüben, gleich wird Friede sein […]. Hier, die Herrn Professoren [an Weber und die anderen gerichtet], können französisch, die werden uns helfen, daß wirs richtig sagen, wie wirs meinen.«[27]

Auch der konservative Schriftsteller Oswald Spengler wurde am 7. November 1918 Zeuge der revolutionären Vorkommnisse in München, womöglich gar im selben Hotelsaal, in dem auch Rilke saß.

> Ich habe die widerlichen Szenen vom 7. November […] aus der Nähe erlebt und bin vor Ekel beinahe erstickt […]. Ich weiß sehr wohl, daß der Pöbel in anderen Ländern über alle Maßen gemein ist, aber ob er uns in seiner Gemeinheit erreicht? […] Ich sehe, daß die deutsche Revolution den typischen Verlauf nimmt, langsamer Abbau der bestehenden Ordnung, Sturz, wilder Radikalismus, Umkehr […]. [W]ir brauchen eine Züchtigung, […] bis die Zeit für die kleine Gruppe gekommen ist, die 1813 wie 1870 zur Führung berufen war: preußischer Adel und preußisches Beamtentum, die Tausende unserer Techniker, Gelehrten, Handwerker, Arbeiter mit preußischen Instinkten […]. Aber dann muß Blut fließen, je mehr desto besser.[28]

Im Spätherbst 1918 wies aber nichts darauf hin, dass Spenglers Tag der Abrechnung bevorstand. Nahezu widerstandslos brach die alte Ordnung in den Staaten Deutschlands zusammen. Sämtliche 22 weniger bedeutenden deutschen Könige, Fürsten und Herzöge wurden abgesetzt – eine »fast lautlose Implosion« der monarchischen Herrschaft.[29] In der sächsischen Hauptstadt Dresden zogen Soldaten in gewaltigen Protestmärschen durch die Straßen, verlangten sofortigen Frieden und brachten die Stadt unter ihre Kontrolle. Der letzte sächsische König Friedrich August III. verbot seinen Truppen, auf die Demonstranten zu schießen, und verzichtete freiwillig auf den Thron, den seine Familie – das Haus Wettin – seit dem 15. Jahrhundert innehatte.

Glaubt man den Augenzeugenberichten Ethel Coopers, so folgten die Ereignisse in Leipzig dem aus anderen Städten bekannten Muster. Da sie nicht nach Hause reisen konnte, verbrachte die australische Musikerin die Kriegsjahre in der Stadt. In einem Brief an ihre Schwester schrieb sie: »Am Dienstag und Mittwoch folgten die anderen großen Häfen Lübeck, Bremen und Hamburg diesem Beispiel – am Donnerstag München und mit ihm ganz Bayern. Am Freitag, als ich auf dem Weg zum Mittagessen war, sah ich eine dichte graue Menschenmenge mit einer roten Fahne an ihrer Spitze auf mich zukommen. Ich muß sagen, ich stand wie angewurzelt, mein Herz pochte bis zum Hals. Wie Du weißt, habe ich seit Wochen darauf gewartet, aber wenn man es zum ersten Mal sieht, verschlägt es einem den Atem […]. Am Abend war die ganze Stadt voll mit Plakaten und Bekanntmachungen, daß der ›Arbeiter- und Soldatenrat‹ die Regierung der Stadt übernommen habe und daß sich die Militär- und Zivilbehörden ihm unterstellt hätten. Am Samstagmorgen (ich lebe in der letzten Zeit auf der Straße) sah ich den Bürgermeister eine rote Fahne über dem Rathaus hissen.«[30]

In Magdeburg war der Ablauf ähnlich. Der Bericht des örtlichen Polizeipräsidenten zeigt sowohl die atemberaubende Geschwindigkeit, mit der die revolutionären Umwälzungen vor sich gingen, als auch das schiere Unvermögen der alten Obrigkeiten, die Situation unter Kontrolle zu bringen:

Heute früh 7½ Uhr wurde mir der Anmarsch einer größeren Anzahl von Artilleristen aus Groß-Ottersleben, Kreis Wanzleben, gemeldet. Wenige Minuten später kamen sie, verstärkt durch Mannschaften des Fußartillerie-Regiments Enke, am Polizeipräsidium vorüber in lockeren, bewaffneten Gruppen.

Die Zahl, etwa 200, war zu groß, um von der Polizeiwache aufgehalten zu werden. Anfangs waren es nur junge Leute, denen sich aber, besonders nach Befreiung der Arrestanten im Arresthaus Neue Ulrichstraße, ältere Mannschaften anschlossen. Das Garnisonskommando […] teilte mir mit, daß Kompanien der Ersatzbataillone 26 und 66 den Aufrührern entgegentreten würden. Diese Truppen sollen jedoch versagt haben.

Darauf ordnete das stellvertretende Generalkommando an, dass bewaffneter Widerstand unterbleiben solle. Da Offizieren und auch einigen Schutzleuten die Säbel mit Gewalt abgenommen wurden und die Schutzmannschaft ohne Militär doch zu schwach war gegen die inzwischen auf einige tausend angewachsenen Truppen, ließ ich die Säbel ablegen […].

Die sozialdemokratische Parteileitung […] versuchte die Leute zur Ruhe zu gemahnen. Für 3 Uhr berief sie eine Versammlung auf dem Domplatz, die von etwa 15 000 Personen besucht war, da inzwischen die Arbeit eingestellt war […]. Von den Rednern wurde wiederum, ebenso gemäß Verabredung durch Handzettel, zur Besonnenheit aufgefordert und dann ein Arbeiter- und Soldatenrat gewählt, der alsbald mit mir in Verbindung trat. Abends fand eine Besprechung mit dem stellvertretenden Generalkommando statt, an der etwa 10 Personen der sozialdemokratischen Partei teilnahmen […]. Offizieren und teilweise Unteroffizieren sind auch in den Wohnungen und Büros Säbel und Abzeichen weggenommen worden […]. Auf dem Rathause, Bahnhofe und Regierung [Regierungsgebäude; R. G.] wurde eine rote Fahne gehisst. Der Straßenbahnverkehr war nicht gestört. Die Wirtshäuser habe ich nicht geschlossen, um bei dem milden Wetter die Massen nicht auf die Straßen zu treiben, und da bei dem wenigen leichten Bier Trunkenheit nicht zu befürchten war.[31]

Der Arzt und Schriftsteller Alfred Döblin, der mit dem 1929 verfassten Roman *Berlin Alexanderplatz* Weltruhm erlangte, war Anfang November 1918 in einem Militärkrankenhaus in Straßburg stationiert, das damals noch zu Deutschland gehörte.[32] Über die Ereignisse jener Tage berichtete er: »Nachmittags gegen vier Uhr, nachdem schon Gerüchte herumgeschwirrt sind, plötzlich Musik auf der ungeheuren Kasernenstraße: eine riesige Horde Soldaten qualmend in aufgelösten Gliedern, Hände in den Taschen, ohne Waffen zieht hinter einer wild geschwenkten roten Fahne, ein Feldwebel an der Spitze, die Straße herauf, tumultuarisch drängen sie sich vor den Kasernentoren, die Wachtposten grinsen und lassen sie durch, von Kaserne ziehen sie zu Kaserne, der Zug wird immer länger, Johlen, Schreien, Andrang der Zivilbevölkerung, sie holen Gefangene aus den Arrestlokalen […]. Eine eigentümliche Unruhe und Spannung in der Stadt. Man drängt sich auf den wenigen Straßen, alles gestopft voll Soldaten, die rote Bänder tragen, ich im Zivil. Die Kasernenhöfe haben ihre Menschenmassen her gegeben, ganz junge Dachse, Krüppel aus den Genesendenkompagnien, alte Landstürmer. Die Gesichter dieser Elsässer, als wenn es ein Maskenball wäre und sie Zuschauer. Jetzt ist es völlig heraus, daß wir schachmatt sind, daß wir ihnen nichts mehr können.«[33]

Im Gegensatz zu vielen anderen Soldaten, die in der ersten Novemberwoche desertierten, hielt Döblin die Stellung und wurde in der abgeschlossenen Welt seines Militärspitals Zeuge jener Verkehrung von Hierarchien, die bald zum Merkmal der gesamten Revolution werden sollten: »Hier durch dieses leere Haus sind noch vor kurzem die hohen Tiere gestiegen, titelgeschmückt, ordengeschmückt, Generalinspekteur, Generalarzt, man hat gezittert, in jeden Winkel haben sie geleuchtet, der Feldwebel lief mit einem Buch hinterher, jede Kleinigkeit wurde notiert, jede Nachlässigkeit im Anzug, im Bau der Betten, Bemalung der Kopftafeln.« Nun jedoch war plötzlich alles anders: »Auf dem Platz, schöner weiter alter Platz, Schindeldächer, in einem Ring von aufgeregten Zivilisten Massen von ungegliederten Soldaten mit roten Kokarden. Das Licht blitzt; Stimmengewühl […]. Siehe da, Offiziere mitten drin, die entthronten, blaß, ohne Achselstücke, in schüchternen Gruppen wie Lämmer in der Wolfsherde; siehe da, auch sie mit roten Kokarden, die gezeichneten Opfer.«[34]

Bald erfasste die Revolution das gesamte Elsass. Es kursierten die unterschiedlichsten Gerüchte über deren nationale und internationale Folgen unter den Soldaten, Offizieren und Zivilisten. Manche behaupteten, der Kaiser habe bereits abgedankt, belgische und französische Truppen hätten sich an der Front mit den deutschen »roten Soldaten« verbrüdert und die britische Flotte segle nun ebenfalls unter der roten Flagge. »Nur der Professor E., den ich auf dem Weg zur Bahn treffe, [...] lächelt und hebt abwehrend die Hand: ›Ein siegreiches Heer macht keine Revolution.‹«[35]

Wenig anders gestaltete sich die Lage in den von Deutschland kontrollierten Ostgebieten, die sich nach dem Vertrag von Brest-Litowsk erheblich ausgedehnt hatten. Auch hier reagierten die deutschen Armeeangehörigen auf die Geschehnisse im November 1918 auf ganz unterschiedliche Weise. Eines der ausführlichsten Zeugnisse über die Reaktionen in Ober-Ost stammt von Victor Klemperer, der mit seinen Tagebüchern über sein Leben als Jude in Nazideutschland weltberühmt werden sollte. Er erlebte die Novemberrevolution in Kaunas, wo er seit 1916 für die Heeresleitung Ost als Zensor von Büchern und Zeitungen arbeitete. Zuvor hatte er als Artillerieschütze an der Westfront gedient, war wegen einer chronischen Hauterkrankung jedoch in den Osten versetzt worden.[36]

Klemperer war in vielerlei Hinsicht ein typischer Vertreter des deutschen Bürgertums. Nachdem er sich zunächst einige Jahre als freier Zeitungsjournalist über Wasser gehalten hatte, schlug er eine Universitätskarriere ein, für die er sich noch vor dem Krieg mit einer Promotion über deutsche sowie einer Habilitation über französische Literatur qualifizierte. Seine akademische Laufbahn begann er an der Universität von Neapel. Dort verfolgte er 1914 die Eintrübung der politischen Lage mit zunehmender Sorge. Im Sommer 1914 befürwortete er die Kriegserklärung Deutschlands und hielt einen »Verteidigungskrieg« – auch unter Missachtung der belgischen Neutralität – für gerechtfertigt. Wenig später kehrte er aus Italien nach Deutschland zurück, meldete sich freiwillig und kämpfte an der Westfront, bis man ihn 1916 wegen seiner angeschlagenen Gesundheit in die Presse- und Zensurstelle des Oberbefehlshabers Ost, Prinz Leopold von Bayern, beorderte. Bis Kriegsende versah er dort seinen Dienst in der seit 1795 russischen Stadt Wilna (Vilnius) im heutigen Litauen. Die Stadt war dem deutschen Heer beim Rückzug der zaristischen Truppen im Jahr 1915 in die Hände gefallen und blieb unter deutscher Kontrolle, bis sie nach dem Krieg zum Zankapfel zwischen den unabhängigen Staaten Litauen und Polen wurde. Von 1917 an arbeitete Klemperer im selben Büro wie Maximilian Müller-Jabusch, der einer der führenden liberalen Journalisten der Weimarer Republik werden sollte, und Arnold Zweig, der mit seinen pazifistischen Romanen über den Ersten Weltkrieg *Der Streit um den Sergeanten Grischa* (1927) und *Erziehung vor Verdun* (1935) in Deutschland zur Berühmtheit wurde.

Am Freitag, dem 8. November 1918, hielt die Revolution unvermittelt auch in Klemperers ansonsten so unspektakulären Dienstalltag in Ober-Ost Einzug. Als er morgens im Büro erschien, kursierten bereits allerlei Gerüchte – »wahre? übertriebene? ganz erlogene? niemand wußte es« – von »blutigen Unruhen in Deutschland [...]. Die Flotte sollte die rote Flagge führen, Wilhelmshaven, Kiel, die ganze Küste in der Hand der aufständischen Matrosen sein. Diesen Freitag und noch den ganzen Sonnabend blieb Wilna, wenigstens äußerlich und soweit ich das auf ein paar Stadtwegen und beim Essen im Soldatenheim beobachten konnte, noch völlig ruhig. Ich hatte beim Essen nicht den Eindruck, als seien die ungeheuren Nachrichten schon weithin bekannt. Doch beschränkte ich meine Wege; die meiste Zeit verbrachte ich im Büro und in der Telefonzentrale, um nur so rasch als möglich die einlaufenden Meldungen zu hören. Sie waren alle geheim, sie wurden alle sofort flüsternd weitergegeben und auf ihre Glaubwürdigkeit erörtert. Jeder hatte eine Stadt, einen Angehörigen, um die er am meisten in Unruhe war. Wie sehr ich selber mich sorgte, brauche ich nicht zu sagen: Leipzig war ja ein Zentrum der Radikalen, wer konnte wissen, wieviel dort geschossen wurde. Wir besprachen auch, was wohl geschehen würde, wenn die Revolution auf Wilna übergriffe. ›Zuerst geht es gegen die Offiziere‹, meinte [Arnold] Zweig. ›Nein, gegen die Helferinnen‹, sagte Müller-Jabusch, ›die sind noch verhaßter.‹ Und ernsthaft fügte er hinzu: ›Die werden alle vergewaltigt.‹«[37]

Seine erste, eher ungewöhnliche Begegnung mit der Revolution machte Klemperer beim Absturz eines Militärflugzeugs aufständischer Soldaten in der Nähe seiner Dienststelle. Als er zur Unglücksstelle eilte, sah er »das Flugzeug, mit eingedrücktem Rumpf und zerbrochenen Flügeln. [...] schon auf viele Meter leuchtete das Rot einer langen und breiten Flagge, die sich um die Gondel geschlungen hatte, wie man eine Kranzschleife um einen Sarg breitet. Vor dem Flugzeug stand ein Posten mit aufgepflanztem Bajonett, ein sehr adrett angezogener junger Mensch im Pelzjackett [...]. Die ganze Zeit über prägte sich mir das Bild ein: Das zertrümmerte Flugzeug, die rote Schleife, der junge, begeistert redende Soldat, sein blitzendes Bajonett, seine Pelzjacke. Und das war nun die Revolution.«[38]

Wie fast überall verlief der Umsturz auch in Kaunas weitgehend friedlich. Selbst der Chef des Generalstabs Ober-Ost, General Max Hoffmann, musste eingestehen: »Die Umwälzung hat sich bei uns im allgemeinen ruhig vollzogen. Überall sind Soldatenräte gegründet, die merkwürdigerweise nur eine Befürchtung haben: ›Wir höheren Offiziere wollten abreisen.‹ Wieso sie auf diese Idee gekommen sind, ist mir rätselhaft, mir ist sie auch im Traume noch nicht gekommen. Wir müssen im Gegenteil alle unsere Kraft einsetzen, daß wir das Ostheer geregelt nach Hause bringen. Wir beginnen natürlich jetzt mit der Räumung. Die Leute, deren Gebiet wir damit den Bolschewisten ausliefern, tun mir leid, ich kann aber unsere Leute nicht halten – sie wollen nach Hause.«[39] Anfängliche Ängste vor »den Russen« oder »russischen Verhältnissen« wichen bald der Furcht vor polnischen Freischärlern, die die Lage ausnutzen, die geschlagenen deutschen Truppen angreifen und die Stadt einnehmen könnten: »Ein Landsturmmann, offenbar ein älterer Arbeiter, sagte mir, die Polen würden vielleicht wirklich über uns herfallen, aber nur aus Angst vor uns und vor der Revolution. Sie könnten sich Revolution nur auf russische Art vorstellen, nur mit Mord und Raub verbunden. Wenn sie erst mal begriffen, daß unsere deutsche Revolution ohne Blutvergießen und ohne Plündern vor sich gehe, dann würden sie bestimmt Frieden halten.«[40]

Unterdessen breitete sich die Revolution im Reich weiter aus. Am 8. November, als Klemperer den Flugzeugabsturz in Kaunas erlebte und der »Ölfleck« der Revolution sich immer weiter ausbreitete, hielt ein eigens für Reichskanzler Max von Baden erstellter militärischer Lagebericht die augenblickliche Lage fest: »5 Uhr nachmittags: Halle und Leipzig rot. Abends: Düsseldorf. Haltern. Osnabrück. Lüneburg rot; Magdeburg, Stuttgart, Oldenburg, Braunschweig, Köln rot.«[41]

Am Morgen des 9. November saß von allen gekrönten Häuptern Deutschlands nur noch der König von Preußen und deutsche Kaiser Wilhelm II. auf seinem Thron.[42] Berlin, das politische Machtzentrum des Landes, war die letzte große Stadt, die noch nicht von der revolutionären Welle überrollt worden war. Ein trügerischer Anschein von Normalität lag über der deutschen Hauptstadt. Käthe Kollwitz vermerkte an diesem Tag in ihrem Tagebuch: »Vormittags Unter den Linden gewesen. Nichts Besonderes.«[43] Friedrich Meinecke beschlich am Vorabend auf dem Heimweg von einem Beethoven-Konzert mit seiner Frau Antonie ein Gefühl, dass etwas Seltsames vor sich ging: »Merkwürdig still war es auf Platz und Straßen, als wir nach Hause gingen. Meine Empfindung aber war: Wir haben die letzten Klänge einer untergehenden schöneren Welt eben gehört.«[44]

Der Einzige, der das Ende der Monarchie in Deutschland nicht kommen sah, war der Kaiser selbst. Noch immer weigerte sich der Herrscher kategorisch, eine Abdankung überhaupt in Erwägung zu ziehen, obwohl Woodrow Wilson in einer dritten Note vom 23. Oktober diesen Schritt zumindest indirekt als Vorbedingung eines Friedens genannt hatte.[45] Gegen den ausdrücklichen Wunsch des Reichskanzlers war Wilhelm II. nicht in Berlin geblieben, sondern mitsamt seinem Gefolge am 29. Oktober, nachdem ihn die »Revolution von oben« eines Großteils seiner Macht beraubt hatte, ins OHL-Hauptquartier im belgischen Spa aufgebrochen.[46] Im Kreise seiner Generäle schien er sich dem zunehmenden Druck, der auf ihm lastete, einigermaßen gewachsen zu fühlen.[47] Mit der Abreise nach Spa entzog er sich zumindest kurzfristig der direkten Konfrontation mit der Regierung, doch zugleich schränkte er damit seinen Handlungsspielraum merklich ein. In Spa blieben ihm nur noch drei Möglichkeiten, auf das baldige Kriegsende und die sich daraus ergebenden Konsequenzen zu reagieren: ein »heroischer« Tod in einem Frontunternehmen, ein Marsch auf Berlin und Bekämpfung der Revolution, oder die Flucht ins neutrale Ausland.[48]

Bereits am 30. Oktober hatte der Reichskanzler telefonisch und in mehreren Telegrammen versucht, Wilhelm zur Rückkehr nach Berlin zu bewegen. Angesichts der anstehenden Verhandlungen über den Waffenstillstand sei die Abwesenheit des Kaisers von Berlin nicht förderlich.[49] Wie ein Großteil der deutschen Bevölkerung war Max von Baden zu der Überzeugung gelangt, dass eine Abdankung Wilhelms zur *conditio sine qua non* bei den Waffenstillstandsverhandlungen mit der Entente geworden war.[50] Da er als »Standesgenosse« Skrupel hatte, Wilhelm II. die notwendige Abdankung selbst nahezulegen, wurde der preußische Innenminister Wilhelm Drews beauftragt, den Kaiser im Namen der Reichsregierung mit dem Unvermeidlichen zu konfrontieren.

Am 1. November reiste Drews nach Spa, um den letzten Versuch zu unternehmen, Wilhelm in die politischen Vorgänge in Berlin einzubeziehen. Doch der Kaiser ließ dem Reichskanzler ausrichten: »Ich danke nicht ab. Es würde dies mit den Pflichten, die ich als preußischer König und Nachfolger Friedrichs des Großen vor Gott, dem Volke und meinem Gewissen habe, unvereinbar sein. Ich kann und darf meinen Posten nicht im gefährlichsten Moment verlassen. Meine Abdankung würde der Anfang vom Ende aller deutschen Monarchien sein […]. Vor allem aber gebietet mir meine Pflicht als oberster Kriegsherr, jetzt die Armee nicht im Stich zu lassen. Das Heer steht im heldenhaften Kampfe mit dem Feinde. Sein fester Zusammenhalt beruht in der Person des obersten Kriegsherrn. Geht dieser fort, so fällt die Armee auseinander und der Feind bricht ungehindert in die Heimat ein.«[51] Bestärkt wurde Wilhelm in seiner Weigerung durch Hindenburg und Groener, die Zeugen des Gesprächs mit Drews waren.[52]

Anstatt dem Drängen der Regierung nachzugeben, suchte der Kaiser – bestärkt von seinen Generälen – den Anschein von Normalität zu wahren. Als sei nichts geschehen, verließ er das Große Hauptquartier zu einem zuvor anberaumten Frontbesuch, als am

3. November 1918 der Aufstand der Hochseeflotte ausbrach. Was die revolutionären Umtriebe betraf, so drohte er, »die Antwort mit Maschinengewehren auf das Pflaster zu schreiben, und wenn ich mir mein Schloß zerschieße, aber Ordnung soll sein […]. Ich denke nicht daran, wegen der paar 100 Juden und der 1000 Arbeiter den Thron zu verlassen.«[53] Der Kommentar des Kaisers zeigte auf erschütternde Weise, wie sehr seine Wahrnehmung der Realität verzerrt war.

Die Ereignisse in Kiel schienen ihn nicht sonderlich zu beunruhigen, und die Reise an die Front empfand er beinahe als wohltuend. Wie sich der damalige Verbindungsoffizier zum kaiserlichen Hof, Oberstleutnant Alfred Niemann, später erinnerte, wollte Wilhelm nur noch »hinaus aus dem tatenlosen Abwarten, aus der Stickluft der Giftschwaden, die in der Heimat jedes gesunde Empfinden zu ertöten drohen. Draußen an der Front wird der Hauch edler Vaterlandsliebe die Seele befreien.«[54]

Man reiste zunächst im königlichen Hofzug, dann weiter per Wagenkolonne. Im Laufe des Tages besuchte der Monarch Frontsoldaten in den Ruhebereichen von vierzehn verschiedenen Divisionen, richtete aufmunternde Worte an sie und verteilte mit sichtlicher Zufriedenheit Eiserne Kreuze. Als herannahende feindliche Kampfflieger die friedliche Zeremonie einmal störten und der ohrenbetäubende Lärm von Flakgeschützen vernehmbar wurde, plauderte der Monarch unbeeindruckt weiter mit den Soldaten über ihre Familien in der Heimat. Als der Angriff vorüber war, wandte Wilhelm sich an die Männer und erklärte: »Möchten Sie doch alle fühlen, wie gern ich jede Not und Gefahr mit Ihnen teilte.« Der Feldbesuch hatte eine sichtlich belebende Wirkung auf den Kaiser. Bei der Rückkehr nach Spa ließ er verbreiten, wie überschwänglich sein Empfang an der Front ausgefallen sei – auch wenn andere Zeugen von einem eher kühlen Empfang durch die Soldaten berichteten.[55]

Am Nachmittag des 6. November beschloss Max von Baden, selbst nach Spa zu reisen und Wilhelm unter vier Augen die Unabwendbarkeit einer »freiwilligen« Abdankung auseinanderzusetzen.[56] Doch in Berlin überschlugen sich nun die politischen Geschehnisse, sodass er die Reise gar nicht antreten konnte.

Am Morgen des 7. November erklärten die mehrheitssozialdemokratischen Regierungsmitglieder unter der Leitung Scheidemanns, dass sie die Regierung verlassen und die Revolution organisieren würden, wenn Wilhelm II. nicht bis zum Mittag des folgenden Tages abgedankt habe. Dass die bayerische Monarchie am 7. und 8. November aufgehört hatte zu existieren und die Führung der MSPD ihr Ausscheiden aus der Regierung für den Fall der weiter ausbleibenden Abdankung androhte, konnte Wilhelm II. nicht umstimmen. Er vertraute weiter auf seinen Rückhalt in der Truppe. Am 8. November erklärte er sogar seine Absicht, an der Spitze kaisertreuer Fronteinheiten nach Berlin zurückzukehren und den Aufstand niederzuwerfen.[57]

Das entbehrte jeder Grundlage. Groener, der am 7. November von einem zweitägigen Aufenthalt in Berlin nach Spa zurückgekehrt war, wusste das. Nach allem, was er in Berlin gesehen hatte, glaubte er nicht mehr, dass die revolutionäre Dynamik noch einzudämmen war. Auch der Einsatz kaisertreuer Verbände gegen die Revolutionäre war illusorisch, lieferten sich die Eliteeinheiten, die man für eine solche Operation benötigte, doch derzeit erbitterte Abwehrgefechte an der Front.[58] Ganz zu schweigen davon, dass sich die Streitkräfte, die man in die Hauptstadt entsandte, von der deutschen Westgrenze bis nach Berlin gegen revolutionäre Truppen hätten durchkämpfen müssen.

Doch Groener und Hindenburg trauten sich nicht, Wilhelm zu eröffnen, dass seine heißgeliebten Elitetruppen ihn nicht verteidigen konnten – oder wollten. Also verfielen sie auf eine überaus unkonventionelle Lösung: Die Frontkommandeure selbst sollten zu den Plänen des Kaisers gehört werden. Am 8. November zitierte man daher fünfzig rangmittlere Kommandeure der deutschen Armeen, die im Umkreis von Spa lagen, ins OHL-Hauptquartier. Von den Offizieren, die am Morgen des 9. November dort eintrafen, hat ein Regimentskommandeur namens Major Hünicken die Ereignisse jenes Tages genauer geschildert. Am Morgen des 8. November hatte man ihn alarmiert, am frühen Nachmittag in einem Wagen abgeholt und dann zum Hauptquartier des Korps gefahren. Dort wurde ihm mitgeteilt, dass er aufgrund seines Mutes im Felde in den letzten Wochen für ein Treffen mit Hindenburg ausgewählt worden sei. Am nächsten Morgen um 4.30 Uhr brach er zum Großen Hauptquartier in Spa auf. Nach rund sechsstündiger Fahrt durch Schnee und Wind traf er im mondänen Hotel *Britannique* ein, wo der OHL-Generalstab residierte. Dort fand er mehrere Dutzend andere Offiziere vor, alle in derselben Verfassung wie er selbst: ermüdet, frierend, hungrig, ungewaschen und uninformiert. Elf der fünfzig geladenen Kommandeure hatten es aufgrund von Autopannen und miserablem Wetter gar nicht erst nach Spa geschafft.

Die Frontoffiziere machten sich bekannt und stellten flüsternd allerhand Vermutungen an, warum man sie zusammengerufen hatte.[59] Gegen elf Uhr begrüßte Oberst Heye von der Operationsabteilung der OHL die erschöpften Männer mit den Worten: »Im Auftrage des Feldmarschalls heiße ich Sie alle hier willkommen. Der Feldmarschall wollte Sie selber begrüßen, ist aber augenblicklich durchaus unabkömmlich, da er mit seiner Majestät zusammen eine äußerst wichtige, unaufschiebbare militärische Besprechung hat.«[60] Dann setzte er die Offiziere über den Ernst der Lage ins Bild: In der Heimat seien Unruhen ausgebrochen. Forderungen nach Frieden um jeden Preis würden laut. Deserteure im Rücken der Armee hätten mehrere Eisenbahnknotenpunkte besetzt und drohten, die Versorgungslinien zu kappen. Man wolle ihnen daher zwei Fragen zur Stimmung unter ihren Männern stellen. Erstens: »Wie steht die Truppe zum Kaiser? Wird es möglich sein, daß der Kaiser an der Spitze der Truppen die Heimat im Kampf wiedererobert?« Zweitens: »Wie steht die Truppe zum Bolschewismus? Wird sie den Kampf mit der Waffe gegen die Bolschewisten in der eigenen Heimat aufnehmen?«[61]

Noch bevor die versammelten Kommandeure dazu kamen, die Fragen zu beantworten, betrat Hindenburg den Raum, die Augen gerötet, leichenblass, die Hände vor Erregung zu Fäusten geballt. Nachdem er die Anwesenden begrüßt hatte, zeichnete er ebenfalls ein düsteres Bild: An der Front vom Feind und im Hinterland von den Revolutionären bedrängt, befinde sich die Armee in einer extrem schwierigen Lage. Der Kaiser, sagte er, wolle die Armee gen Heimat wenden und auf Berlin marschieren.[62] Nach diesen wenigen Worten verließ er den Raum. Unter den Offizieren herrschte fassungsloses

Schweigen. Da die Fronttruppen seit zwei Wochen weder Post noch Zeitungen erhalten hatten, erfuhren sie nun erst von den Vorgängen in der Heimat. Als sie Hindenburgs Worte allmählich begriffen, gaben einige ihrer Wut und Bestürzung lautstark Ausdruck.[63] Ein nicht näher benannter Major des Generalstabs erklärte daraufhin, dass sie noch gar nicht wüssten, wie schlimm die Lage tatsächlich sei. Revolutionäre hätten die heimischen Truppen überwältigt und alle Verbindungen zwischen Deutschland und der Front gekappt. Der König von Bayern und der Herzog von Braunschweig hätten bereits abgedankt. Die Worte des Majors unmittelbar nach den Ansprachen Heyes und Hindenburgs hatten einen »völlig niederschmetternden« Effekt, beobachtete Hünicken.[64]

In dieser aufgewühlten Verfassung mussten die Kommandeure nun Heyes Fragen beantworten. Einer nach dem anderen wurde in einen Nebenraum gerufen, wo ein Stabsoffizier die Antworten zu Protokoll nahm. Gegen Mittag war die Befragung vorüber. Auf Frage eins antwortete nur ein einziger Offizier, dass seine Männer ihrem Obersten Befehlshaber gegen die Revolutionäre folgen würden; 15 hielten dies für zweifelhaft, 21 erteilten der Idee rundweg eine Absage. Auf Frage zwei nach der Haltung der Truppe zum Bolschewismus schlossen acht von vornherein aus, ihre Männer gegen die Bolschewisten ins Feld zu führen, zwölf hielten eine solche Operation nur nach einer längeren Erholungsphase und der Vorbereitung auf einen Bürgerkriegseinsatz für möglich, 19 bezweifelten, dass ihre Soldaten bereit wären, gegen Deutsche zu kämpfen, selbst wenn es sich um Bolschewisten handelte.[65]

Oberst Wilhelm Heye, der die Befragung der Kommandeure durchführte, fasste die Stellungnahmen wie folgt zusammen: »Allgemein kam zum Ausdruck, daß die Truppe nichts gegen ihren Kaiser habe, daß er ihr eigentlich ganz gleichgültig sei […]. Die Truppe ist total müde und abgekämpft, sie will in die Heimat und dort nichts als Ruhe haben; höchstens wenn eigener Hof und Herd, Weib und Kind von den Bolschewisten bedroht werden, wird der Mann an der Front gegen den Landsmann in der Heimat die Waffe gebrauchen.«[66] Das vernichtende Ergebnis der Befragung war also im Kern: Die Armee hatte mit dem Monarchen gebrochen. Vieles deutet darauf, dass Hindenburg und Groener die Befragung nur inszenierten, um Wilhelm mit dieser Tatsache und seiner ausweglosen Lage vertraut zu machen, ohne selbst Stellung beziehen zu müssen.[67]

Hindenburg und Groener brachen schließlich zur Villa *Fraineuse* auf, der örtlichen Residenz des Kaisers. Sie trafen ihn im Garten an. Trotz der enormen Dringlichkeit der Lage scheuten sie sich, das Wort an den Herrscher zu richten. Schließlich überwand Groener sich doch und schenkte dem Monarchen reinen Wein ein: Ein Feldzug gegen die Revolution komme nicht infrage, da auf die Fronttruppen kein Verlass mehr sei. Die Revolution sei bereits zu weit fortgeschritten, erklärte er dem Kaiser und dessen empörtem Gefolge. Wilhelm zog diese Einschätzung in Zweifel und bekundete unbeirrt die Absicht, seine Armee nach vierjährigem Kampf in aller Ordnung zurück in die Heimat zu führen. Groener erwiderte darauf: »Das Heer wird unter seinen Führern und Kommandierenden Generalen in Ruhe und Ordnung in die Heimat zurückmarschieren, aber nicht unter dem Befehl Eurer Majestät; denn es steht nicht hinter Eurer Majestät!«

Als Erster Generalquartiermeister der kaiserlichen Armee hatte Groener es gewagt, gegenüber dem Kaiser eine »Ungeheuerlichkeit« zu äußern. Noch Jahre später wunderte er sich, dass er nicht an Ort und Stelle von einem Mitglied der kaiserlichen Entourage erschossen worden war.[68] Glücklicherweise eilte ihm Hindenburg zu Hilfe und erklärte, dass weder Groener noch er die Schuld an der Unzuverlässigkeit des Heeres trügen. Während Wilhelm noch das erschütternde Ergebnis zu begreifen suchte, das die Befragung der Kommandeure erbracht hatte, trafen aus der deutschen Hauptstadt weitere niederschmetternde Nachrichten in Spa ein: Auch in Berlin war die Revolution ausgebrochen.

KAPITEL VI

Showdown in Berlin

Dass die Revolution die Hauptstadt jemals erreichen würde, hatten die Machthaber in der Stadt vor dem 9. November 1918 kategorisch ausgeschlossen, schließlich waren umfassende Maßnahmen ergriffen worden, um eine Ausbreitung des Umsturzes auf die Reichshauptstadt zu verhindern. Noch am 7. November hatte der Oberbefehlshaber in den Marken, General Alexander von Linsingen, am Lehrter Bahnhof in Berlin rund 300 Matrosen festsetzen lassen, um Stärke zu demonstrieren. Zudem war zur Vermeidung der Gefahr des »Imports« von Revolutionären aus anderen Landesteilen der Zugverkehr nach Hannover und Hamburg unterbrochen und die Polizeipräsenz auf Berlins Straßen verstärkt worden. Das Berliner Zentrum mit dem Stadtschloss hatte man zusätzlich mit Militärposten gesichert. Zur Abwehr revolutionärer Übergriffe wurden darüber hinaus drei als besonders kaisertreu geltende Jägerbataillone ins Berliner Stadtgebiet verlegt, darunter die als strikt hohenzollerntreu geltenden Lübbener und Naumburger Jäger.[1]

Bald sollte sich herausstellen, dass die Bereitschaft dieser kampferprobten Infanterieverbände, sich für die bröckelnde alte Ordnung aufzuopfern, von den vorgesetzten Dienststellen überschätzt worden war. Auch die Loyalität von anderen Truppenteilen in der Stadt war weitaus geringer, als die Militärführung annahm. So erklärte etwa der stellvertretende Kriegsminister dem Berliner Oberbürgermeister noch am 7. November: »Berlin aber wird gehalten, darauf können Sie sich verlassen. Die hiesigen Truppen sind treu, und stündlich treffen weitere unbedingt zuverlässige von außerhalb ein.«[2]

Dass sich die meisten dieser Soldaten zwei Tage später auf die Seite der Rebellion stellen würden, konnten die Organisatoren der Demonstrationen vom 9. November hoffen, aber nicht wissen, und so musste die Zusammenziehung von auswärtigem Militär sie durchaus beunruhigen. Der Vorsitzende der Berliner Revolutionären Obleute Richard Müller hielt seine Gefühle an diesem Tag fest: »Am 8. November abends stand ich am Halleschen Tor. Schwer bewaffnete Infanteriekolonnen, Maschinengewehr-Kompagnien und leichte Feldartillerie zogen in endlosen Zügen an mir vorüber […]. Das Menschenmaterial sah recht verwegen aus. Es war im Osten zum Niederschlagen der russischen Arbeiter und Bauern und gegen Finnland mit Erfolg verwendet worden. Kein Zweifel, es sollte in Berlin die Revolution des Volkes im Blute ersäufen […]. [J]etzt, wo die Stunde der Entscheidung nahte, erfasste mich ein beklemmendes Gefühl, eine große Sorge um meine Klassengenossen.«[3]

Dass man die Bahnverbindungen unterbrochen hatte, hinderte die revolutionären Soldaten daran, nach Berlin zu gelangen, doch es hinderte auch Hunderte Militärurlauber, aus Berlin abzureisen, wo sie weder mit Sold noch mit Nahrung versorgt wurden.[4] Die Maßnahmen des Generals von Linsingen trugen daher eher nicht zur Entlastung der Regierung bei, die durch die Vorbereitungen für den Waffenstillstand und die Auseinandersetzungen um die Abdankung des Kaisers voll und ganz in Anspruch genommen war. Am 7. November hatte Linsingen den Berliner Polizeipräsidenten angewiesen, fünf Versammlungen der USPD anlässlich des Jahrestages der russischen Oktoberrevolution zu unterbinden und darüber hinaus jede Bildung von Arbeiter- und Soldatenräten verboten: »In gewissen Kreisen besteht die Absicht, unter Mißachtung gesetzlicher Bestimmungen Arbeiter- und Soldatenräte nach russischem Muster zu bilden. Derartige Einrichtungen stehen mit der bestehenden Staatsordnung in Widerspruch und gefährden die öffentliche Sicherheit. Ich verbiete auf Grund des §9b des Gesetzes über den Belagerungszustand jede Bildung solcher Vereinigungen und die Teilnahme daran.«[5]

Wollte sie sich – nachdem sie in die Regierung eingetreten war und die Abdankungsfrage immer noch nicht geklärt war – nicht noch weiter von ihren Mitgliedern entfremden und diese der USPD oder der Spartakusgruppe zutreiben, war die MSPD gezwungen, auf diese Maßnahmen zu reagieren. Der Vorstand der MSPD und ihre Reichstagsfraktion beantworteten die militärischen und polizeilichen Vorkehrungen daher mit einem Ultimatum, das Philipp Scheidemann am Abend des 7. November im Kriegskabinett vortrug: Sowohl der Kaiser als auch der Kronprinz sollten bis zum Mittag des folgenden Tages ihre Abdankung erklären, das Versammlungsverbot sollte aufgehoben und Polizei wie Militär angewiesen werden, besonders zurückhaltend zu agieren, um die Situation nicht weiter zuzuspitzen. Zudem sollte die preußische Regierung entsprechend der politischen Mehrheitsverhältnisse umgebildet und der Einfluss der MSPD in der Reichsregierung vergrößert werden.[6]

Dieses Ultimatum, das schriftlich gefasst war und dem Reichskanzler um 17.00 Uhr von Scheidemann und Ebert überbracht wurde, stellte nun dessen vordringlichstes Problem dar. Max von Baden wurde von den Forderungen völlig überrascht, nachdem er noch am Vormittag im Gespräch mit dem MSPD-Vorsitzenden Friedrich Ebert eine Übereinkunft über ein gemeinsames Eintreten gegen die »soziale Revolution« getroffen zu haben glaubte. Ebert muss aber wohl erkannt haben, dass das Lavieren der MSPD in der Frage der Staatsform und die Unterscheidung zwischen Monarchie und Monarch angesichts der Mobilisierung der Massen und in Konkurrenz zu USPD und Spartakusgruppe nicht mehr opportun waren.[7] Max von Baden, der nicht selbst an der Sitzung des Kriegskabinetts am Vormittag teilgenommen hatte, aber umgehend informiert worden war, hatte das sozialdemokratische Ultimatum pariert und seinen sofortigen Rücktritt als Kanzler in Aussicht gestellt – was seine Wirkung nicht verfehlte. Konfrontiert mit der Rücktrittsdrohung und den Anwürfen der bürgerlichen Kabinettsmitglieder, zog Scheidemann daraufhin – ohne den Beschluss der Fraktion abzuwarten – die Terminsetzung der zentralen Forderungen zurück.

Der vermittelnde Vorschlag Scheidemanns sah vor, dass der Kaiser über das Ultimatum schnellstmöglich informiert werden müsse, die MSPD-Fraktion wie der Reichskanzler die letzten Konsequenzen aber nicht vor Abschluss eines Waffenstillstands ziehen würden.[8] Scheidemann gab darüber hinaus noch eine Einschätzung Eberts an die Kabinettskollegen weiter, aus der deutlich hervorging, wie stark die MSPD-Leitung zwischen ihren widersprüchlichen Zielen hin und her schwankte, einerseits eine unkontrollierbare Revolution nach russischem Muster zu verhindern, andererseits den Rückhalt ihrer Mitglieder nicht zu verlieren: »Er hat mir mitgeteilt, daß unsere Forderungen auf die Arbeiterschaft außerordentlich beruhigend gewirkt haben. Sie haben versprochen, nichts zu unternehmen, bis die Entscheidung gefallen ist. Sie, meine Herren, und der Reichskanzler müssen doch sehen, daß wir getan haben, was wir konnten, um die Massen bei der Stange zu halten.«[9]

Dass diese Einschätzung etwas zu optimistisch war, sollten die Entwicklungen des folgenden Tages zeigen. Da stand die MSPD-Führung noch mehr unter Druck, weil Wilhelm II. bis zum Abend des 8. November immer noch nicht abgedankt hatte und auch bei den Waffenstillstandsverhandlungen keine Erfolge zu vermelden waren. Immerhin konnte die MSPD einige Reformerfolge bezüglich Preußen ins Feld führen, die als Gegenleistung für die Rücknahme des Ultimatums gelten konnten. In Preußen sollte umgehend das gleiche allgemeine Wahlrecht eingeführt, die preußische Regierung nach den politischen Mehrheitsverhältnissen umgebildet und der Anteil der Sozialdemokraten an der Reichsregierung erhöht werden. Und was für die Mitglieder der Arbeiterbewegung sicherlich am wichtigsten war: Es sollte keine weiteren Einberufungen zum Militär geben. Eingeräumt werden musste jedoch, dass man aufgrund der Probleme der deutschen Waffenstillstandsdelegation trotz des nicht erfolgten Rücktritts des Kaisers nicht aus der Regierung habe austreten können. Um den Abschluss des Waffenstillstands nicht zu gefährden, bat die Führung der MSPD die Mitglieder abermals um Geduld. Wie die Parteizeitung *Vorwärts* am Morgen des 9. November schrieb, könne es sich dabei nur »um einen Aufschub von wenigen Stunden« handeln.[10]

Doch auch der wurde nicht mehr gewährt. Der Druck von Massenkundgebungen bestimmte nun den Takt politischer Entscheidungen.[11] Eigentlich hatten die links der MSPD stehenden Gruppen den Beginn bewaffneter revolutionärer Kundgebungen und großflächiger Streiks für den 11. November angekündigt. Seit Anfang des Monats hatten der Vorstand der USPD, die Organisation der Revolutionären

Obleute, die besonders in Metall- und Rüstungsbetrieben über eine beachtliche Basis verfügten und bereits im Januarstreik 1918 eine bedeutende Rolle gespielt hatten, und die Spartakusgruppe über einen geeigneten Termin diskutiert und sich schließlich auf den 11. November, einen Montag, geeinigt.

Dass die Großdemonstrationen dann schon am Morgen des 9. November begannen, war in erster Linie der Verhaftung Ernst Däumigs von der USPD geschuldet. Er war am 8. November morgens vor der Zentrale der USPD am Schiffbauerdamm verhaftet worden, als er zu einer Besprechung des Parteivorstands und des Vollzugsausschusses der Revolutionären Obleute unterwegs war. Däumig hatte umfangreiches Material zu den geplanten Aktionen bei sich, sodass Demonstrationen und Streik vorgezogen werden mussten, sollten sie noch Aussicht auf Erfolg haben. Ein Flugblatt – wohl aus der Feder des im Februar 1918 zum Vorsitzenden der Revolutionären Obleute aufgerückten Emil Barth –, das zum Streik aufforderte, wurde noch am späten Abend des 8. November gedruckt und am folgenden Morgen verteilt:[12] »Arbeiter, Soldaten, Genossen! Die Entscheidungsstunde ist da! Es gilt der historischen Aufgabe gerecht zu werden. Während an der Wasserkante die Arbeiter- und Soldatenräte die Gewalt in Händen haben, werden hier rücksichtslos Verhaftungen vorgenommen. Däumig und Liebknecht sind verhaftet. Das ist der Anfang der Militärdiktatur, das ist der Auftakt zu nutzlosem Gemetzel. Wir fordern nicht Abdankung einer Person, sondern Republik! Die sozialistische Republik mit allen ihren Konsequenzen. Auf zum Kampfe für Friede, Freiheit und Brot! *Heraus aus den Betrieben! Heraus aus den Kasernen! Reicht Euch die Hände! Es lebe die sozialistische Republik!*«[13]

In einer weiteren, von der »Gruppe Internationale (Spartakusgruppe)« und Karl Liebknecht unterzeichneten Flugschrift war zu lesen: »Jetzt, da die Stunde des Handelns gekommen ist, darf es kein Zurück mehr geben. Die gleichen ›Sozialisten‹, die vier Jahre lang der Regierung Zuhälterdienste geleistet haben, die in den vergangenen Wochen von Tag zu Tag euch vertröstet haben mit der ›Volksregierung‹, mit Parlamentarisierung und anderem Plunder, sie setzen jetzt alles daran, um euren Kampf zu schwächen, um die Bewegung abzuwiegeln. Arbeiter und Soldaten! Was euren Genossen und Kameraden in Kiel, Hamburg, Bremen, Lübeck, Rostock, Flensburg, Hannover, Magdeburg, Braunschweig, München und Stuttgart gelungen ist, das muß auch euch gelingen. Denn von dem, was ihr erringt, von der Zähigkeit und dem Erfolge eures Kampfes hängt auch der Sieg eurer dortigen Brüder ab, hängt der Erfolg des Proletariats der ganzen Welt ab.« Darüber hinaus forderte Liebknecht ausdrücklich die »Übernahme der Regierung durch die Beauftragten der Arbeiter- und Soldatenräte« sowie die »[s]ofortige Verbindung mit dem internationalen Proletariat, insbesondere mit der russischen Arbeiterrepublik«.[14]

Noch während der Nacht wurde alles vorbereitet zur Verteilung der Flugblätter am folgenden Morgen vor den Werkstoren. Überdies wurden gehortete Waffen einsatzbereit gemacht und an Ausgabestellen bereitgelegt. Der Aktionsplan sah einen möglichst flächendeckenden Streik vor. In der Frühstückspause sollten die Streikenden die Betriebe verlassen und unter Einschluss bewaffneter Arbeitereinheiten in elf Zügen von den großen Betrieben und Fabriken der Berliner Peripherie Richtung Stadtzentrum und bis ins Regierungsviertel ziehen.[15]

Cläre Derfert-Casper, die einzige Frau aus dem Führungskreis der Revolutionären Obleute, schilderte später, wie sie den Morgen des 9. November erlebte: »Als ich frühmorgens am 9. November unseren Arthur Schöttler aufstöberte, weckte ich ihn mit den Worten: ›Steh auf, Arthur, heute ist Revolution!‹ Er glaubte zu träumen. Erst als ich nochmals rüttelte, riss er die Augen auf und sagte: ›Mensch, Cläre, bist du's?‹ Er ist schnell in die Hosen gesprungen und nach zehn Minuten waren wir aus dem Hause. Schon zur ersten Schicht standen wir beide vor der Waffenfabrik [in Berlin-Charlottenburg; R. G.] und verteilten unsere Flugblätter, in denen die Arbeiter aufgefordert wurden, um neun die Betriebe zu verlassen. Nachdem wir unseren Auftrag gegen sieben Uhr erfüllt hatten, gingen wir in ein Lokal in der Erasmusstraße. Wir waren froh, uns ein bisschen aufwärmen zu können. Dort halfen wir schnell den anderen Genossen, die Revolver auszupacken und die Patronen in die Magazine zu füllen […]. Endlich waren alle Waffen ausgegeben, und nun ordnete sich der Demonstrationszug. Voran die bewaffneten Männer, dann die unbewaffneten und dann die Frauen.«[16]

Neben den zum Teil mehrmals täglich erscheinenden Tageszeitungen erwiesen sich Flugblätter während der Novemberrevolution als bestens geeignet, die neuesten politischen Informationen zu verbreiten. Wenn die revolutionären Soldaten sie an die Berliner Bevölkerung verteilten, war das für die Kinder ein großes Spektakel.

In den Morgenstunden des 9. November traten die Arbeiter der Großbetriebe in Berlin in den Generalstreik. In allen namhaften Unternehmen wurde zwischen 8.00 und 10.00 Uhr die Arbeit niedergelegt, auch Arbeiter kleinerer Fabriken und Werkstätten wurden mobilisiert, wobei die Betriebe der Waffenproduktion Schwerpunkte der Mobilisierung durch die Obleute waren.[17]

Richard Müller erinnerte sich, wie zunächst noch trügerische Ruhe und Normalität herrschten und sich die Massen erst im Laufe des Vormittags in den Betrieben formierten: »Als der trübe Novembertag anbrach, zeigte sich nichts, was ihn von anderen Tagen abhob. Die Verkehrsmittel waren vollständig im Betrieb und die Arbeitermassen strömten wie sonst in die Fabriken, Bureaus und Geschäftshäuser. Der Spießer konnte ruhig seinen gewohnten Morgenkaffee trinken. Revolutionsstimmung war äußerlich nirgends sichtbar. Aber nach der Frühstückspause wurde es lebhaft. Die Fabriken leerten sich in unglaublich schnellem Tempo. Die Straßen füllten sich mit gewaltigen Menschenmassen. An der Peripherie, wo die größten Fabrikbetriebe liegen, formierten sich große Demonstrationszüge, die dem Mittelpunkt der Stadt zuströmten. Daß es sich nicht um eine friedliche Demonstration handelte, zeigten die zahlreichen Pistolen, Gewehre und Handgranaten, die überall sichtbar waren.«[18]

Von den Außenbezirken bewegten sich lange Demonstrationszüge zum Regierungsviertel in der Wilhelmstraße, wie der Berliner Fabrikant Oskar Münsterberg in seinem Tagebuch festhielt: »Als ich die Wilhelmstraße [...] hinunter gehe, sehe ich schwarze Menschenreihen stehen [...]. Eine bewegte Massenszene [...]. Automobile kommen herangesaust, rote Fahnenfetzen flattern. Soldaten und Zivilisten mit und ohne Gewehr kleben wie Bienen innen und außen auf den Automobilen und schreien: es lebe die Republik.«[19]

Angesicht der Massendemonstrationen der links von ihr stehenden Gruppen war die MSPD gezwungen, ihre abwartende Haltung in Bezug auf die zukünftige Staatsform aufzugeben. Wollte sie ihren Einfluss nicht einbüßen, weil ihre Mitglieder zur USPD oder zu den Revolutionären Obleuten wechselten, mussten nun eindeutige Signale gesendet werden. In einer weiteren Besprechung mit den der MSPD nahestehenden Vertrauensleuten aus den Berliner Betrieben am 9. November um 8.00 Uhr im Gebäude des *Vorwärts* beschloss die SPD-Führung den Generalstreik. Um die politische Initiative wenigstens ein Stück weit zurückzugewinnen, rief Otto Wels alle Arbeiter zum »Entscheidungskampf unter dem alten gemeinsamen Banner« auf.[20] Gegen neun Uhr erklärte Philipp Scheidemann seinen Rücktritt als Staatssekretär der Regierung Max von Baden. Der Stillhaltekompromiss, den MSPD und Reichskanzler noch am Vortag nach Abdankungsultimatum und Rücktrittsdrohung gefunden hatten, war damit hinfällig. Die MSPD wollte sich nunmehr an die Spitze der revolutionären Bewegung setzen – nicht zuletzt, um sie besser kontrollieren zu können.

Die Kontaktaufnahme mit USPD und Obleuten hatte eher informellen Charakter und erfolgte am Morgen des 9. November. Georg Ledebour (USPD/Rev. Obleute), der im Reichstag geschlafen hatte, wurde frühmorgens von Ebert, Scheidemann und Otto Braun aufgesucht, die mit ihm über die Bildung einer gemeinsamen Regierung sprechen wollten. Falls die Abdankung des Kaisers bis zum Mittag immer noch nicht vorliege, werde die MSPD ihre Mitglieder zum Aufstand aufrufen. Ledebour erklärte, sich zunächst mit seinen Parteifreunden abstimmen zu müssen. Ein weiteres Gespräch der SPD-Delegation mit Wilhelm Dittmann von der USPD, der sich ebenfalls im Reichstag aufhielt, verlief erfolgreicher. Er stimmte einer gemeinsamen Regierung sofort zu.[21]

Eine wesentliche Voraussetzung für den Erfolg des Umsturzes in Berlin war die Haltung der in Berlin stationierten Truppen: Würden sie auf die Seite der Streikenden überlaufen oder sich zumindest weigern, die Kundgebungen gewaltsam aufzulösen? Bei dieser Entscheidung spielte das Naumburger Jägerbataillon eine wichtige Rolle. Von der in sämtlichen Zeitzeugenberichten als »besonders« oder »absolut« kaisertreu beschriebenen Einheit scheint eine Signalwirkung ausgegangen zu sein. Dass diesem Bataillon eine außerordentlich stabilisierende Wirkung zugetraut wurde, verdeutlicht eine Schilderung des Philosophieprofessors Ernst Troeltsch, der über den Abend des 7. November schreibt, »es seien alle Häuser Unter den Linden mit Militär besetzt; von Naumburg seien mit Automobilen die von ihren Offizieren als besonders königstreu beurteilten Jäger gekommen; aber es sei etwas Unbehagliches in der Luft. Das sah ja nun ernst genug aus, aber wir zweifelten nicht an dem Erfolg der Jäger.«[22]

Doch gerade diese Einheit nahm nun von sich aus Kontakt zum Vorstand der MSPD auf. Am Morgen des 9. November bat eine Delegation des Bataillons darum, ein Mitglied des Vorstands möge in der Kaserne die politische Lage erklären.[23] Um drei Uhr morgens hatten die Offiziere das Bataillon alarmiert und mit Munition und Handgranaten einsatzbereit gemacht, wobei es bereits zu ersten Gehorsamsverweigerungen gekommen war.[24] Offenbar wurde in der Einheit noch in der Nacht ein Soldatenrat gewählt. Auf die Bitte der Abgesandten hin machte sich das MSPD-Vorstandsmitglied Otto Wels auf den Weg zur Alexanderkaserne in der Nähe des Kupfergrabens, wo die Naumburger einquartiert waren. Unbehindert durch Offiziere konnte er an die versammelten Soldaten appellieren, sich auf die Seite der Sozialdemokraten zu schlagen: »Jetzt ist es an Euch, dem Blutvergießen da draußen ein Ende zu machen. Ihr habt aber auch zu entscheiden, ob Ihr die Waffen gegen Eure Volksgenossen erheben wollt. Ich frage nicht, welcher Partei Ihr angehört. Wenn Ihr wollt, daß das Volk in Zukunft selbst sein Schicksal bestimmen soll, dann stellt Euch heute der sozialdemokratischen Partei zur Verfügung. Bekräftigt das durch den Ruf: Es lebe der Friede! Der freie deutsche Volksstaat, er lebe hoch.«[25] Das Naumburger Jägerbataillon stand von da an aufseiten der Revolution.

Wie beim Jägerbataillon ließen sich die Militärangehörigen fast überall leicht dafür gewinnen, keinen bewaffneten Widerstand zu leisten. In Neukölln bei Berlin suchten Demonstranten gezielt Kasernen auf, um die Soldaten aufzufordern, sich am Aufmarsch zu beteiligen: »Beim Nahen des Zuges versuchten Offiziere und Feldwebel die Eingänge zu versperren. Die Fenster waren mit Soldaten besetzt, alles junge Männer zwischen 17 und 21 Jahren. Nur wenige ältere waren darunter. Als ich ihnen mit weithin schallender Stimme den Zweck unseres Kommens auseinandersetzte und sie aufforderte, herunterzukommen und sich uns anzuschließen, war es mit der Befehlsgewalt der Offiziere zu Ende. Die Soldaten räumten die Sperren hinweg, und der größte Teil schloss sich uns an […]. Auch Zivilbevölkerung beteiligte sich stark.«[26]

Die Polizei verhielt sich gegenüber den teilweise bewaffneten Massen im Allgemeinen äußerst zurückhaltend. So berichtete der Arbeiter Paul Mau von den Argus-Werken in Berlin-Reinickendorf: »Als der Zug an den Kasernen vorbeikam, da haben uns die Soldaten ruhig vorbeigelassen. Sie wußten auch, um was es ging. Unser Ziel war das Polizeipräsidium, das wir besetzen sollten. Einige der Blauen [Polizisten], die wir unterwegs trafen, waren wohl nicht mit dem einverstanden, was vor sich ging, aber der größte Teil hatte schnell begriffen. Sie haben ihre Koppel abgeschnallt, die Säbel und Revolver auf einen Haufen geworfen und erklärt, für uns ist die Geschichte erledigt.«[27]

Die Militär- und Polizeiposten, die an strategisch wichtigen Punkten der Stadt oder relevanten Versorgungseinrichtungen stationiert waren, leisteten keinerlei Gegenwehr, sodass die Aufmärsche ungehindert bis ins Stadtzentrum vordringen konnten, wie sich Cläre Derfert-Casper verblüfft erinnerte: »Ohne auf Widerstand zu stoßen, marschierte unser Zug die Kaiserin-Augusta-Allee entlang zur Schloßbrücke. Entwaffnet und besetzt wurden ohne einen Schuß die Polizeiwache, die Gaswerke, alle Betriebe, die Lazarett- und Schloßwache, das Rathaus Charlottenburg und die Technische Hochschule. Unser Zug zählte längst tausende von Menschen und endete gegen Mittag am Reichstag, wo wir mit anderen Zügen zusammentrafen [...]. Andere Genossen und Freunde begegneten uns. Freude, Umarmung, Jubel bei denen, die sich nach monatelangen Aufregungen, Ängsten und Arbeiten wiedersahen.«[28]

Bei der Regierung hatte die Mitteilung, dass die Naumburger Jäger sich der MSPD zur Verfügung gestellt hatten, mehr noch als Scheidemanns Rücktritt für die Gewissheit gesorgt, dass die bisherige Zusammenarbeit mit der MSPD definitiv beendet war. Für Max von Baden bedeutete dies, dass »die Grundlage aller Zuversicht« zerbrochen war.[29] Kurz vor elf Uhr am 9. November meldete sich Baden telefonisch im Großen Hauptquartier in Spa. Der Sieg der Revolution sei weniger eine Frage von Stunden als von Minuten, ließ er den Kaiser wissen, da in der Hauptstadt die Polizeibataillone bereits geschlossen zu den Aufständischen überliefen. Wilhelm erwog daraufhin erstmals die Möglichkeit eines Thronverzichts – wenn auch nur als Kaiser, nicht aber als König von Preußen.[30] Kurz nach elf Uhr ging in Berlin ein Rückruf aus Spa ein. Baden wurde, wie er sich später erinnerte, mitgeteilt, »der Kaiser habe sich zur Abdankung entschlossen. Wir würden in einer halben Stunde die Formulierung erhalten.« Pflichtbewusst ließ Max von Baden die halbe Stunde verstreichen, erhielt aber keine weitere Nachricht. Erneut versuchte er, den Kaiser in Spa zu erreichen – vergeblich.[31]

Gegen Mittag beschloss Baden, eigenmächtig zu handeln. Ohne Wilhelms Kenntnis oder Einverständnis ließ er Wolffs Telegraphischem Bureau (WTB), Deutschlands halboffizieller Nachrichtenagentur, eine kurze Erklärung zugehen, in der er das Ende der kaiserlichen Herrschaft verkündete: »Der Kaiser und König hat sich entschlossen, dem Throne zu entsagen. Der Reichskanzler bleibt noch solange im

Kaum war die Nachricht von der Abdankung des Kaisers eingetroffen, feierten die Matrosen der deutschen Hochseeflotte in Wilhelmshaven die Republik mit einem riesigen Feuerwerk aus Munitionsbeständen.

Amte, bis die mit der Abdankung des Kaisers, dem Thronverzicht des Kronprinzen des Deutschen Reiches und von Preußen und der Einsetzung der Regentschaft verbundenen Fragen geregelt sind. Er beabsichtigt, dem Regenten die Ernennung des Abgeordneten Ebert zum Reichskanzler und die Vorlage eines Gesetzentwurfes wegen der sofortigen Ausschreibung allgemeiner Wahlen für eine verfassunggebende Deutsche Nationalversammlung vorzuschlagen, der es obliegen würde, die künftige Staatsform des deutschen Volkes […] endgültig festzustellen.«[32]

Die Nachricht von der Abdankung verbreitete sich sofort wie ein Lauffeuer. In Leipzig schrieb die Musikerin Ethel Cooper an ihre Schwester Emmie in Australien: »[W]ir lasen, daß der Kaiser abgedankt habe. Es war, als ob eine Last von den Leuten abgefallen wäre – man hörte nur einen Kommentar: ›Gott sei Dank – endlich!‹ […] Man kann wirklich nur Bewunderung für die vollständige Ordnung und Systematik empfinden, mit der solch gewaltige Umwälzungen und Veränderungen bis jetzt durchgeführt worden sind.«[33]

Nicht alle waren erfüllt von solcher Freude. Harry Graf Kessler notierte kurz nach der Abdankung nachdenklich: »An der Ecke der Königgrätzer und Schöneberger Straße wurden Extrablätter verkauft: ›Abdankung des Kaisers‹. Mir griff es doch an die Gurgel, dieses Ende des Hohenzollernhauses; so kläglich, so nebensächlich, nicht einmal Mittelpunkt der Ereignisse. [...] Ich zog mir zu Hause Zivil an, weil Offizieren die Achselstücke und Kokarden abgerissen wurden. [...] In der Wilhelmstraße sah ich das erste rotbeflaggte Auto, ein feldgraues mit dem kaiserlichen Adler.«[34]

Auch der Mediziner Otto Lubarsch, der später Mitglied der konservativen DNVP werden sollte, drückte sein großes Unbehagen ob der politischen Ereignisse aus, als er von der Abdankung Wilhelms II. erfuhr: »Sonderausgaben meldeten die Abdankung des Kaisers. Gegen Mittag hörten wir im Institut [Charité am Humboldthafen] Gejohle auf der Straße und sahen in gewisser Ordnung einhermarschierende Männer und Weiber mit roten Abzeichen, untermischt mit liederlich und lumpig aussehenden Soldaten. Als ich gegen 3 Uhr den Rückzug nach Hause antrat, war aber alles ruhig und auch auf der Stadtbahnfahrt nichts zu bemerken. Erst am Knie herrschte wildes Leben und Treiben. Junge, unreife, mit Flinten bewaffnete Burschen hielten mit Drohungen die Straßenbahnwagen an und zwangen ihnen eine Bewimplung mit roten Fähnchen auf. Als ich am Hause Bismarckstraße 115 (wir wohnten 111) angekommen war, sah ich die mit schlimmstem, gröhlenden militärischen und nichtmilitärischen Gesindel besetzten und mit roten Fahnen ›geschmückten‹ Lastkraftwagen und begriff nun, was geschehen war. In maßloser Wut schrie ich dem Gesindel allerlei Schimpfworte, mit der Faust drohend zu, als ich mich plötzlich an den Armen gepackt und in den Hausflur gezogen fühlte und ein Herr mich anschrie: Sind Sie denn irrsinnig und wollen Sie sich der Bande nutzlos opfern?«[35]

Unterdessen überschlugen sich im politischen Herzen Berlins die Ereignisse. Bereits 35 Minuten nach Veröffentlichung des Thronverzichts erhielt Max von Baden in der Reichskanzlei Besuch von Friedrich Ebert und einer MSPD-Abordnung. Ebert forderte den Reichskanzler auf, die Regierungsverantwortung abzugeben. Nur so könnten unnötige Opfer noch vermieden werden. Ebert erklärte zudem, dass die MSPD bereits mit der USPD Gespräche über eine etwaige Regierungsbeteiligung führe. Eine Beteiligung bürgerlicher Politiker schloss Ebert nicht aus, sofern die MSPD die Mehrheit der Regierungsmitglieder stelle. Auf die Frage Max von Badens, ob MSPD und USPD in der Lage seien, Gewalt zu unterbinden, gab Scheidemann zur Antwort, dass bereits sämtliche Truppen innerhalb Berlins zur SPD übergelaufen seien.[36]

Max von Baden war zu diesem Zeitpunkt klar, dass seiner Regierung keine Möglichkeit mehr blieb, militärisch auf die Situation einzuwirken. Gegen 12.30 Uhr hatte der Oberkommandierende in den Marken, Alexander von Linsingen, den preußischen Kriegsminister Heinrich Schëuch darüber informiert, dass in den meisten Einheiten unter seinem Kommando Soldatenräte gebildet würden und nicht damit zu rechnen sei, dass diese auf Demonstranten schießen würden.[37] Schëuch war während des Gesprächs Badens mit Ebert anwesend. Der Reichskanzler erwog noch eine Regentschaft, um die Monarchie zu retten, doch Ebert schloss das aus, dazu sei es nun zu spät.[38] Angesichts der revolutionären Situation auf den Straßen und der Tatsache, dass die Truppen übergelaufen waren, bot Max von Baden Ebert das Amt des Reichskanzlers an. Nach kurzem Nachdenken willigte Ebert ein: »Es ist ein schweres Amt, aber ich werde es übernehmen.«[39]

Ebert glaubte, dass sich nur so ein Abgleiten ins Chaos wie in Russland vermeiden ließ. Trotz seines sozialdemokratischen Werdegangs und seiner marxistischen Überzeugungen wollte er keine Revolution nach bolschewistischem Vorbild, sondern strebte den friedlichen Übergang des Landes in ein parlamentarisches System an. In seiner Unterredung mit dem letzten Reichskanzler des deutschen Kaiserreichs erklärte er, eine kommunistische Revolution sei das Letzte, was ihm vorschwebe: »Ich aber will sie nicht, ja ich hasse sie wie die Sünde.«[40]

Eberts Worte machen deutlich, dass die MSPD zu diesem Zeitpunkt schon lange keine revolutionäre Partei im klassischen marxistischen Sinn mehr war. Ihre politischen Ziele waren nun der Aufbau einer parlamentarischen Demokratie, die Einführung des Frauenwahlrechts, die Verbesserung der Arbeitsbedingungen in den Fabriken und der Ausbau des Sozialstaats. All dies wollte sie nicht durch einen Umsturz, sondern durch schrittweise Reformen erreichen. Ebert wusste nur zu gut, dass das deutsche Kaiserreich – im Gegensatz zum zaristischen Russland – kein autokratischer Staat war. Ungeachtet der semi-autoritären Verfassung, die dem Kaiser, nicht aber dem Parlament das Recht einräumte, Regierungen zu ernennen und zu entlassen, gewährte das Wilhelminische Reich der Arbeiterklasse beträchtliche Freiheiten, sich gewerkschaftlich zu organisieren, und durch das allgemeine Wahlrecht für Männer wurde den Arbeitern sogar im begrenzten Maße politische Mitbestimmung zugestanden. Es gab ein Rechtssystem und ein Maß an sozialer und wirtschaftlicher Sicherheit, von dem die meisten Russen nur träumen konnten. Gewiss herrschte in der deutschen Gesellschaft eine krasse sozio-ökonomische Ungleichheit, doch in Jahr 1914 stimmten große Teile der Arbeiterschaft darin überein, dass man von Reformen deutlich mehr profitieren würde als von einer Revolution.[41]

Um Eberts Abneigung gegen den Bolschewismus zu begreifen, muss man sich vor Augen führen, wie unmittelbar die bolschewistische Revolution und der folgende Bürgerkrieg auf die revolutionären wie konterrevolutionären Strömungen in Europa ausstrahlten. Sie waren ein Hoffnungsschimmer vor allem für jene, die sich nach gewaltsamer sozio-ökonomischer oder politischer Veränderung sehnten.[42] Doch für alle, die den Bolschewismus ablehnten, war das »Gespenst des Kommunismus«, das Marx und Engels im Frühjahr 1848 in ihrem *Kommunistischen Manifest* in Europa umgehen sahen, im Grunde erst nach 1917 bedrohlich geworden. Vor 1914 war marxistisch inspirierte Gewalt lediglich von Untergrundbewegungen ausgegangen, die gezielt Attentate auf gekrönte Häupter verübten. Doch mit der Oktoberrevolution hatte sich alles verändert.

Konservative wie liberale Politiker in Deutschland, aber auch gemäßigte Sozialdemokraten wie Ebert reagierten mit Entsetzen auf die Ereignisse in Russland.[43] Eine deutsche sozialdemokratische Zeitung brachte einen langen Artikel über den »grenzenlosen Terror« der Bolschewiki, und der Ton zur Lage in Russland verschärfte sich weiter, nachdem der deutsche Botschafter Wilhelm Graf von Mirbach im Juli 1918 in seinem Moskauer Amtssitz von Sozialrevolutionären erschossen worden war.[44] Lenins und Trotzkis öffentliche Aufrufe zur Weltrevolution und die Gründung kommunistischer Parteien in ganz Europa schürten die Ängste vor einer »Ansteckung« noch. Hinzu kamen die beunruhigenden Nachrichten über bolschewistisch inspirierte Staatsstreiche und Bürgerkriege in anderen Teilen Europas.[45]

Das erste Opfer dieser »Ansteckung« – zumindest wurde es so wahrgenommen – war Finnland im Jahr 1918. Wegen seiner Sonderrolle als autonomes Großfürstentum innerhalb des Russischen Reiches war Finnland im Ersten Weltkrieg neutral geblieben; nur rund 1500 Finnen hatten freiwillig auf russischer oder deutscher Seite gekämpft.[46] Auch ohne eine vorherige »Brutalisierung« durch den Krieg sollte Finnland – gemessen an seiner Bevölkerung – einen der blutigsten Bürgerkriege des 20. Jahrhunderts erleben: In dem kaum mehr als drei Monate währenden Konflikt und der Zeit unmittelbar danach starben über 36 000 Menschen – ein Prozent der Gesamtbevölkerung.[47] Zu einem Vorspiel des Bürgerkriegs war es bereits Mitte November 1917 gekommen, als ein Bündnis aus Gewerkschaften, Sozialdemokraten und Otto Kuusinens finnischen Bolschewiki im Schatten der russischen Revolution zu einem Generalstreik aufrief, bei dem sich Rote Garden und Kämpfer der nationalistischen finnischen Unabhängigkeitsbewegung gegenüberstanden.

Gut einen Monat nachdem die Mitte-Rechts-Regierung von Pehr Evind Svinhufvud Anfang Dezember die Loslösung des Landes vom revolutionären Russland bekanntgegeben hatte, rissen Rotgardisten mit Unterstützung Petrograds in der finnischen Hauptstadt die Macht an sich. Während Svinhufvud auf einem Eisbrecher über die Ostsee floh, formierte sich in Helsinki eine neue Führung – das Volkskommissariat. Die Oktoberrevolution in Russland wenige Monate zuvor schien förmlich als Blaupause für den Putsch gedient zu haben. Obwohl sich die Gegner im folgenden Bürgerkrieg als »Rote« und »Weiße« bezeichneten, wäre es falsch, die zwei Kriege als Teile ein und desselben Konflikts zu betrachten, wie Zeitgenossen dies häufig getan haben. Tatsächlich unterschieden sich die beiden Bürgerkriege erheblich voneinander, und die vielfach unterstellte »russische Beteiligung« an der finnischen Revolution war in Wahrheit äußerst gering, denn nur etwa fünf bis zehn Prozent derjenigen, die für die »Roten« kämpften, waren russische Freiwillige. Und was noch weitaus bedeutsamer ist: Die finnischen »Roten« waren keine Bolschewiki, zumindest nicht mehrheitlich. Gewiss, bolschewistisch inspirierte Rotgardisten hatten im Januar 1918 den Coup in Helsinki angeführt und den Bürgerkrieg ausgelöst, doch die gemäßigteren finnischen Sozialdemokraten rissen die revolutionäre Bewegung fast umgehend an sich und gelangten in den Städten und Industriezentren des Südens zeitweilig an die Macht.

Ihre vom konservativ dominierten Senat unterstützten Gegner dagegen kontrollierten die eher ländlichen Gebiete in der Mitte und im Norden des Landes. Mit tatkräftiger Unterstützung deutscher Truppen trugen die »Weißen« unter dem ehemaligen zaristischen General Carl Mannerheim in den entscheidenden Schlachten von Tampere, Viipuri, Helsinki und Lahti den Sieg davon. Jeder weitere Widerstand wurde mit einer Grausamkeit niedergeschlagen, wie sie für Bürgerkriege typisch ist, in denen sich Mitglieder derselben örtlichen Gemeinden gegenüberstehen. So ließ Mannerheim etwa im südfinnischen Tampere sämtliche der über 10 000 gefangen genommenen »roten« Soldaten hinrichten, nachdem seine konterrevolutionären Truppen die »rote Hauptstadt« der Revolution erobert hatten. Unzählige weitere verhungerten in den improvisierten und mangelhaft ausgestatteten Gefangenenlagern.[48]

Obwohl der finnische Bürgerkrieg mit dem Sieg der bürgerlichen »Weißen« endete, blieben die westlichen Beobachter besorgt. Der »Bolschewismus«, so schien es, war keine russische Eigenheit, und er breitete sich nach Westen aus – eine Wahrnehmung, die die mitteleuropäischen Revolutionen der Jahre 1918/19 zu bestätigen schienen. Womöglich unter dem Eindruck der weltweiten Grippeepidemie, die im Sommer 1918 ausbrach, verglichen viele Zeitgenossen den Bolschewismus nun mit einem Virus oder einer Seuche, die es dringend einzudämmen galt. Das etwa war der Hintergrund, vor dem Ebert sich entschloss, das Amt des Reichskanzlers anzunehmen und alles daranzusetzen, um Unruhen und Chaos zu vermeiden. Auf die Abdankungserklärung Max von Badens vom 9. November, die von 13.30 Uhr an auf den Straßen Berlins in der 2. Extraausgabe des *Vorwärts* publik gemacht wurde, verwies Ebert in einem Flugblatt an das deutsche Volk noch einmal ausdrücklich hin. Darin betonte er den friedlichen Übergang der Macht. Auch das sollte die Situation in der Stadt befrieden:

> Der bisherige Reichskanzler Prinz Max von Baden hat mir [...] die Wahrnehmung der Geschäfte des Reichskanzlers übertragen [...]. Die neue Regierung wird eine Volksregierung sein. Ihr Bestreben wird sein müssen, dem deutschen Volke den Frieden schnellstens zu bringen und die Freiheit, die es errungen hat, zu befestigen. Mitbürger! Ich bitte Euch alle um Eure Unterstützung bei der schweren Arbeit, die unser harrt. Ihr wißt, wie schwer der Krieg die Ernährung des Volkes, die erste Voraussetzung des politischen Lebens, bedroht.[49]

Unterdessen erreichte das Gros der von Westen kommenden Demonstranten das Stadtzentrum, wobei es im Tiergarten zu kleineren Zusammenstößen gekommen sein soll. Alois Brandl, Anglistikprofessor der Friedrich-Wilhelms-Universität, berichtete über den Nachmittag: »Wir gingen an der Herkulesbrücke nördlich vorbei den Landwehrkanal entlang, als wir nach einer Minute zwei schwache Schüsse von der Brücke her vernahmen. Ein Passant erklärte: ›Der Major [der Naumburger Jäger] hat sich selbst erschossen, weil ihm seine Soldaten nicht mehr gehorchten.‹ Der Vorgang hatte sich blitzartig abgespielt. Der Impuls dazu schien aus einer ungreifbaren Masse verstreuter Soldaten zu kommen. Der Straßenverkehr blieb ungestört. – Später konnte man noch einen Haufen ungeordneter Menschen mit roten Fahnen und ein paar Trommeln vom Bahnhof Tiergarten auf der Charlottenburger Chaussee ostwärts ziehen sehen, gegen das Brandenburger Tor zu. Es war der Einzug der Revolution, um 3 Uhr.«[50]

Kurz zuvor hatten die ersten Demonstrationszüge ihr eigentliches Ziel, das Reichstagsgebäude, erreicht. Der Aufruf der neuen Regierung, die Straßen zu verlassen, für Ruhe und Ordnung zu sorgen, hatte insofern nicht den gewünschten beruhigenden Effekt gehabt. Es

Am 9. November 1918, auf dem Höhepunkt der Berliner Massendemonstrationen, versammeln sich Zehntausende auf dem Königsplatz vor dem Reichstag und werden Zeugen, wie Philipp Scheidemann von einem Balkon des Parlaments die deutsche Republik ausruft.

bedurfte nun einer Ansprache mit mitreißendem symbolischen Gehalt. Die Streikenden wollten Gewissheit, dass sich das Wagnis des Streiks und der Massendemonstrationen im Regierungsviertel gelohnt hatte. Statt Ebert wandte sich Scheidemann an die vor dem Reichstag Wartenden, wie er später sagte, auf Veranlassung einer in den Speisesaal des Reichstages eingedrungenen Arbeiter- und Soldatengruppe.[51] Von einem Fenster des Reichstages verkündete er: »Das deutsche Volk hat auf der ganzen Linie gesiegt. Das alte Morsche ist zusammengebrochen; der Militarismus ist erledigt! Die Hohenzollern haben abgedankt! Es lebe die deutsche Republik! Der Abgeordnete Ebert ist zum Reichskanzler ausgerufen worden. Ebert ist damit beauftragt worden, eine neue Regierung zusammenzustellen. Dieser Regierung werden alle sozialistischen Parteien angehören. Jetzt besteht unsere Aufgabe darin, diesen glänzenden Sieg, diesen vollen Sieg des deutschen Volkes nicht beschmutzen zu lassen, und deshalb bitte ich Sie, sorgen Sie dafür, daß keine Störung der Sicherheit eintrete! Wir müssen stolz sein können in alle Zukunft auf diesen Tag! Nichts darf existieren, was man uns später wird vorwerfen können! Ruhe, Ordnung und Sicherheit ist das, was wir jetzt brauchen! […] Sorgen Sie dafür, daß die neue deutsche Republik, die wir errichten werden, nicht durch irgendetwas gefährdet werde. Es lebe die deutsche Republik.«[52]

Unter den jubelnden Menschen vor dem Reichstag war auch Käthe Kollwitz: »Heut ist es wahr. Mittags nach 1 Uhr kam ich durch den Tiergarten zum Brandenburger Tor, wo gerade die Flugblätter mit der Abdankung verteilt waren. Aus dem Tor zog ein Demonstrationszug. Ich trat mit ein […]. Von einem Fenster herab rief Scheidemann die Republik aus […]. Dann in dem Schwarm bis zur Wilhelmstraße und dann noch ein Stück mit […]. Soldaten sah ich, die ihre Kokarden abrissen und lachend auf die Erde warfen […]. So ist es nun wirklich. Man erlebt es und faßt es gar nicht recht.«[53] Der Beifall der Menge war groß, doch Ebert war von Scheidemanns Alleingang überhaupt nicht begeistert. Bei Scheidemanns Rückkehr schlug der wütende Ebert auf den Tisch und brüllte, über die Staatsform entscheide die künftige Nationalversammlung.[54]

Während Ebert die Proklamation Scheidemanns zu weit ging, hielten radikalere Sozialisten sie für halbherzig. Nur zwei Stunden nach Scheidemanns Proklamation der Republik wurde auf dem Dach des Berliner Stadtschlosses, der Residenz der Hohenzollern, die rote Fahne gehisst. Auf einem Balkon mit goldenem Geländer, über dessen Brüstung eine rote Decke gehängt wurde, erschien Karl Liebknecht und verkündete die »freie sozialistische Republik Deutschland«. Liebknecht zeigte sich erfreut über die jüngsten Ereignisse: »Die Herrschaft des Kapitalismus, der Europa in ein Leichenschauhaus verwandelt hat, ist gebrochen«, rief er der Menge zu. Dann aber machte er deutlich, dass das eigentliche Werk der revolutionären Umwälzung noch bevorstehe: die Schaffung einer »Regierung der Arbeiter und Soldaten, eine neue staatliche Ordnung des Proletariats […], des Friedens, des Glücks und der Freiheit unserer deutschen Brüder und unserer Brüder in der ganzen Welt. Wir reichen ihnen die Hände und rufen sie zur Vollendung der Weltrevolution auf.«[55]

Liebknechts Rede barg enormen Sprengstoff für das ohnehin prekäre Verhältnis zwischen den beiden deutschen Arbeiterparteien. Um die Spannungen zwischen den beiden deutschen Arbeiterparteien nicht in einen gewaltsamen »Bruderkampf« ausarten zu lassen und – koste es, was es wolle – zu verhindern, dass sich in Deutschland Zustände entwickelten wie in Russland nach der Revolution der Bolschewiki im November 1917, war Ebert entschlossen, gemeinsam mit der USPD eine Regierung zu bilden. Als Rat der Volksbeauftragten sollte die Regierung paritätisch aus jeweils drei MSPD-Politikern (Ebert, Scheidemann und dem oberschlesischen Rechtsanwalt Otto Landsberg vom »rechten« Flügel der Partei) und drei USPD-Politikern (Hugo Haase, Wilhelm Dittmann und Emil Barth) bestehen. Ebert würde den Vorsitz führen.[56]

Damit repräsentierte der Rat der Volksbeauftragten die sozialdemokratische Bewegung in ihrer ganzen Breite. Der 1874 in Eutin, Holstein, als Sohn eines ehemaligen Wanderarbeiters geborene Dittmann hatte eine Tischlerlehre absolviert und sich schon in jungen Jahren in der SPD und im Metallarbeiterverband engagiert. 1912 wurde er SPD-Abgeordneter im Reichstag. Als ausgesprochener Kriegsgegner gehörte er zu den Ersten in der Fraktion, die sich gegen die Position der Partei auflehnten. Bereits 1915 wurde er aus der Fraktion ausgeschlossen, weil er sich weigerte, weitere Kriegskredite zu bewilligen, und damit gegen die Fraktionsdisziplin verstieß. Aufgrund seiner prominenten Rolle bei den Januarstreiks von 1918 wurde Dittmann zu fünf Jahren Festungshaft verurteilt.

Sein USPD-Kollege Emil Barth, geboren 1879 in Heidelberg und gelernter Klempner, war ebenfalls ein Aktivist des linken Metallarbeiterverbandes und hatte sich während des Krieges als Soldat der USPD angeschlossen. Nach der Verhaftung Richard Müllers im Februar 1918 wurde Barth dessen Nachfolger als Anführer der Revolutionären Obleute und hatte damit eine Schlüsselrolle bei der Vorbereitung der Novemberrevolution. Schon kurz nach dem gescheiterten Massenstreik vom Januar 1918 hatte Barth im Geheimen damit begonnen, Waffen und Munition zu horten.

Die Mitglieder des Rates der Volksbeauftragten waren für die Anhänger der sozialdemokratischen Parteien durchaus keine Unbekannten, doch angesichts der sehr heterogenen politischen Zusammensetzung der Regierung fragte man sich, wofür diese eigentlich stehen werde. Diesbezüglich herrschte beträchtliche Unsicherheit unter den Zeitgenossen: »Aber das ist nun die Frage: Wie weit war ihre vorherige vaterländische, gemäßigte Haltung im Kriege Taktik, bloße rechnende Taktik, wie weit innere Wandlung? Wie weit wollen sie wirklich ernstlich mit dem demokratischen Mehrheitswillen Ernst machen, wie weit lockt sie doch die Diktatur des Proletariats?«[57]

Einigkeit bestand darin, eine der Kernforderungen der Revolutionäre zu erfüllen und den Krieg so rasch wie möglich zu beenden. Wie schon Max von Baden und sein Kabinett setzte auch Ebert große Hoffnungen auf Präsident Wilson. Noch wusste man nicht, wie der Waffenstillstand aussehen würde. Denn aus dem Wald von Compiègne, wo die deutsche Abordnung an jenem 9. November eintraf, als die Revolution die Hohenzollernherrschaft hinwegfegte, waren bis dahin keine Einzelheiten über die Bedingungen der Alliierten bekannt geworden.

KAPITEL VII

Friedensschluss im Westen

Am 6. November 1918, als das Übergreifen der Kieler Revolte auf die Städte Hannover, Schwerin und Hamburg bekannt wurde und General Groener der Regierung eröffnete, dass die Front nur noch kurze Zeit zu halten sei, wurde Matthias Erzberger zum deutschen Chefunterhändler für die bevorstehenden Waffenstillstandsverhandlungen bestimmt.[1] Bereits am Nachmittag verließ er Berlin, in der Aktentasche eine Abschrift der Note Wilsons vom Vortag und ein Bevollmächtigungsschreiben des Kanzlers.[2] Zunächst reiste er ins Hauptquartier der OHL nach Spa, wo er mit einigen hochrangigen Generälen zusammentreffen sollte. Hindenburg zeigte sich erstaunt, dass die Waffenstillstandsgespräche von einem Politiker und nicht von einem oberen Militärangehörigen geführt werden sollten, bekundete am Ende aber Unterstützung für Erzbergers Mission – wohl nicht zuletzt, weil es ihm selbst die Schmach ersparte, nach Compiègne zu reisen.[3]

Unterdessen liefen die Vorbereitungen für die gefährliche Überquerung der Frontlinie, die der deutschen Verhandlungsdelegation zunächst bevorstand. Schon am 6. November, kurz vor 12.30 Uhr, hatte sich die deutsche Seite mit Marschall Fochs Hauptquartier per Funk über die voraussichtliche Ankunftszeit der Unterhändler verständigt. Dann erkundigte man sich, wo der Übertritt stattfinden würde, und bat um eine allgemeine Waffenruhe. Das alliierte Hauptquartier erklärte daraufhin, die deutsche Delegation solle sich der französischen Front über die Straße von Formies nach La Capelle nähern.[4]

Nach einem späten Frühstück brach Erzberger mit der deutschen Abordnung am 7. November gegen Mittag in einem Konvoi aus fünf Wagen in Spa auf. Bei Chimay sollte man sich der Frontlinie nähern. Die Fahrt war beschwerlich, und so kam man nur langsam voran. Deutsche Truppen auf dem Rückzug blockierten die Straßen, und der Konvoi geriet in einen Unfall. Verletzt wurde niemand, doch Erzbergers Wagen und ein weiteres Fahrzeug kamen zu Schaden. Die Gesandtschaft setzte ihre Reise durch Belgien schließlich in den verbliebenen unbeschädigten Wagen fort und erreichte in der Dämmerung Chimay.

Von Chimay aus ging es weiter über verstopfte und schlammige Straßen nach Trélon, wo die Kolonne gegen 19.30 Uhr eintraf. Dort musste man warten, bis ein Trupp Pioniere Landminen geräumt hatte, die kurz zuvor zur Absicherung des deutschen Rückzugs verlegt worden waren. Um 21.20 Uhr passierte der Tross die deutsche Frontlinie. Man teilte der Delegation einen Trompeter zu, der den französischen Soldaten per Tonsignal die Ankunft der Deutschen meldete. Mit einer weißen Fahne versehen rollten die Karossen durchs Niemandsland. Bereits 150 Meter hinter den deutschen Linien erspähten sie die ersten französischen Soldaten.

General Maxime Weygand, Marschall Fochs Stabschef, erinnerte sich später an die Ankunft der Deutschen an jenem Abend: »Die Nacht bricht herein; das Wetter ist scheußlich; es nieselt beständig, ohne dass sich der recht dichte Nebel auflöst. Um acht Uhr abends gewahren die Wachen endlich den Schimmer eines Lichts; dann ein paar Trompetentöne, die verlauten ›Nicht schießen!‹; wenige Sekunden später kommt eine Fahrzeugkolonne herangebraust, die Scheinwerfer hell erleuchtet; ganz vorne am ersten Wagen erhebt sich eine riesige weiße Fahne aus dem nächtlichen Dunkel; auf dem Trittbrett stehend bläst ein Trompeter unentwegt Signale. Mit einer Handbewegung wird der Wagen angehalten. Ein junger 25-jähriger Hauptmann tritt vor. Es ist Hauptmann Lhuillier, Bataillonskommandeur des 171. Infanterieregiments, der die Abgeordneten erkennt und zu ihnen in den ersten der fünf Wagen steigt […]. [D]ie Fahrt geht weiter bis nach La Capelle. Der Trompeter bläst ein *garde-à-vous* [Stillgestanden!], derweil unseren Soldaten dieses Schlussbild nach vier Jahren Kampf und Leiden vor Augen steht.«[5]

Von La Capelle ging es in französischen Fahrzeugen weiter. Auf der tief zerfurchten Straße kam die Kolonne nur langsam voran und erreichte erst gegen ein Uhr nachts das Hauptquartier der 1. Französischen Armee in Homblières bei Saint-Quentin. Im dortigen Pfarrhaus, das als Armeehauptquartier diente, wurde im Beisein des Oberbefehlshabers der 1. Französischen Armee, General Debeney, das Abendessen serviert. Eine Stunde später setzte sich der Tross wieder in Bewegung Richtung Chauny.[6]

Nach einem Essen mit General Marie-Eugène Debeney, der als Kommandeur der 1. Französischen Armee eine entscheidende Rolle bei den alliierten Gegenoffensiven gespielt und so zur Überwindung der Hindenburg-Linie beigetragen hatte, brachte man die deutsche Delegation zum Bahnhof der völlig zerstörten Stadt Tergnier, wo bereits ein Sonderzug mit dem Salonwagen Napoleons III. bereitstand.[7] Es wurde Cognac gereicht. Dann verließ der Zug den Bahnhof mit unbekanntem Ziel. Die Vorhänge waren zugezogen und durften während der Fahrt nicht geöffnet werden. Am 8. November – dem Tag, an dem das Treffen stattfinden sollte – kam der Zug gegen sieben Uhr morgens in einem Wald zum Stehen. Erzberger fiel auf, dass sich in rund hundert Metern Entfernung auf einem Nachbargleis noch ein zweiter Zug befand. Das Zugpersonal konnte oder durfte Fragen zum Aufenthaltsort nicht beantworten. Bis zum 10. November scheinen die Deutschen nicht gewusst zu haben, wo sie waren. Erst als der fromme Katholik Erzberger den Wunsch äußerte, am Sonntagmorgen den Gottesdienst zu besuchen, und ihm mitgeteilt wurde, dass dies nicht möglich sei, da Marschall Foch in der nächstgelegenen Kirche in Rethonde zur Messe gehe, wussten sie, dass sie sich im Wald von Compiègne befanden.

Zwei Stunden nach der Ankunft teilte man den deutschen Unterhändlern mit, dass Foch sie um zehn Uhr empfangen werde. Als die Zeit gekommen war, näherte sich Erzberger, der einen gewöhnlichen Reiseanzug trug, an der Spitze der deutschen Delegation über die Bahngleise dem anderen Zug.[8] Im Salonwagen der Alliierten wies man den deutschen Delegierten ihre Plätze am Verhandlungstisch zu. Dann betrat Foch mit knappem militärischen Salut das Abteil, hinter ihm der Erste Seelord der britischen Admiralität, Sir Rosslyn Wemyss, sein Stellvertreter Konteradmiral George Hope und Fochs Generalstabschef Maxime Weygand. Wie Erzberger entsetzt feststellte, waren die Amerikaner also gar nicht in die Waffenstillstandsverhandlungen einbezogen.[9]

Fochs Begrüßung war erwartungsgemäß kühl ausgefallen. Er hegte ein tiefes Misstrauen gegen seine deutschen Gegner. Der Marschall betrachtete sich selbst gern als einfachen Soldaten. Foch, wie Erzberger ein gläubiger Katholik, kam aus einfachen Verhältnissen in den Pyrenäen. Der britische General Henry Wilson, ein guter Freund Fochs, bewunderte den Mut des Marschalls und dass dieser selbst in den dunkelsten Stunden des Krieges niemals bereit war aufzugeben.[10] US-Präsident Wilson dagegen sah in Foch bei den Pariser Verhandlungen die Verkörperung französischer Rachsucht,[11] ein Eindruck, den die deutschen Delegationsmitglieder teilten. In seinen Erinnerungen beschreibt Erzberger Foch als »ein[en] kleine[n] Mann mit harten, energischen Zügen, die auf den ersten Blick die Gewohnheit zu befehlen verrieten«.[12]

Nachdem Foch die Vollmacht Max von Badens eingehend auf ihre Echtheit geprüft hatte, erkundigte er sich etwas scheinheilig, welches Anliegen die deutsche Delegation denn zu ihm geführt habe. Erzberger erwiderte, er sei gekommen, um Vorschläge zur Herbeiführung eines Waffenstillstands entgegenzunehmen. Foch entgegnete, er habe keine »Vorschläge« zu machen. Erst als Erzberger hinzusetzte, dass er auf Grundlage von Präsident Wilsons letzter Note vom 5. November gekommen sei und diese im Original hatte vortragen lassen, ersuchte Foch seinen Stabschef Weygand, den Deutschen die Bedingungen für den Waffenstillstand auf Französisch vorzulesen.

Für die deutsche Delegation und viele ihrer Landsleute, die noch wenige Monate zuvor geglaubt hatten, der baldige Sieg würde sie für die Opfer und Entbehrungen vier langer Kriegsjahre entschädigen, waren die nun vorgetragenen Bedingungen nur schwer zu akzeptieren: Die Deutschen mussten sich verpflichten, sämtliche Truppen – etwa 190 Divisionen – aus den besetzten Gebieten in Frankreich, Belgien und Luxemburg sowie aus dem 1871 von Deutschland annektierten Elsass-Lothringen abzuziehen. Die linksrheinischen deutschen Gebiete sollten von französischen Truppen besetzt werden. Der Vertrag von Brest-Litowsk, den Deutschland den Bolschewiki aufgenötigt hatte, um große Gebiete im europäischen Teil Russlands unter seine Kontrolle zu bringen, sei mit sofortiger Wirkung zu annullieren. Zudem musste das Deutsche Reich enorme Mengen an Kriegsmaterial sowie die gesamte Hochseeflotte an die Alliierten aushändigen. Um die Erfüllung dieser Forderungen und deutsches Wohlverhalten bis zur Unterzeichnung eines offiziellen Friedensvertrags sicherzustellen, sollte zudem die Seeblockade bestehen bleiben, sodass große Teile der deutschen Zivilbevölkerung weiter Hunger leiden würden.

Fassungslos ersuchte Erzberger um die Erlaubnis, die Bedingungen telegraphisch nach Berlin und ins Große Hauptquartier nach Spa durchgeben zu dürfen, was Foch mit der Begründung ablehnte, dass der Wortlaut nur in verschlüsselter Form oder per Boten übermittelt werden dürfe, um eine verfrühte Veröffentlichung zu verhindern. Da Erzberger keine Möglichkeit sah, den Text zu kodieren, bat er Foch um eine Verlängerung der Bedenkfrist von 72 auf 96 Stunden, da ein Kurier mindestens zwölf Stunden nach Spa benötigen würde. Foch argwöhnte, die Deutschen wollten die zusätzliche Zeit nutzen, um sich neu zu formieren und ihre Verteidigungslinien zu verstärken. Deshalb lehnte er jede Verlängerung und auch Erzbergers Bitte um eine einstweilige Waffenruhe für die Dauer der Gespräche ab. Überdies erklärte er, dass man über die Bedingungen nicht verhandeln werde. Die Konditionen könnten nur angenommen oder abgelehnt werden.[13]

Damit war das erste Treffen zwischen deutschen und alliierten Unterhändlern beendet. Es hatte gerade einmal 45 Minuten gedauert und lediglich ergeben, dass es zu keinen Verhandlungen im herkömmlichen Sinne kommen werde. Immerhin hatte Erzberger Foch dazu gebracht, »privaten Gesprächen« zwischen der deutschen Delegation und Fochs Beratern zuzustimmen, die am Nachmittag stattfinden sollten. Erzberger entsandte nun unverzüglich einen seiner Offiziere, den künftigen SS-General und Polizeipräsidenten von Berlin, Wolf-Heinrich Graf von Helldorff, nach Spa. Helldorff sollte der OHL die Waffenstillstandskonditionen überbringen und berichten, dass Erleichterungen bei den alliierten Hauptforderungen für einen Waffenstillstand kaum zu erwarten seien. Alles, worauf die deutsche

Delegation noch hoffen könne, so Erzbergers Botschaft, seien geringfügige Verbesserungen bei der Umsetzung von Fochs Bedingungen.[14]

Am 8. November nahm Erzberger per Funk Kontakt mit Spa auf, um die OHL persönlich über den schwierigen Auftakt der Gespräche in Kenntnis zu setzen und zu fragen, ob der Waffenstillstand auch dann zu unterzeichnen sei, wenn er keine Erleichterungen mehr erreichen könne. Falls die Regierung ihn anweise, die alliierten Konditionen zu akzeptieren, werde er das nur unter Protest tun, den er bereits formuliert hatte: »Die Unterzeichneten erachten es aber im Interesse der Aufrichtigkeit der Beziehungen zwischen Deutschland und seinen Gegnern für ihre Gewissenspflicht, schon jetzt darauf hinzuweisen, daß die Durchführung dieser Bedingungen das deutsche Volk in Anarchie und Hungersnot stürzen muß, und daß daher ohne Verschulden der deutschen Regierung und des deutschen Volkes eine Lage entstehen kann, die die weitere Innehaltung aller Verpflichtungen unmöglich machen würde.«[15]

Während Erzberger auf Anweisungen aus Berlin und Spa wartete, kamen hochrangige Offiziere seiner Entourage mit Admiral Hope und General Weygand zusammen, um der alliierten Seite vor allem eines klarzumachen: Wenn Deutschland diese Bedingungen annehme, werde das Land unweigerlich dem Bolschewismus anheimfallen und eine Zeit des Hungers und der Anarchie anbrechen. Auch hier argwöhnte die Gegenseite, Deutschland könne versucht sein, die auf dem Rückzug aus Belgien und Frankreich befindlichen Truppen erneut zu sammeln, um den Konflikt fortzusetzen.[16]

Am folgenden Tag, dem 9. November, übergab Erzberger die zu Papier gebrachten deutschen Einwände. Diese richteten sich gegen die Räumungsfristen für deutsche Truppen, die Errichtung von Brückenköpfen auf deutschem Gebiet und vor allem gegen die Menge der abzugebenden Kriegsgüter und Lokomotiven. General Weygand, der das Schriftstück entgegennahm, merkte an, dass all diese Vorschläge bereits tags zuvor abgelehnt worden seien und somit nicht berücksichtigt werden könnten.[17]

Im nahe gelegenen Römerstädtchen Senlis traf Foch währenddessen mit dem französischen Ministerpräsidenten Georges Clemenceau zusammen, um diesen über die Verhandlungsfortschritte zu unterrichten. Auf Clemenceaus Frage, ob Foch noch immer Vorbehalte gegen einen Waffenstillstand hege, erwiderte dieser, dass er zum gegenwärtigen Zeitpunkt nur Vorteile sehe. Eine Fortsetzung des Krieges und die mögliche Besetzung Deutschlands würden seiner Ansicht nach weitere 50 000 bis 100 000 französische Soldaten das Leben kosten. Foch zeigte sich aufrichtig überrascht, wie »gebrochen« die Deutschen seien – er habe mit weitaus heftigerem Widerstand gegen die Bedingungen des Waffenstillstands gerechnet.[18]

Unterdessen erfuhr die deutsche Delegation, dass die Regierung Baden, die um die Waffenstillstandsverhandlungen ersucht hatte, gar nicht mehr existierte. In den frühen Morgenstunden des Sonntags teilte die Oberste Heeresleitung Erzberger mit, dass in Deutschland eine neue Regierung unter Friedrich Ebert gebildet worden sei. Von der Abdankung des Kaisers erfuhr er erst tags darauf per Zufall von französischen Gleisarbeitern.[19]

Am Sonntagmorgen kam es indes zu weiteren Zusammenkünften der beiden Abordnungen, in deren Verlauf sich die Deutschen erneut mit ihren beharrlichen Warnungen vor einer drohenden bolschewistischen Revolte um eine Aufweichung der Konditionen bemühten, bei den Alliierten aber auf taube Ohren stießen. Im kleinen Kreis äußerte Wemyss die Befürchtung, dass die deutsche Delegation aufgrund des Regierungswechsels womöglich gar kein Mandat zur Fortführung der Verhandlungen mehr habe. Bei den Alliierten sorgten die Ereignisse in Deutschland auch an höchster Stelle für Verunsicherung. So ließ Clemenceau in London anfragen, ob Lloyd George nicht nach Paris kommen könne – falls rasche Entscheidungen gefällt werden müssten. Aus England hieß es jedoch, Lloyd George könne nicht vor dem 13. November in Paris sein. Notfalls müsse man sich an Außenminister Lord Curzon wenden, der sich ja bereits in der französischen Hauptstadt aufhalte.[20]

Am 10. November um acht Uhr abends teilte das Große Hauptquartier Erzberger per Funk mit, in welchen Punkten er sich um Erleichterungen bemühen solle. Das Augenmerk war vor allem auf eine Verlängerung der Räumungsfristen gerichtet, auf den ehrenvollen

Abzug aus Ostafrika, die Verringerung des zu übergebenden Kriegsmaterials und das Ende der britischen Seeblockade. Über die Versorgungsfrage waren die Unterhändler weiter im Gespräch. »Gelingt Durchsetzung dieser Punkte nicht«, telegraphierte Hindenburg, »wäre trotzdem abzuschließen.« Doch sei dann »flammender Protest unter Berufung auf Wilson« zu erheben.[21]

Unterdessen hatte Clemenceau von den deutschen Unterhändlern zwei Erklärungen verlangt: Erstens eine Bestätigung, dass sie die neue deutsche Regierung vertraten, und zweitens eine Versicherung, dass sich die neue Führung zur Umsetzung der Waffenstillstandsbedingungen verpflichtete.[22] Zumindest der ersten Forderung konnte Erzberger am Abend des 10. November nachkommen: Zweieinhalb Stunden nach den Instruktionen aus Spa traf in Compiègne ein Funkspruch aus Berlin ein, in dem er von der Regierung Ebert offiziell ermächtigt wurde, ein Waffenstillstandsabkommen zu unterzeichnen. Zugleich enthielt diese Nachricht eine Liste mit Vorbehalten zu einzelnen Konditionen. Grundsätzlich erklärte Ebert sich zur Erfüllung der Bedingungen bereit, verlangte von den Alliierten aber Zugeständnisse in Bezug auf die »Belassung aller Vorräte in den zu räumenden Gebieten, die für die Ernährung der Truppen bestimmt waren«, sowie ein rasches Ende der Blockade, um die Lebensmittelversorgung der Bevölkerung zu gewährleisten. Darüber hinaus bat er um die ehrenhafte Kapitulation der »unbesiegten« deutschen »Schutztruppe« in Ostafrika unter dem Kommando von General Paul von Lettow-Vorbeck.[23]

Noch am selben Abend erhielt Erzberger ein »Mahnschreiben« Weygands, der ihn darüber in Kenntnis setzte, dass das Ultimatum am kommenden Tag um 11.00 Uhr morgens ablaufen werde. Daraufhin teilte Erzberger Foch mit, dass die Verhandlungen die Nacht über fortgesetzt werden könnten. Nachdem die deutsche Abordnung eine Protesterklärung formuliert hatte, begann am 11. November um 2.15 Uhr die letzte Verhandlungsrunde. Trotz anderslautender Instruktionen kam Foch der deutschen Gesandtschaft in einer Reihe geringfügiger Punkte entgegen: Statt 30 000 würde Deutschland nur 25 000 Maschinengewehre aushändigen müssen, die Anzahl der Flugzeuge wurde von 2000 auf 1700 verringert. Anstatt der ursprünglich geforderten 10 000 Lastwagen verlangte man nur noch die Hälfte. Wichtiger waren die Zugeständnisse in Bezug auf die rechtsrheinische »neutrale Zone«. So wurde deren Breite nun auf zehn Kilometer verringert, und für die Räumung erhielt Deutschland sechs Tage mehr Zeit. Dem »ehrenhaften« Abzug der Truppen aus Ostafrika wurde ebenfalls stattgegeben. Was die deutsche Ostfront betraf, waren die Beschlüsse sogar noch bedeutender: Erzberger konnte Foch überzeugen, dass ein überhasteter Rückzug der deutschen Armee die örtliche Bevölkerung dem Einfluss des Bolschewismus aussetzen würde. Folglich wurde der Zeitpunkt für die Räumung zunächst offengelassen. In der Frage der anhaltenden Wirtschaftsblockade Deutschlands zeigte sich Foch indes unnachgiebig. Er erklärte lediglich, die Alliierten würden die Möglichkeit von Lebensmittellieferungen an die deutsche Bevölkerung prüfen lassen, nannte aber keinen Zeitpunkt für deren Bewilligung.[24]

In einer offiziell verlesenen Protestnote erklärte Erzberger den Alliierten, dass diese Bedingungen Deutschland in Anarchie und Chaos stürzen würden. Dennoch unterzeichnete er am 11. November morgens um 5.20 Uhr den Waffenstillstandsvertrag. Keine sechs Stunden später, um 11.00 Uhr französischer Zeit, schwiegen die Waffen. Der Erste Weltkrieg war zu Ende – zumindest im Westen.[25]

Die deutschen Reaktionen auf die Friedensbedingungen fielen weitaus zwiespältiger aus als erwartet. Die große Mehrheit der Deutschen war zutiefst verbittert über den Waffenstillstandsvertrag, der vielen – zu Recht oder zu Unrecht – als Ausgeburt alliierter Rachsucht erschien. Nicht nur Erznationalisten missbilligten die Konditionen, auch Käthe Kollwitz beklagte am 11. November 1918 die »furchtbaren Waffenstillstandsbedingungen. Nur zu hoffen, daß der Friede bessere Bedingungen bringt.«[26] Und der noch immer im Elsass stationierte Alfred Döblin stellte fest: »Wie sind wir gestürzt. Und alles freut sich, schleppt, raubt, denkt an seine Habseligkeiten. Wir sind in abenteuerlicher Weise über Nacht zu Boden geschlagen.«[27]

Dennoch machte sich auch tiefe Erleichterung breit, dass der Krieg endlich zu Ende und die Revolution – betrachtete man die Geschehnisse in Russland oder Finnland – bisher deutlich gewaltloser verlaufen war als erwartet. Und Döblin beobachtete, wie schnell sich der eine oder andere mit den neuen Verhältnissen abfand: »Eine Offiziersdame, deren Kind krank lag, hatte mir ein paar Tage vorher gesagt bei einer Visite: ›Also wenn man unseren Kaiser absetzt, dann möchte ich nicht leben.‹ Das sagte sie nicht affektiv; es war völlig echt; aber jetzt treff ich sie, sie lebt noch, ist nur ängstlich über den Verbleib ihres Mobiliars.«[28]

Wie die Offiziersfrau im Elsass stellten viele Mitglieder der alten kaiserlichen Eliten erleichtert fest, dass die erwarteten Gewaltorgien in Deutschland ausgeblieben waren. Anfang November hatten viele Adlige, die Hauptnutznießer der kaiserlichen Herrschaft, befürchtet, ein ähnliches Schicksal zu erleiden wie Ludwig XVI. im Jahr 1793 oder Zar Nikolaus von Russland, der im Juli 1918 mitsamt Familie und Dienstboten brutal ermordet worden war. Zu ihrer Erleichterung kam es im Verlauf der Revolution kaum zu gewaltsamen Übergriffen auf ihr Leben oder Eigentum. Karl Anton Prinz Rohan, der bei seiner Rückkehr von der Ostfront darauf gefasst war, eine brennende Ruine und niedergemetzelte Verwandte vorzufinden, saß am Abend seiner Heimkehr mit seiner Familie und einigen Freunden im Speisezimmer eines unversehrten Schlosses und lauschte vergnügt einem Streichquartett: »Ein ungeheures Erstaunen brach in uns auf: Die Welt war also nicht zusammengebrochen?«[29]

Die, die überlebt hatten, waren froh, dass der Krieg endlich vorüber war. Victor Klemperer, der die »Grausamkeit der Franzosen« in Bezug auf den Waffenstillstand scharf attackierte, zeigte sich zugleich höchst erleichtert, dass nun tatsächlich Frieden herrschte.[30] »Und am 10. November um halb fünf nachmittags, als von Kowno herüber die telefonische Nachricht vom abgeschlossenen Waffenstillstand kam, da war doch mein allererster Gedanke gewesen: Der Krieg ist zu Ende! Seitdem kannte ich keine Geduld mehr. Nun wollte ich heraus aus dieser Sinnlosigkeit, aus diesem Chaos, nun wollte ich mich nicht mehr mit den paar Stunden begnügen, die ich mir da und dort aus der Lebensvergeudung für meine wirkliche Existenz stahl; ich war lange genug Soldat, lange genug eine Marionette gewesen, deren Fäden von irgendeiner Kanzlei bewegt wurden, ich wollte frei sein, ich wollte

Individuum sein, ich wollte Gelehrter sein, ich wollte ich selber sein. Verhielt ich mich unpatriotisch? Aber das niedergebrochene Vaterland würde doch jetzt auf allen Gebieten den gelernten Arbeiter brauchen und unter allen Arbeitern am dringendsten vielleicht den Lehrer. Mein Platz war auf dem Katheder.«[31] Trotzdem war er wie viele Angehörige des deutschen Bürgertums tief bestürzt über die deutsche Niederlage. In einem Brief an seine Frau Eva in Leipzig schrieb er: »Es sind ganz tolle, wüste Stunden, phantastischer als die im August 1914 und unheimlicher; damals war es ein schwärmerischer Aufschwung, heute ist es ein Jüngstes Gericht. Unmöglich, mich auf irgendeine Lektüre, irgendeine Beschäftigung zu konzentrieren.«[32] Wenig später ergatterte er einen Platz in einem der überfüllten Züge Richtung Deutschland: »Ich streckte mich lang aus, in die widerrechtlich mitgenommene Wolldecke gewickelt, die Stiefel auf den Polstern, ein siegreicher Revolutionär. Der Zug setzte sich in Bewegung. Mein letzter Gedanke vorm Einschlafen war: Nun hat der Krieg wirklich ein Ende.«[33]

KAPITEL VIII

Imperiale Nachbeben

Der 11. November, der Tag, an dem der Krieg im Westen Europas endete, war in den ausgedehnten kolonialen und imperialen Territorien, in denen er ebenfalls getobt hatte, kein Datum von besonderer Bedeutung – nicht in den ausgedehnten Weiten des einstigen Zarenreichs und auch nicht in vielen der europäischen Kolonien, Deutschlands Vorkriegsimperium eingeschlossen. Um zu verstehen, welche Zäsur das Jahr 1918 bedeutete, muss man sich vor Augen führen, wie groß das Deutsche Reich vor und während des Ersten Weltkriegs tatsächlich war.

Bis zum Jahr 1914 hatte Deutschland ein beträchtliches überseeisches Imperium errichtet, ein Weltreich, das für die deutschen Eliten und deren Wahrnehmung der deutschen Kriegsanstrengungen im Allgemeinen von zentraler Bedeutung war. Außerhalb Europas umfasste dieses Imperium Deutsch-Südwestafrika, Deutsch-Ostafrika, Kamerun und Togo, die kleine nordchinesische Kolonie in Qingdao (Tsingtau) sowie die Pazifikinseln Samoa, Deutsch-Neuguinea, Kaiser-Wilhelms-Land und den Bismarck-Archipel.[1] In den letzten Jahren vor dem Kriegsausbruch hatte das Reich zudem immense Fortschritte bei der Errichtung eines ausgedehnten informellen Imperiums gemacht. In der Praxis erfolgte diese Kolonialisierung vor allem durch Militäreinsätze und Handelsposten. Um den informellen deutschen Einfluss in Nordafrika, insbesondere in Marokko, sowie im Osmanischen Reich auszuweiten, wohin man General Otto Liman von Sanders 1913 als militärischen Berater entsandt hatte, setzte man verstärkt auf eine Mischung von *soft power* und Gesten militärischer Stärke.[2]

Als die deutschen Überseeterritorien – mit Ausnahme Deutsch-Ostafrikas – nach Ausbruch der Feindseligkeiten in rascher Folge verlorengingen, richteten sich die imperialen Bestrebungen Berlins wieder verstärkt auf Osteuropa. Nachdem man die russischen Truppen aus Ostpreußen verdrängt hatte, brachte die deutsche Armee schon im ersten Kriegsjahr immer größere Gebiete in Ostmitteleuropa unter ihre Kontrolle. Bis Oktober 1915 war das deutsche Heer dort so weit vorgestoßen, dass ganz Zentralpolen unter deutsche Zivilverwaltung gestellt wurde. Bei der Unterzeichnung des Friedensvertrags von Brest-Litowsk Anfang 1918 hatte Deutschland dann ein gewaltiges imperiales Territorium im Osten errichtet. Das deutsche Kaiserreich herrschte praktisch uneingeschränkt über die ehemals zaristischen Gebiete des heutigen Litauens, Lettlands, Kurlands, Weißrusslands sowie in Teilen Polens – eine Fläche von über 100 000 Quadratkilometern.

Weder in Osteuropa noch in Teilen Afrikas ging der Krieg am 11. November 1918 zu Ende – eine Tatsache, die in der westzentrierten Geschichtsschreibung lange unbeachtet blieb und erst heute, hundert Jahre später, von Historikern vollends anerkannt wird. In manchen Gegenden der Welt tobte der Krieg nach dem 11. November noch wochenlang, in anderen gar jahrelang weiter, zumeist in Form von zwischenstaatlichen Auseinandersetzungen oder Bürgerkriegen. Auch in den ehemals deutsch kontrollierten Gebieten in Teilen Afrikas und in Osteuropa ruhten die Waffen nach dem 11. November nicht.

In Deutsch-Ostafrika kämpfte die sogenannte Schutztruppe, eine guerillaartige Einheit unter Führung Paul von Lettow-Vorbecks, noch lange nach der Kapitulation aller anderen deutschen Kolonien weiter gegen alliierte Streitkräfte, indem sie ihnen vor allem auswich.[3] Zu Beginn des Krieges bestand Lettow-Vorbecks Truppe aus 218 Europäern und 2542 afrikanischen Soldaten, die zunächst noch durch seeseitige Angriffe der *Königsberg* unterstützt wurden, eines deutschen Schlachtschiffs, das der alliierten Marine bis zum 11. Juli 1915 entwischen konnte. Da sie unter widrigen Bedingungen kämpfen musste, erlitt Lettow-Vorbecks Einheit massive Verluste durch Krankheiten und benötigte infolge schwindender Kräfte immer mehr einheimische Träger. 1917 zog sich die Schutztruppe in die portugiesische Kolonie Mosambik zurück. Auch dort kämpfte sie noch weiter. Dieser Widerstand überdauerte den Krieg in Europa um ganze zwei Wochen.[4]

Schon Anfang November 1918 war Lettow-Vorbeck über den deutsch-amerikanischen Notenwechsel bezüglich eines Waffenstillstands in Kenntnis gesetzt worden, doch wie ein solcher Waffenstillstand aussehen würde, darüber konnte man in der fernen Kolonie nur spekulieren: »All diese Nachrichten werden viel erörtert. Man kann zwischen dem schwärzesten Pessimismus, der Elsass-Lothringen und sämtliche Kolonien als verloren ansieht, und dem riesigen Optimismus, der glaubt, dass alles erhalten bleibt, alle Schattierungen antreffen«, notierte Heinrich Schnee, der letzte Gouverneur von Deutsch-Ostafrika, am 2. November 1918.[5]

Trotz aller Hiobsbotschaften aus Europa über die vorrückenden Alliierten an der Westfront blieben Kampfgeist und Disziplin der Schutztruppe einigermaßen intakt. Lettow-Vorbecks Autorität war unangefochten, doch die große Anzahl von Deserteuren unter den einheimischen Trägern und Soldaten machte der Truppe zu schaffen. Entgegen dem oft beschworenen romantisierten Nachkriegsmythos vom »treuen Askari-Krieger« kehrten im Laufe des Krieges fast 3000 von insgesamt 12 000 afrikanischen Soldaten der deutschen Schutztruppe unerlaubt den Rücken – nicht zuletzt, weil ihre Überlebenschance in der Schutztruppe äußerst gering war.[6]

Am 12. November, während eines Gefechts mit Kämpfern der *King's African Rifles* nahe Kasama, erfuhren Lettow-Vorbeck und seine Männer eher zufällig, dass in Europa bereits Frieden herrschte, da sie einen britischen Kradmelder abfingen, der dem britischen Brigadegeneral F. S. Edwards die Nachricht vom Waffenstillstand in Europa übermitteln sollte. Zur Klärung der Lage entsandte die Schutztruppe daraufhin einen Boten zu den britischen Kolonialtruppen. Edwards bestätigte diesem im Namen seines Vorgesetzten, General Jacob van Deventer, dass die Kampfhandlungen in Europa vorüber seien, und ließ Lettow-Vorbeck über die Friedenskonditionen unterrichten, zu deren Erfüllung sich die deutsche Regierung bereit erklärt hatte. In einem geringfügigen, aber bedeutenden Punkt wich Edwards dabei allerdings vom Wortlaut des Waffenstillstandsvertrags ab: Obwohl darin lediglich von der sofortigen »Evakuierung« der deutschen Truppen aus Ostafrika die Rede war, bestand er auf der »bedingungslosen

Kapitulation« der Schutztruppe. Folglich wurde Lettow-Vorbeck angewiesen, mit seinen Soldaten nach Abercorn zu marschieren, wo sie sich ergeben und alle Kriegsgefangenen in ihrer Gewalt freilassen sollten. In »Anerkennung ihres tapferen Verhaltens im Felde«, so Edwards weiter, würde man den deutschen Offizieren aber gestatten, ihre persönlichen Waffen zu behalten.[7]

Lettow-Vorbeck und viele seiner Offiziere hegten zunächst massive Zweifel am Wahrheitsgehalt des Schreibens. Zwar gab es Gerüchte, dass in Deutschland eine Revolution stattgefunden habe, dennoch hielten sie die Nachricht für eine List des Gegners, der sie zur Aufgabe bewegen wollte.[8] Obwohl er weiterhin skeptisch war und die geforderte bedingungslose Kapitulation ihn erbitterte, glaubte Lettow-Vorbeck, dass ihm angesichts der »Notlage des Vaterlands« nichts anderes übrig blieb, als den britischen Forderungen nachzukommen und seine »ehrenvoll und erfolgreich im Felde stehende Truppe« preiszugeben. »Ohne die Gründe im einzelnen nachprüfen zu können, mußte ich mir sagen, daß die von uns verlangten Bedingungen eben unvermeidlich seien und loyal erfüllt werden müßten.«[9] Am 14. November sandte der General seine letzte Depesche nach Berlin. Schon die Adresse verrät, dass Lettow-Vorbeck eine sehr ungenaue Vorstellung von den Verhältnissen in Deutschland hatte. Adressiert an »Majestät Berlin«, teilte Lettow-Vorbeck mit, der Feind habe ihn davon unterrichtet, dass »nach den von Deutschland unterzeichneten Waffenstillstandsbedingungen bedingungslose Übergabe der Schutztruppe zu erfolgen hat. Ich werde entsprechend verfahren.«[10]

Glaubt man den veröffentlichten Tagebüchern und Erinnerungen der Deutschen in der Schutztruppe, überwog die Bestürzung über die deutsche Niederlage und darüber, dass nun auch noch die »ungeschlagene« Schutztruppe zu kapitulieren hatte.[11] Heinrich Schnee vermerkte dazu: »Niemals war bei unserer prächtigen Truppe das Gefühl stärker, unbesiegt zu sein, als zu dieser Zeit [...]. Der Waffenstillstand fand sie unbesiegt und noch völlig in Takt vor.«[12] Dass es sich tatsächlich so verhielt, darf bezweifelt werden. Da die Memoiren erst im Nachhinein und vor dem Hintergrund des Versailler Vertrags und der rechtsnationalen Diskurse über die »unbesiegte«, aber hinterrücks verratene deutsche Armee verfasst wurden, muss Schnees Darstellung als geschönt gelten. Viele von Lettow-Vorbecks Männern hatten jahrelang Entbehrungen ertragen müssen. Auch wenn sie den erhofften Sieg nicht errungen hatten, werden nicht wenige erleichtert gewesen sein, dass ihr Guerillafeldzug endlich vorüber war. Unter den Zeitzeugen herrschte weitgehend Übereinstimmung, dass die afrikanischen Träger und Soldaten in deutschen Diensten den Waffenstillstand freudig begrüßten. Dass manche deutsche Soldaten das ebenso empfunden haben dürften, dazu findet sich in den Erinnerungen kaum ein Wort.

Fast alle Veteranen betonen, dass die militärische Lage der Schutztruppe im November 1918 so gut war wie schon lange nicht mehr.[13] Das war nicht ganz von der Hand zu weisen: Wenn Lettow-Vorbecks Truppe auch nicht stark genug war, um Deutsch-Ostafrika zurückzuerobern, hielt sie ihre Gegner doch geschickt auf Abstand. Lettow-Vorbecks überraschender Einmarsch in Nord-Rhodesien wenige Wochen vor dem Waffenstillstand hatte die Briten auf dem falschen Fuß erwischt. Durch die Plünderung der eroberten Gebiete hatte sich die Schutztruppe mit Lebensmitteln und Waffen eingedeckt und nur wenig für ihre alliierten Verfolger übrig gelassen, die zeitweilig auf halbe Ration gesetzt wurden.[14] Und die britischen Kommandeure machten sich bis zuletzt ernsthafte Sorgen, Lettow-Vorbeck könne die Bedingungen des Waffenstillstands ablehnen und einfach weiterkämpfen.[15]

Doch dieser erwies sich als äußerst kooperativ – allerdings mit einer Ausnahme: Am 16. November, kurz nachdem die Schutztruppe in Richtung Abercorn aufgebrochen war, erhielt Lettow-Vorbeck eine Nachricht aus Deutschland mit dem Hinweis, Artikel 17 des Waffenstillstands verlange keineswegs seine Kapitulation, sondern lediglich die umgehende Evakuierung der Schutztruppe. Daraufhin setzte er sich mit dem südafrikanischen Befehlshaber der britischen Kolonialtruppen, General Jacob van Deventer, in Verbindung, der das bestätigte und Lettow-Vorbeck versicherte, dass seine Truppen in Daressalam nach Europa eingeschifft würden. Um die Räumung in der vorgesehenen Frist von einem Monat ab dem 11. November abzuschließen, müsse die Schutztruppe daher unverzüglich nordwärts nach Abercorn marschieren. Lettow-Vorbeck erklärte daraufhin entschieden, dass seine Männer keine Kriegsgefangenen und folglich auch nicht verpflichtet seien, Waffen und Munition auszuhändigen.[16]

Der ehrenvolle Abzug der Schutztruppe innerhalb eines Monats nach Abschluss des Waffenstillstands war tatsächlich eines jener wenigen Zugeständnisse, die die deutsche Delegation der Entente in Compiègne hatte abtrotzen können.[17] Nachdem er neuerliche Anweisungen aus London erhalten hatte, bestand General van Deventer aber auf der offiziellen Aushändigung der deutschen Waffen und darauf, dass die deutschen Soldaten und ihre Askari-Verbündeten bis zur schnellstmöglichen Rückführung nach Deutschland in einigen Wochen interniert würden. Sobald die Deutschen an Bord gingen, würden sie ihre Waffen wiederbekommen.

Lettow-Vorbeck legte offiziell Protest gegen die fehlerhafte Auslegung der Waffenstillstandsbedingungen ein, gab den britischen Forderungen letztlich aber nach, wobei er einige symbolische Konzessionen aushandelte: Sämtliche offiziellen wie privaten Dokumente müssten der Schutztruppe gelassen werden, ebenso den Soldaten der Privatbesitz; der Kommandeur, sein Stab und Schnee sollten trotz des Kriegsgefangenenstatus komfortabel untergebracht werden, und für alle Deutschen müsse die Kriegsgefangenschaft in dem Moment enden, in dem sie an Bord der sie heimführenden Schiffe gingen. Dafür verpflichtete Lettow-Vorbeck sich, seine Einheiten von Kasama hundert Meilen nordöstlich nach Abercorn – das heutige Mbala in Sambia –, das auf rhodesischem Territorium am Tanganjikasee lag, zu führen und dort sämtliche Truppen und Waffen zu übergeben. Dagegen versuchte er vergeblich, von britischer Seite einen finanziellen Vorschuss zu erhalten oder die Reichsregierung zu veranlassen, eine Vorauszahlung in Höhe von zwei Millionen Reichsmark zu leisten, um den bei der Truppe verbliebenen Askari und »freien« Trägern den ausstehenden Sold zu zahlen. Van Deventer ordnete von Daressalam aus an, dass die britischen Truppen die Deutschen »so freundlich wie möglich« behandeln sollten.[18]

Im Rückblick ist es erstaunlich, dass Lettow-Vorbeck, der über vier Jahre den Widerstand ohne Rücksicht auf Verluste gepredigt und praktiziert hatte, nun fast widerspruchslos die der Schutztruppe auferlegten Bedingungen akzeptierte. Nach eigener Aussage war für ihn weiterer Widerstand in Ostafrika in dem Moment sinnlos geworden, als in Europa die Waffen ruhten, denn sein Feldzug war ja lediglich als Entlastungskrieg für die Fronten in Europa konzipiert gewesen. »Weitere Opfer waren daher meiner Auffassung nach nicht mehr zu verantworten.«[19] Hinsichtlich der politischen Verhältnisse in Deutschland gab er sich dagegen Illusionen hin, denn er hoffte selbst nach der Abdankung des Kaisers, dass die Monarchie erhalten blieb und er weiterhin den Befehlen der Hohenzollern zu gehorchen hatte.

Wie die Deutschen im Reich glaubten auch die Angehörigen der Schutztruppe nach dem Waffenstillstand, dass der Friedensschluss für Deutschland nicht zu harsch ausfallen und sie über die Kapitulation hinwegtrösten werde. So schrieb der ehemalige Gouverneur Ostafrikas, der die letzten Kriegsjahre mit Lettow-Vorbecks Schutztruppe verbracht hatte, am 13. November in sein Tagebuch: »Im Allgemeinen scheint die Ansicht zu überwiegen, dass wir noch verhältnismäßig glimpflich herauskommen.« Andere hofften gar auf einen »Remisfrieden«. Hauptmann L. A. Russell von der *Northern Rhodesia Police* notierte nach einem Zusammentreffen mit Lettow-Vorbeck am 16. November: »Für ihn als stolzen Preußen ist es schwer vorstellbar, dass ihre unbesiegbaren Armeen geschlagen worden sind«, vielmehr glaube er »an einen günstigen oder zum Mindesten für Deutschland nicht ungünstigen Abschluss der Feindseligkeiten«.[20]

Am 25. November traf die Schutztruppe mit Lettow-Vorbeck an der Spitze gegen elf Uhr morgens in Abercorn ein. Die britischen Einheiten der *King's African Rifles* und der *Northern Rhodesia Police* unter Major E. A. Hopkins hatten dort eine Art behelfsmäßigen Exerzierplatz hergerichtet, über dem der Union Jack wehte. Lettow-Vorbeck, nicht Schnee, der nominell immer noch der Vorgesetzte des Generalmajors war, verlas nach der Ankunft zunächst auf Deutsch und anschließend auf Englisch die Kapitulation der Schutztruppe. General Edwards nahm diese im Namen von König Georg V. an. Anschließend stellten die beiden Kommandeure sich gegenseitig ihre Offiziere vor. Zuletzt traten die Kompanien der Schutztruppe nacheinander vor und gaben ihre Waffen ab, fast ausschließlich im vorangegangenen Jahr erbeutete portugiesische und britische Gewehre, 37 meist vom Feind erbeutete Maschinengewehre und ein portugiesisches Geschütz. Danach wurden sie interniert. Die Europäer durften ihre Seitenwaffen behalten. Hauptmann Walter Spangenberg hielt dazu in seinem Tagebuch fest: »Die Sache ging einem doch zu Herzen. Ein scheußlicher Regen machte die ganze Sache noch trauriger, verdarb wenigstens auch dem Fotografiehunger der Engländer den Spaß. Der Kommandeur, vor dem die Engländer zu Recht den Hut abziehen, und den sie als ›*splendid*‹, ›*wonderful*‹ und ›*charming*‹ bezeichnen, nahm mich noch mit zum Aufstellen und Unterzeichnen des Übergabeprotokolls, was bis fünf Uhr nachmittags dauerte.« Hopkins hatte den Eindruck: »Die Askaris schienen alle dankbar, dass ihre Arbeit getan war, den Deutschen hingegen ging die Kapitulation nahe, insbesondere General von Lettow-Vorbeck.«[21] Und in einem Telegramm an van Deventer merkte Edwards an: »Das historische Ereignis ging ohne Hindernis über die Bühne [...]. Ein dramatischer Abschluss eines dramatischen Feldzugs.«[22]

Als der Krieg für die Schutztruppe endlich vorüber war, wurden 30 deutsche Offiziere, Ärzte und Kolonialbeamte, 125 Unteroffiziere und Mannschaften sowie 1168 Askaris entwaffnet. Darüber hinaus befanden sich im Tross der Schutztruppe weitere 1522 »freie« Träger aus Deutsch-Ostafrika, 482 schwarze Sklaven aus der portugiesischen Kolonie Mosambik sowie 130 afrikanische Kriegsgefangene. Von den 71 Offizieren, die 1914 in der Schutztruppe dienten, waren am 25. November 1918 nur noch sieben am Leben – darunter Lettow-Vorbeck und sein langjähriger Stellvertreter Major Georg Kraut. Gerade einmal sechs der ursprünglich 44 Armeeärzte überlebten den Krieg.[23]

Lettow-Vorbeck und seine verbliebenen Männer wurden nach Deutsch-Ostafrika zurückgebracht und erreichten am 8. Dezember Daressalam. Auf der Fahrt erkrankten die meisten von ihnen an der Spanischen Grippe, deren zweite Welle Ende August 1918 auch Afrika erfasst hatte: 162 der 1162 Askari-Soldaten sowie elf der 155 Deutschen, die sich in Abercorn ergeben hatten, starben an der Epidemie.[24] Für die restlichen Deutschen ging es zu Beginn des Jahres 1919 zurück in die Heimat. Am 17. Januar verließ ein erstes Kontingent, bestehend

Eine zeitgenössische afrikanische Zeichnung zeigt die Kapitulation Lettow-Vorbecks in Abercorn (Mbala) im britischen Protektorat Nord-Rhodesien (Sambia). Sie erfolgte am 25. November 1918, zwei Wochen nach Ende der Kämpfe in Westeuropa.

aus Lettow-Vorbeck, Schnee und 112 weiteren Angehörige der Schutztruppe, an Bord des Dampfers *Transvaal* Ostafrika. Mit den Soldaten traten 19 männliche Zivilisten, 106 deutsche Frauen und 91 Kinder aus der deutschen Kolonie die Fahrt in die Heimat an.[25] Dort wurden Lettow-Vorbeck und seine überlebenden Soldaten als Helden gefeiert und mit einer großen »Siegesparade« empfangen.

Währenddessen gingen die Kämpfe in weiten Teilen Osteuropas weiter. Hier sollte die Gewalt noch weit länger und intensiver toben als in Afrika. Am 13. November 1918, zwei Tage nach dem Waffenstillstand im Westen, startete die Rote Armee mit massiver Unterstützung lettischer Bolschewiki in den westlichen Grenzregionen des einstigen Zarenreichs eine Großoffensive. Man wollte die Gelegenheit der deutsche Niederlage nutzen und durch den Vertrag von Brest-Litowsk verlorenes Gebiet zurückerobern. Die Revolutionen in Berlin, München, Wien und Budapest bestärkten Lenin in der Hoffnung, der Bolschewismus werde sich doch noch nach Westen ausbreiten. Die Bolschewiki waren nun klar im Vorteil: Meuternde und demoralisierte deutsche Soldaten strömten aus ihren Garnisonen im Osten zurück ins Reich, und die neuen Nationalarmeen in Osteuropa steckten noch im Aufbau. Ohne größere Gegenwehr überrannte die Rote Armee die jungen unabhängigen Republiken Estland und Lettland und rückte nach der Wiedereinnahme Rigas am 3. Januar in Richtung Litauen vor. Fünf Tage später fiel auch Vilnius.[26]

Lenin trieb die Revolution in den neu besetzten Gebieten umgehend voran, schließlich war seine Entscheidung, den Vertrag von Brest-Litowsk zu unterzeichnen und so das Überleben des Sozialismus in Russland sicherzustellen, nur eine vorläufige strategische Abkehr von einem seiner wichtigsten Ziele gewesen: dem Entfachen einer bolschewistischen Weltrevolution. Die von den Bolschewiki gestützten lettischen und litauischen Räterepubliken und ihr erheblich kleineres estnisches Pendant – die dortige »Arbeiterkommune« mit Sitz in Narva – begannen sofort mit der Umsetzung radikaler Reformen, darunter die Enteignung und Verstaatlichung des Sach- und Grundbesitzes der Mittelschichten. Die Proteste der hungernden Massen wurden mit brutaler Gewalt unterdrückt.[27]

Keine der improvisierten Sowjetrepubliken sollte lange überdauern. Während die Kommune in Narva nach wenigen Wochen von der konterrevolutionären Estnischen Volksfront gestürzt wurde, bedurfte es bei der Entmachtung der lettischen und litauischen Sowjets massiver ausländischer Unterstützung. Angesichts dieser Entwicklung ersuchten die Westalliierten die neue deutsche Regierung unter Friedrich Ebert zähneknirschend, den Rückzug deutscher Truppen aus dem Baltikum zu stoppen, da weder London noch Paris über ausreichende Streitkräfte in der Region verfügten.

Die deutschen Offiziere vor Ort waren zunächst wenig angetan von der Idee, sich für die Alliierten in die Bresche zu werfen. So vermerkte der noch immer in Kaunas stationierte Generalmajor Max Hoffmann in seinem Tagebuch: »Bei uns herrscht leider etwas Schweinerei – wir werden Riga nicht länger halten können. Die Truppen wollen nicht mehr kämpfen.«[28] Als Riga zu fallen drohte, rief die lettische Regierung mit Zustimmung der Briten zur Bildung eines deutschbaltischen antibolschewistischen Kampfverbandes auf. Es war die Geburtsstunde der Baltischen Landeswehr, die sich aus Freiwilligen der deutschen Minderheit und Verstärkungstruppen aus dem Reich zusammensetzte. Mit den Resten der noch immer im Baltikum stehenden 8. Armee bildeten deutsche Freiwillige nun die »Eiserne Division«, eine stattliche Kampftruppe, die bald auf eine Gesamtstärke von 16 000 Mann anschwoll. Die Eiserne Division unterstand dem charismatischen und hochdekorierten Major Josef Bischoff, der auf eine lange und wechselvolle militärische Laufbahn zurückblickte. Zwischen 1904 und 1906 hatte Bischoff am genozidalen Feldzug gegen die Herero und Nama in Deutsch-Südwestafrika teilgenommen und seit 1914 an so gut wie jeder Front im Weltkrieg gekämpft.[29]

Freiwillige aus dem Reich wurden mit der Aussicht angelockt, sich als Bauern in Lettland niederlassen zu dürfen, wenn sie mindestens vier Wochen gegen die Bolschewiki kämpften. Das war ein verlockendes Angebot für ehemalige Soldaten, denen im Nachkriegsdeutschland eine trostlose Zukunft und potenzielle Arbeitslosigkeit drohten. Zudem beflügelte die Offerte durch die deutsche Ostbesiedlung geweckte Expansionsphantasien.[30] Als das Angebot der lettischen Regierung am 9. Januar 1919 in Deutschland publik wurde, meldeten sich bei den Rekrutierungsstellen in Berlin und anderen Städten im Reich Tausende von Freiwilligen.[31]

Die Aussicht auf Lebensraum und Ackerland war aber nur einer der Gründe, weshalb so viele Deutsche freiwillig den Dienst im Osten antraten. Einige reizte der Zusammenbruch jeglicher staatlicher Ordnung im Baltikum. Sie ließen sich lange Bärte wachsen, zogen marodierend durchs Land und stilisierten sich zu modernen Freibeutern oder Piraten, die sich im Klima völliger Gesetzlosigkeit bereicherten. Andere wollten das Soldatenleben fortsetzen, vor allem den Kampf gegen den Bolschewismus, und betrachteten den Feldzug in Lettland als Entscheidungsschlacht und Chance, die Schmach der Niederlage und der Friedensvereinbarungen zu tilgen. Nicht von ungefähr bezeichneten sich viele der Freiwilligenverbände als »Freikorps« – ein Begriff, der aus den Befreiungskriegen gegen Napoleon (1813–1815) stammte, als deutsche Freiwillige nach der militärischen Demütigung Preußens durch die Franzosen gegen Napoleon zu Felde zogen.

Bereits im Februar 1919 trafen in großer Zahl Freikorpssoldaten im Baltikum ein, um, wie sie glaubten, die Region und ganz Europa gegen den Bolschewismus zu verteidigen. Baltische Landeswehr und Eiserne Division wurden dem Kommando des vormaligen Infanteriegenerals Rüdiger von der Goltz unterstellt, der im Frühjahr 1918 bereits die »Weißen« im Finnischen Bürgerkrieg im Kampf gegen ihre linksgerichteten Gegner unterstützt hatte. Mitte Februar rückten die deutschen Verbände – laut von der Goltz zwischen 30 000 und 40 000 Mann – auf breiter Front gegen die Bolschewiki vor.[32] Von ihrem Hauptquartier in Libau aus nahmen die Truppen in rascher Folge die historisch deutsch besiedelten Städte Goldingen (Kuldīga), Windau (Ventspils) und Mitau (Jelgava) ein. Mit erheblichem Blutzoll wurde die lettische Ostseeküste im Laufe weniger Wochen von den Bolschewiki »befreit«. Nun schmiedeten die Paramilitärs Pläne für den Marsch auf Riga – das eigentliche Ziel des Baltikumfeldzugs.[33]

Die Offensive dieser Wochen unterschied sich in vielerlei Hinsicht von den Kämpfen der vergangenen vier Jahre, schon weil es sich im Grunde um einen Konflikt ohne klar umrissene Frontlinien oder deutlich identifizierbare Kombattanten handelte.[34] Russische Kommunisten, Letten und sogar ehemalige deutsche Kriegsgefangene kämpften aufseiten der Bolschewiki, oft in improvisierten Uniformen oder getarnt als Zivilisten. Dies verstärkte bei den deutschen Truppen den Eindruck, sie hätten es mit einem Guerillakrieg zu tun, in dem jeder Gegner skrupellos bekämpft und gnadenlos getötet werden müsse. Der deutschbaltische Freiwillige Alfred von Samson-Himmelstjerna erklärte später: »Am Leben durfte keiner gelassen werden.«[35]

Schilderungen drastischer Gewalt sind in vielen autobiographischen Berichten über den Baltikumfeldzug allgegenwärtig, etwa in den Erinnerungen des späteren Auschwitz-Kommandanten Rudolf Höss, der nach 1918 als Freiwilliger in Lettland diente: »Die Kämpfe im Baltikum waren von einer Wildheit und Verbissenheit, wie ich sie weder vorher noch nachher in all den Freikorpskämpfen erlebt hatte. Eine eigentliche Front gab es kaum, der Feind war überall. Und wo es zum Zusammenstoß kam, wurde es eine Metzelei bis zur restlosen Vernichtung.«[36]

Höss' Bericht, kurz vor der Hinrichtung als Kriegsverbrecher 1947 in Polen verfasst, muss mit einiger Skepsis gelesen werden, war dem Verfasser doch daran gelegen, die eigene Verrohung als Folge seines Aufwachsens in einer Zeit des Krieges und der Barbarei zu rechtfertigen. Doch zweifelsohne waren die Kämpfe im Baltikum von extremer Brutalität geprägt, auch gegenüber Zivilisten, die man für bolschewistische Sympathisanten hielt. Allein in Mitau (Jelgava) exekutierten Freikorpssoldaten etwa 500 lettische Zivilisten, die im Verdacht standen, den Bolschewiki geholfen zu haben; weitere 325 wurden in den Kleinstädten Tuckum (Tukums) und Dünamünde (Daugavgrīva) hingerichtet.[37]

Gewalt gegen die Zivilbevölkerung hatte es auch in den vergangenen vier Kriegsjahren gegeben, insbesondere an der Ostfront, doch sie war im Rahmen eines großen Konflikts zwischen uniformierten Streitkräften stets die Ausnahme geblieben. Nach 1918, als die Truppen sich nicht mehr an das Kriegsrecht und andere militärische Vorschriften gebunden fühlten, wurden Übergriffe auf »verdächtige« Zivilisten zur Regel. Ihre ungezügelte Gewalt gegen Soldaten wie Zivilisten legitimierten die marodierenden deutschen Verbände nicht selten mit der angeblich ebenso schonungslosen Brutalität des Gegners. Einer dieser deutschen Freiwilligen, Erich Balla, schilderte auf drastische Weise die Einnahme eines lettischen Dorfes durch Freikorpssoldaten Anfang 1919. Bei der Durchsuchung eines von zwei lettischen Frauen bewohnten Hauses fanden Balla und seine Leute »die Leichen von fünf deutschen Soldaten, die auf das Grauenhafteste verstümmelt sind. Allen sind die Augen ausgestochen, die Nasen, die Zungen und die Geschlechtsteile abgeschnitten.«[38] Das Entsetzen über die Entdeckung der entstellten Soldaten wich rasch unbändiger Wut: »Zwei, drei Mann, vom gleichen Gedanken besessen, stürmen nach oben. Man hört das dumpfe Krachen von Kolbenschlägen, die beiden Weiber liegen tot auf dem Estrich ihrer Stube.«[39]

Für das Zweckbündnis zwischen deutschen Freiwilligenverbänden und lettischer Regierung stellten die Übergriffe der Freikorps auf lettische Zivilisten eine enorme Belastung dar. Als das Ziel des Feldzugs – die Vertreibung der Roten Armee – Ende März größtenteils erreicht war, brach es gänzlich auseinander. Während der aus dem amerikanischen Exil zurückgekehrte Anführer des lettischen Volksrats, Kārlis Ulmanis, der im November 1918 die Unabhängigkeit seines Landes von Russland erklärte hatte, glaubte, die deutschen Soldaten würden nun von ihrem Recht Gebrauch machen und sich als Bauern in Lettland niederlassen, verfolgten von der Goltz und seine Leute ganz andere Pläne. Als Ulmanis' Regierung die deutschen Truppen zum Rückzug aufforderte, antworteten sie mit einem Putsch und entmachteten Ulmanis' Kabinett am 16. April 1919.[40] Der Staatsstreich veranlasste die Alliierten, die sofortige Rückberufung sämtlicher Freikorps nach Deutschland zu fordern. Doch als Eberts Regierung zu bedenken gab, dass die Westmächte das Baltikum dann selbst gegen die Bolschewiki verteidigen müssten, lenkten sie ein: Die deutsche Ostgrenze blieb offen und der Zustrom deutscher Freiwilliger ins Baltikum ungebrochen.[41]

Der deutsche Feldzug im Baltikum gipfelte Ende Mai 1919 in der Schlacht von Riga. Die Stadt hatte in den vier Kriegsjahren schwer gelitten. Vor 1914 war sie die viertgrößte des Russischen Reiches gewesen, eine multi-ethnische Metropole mit über einer halben Million Einwohner, darunter eine beträchtliche deutsche Minderheit.[42] 1915 war Riga »Frontstadt« geworden und hatte – vor allem aufgrund der russischen Zwangsevakuierungen von Rüstungsarbeitern und deren Familien – einen Großteil ihrer Bevölkerung eingebüßt.[43] Im September 1917 hatte das deutsche Heer die Stadt eingenommen, sie aber nach der Niederlage im Herbst 1918 wieder geräumt. Anfang Januar 1919 folgte die Besetzung durch lettische und russisch-bolschewistische Truppen. In diesen unruhigen Kriegsjahren hatte sich die Einwohnerzahl Rigas halbiert, und die Wirtschaft lag völlig am Boden.[44]

Nun fielen die deutschen Paramilitärs über die Stadt her. Gleich nach dem Sieg über die bolschewistischen Truppen übten sie blutige Rache an kommunistischen Sympathisanten, Männern wie Frauen, die man bezichtigte, als Heckenschützen auf deutsche Soldaten gefeuert zu haben. Wie sich einer der Freikorpskämpfer erinnerte, richtete sich der Hass speziell gegen kommunistische »Flintenweiber«, die in den Memoiren der deutschen Soldaten besonders breiten Raum einnehmen: »Die Wut der [Deutsch-]Balten [...] tobte sich jetzt in den Straßen aus. Sie richtete sich – es ist schrecklich, das auch nur zu sagen – gegen Mädchen zwischen 16 und 20 Jahren. Es waren dies die sogenannten ›Flintenweiber‹, meist bildhübsche Dinger [...]. Sie verbrachten ihre Nächte in der Wollust des Geschlechtsrausches und ihre Tage in der Wollust des Grauens [...]. Die Balten übten keine Gnade, sie sahen nicht die Jugend und den äußeren Liebreiz, sie sahen nur die Teufelsfratze und schlugen, schossen, stachen sie tot, wo immer sie sich zeigte. Vierhundert Flintenweiber lagen am 22. Mai 1919 in den Straßen von Riga in ihrem Blut. Gleichgültig schritt der genagelte Schuh der marschierenden deutschen Freiwilligen über sie hinweg.«[45]

Gewalt gegen Frauen, einschließlich Mord und Vergewaltigung, war in diesem Konflikt weit verbreitet, was sich in einem der berühmtesten Romane der Zwischenkriegszeit, Marguerite Yourcenars *Der Fangschuss* (1939), widerspiegelt. Im Zentrum der Handlung steht die deutschlettische kommunistische Partisanin Sophie von Reval, die ihren einstigen Liebhaber, den Offizier und Erzähler des Romans, Erich von Lhomond, verrät, bevor sie gefasst und ihm zur Bestrafung ausgeliefert wird: »Er hielt mir einen Revolver hin, ich nahm den meinen und ging automatisch einen Schritt vor [...]. Aber ihre Lippen blieben stumm; mit einer zerstreuten Geste hatte sie begonnen, oben ihre Jacke aufzuknöpfen, als ob ich ihr den Revolver direkt aufs Herz drücken wollte. Ich muß gestehen, daß, was so selten geschah, meine Gedanken sich diesem lebendigen und warmen Körper zuwandten [...] und [ich] fühlte mich von einer Art absurden Schmerzes um die Kinder erfullt, die diese Frau in die Welt hätte setzen können und die ihren Mut und ihre Augen geerbt hätten [...]. Ich wandte den Kopf ab und zielte, etwa wie ein verschrecktes Kind, das in der Silvesternacht einen Knallfrosch explodieren läßt. Nach dem ersten Schuß war nur ein Teil des Gesichtes verschwunden [...]. Beim zweiten Schuß war alles getan.«[46]

Yourcenars fiktive Darstellung wurde von der Realität meist noch übertroffen, wobei sowohl Männer als auch Frauen der Gewalt zum Opfer fielen. Schätzungsweise 3000 Menschen fanden während des antibolschewistischen Terrors nach Einnahme der Stadt den Tod.[47]

Nach der Niederlage von Riga zogen die Bolschewiki aus dem Baltikum ab. Aber nun planten die deutschen Truppen, wie berauscht von ihrem Sieg, die Einnahme Estlands und widersetzten sich damit den Briten, die den sofortigen Abzug der Freikorps verlangten. Erst in der Schlacht von Wenden am 22. Juni gelang es einer gemeinsamen Streitmacht aus estnischen und lettischen Kräften, die Freiwilligen zu bezwingen. Nachdem sie in einer Reihe kleinerer, bis zum 3. Juli andauernder Gefechte immer weiter zurückgedrängt worden waren, sah sich von der Goltz zur Unterzeichnung des Abkommens von Strasdenhof genötigt und zog mit seinen verbliebenen Männern aus Riga ab. Der im Zuge des Staatsstreichs der Deutschen im April 1919 abgesetzte Ulmanis kehrte ins Amt des Ministerpräsidenten zurück.

Die militärischen Fehlschläge und die Unterzeichnung des Versailler Vertrags Ende Juni 1919 machten die Freikorps zunehmend unberechenbar. Viele Freikorpskämpfer meuterten und verweigerten die Rückkehr nach Deutschland.[48] Rund 14 000 schwer bewaffnete Soldaten blieben in Lettland und verbündeten sich mit der westrussischen Weißen Armee unter ihrem exzentrischen General Fürst Pawel Bermondt-Awaloff.[49] Einige Monate kämpften sie mit dessen Truppen gegen die Letten, mussten sich ohne Nachschub an Kriegsmaterial und neue Rekruten aus Berlin aber schließlich ins benachbarte Litauen zurückziehen, wo sie eine weitere Niederlage erlitten.[50] Ihre Wut und ihren Hass ließen die zurückweichenden deutschen Soldaten an der baltischen Zivilbevölkerung aus. Sie brannten Dörfer nieder, legten Höfe in Schutt und Asche, töteten deren Bewohner und plünderten, was noch übrig war. Einer von ihnen berichtete rückblickend: »So hetzten wir rastlos zum Angriff, […] die Fäuste niederprasseln lassend in zerstörerischer Lust.«[51]

Ein anderer Freiwilliger, Ernst von Salomon, blickte voller Stolz zurück auf die ritualisierte Gewalt, die er während des Rückzugs erlebt hatte: »Wir knallten in überraschte Haufen und tobten und schossen und schlugen und jagten. Wir trieben die Letten wie Hasen übers Feld und warfen Feuer in jedes Haus und pulverten jede Brücke zu Staub und knickten jede Telegraphenstange. Wir schmissen die Leichen in die Brunnen und warfen Handgranaten hinterdrein. Wir erschlugen, was uns in die Hände fiel, wir verbrannten, was brennbar war […]. Wir hatten nichts mehr von menschlichen Gefühlen im Herzen […]. Eine riesige Rauchfahne bezeichnete unseren Weg. Wir hatten einen Scheiterhaufen angezündet, […] da brannten die Gesetze und Werte der zivilisierten Welt.«[52]

Die überlebenden Freischärler kehrten in ein verändertes Deutschland zurück, das sie kaum wiedererkannten und dessen neue demokratische Regierung sie niemals akzeptieren würden.

Auf dem zeitgenössischen Plakat sind die wohl größten Herausforderungen der Regierung Ebert in den ersten Monaten der Weimarer Republik knapp zusammengefasst: »Ungestörte Demobilmachung«, »Aufbau der Republik« und »Frieden«.

KAPITEL IX

Herausforderungen für die Demokratie

Während ein Großteil Ostmitteleuropas weiterhin in Flammen stand, verwandten Friedrich Ebert und der Rat der Volksbeauftragten viel Energie auf die Bewahrung des inneren und äußeren Friedens und weitere dringende Probleme der Stunde. Und das waren nicht wenige. Die Übernahme der Regierungsverantwortung zur Zeit der tiefsten Krise, die Deutschland seit Gründung des Reiches 1871 erlebt hatte, war ein äußerst schwieriges und undankbares Unterfangen. Denn der Regierung Ebert fiel die unliebsame Aufgabe zu, einen Friedensvertrag zu schließen, dessen Bedingungen noch unbekannt waren, aller Voraussicht nach aber wenig vorteilhaft sein würden. Ein riesiger Beamtenapparat, der in signifikanten Teilen wenig republikanisch war, musste am Laufen gehalten werden, die Lebensmittelversorgung für die hungernde Bevölkerung sichergestellt und eine am Boden liegende Wirtschaft, die in Kürze Millionen von Veteranen aufnehmen sollte, wiederbelebt werden. Nicht zuletzt musste die aus Sicht der Zeitgenossen überaus reale Gefahr eines Bürgerkriegs gebannt werden.[1] Jedes dieser Probleme stellte die unerfahrene Übergangsregierung Eberts vor enorme Herausforderungen. Deutschland hatte soeben einen Krieg von nie dagewesenen Ausmaßen und unfassbarer Zerstörungskraft verloren, einen Krieg, in dem mehr als 13 Millionen deutsche Männer (fast 20 Prozent der Bevölkerung des Jahres 1914) gekämpft und zwei Millionen ihr Leben gelassen hatten. Darüber hinaus zählte man etwa 2,7 Millionen körperlich oder geistig versehrte Veteranen.[2] Anders als in den Siegerstaaten des Ersten Weltkriegs waren die vielen Opfer, die man gebracht hatte, nach dem verlorenen Krieg nicht zu rechtfertigen. Das erzeugte Unruhe und spaltete die deutsche Öffentlichkeit.[3]

Am 11. November 1918 standen noch mehr als sechs Millionen deutsche Soldaten über ganz Europa verstreut unter Waffen – in

Frankreich, Belgien, in der Türkei, in Ost- und Mittelosteuropa –, und Hunderttausende strömten bereits zurück ins Reich, die meisten aus Frankreich, Russland und der Türkei. Viele wollten so rasch wie möglich nach Hause und machten sich auf eigene Faust auf den Weg. An der Westfront verließen fast 500 000 deutsche Soldaten ihre Einheiten, sobald sie den Rhein überschritten hatten, und schlugen sich zu ihren Familien durch.[4]

Wer die geordnete Demobilisierung abwartete, wie der im Elsass stationierte Alfred Döblin, der Anfang Dezember nach Deutschland zurückkehrte, musste sich auf einiges gefasst machen: »Tagelang fahren wir. Man friert sich zu Tode […]. Ein Tag auf dem Würzburger Güterbahnhof. Spaziergang durch die Stadt. Auf dem Schloß eine rote Fahne, für die Augen sichtbar eine rote Fahne! Plakate an den Säulen, unterschrieben ›Der republikanische Stadtkommandant‹. In welche Welt fahren wir hinein? Seit Tagen keine Zeitung, nur eine Würzburger Lokalzeitung zu kaufen, eine Überschrift ›Los von Berlin‹; der Inhalt das alte Lied, Klerikale spekulieren auf den Bayernstolz, man arbeitet mit ›Berliner Terror‹. Am Mittwoch in Berlin […]. Das Menschenspalier am Potsdamer Platz […] zieht sich über die ganze Stadt bis zum Friedrichshain. In dem endlos langen Zug Kränze mit roten Schleifen, rote Fahnen, proletarische Aufrufe, sonst nichts, was mich an Revolution erinnern könnte, eine gut geordnete kleinbürgerliche Veranstaltung in riesigem Ausmaß. Ich muß mich erst zurechtfinden.«[5]

Jeder Zug mit heimkehrenden Soldaten wurde bei der Einfahrt in den Bahnhof von städtischen Beamten mit angespannten Mienen empfangen. Auf Flugblättern forderte man die Soldaten auf, bis zu ihren Heimatorten weiterzufahren, und versicherte ihnen, dass es anderswo für sie weder Beschäftigung noch Bezugsscheine für Lebensmittel gebe.[6] Die Stadtoberen hatten Angst vor den rebellierenden Soldaten und Matrosen, von denen viele noch immer ihr Gewehr über der Schulter trugen. Allgemein aber wurden die Soldaten bei ihrer Rückkehr in die Heimat sehr viel herzlicher empfangen, als dies retrospektiv – insbesondere in der NS-Propaganda – immer wieder behauptet wurde.[7]

Die friedliche und geordnete Rückführung von Millionen deutscher Soldaten war ein großer Erfolg der Regierung Ebert. Ohne das Bündnis mit General Groener und der OHL wäre er wohl kaum gelungen. Schwierig blieb es weiterhin. So geben etwa die deutschen Fronttruppen aus dem Elsass, die hier im Spätherbst 1918 den Rhein überschreiten, mit der kaiserlichen Reichskriegsflagge zu erkennen, dass sie keine Anhänger der Republik sind.

Der Übergang vom Frieden zum Krieg stellte die Verantwortlichen vor die Aufgabe, unter schwierigen Bedingungen für Millionen von Soldaten die Rückkehr ins Zivilleben zu organisieren, die für nicht wenige Heimkehrer eine enorme Herausforderung darstellte.[8] Zu den psychischen Belastungen kamen nicht selten finanzielle Probleme, etwa wenn der Soldat körperlich beeinträchtigt war. Und wenn die Männer gefallen waren, fehlte den Familien der Ernährer. Millionen häufig junger Witwen betrauerten ihre Männer. Bei Unterzeichnung des Waffenstillstands gab es in Deutschland fast sechs Millionen Kriegswaisen, deren Zahl in den folgenden Jahren noch anstieg, als weitere Veteranen den Spätfolgen ihrer Verletzungen erlagen. Auch wenn es der Weimarer Republik gelingen sollte, ein im Vergleich zu Staaten wie Großbritannien vergleichsweise dichtes Hilfsnetz für Invalide, Witwen und Kriegswaisen zu knüpfen, reichten die Leistungen selten aus.[9]

Die schiere Zahl der Kriegsversehrten machte es schwierig für den Staat, alle Veteranen ausreichend zu versorgen – eine Tatsache, die von allen Veteranengruppen beklagt wurde. Dennoch wäre es falsch anzunehmen, dass sich die Mehrheit der Kriegsteilnehmer deshalb gegen die Republik stellte. Neben dem eher apolitischen »Reichsbund der Kriegsbeschädigten, Kriegsteilnehmer und Kriegshinterbliebenen« und dem nationalistischen, im Dezember 1918 gegründeten »Stahlhelm« gab es so das 1924 gegründete prorepublikanische »Reichsbanner Schwarz-Rot-Gold«, das mit einer Mitgliederzahl von mehr als einer Million zur größten Veteranenorganisation Deutschlands wurde.[10]

In der zeitgenössischen Literatur dominierte dennoch das Bild des heimkehrenden Soldaten als tragischer Figur. In Alfred Döblins großem Roman über die Revolution, *November 1918*, streift der Protagonist, der im Krieg schwer verwundete Leutnant Friedrich Becker, ziellos durch Berlin, zieht von Versammlung zu Versammlung, besucht politische Kundgebungen und Demonstrationen, verfolgt politische Reden, fühlt sich jedoch nichts und niemandem wirklich zugehörig. Wieder genesen, sucht er das Gymnasium auf, wo er einst klassische Philologie gelehrt hat. Der Rektor beteuert, dass er ihn gerne einstellen würde, wenn er könnte. Die vom Staat bereitgestellten Mittel würden das jedoch nicht erlauben, behauptet er. Becker argwöhnt, dass der Schulleiter unsicher ist, ob dem einst so zuverlässigen Pädagogen, einem gebildeten Mann aus angesehener, kaisertreuer Familie, heute noch zu trauen sei. Am Ende sitzt Becker nur noch zu Hause herum und erleidet einen schweren Nervenzusammenbruch.

Ähnlich verloren fühlt sich Paul Bäumer, der Held in Erich Maria Remarques weltberühmtem Kriegsroman *Im Westen nichts Neues*: »Wären wir 1916 heimgekommen, wir hätten aus dem Schmerz und der Stärke unserer Erlebnisse einen Sturm entfesselt. Wenn wir jetzt zurückkehren, sind wir müde, zerfallen, ausgebrannt, wurzellos und ohne Hoffnung. Wir werden uns nicht mehr zurechtfinden können. Man wird uns auch nicht verstehen – denn vor uns wächst ein Geschlecht, das zwar die Jahre hier gemeinsam mit uns verbrachte, das aber Bett und Beruf hatte und jetzt zurückgeht in seine alten Positionen, in denen es den Krieg vergessen wird, – und hinter uns wächst ein Geschlecht, ähnlich uns früher, das wird uns fremd sein und uns beiseite schieben. Wir sind überflüssig für uns selbst, wir werden wachsen, einige werden sich anpassen, andere sich fügen, und viele werden ratlos sein; – die Jahre werden zerrinnen, und schließlich werden wir zugrunde gehen.«[11]

Rund 2,7 Millionen Männer waren vom Krieg zeitlebens körperlich und seelisch gezeichnet. Einige zogen sich ganz aus der Öffentlichkeit zurück und erduldeten ihr Schicksal im Verborgenen. Doch der Krieg blieb sichtbar auf deutschen Straßen, wo nun mittellose, entstellte Veteranen um Geld bettelten: Veteranen mit Masken über den zerfetzten Gesichtern, mit Sonnenbrillen über den erblindeten Augen oder im Rollstuhl sitzend. Die Ärzte sahen sich mit einer neuen Krankheit konfrontiert, dem sogenannten Kriegstrauma oder »Granatenschock«, der Soldaten unter pausenlosem Beschuss in feuchten und verdreckten Schützengräben befiel und sich in unkontrollierbarem Zittern und panischen Angstzuständen zeigte.[12]

In Vicki Baums Erfolgsroman *Menschen im Hotel* (1929), der im Berliner Luxushotel *Adlon* spielt, werden die Wunden des Krieges durch einen Mann namens Dr. Otternschlag dargestellt, dem eine Hälfte des Gesichts fehlt: »Die andere Gesichtshälfte war nicht vorhanden. Es gab da nur einen schiefen, ineinandergeflickten und zusammengeklappten Wirrwarr, in dem zwischen Nähten und Narben ein Glasauge blickte.«[13] Mit dieser Figur, die das Glasauge sarkastisch ihr »Souvenir aus Flandern« nennt, schafft Baum einen scharfen Kontrast zwischen der schillernden Fassade des Hotels und der Realität eines durch den Krieg zerstörten Lebens: »Grauenhaft ist es«, sagt Otternschlag. »Die Welt ist ein gestorbener Stern, sie wärmt nicht mehr.«[14] Viele Offiziere waren wie Otternschlag für den Rest ihres Lebens entstellt. In den oberen Gesellschaftsschichten machte sich aber vor allem die Abwesenheit junger Männer bemerkbar. Besonders hoch waren die Opferzahlen in der deutschen Aristokratie, die traditionell einen großen Teil der Offiziere stellte: Rund 4500 adlige Offiziere – nicht weniger als ein Viertel der männlichen deutschen

Am 10. Dezember 1918 ziehen heimkehrende Soldaten in einer Parade durch Berlin. Anders als oftmals behauptet, war der Empfang durch die Bevölkerung, die in großer Zahl zum Brandenburger Tor strömte, um die Soldaten willkommen zu heißen, aber auch durch hochrangige Vertreter der Republik überaus warm.

Adligen über 18 Jahre – kamen auf den Schlachtfeldern des Ersten Weltkriegs ums Leben.[15]

Erst vor dem Hintergrund der vielen nunmehr als sinnlos empfundenen Opfer und der tatsächlichen oder empfunden Entwertung ganzer Existenzen und der gewaltigen Herausforderung, die es bedeutete, die Veteranen in die neue Republik zu integrieren, werden Eberts berühmte Worte, mit denen er am 10. Dezember 1918 die heimkehrenden Truppen am Brandenburger Tor in Berlin willkommen hieß, in ihrer ganzen Tragweite deutlich: »Kein Feind hat euch überwunden.« Käthe Kollwitz, die an jenem Tag die Empfangsparade und Eberts Rede miterlebte, beschrieb die Ereignisse in ihrem Tagebuch wie folgt: »Artilleristen. Kanonen, Pferde, Helme, alles bekränzt mit buntem Papier, Tannen und Bändern. Es sah so schön aus, aber es war auch so wehmütig zu sehn. Früher hab ich immer Angst gehabt den Rückzug zu sehn. Auf dem Alexanderplatz das Getümmel und Gedränge [...]. Kinder haben auf den Kanonen gesessen und die Soldaten mit ihren Mädchen auf dem Pferd und [alle sind] zusammen marschiert. Ein Jubel, als ob ein siegreiches Heer zurückkäme. Am Brandenburger Tor sind sie von Ebert begrüßt [worden] als Vertreter der Republik.«[16]

Eberts Worte zeugen keineswegs von Realitätsverlust, sondern waren Ausdruck seines Bemühens, die Veteranen der Armee für das neue Regime zu gewinnen, was verständlich war angesichts der Gefahren, die von der rechtsnationalen Opposition wie von jenen Linken drohten, die radikale Umwälzungen forderten. Zwar war die Novemberrevolution von den in der Heimat stationierten Matrosen und Soldaten ausgegangen, aber Ebert wusste nur zu gut, dass längst nicht alle Armeeangehörigen die Revolution guthießen. Zwischen den Soldaten an der Front und denen, die im Hinterland oder in den deutschen Garnisonen stationiert waren, tat sich eine tiefe Kluft auf. Bei einem Großteil der deutschen Besatzungstruppen im Osten und beim Heimatheer setzten Soldaten ihre Offiziere ab, wählten Soldatenräte, erklärten sich mit den Matrosen, die den Umsturz losgetreten hatten, solidarisch. Viele wurden zu glühenden Verfechtern der Revolution. Die Kampftruppen im Westen dagegen – zahlenmäßig viel kleiner als die Nachschubeinheiten, Versorgungsdivisionen und Heimatgarnisonen – verblieben unter dem Befehl des alten Offizierskorps und marschierten nach dem 11. November unter dem Banner der alten Monarchie über den Rhein.[17] Alte Ressentiments gegen die angeblich faulen, nicht kampferprobten und gelangweilten »Etappensäue« kamen nach der Niederlage hoch, und nicht wenige Frontkämpfer bezichtigten ihre Kameraden im Hinterland des Verrats an dem, wofür sie selbst über Jahre gekämpft und gelitten hatten. Die Wahrscheinlichkeit, dass zumindest einige dieser schwer bewaffneten, kampferprobten und zutiefst verbitterten Frontsoldaten mit Gewalt gegen alles vorgehen würden, was nur im Entferntesten nach Bolschewismus aussah, war nach Eberts Einschätzung – und die teilten viele Deutsche – enorm.

Um die Herkulesaufgabe der Demobilisierung von sechs Millionen Soldaten innerhalb weniger Monate irgendwie zu bewältigen, traf Ebert mit Ludendorffs Nachfolger in der Obersten Heeresleitung,

General Wilhelm Groener, eine pragmatische Übereinkunft, eine Absprache, die später zu Unrecht oft als faustischer Pakt mit der alten kaiserlichen Armee verunglimpft worden ist. Am 10. November sicherte Groener Ebert die Loyalität des Reichsheeres zu. Im Gegenzug versprach Ebert dem General, rasch und rigoros gegen mögliche Umsturzversuche der äußersten Linken vorzugehen, Wahlen zu einer verfassunggebenden Versammlung abzuhalten und die Befehlsgewalt über die Streitkräfte beim angestammten Offizierskorps zu belassen.[18] Für Groener – und auch Hindenburg – stellte das Bündnis einen Akt der Schadensbegrenzung dar, denn so konnte dem bald erheblich geschrumpften Offizierskorps ein signifikanter Einfluss auf die Geschicke des postrevolutionären deutschen Staates gesichert werden.

Hindenburg und Groener »haben die Ansicht, dass man unser Volk nur mit einem schwer Fieberkranken vergleichen kann und dass mit der Zeit auch dieses Fieber sich beruhigen wird«, schrieb Generalmajor Albrecht von Thaer seiner Frau am 20. November 1918. Trotz der Niederlage schienen beide überraschend optimistisch zu sein.[19] Groener selbst notierte in seinen Memoiren, er habe am 10. November die Armee der neuen Regierung zur Verfügung gestellt und erklärt, als Gegenleistung erwarte man die »Bekämpfung des Bolschewismus« und Unterstützung »bei der Aufrechterhaltung der Ordnung und Disziplin im Heer«.[20] Am 17. November 1918 schrieb Groener an seine Frau, er wolle gemeinsam mit Hindenburg Ebert, den er »als geraden, ehrlichen und anständigen Charakter persönlich schätze, stützen, solange es irgend geht, damit der Karren nicht noch weiter nach links rutscht«.[21]

Unter hochrangigen Militärs begrüßte man die Vereinbarung weithin, weil damit erreicht werde, dass die Armee im Nachkriegsdeutschland noch eine Rolle spielte, und auch weil man sich ernste Sorgen machte, das Land könne ins bolschewistische Chaos abgleiten. General Hoffmann notierte am 21. November: »Kommt Spartakusgruppe ran, muß es rettungslos wie in Rußland zum Bürgerkrieg kommen. Außerdem würde die Entente Truppen schicken, um Ordnung zu schaffen. Wir hätten dann also das Letzte noch zu ertragen, was bei allem bisherigen Unheil uns erspart blieb: ›Den Krieg im eigenen Lande.‹ Wählt deshalb einen Anhänger Eberts oder einen bürgerlichen Demokraten!«[22]

Die Demobilisierung erwies sich immer mehr als höchst komplexer Vorgang, der nicht allein die Armee betraf, sondern auch die großen Rüstungsbetriebe. Deutschland hatte jetzt keine Verwendung mehr für jene Massen an Munition und Maschinengewehren, die im Krieg erforderlich waren, mit der Folge, dass Zehntausende von Beschäftigten ihre Arbeit verloren. Das betraf vor allem Frauen, die während des Krieges in großer Zahl in Fabriken und Verwaltungen eingestellt worden waren, was ihr Leben oftmals tiefgreifend verändert hatte.[23] Die Arbeit war hart gewesen, aber sie hatte in den Frauen, die vor dem Krieg wirtschaftlich völlig von ihren Vätern oder Ehemännern abhängig waren, auch ein nie gekanntes Gefühl von Selbständigkeit und Freiheit erzeugt. In ihrem 1917 erschienenen Buch *Die deutschen Frauen im Kriege* betonte die Frauenrechtlerin Henriette Fürth diesen transformativen Charakter des Krieges, der die Lebenswirklichkeit von deutschen Frauen in einem Maße verändert habe, das noch 1914 undenkbar gewesen sei.[24]

Im November 1918 sollten diese Frauen nun wieder für die von der Front heimkehrenden Männer Platz machen. Einige werden ihre Stellen bereitwillig geräumt haben, froh, den harten Arbeitsbedingungen zu entrinnen, andere den Verlust der finanziellen und gesellschaftlichen Unabhängigkeit bedauert haben, die der Krieg ihnen beschert hatte. Doch nicht alle verschwanden aus dem Arbeitsleben, und es sollte sich schließlich zeigen, dass die Demobilisierung wider Erwarten keinen dauerhaften Rückgang des Frauenanteils an der Erwerbsbevölkerung zur Folge hatte.[25]

Viele Frauen suchten sich nun eine Arbeit in der aufstrebenden Dienstleistungsbranche, die bereits vor dem Krieg floriert hatte und viele neue Beschäftigungsmöglichkeiten bot – etwa als Verkäuferin in den großen Waren- und Kaufhäusern oder als Sekretärin in den Büros von Verwaltungen und Kanzleien. Nach 1918 gingen 11,5 Millionen Frauen einer Arbeit nach und stellten bereits 36 Prozent der Erwerbstätigen. Diese Zahlen unterschieden sich nicht wesentlich von denen

Während des Ersten Weltkriegs übten Frauen zunehmend Berufe aus, die vor 1914 Männern vorbehalten waren. Das betraf vor allem die Arbeit in Munitionsfabriken, aber auch andere handwerkliche Tätigkeiten wie etwa das Fensterputzen, mit dem diese Frauen im Jahr 1916 Geld verdienen.

der Vorkriegszeit, doch die Frauen eroberten nun neue, zuvor männlich dominierte Berufsfelder: Sie wurden Straßenbahnschaffnerinnen oder Buchhalterinnen, aber auch in größerer Zahl als vor 1914 Anwältinnen, Professorinnen und Ärztinnen.[26]

Die wirtschaftliche Lage war bei Kriegsende so unsicher wie nie zuvor in der deutschen Geschichte, und das lag auch daran, dass die deutsche Regierung bereits kurz nach Kriegsausbruch massiv Kredite aufgenommen hatte zur Deckung der Kriegskosten. Von 1916 an hatten die astronomischen Kriegsausgaben sämtliche Staatseinnahmen, die sich über Anleihen oder aus anderen Quellen beschaffen ließen, bei Weitem überstiegen. Nach dem Krieg, so hatte man gehofft, würde man diese Schulden wettmachen können, indem man große Industrieregionen im Osten und Westen annektierte, den besiegten Ländern hohe Reparationszahlungen aufbürdete oder dem unterworfenen Europa eine von Deutschland dominierte Wirtschaftsordnung aufzwang. Mit der deutschen Niederlage 1918 war all dies hinfällig geworden, der Schuldenberg betrug etwa 156 Milliarden Reichsmark.

Zu allem Unglück hatte die Regierung in Kriegszeiten auch noch im großen Stil Geld drucken lassen, ohne die nötige Deckung dafür bereitzustellen. Vor dem Krieg hatte der US-Dollar an der Berliner Börse bei etwas mehr als vier Reichsmark gelegen. Im Dezember 1918 kostete ein Dollar das Doppelte. Die deutsche Währung hatte also die Hälfte ihres Wertes verloren. Bis April 1919 verschlechterte sich der Kurs zum Dollar kontinuierlich bis auf eins zu zwölf, und bei Jahresende stand er bereits bei 47 Mark.[27] Dies hatte unmittelbare Auswirkungen auf die Konsumgesellschaft. Offiziellen Schätzungen zufolge stieg der Preis für ein halbes Kilo Mehl von 1914 bis 1919 um 400 Prozent, der für eine Tasse Kaffee um 990 Prozent und der für ein Paar Herrenschuhe um schwindelerregende 1180 Prozent. Die Reallöhne männlicher Arbeiter erhöhten sich im selben Zeitraum aber gerade einmal um 40 Prozent.[28]

Doch für einige Unternehmer hatte die hohe Inflation auch Vorteile. Sie nutzten nun die Möglichkeit, Güter auf Kredit zu kaufen – Maschinen, Industrieanlagen und Ähnliches –, da das geliehene Geld nur noch einen Bruchteil seines ursprünglichen Wertes haben würde, wenn die Raten fällig wurden. Das trug zur erstaunlich raschen wirtschaftlichen Erholung Deutschlands erheblich bei. Bis Mitte 1922 erlebte Deutschland gar einen Nachkriegsboom. Die deutsche Wirtschaft wies hohe Wachstumsraten auf, und die Arbeitslosenquote sank. Da die realen Steuersätze niedrig blieben, war für ausreichend hohe Nachfrage gesorgt. Die deutsche Wirtschaft meisterte den Übergang vom Krieg zum Frieden sogar deutlich besser als manch andere europäische Volkswirtschaft, in der die Inflation weniger stark ausgeprägt war.[29]

Zum vergleichsweise sanften Übergang von der Kriegs- zur Friedenswirtschaft trug überdies die Tatsache bei, dass sowohl Ebert als auch die Freien Gewerkschaften in der ersten Phase der Novemberrevolution auf reformatorischen Wandel statt auf revolutionäre Umbrüche setzten. Dies galt für den politischen wie für den gesellschaftlichen Bereich. Am 15. November schlossen führende Unternehmer und Gewerkschaften ein Abkommen, das Tarifverträge, die Einführung des Achtstundentages sowie Arbeitervertretungen in Unternehmen mit mehr als fünfzig Beschäftigten vorsah – Vereinbarungen, für die die organisierte Arbeiterbewegung seit Jahrzehnten gekämpft hatte. Nun wurden sie Wirklichkeit. Mit dem Stinnes-Legien-Abkommen – benannt nach den beiden Hauptunterzeichnern, dem führenden Schwerindustriellen Hugo Stinnes und dem Vorsitzenden der Freien Gewerkschaften Carl Legien – kam man der von Teilen der revolutionären Massen angestrebten Verstaatlichung und der radikalen Umverteilung von Privateigentum zuvor, die weder im Interesse der Arbeitgeber noch der MSPD-dominierten Freien Gewerkschaften war.[30] Demobilisierten Soldaten wurde ferner ein Anspruch auf den alten Arbeitsplatz zugestanden. Das Abkommen, das die Etablierung einer Zentralarbeitsgemeinschaft der industriellen und gewerblichen Arbeitgeber und Arbeitnehmer (ZAG) vorsah, stellte die Beziehungen zwischen Arbeitgebern und Arbeitnehmern auf eine völlig neue Grundlage. Die Anerkennung der Gewerkschaften als »berufene Vertreter der Arbeiterschaft« und die Festlegung von Arbeitsbedingungen durch Kollektivvereinbarungen waren Meilensteine auf dem Weg zu einer modernen Wirtschaftsordnung und Tarifpolitik, die – ungeachtet des Scheiterns der ZAG 1924 – im Grunde bis heute nachwirken.[31] Mit weiteren pragmatischen Entscheidungen, etwa indem man »die Gehalts-, Pensions- und sonstigen Rechtsansprüche der in öffentlichen Diensten stehenden Beamten und Angestellten« garantierte, schaffte es der Rat der Volksbeauftragten, das weitgehend reibungslose Funktionieren des Staates in der Umbruchphase zu gewährleisten.[32]

Wie es mit der Revolution weitergehen sollte, darüber herrschte indes Uneinigkeit. Über die langfristige politische Zukunft Deutschlands sollte – das war zumindest der Plan von Ebert, der MSPD und Teilen der Unabhängigen Sozialisten – eine demokratisch gewählte verfassunggebende Nationalversammlung entscheiden. Jedes revolutionäre *fait accompli* war aus ihrer Sicht daher demokratisch nicht legitimiert, faktisch also ein Willkürakt und der Integrationsfähigkeit der Weimarer Republik wenig zuträglich. Im bürgerlichen Lager wäre zum Beispiel der Präzedenzfall einer demokratisch nicht legitimierten Sozialisierung von Schlüsselindustrien als schwerer Rechtsbruch empfunden worden und hätte die gegenrevolutionären Kräfte in noch stärkerem Maße auf den Plan gerufen, als dies ohnehin schon der Fall war. Allerdings konnten sich längst nicht alle Kräfte der Arbeiterbewegung mit der Haltung der Mehrheitssozialdemokraten anfreunden. So schrieb beispielsweise der Anarchist Gustav Landauer am 14. November 1918 an seine Freundin, die Essayistin und Dichterin Margarete Susman: Sollte eine Nationalversammlung gewählt werden, »dann wäre alles verloren und wir würden uns als lächerliches und erbärmliches Gebilde hinter der sogenannten französischen ›Republik‹ einreihen. ›Nationalversammlung‹ bedeutet, daß die Revolution die Pferde ausspannt und in den Stall stellt.«[33]

Zwar hatte die äußerste Linke mit ihren Umsturzplänen zu keinem Zeitpunkt eine Mehrheitschance. Doch als die Revolution einmal begonnen hatte, beförderte sie politisch-soziale Phantasien bei Arbeitern und Agitatoren auf der extremen Linken, insbesondere im sozialen und wirtschaftlichen Bereich. Die Spannungen zwischen den verschiedenen politischen Lagern sollten sich Ende 1918 erstmals gewaltsam entladen.

KAPITEL X

Kampf der Radikalisierung

Im Winter 1918/19 schlug der schwelende Konflikt zwischen moderaten und radikalen Revolutionären in offene Gewalt um. Ebert und die Mehrheitssozialdemokraten beharrten noch immer darauf, dass nur eine demokratisch gewählte Nationalversammlung über die zukünftige Verfassung des Landes entscheiden könne. Die Vertreter des linken Flügels der USPD und insbesondere der nach dem Anführer des größten Sklavenaufstands im alten Rom benannte »Spartakusbund« lehnten eine Nationalversammlung ab und machten sich für ein System stark, in dem alle Macht von Soldaten- und Arbeiterräten ausging. Damit rückten sie in die Nähe anderer linksradikaler Gruppierungen, vor allem aus Hamburg und Bremen, die sich Ende 1918 zur Kommunistischen Partei Deutschlands (KPD) zusammenschlossen.[1]

Die beiden führenden Persönlichkeiten der kommunistischen Linken im Deutschland jener Zeit waren Rosa Luxemburg und Karl Liebknecht. Liebknecht, der wohl bekannteste Verfechter eines radikalen Umbruchs außerhalb Russlands, entstammte einer prominenten Sozialistenfamilie. Der 1871 in Leipzig geborene Karl war einer der Söhne Wilhelm Liebknechts, eines engen Freundes und Mitarbeiters von Karl Marx und – zusammen mit dem langjährigen SPD-Vorsitzenden August Bebel – ein Gründungsvater der deutschen Sozialdemokratie. Doch Karl vertrat weit radikalere Ansichten als sein Vater. Nach dem Studium der Rechtswissenschaften und der politischen Ökonomie in Leipzig und Berlin hatte er 1899 in Berlin eine Kanzlei eröffnet und sich auf die Verteidigung sozialistischer Genossen vor deutschen Gerichten spezialisiert.[2]

Im Oktober 1907 musste sich Liebknecht wegen einer seiner antimilitaristischen Streitschriften vor Gericht verantworten. Er wurde zu einer 18-monatigen Gefängnisstrafe verurteilt, was ihn in linken

Kreisen nur noch populärer machte. 1912 wurde er für die SPD in den Reichstag gewählt. Zwei Jahre später, im Dezember 1914, sorgte Liebknecht für Aufsehen, als er als einziger Abgeordneter gegen die Bewilligung weiterer Kriegsanleihen stimmte. Kurz darauf gründete er mit anderen prominenten linken Kriegsgegnern – darunter Rosa Luxemburg und Clara Zetkin, einer Vorreiterin der sozialistischen Frauenbewegung – eine eigene Organisation innerhalb der SPD – die »Gruppe Internationale«, die sich 1916 in »Spartakusbund« umbenannte.

In regelmäßig erscheinenden Pamphleten, den *Spartakusbriefen*, riefen Liebknecht und seine Anhänger die Arbeiter zum Aufstand auf und forderten das sofortige Ende des Krieges. Wie kaum anders zu erwarten, wurden die *Spartakusbriefe* bald verboten. Obwohl er als Parlamentarier Immunität genoss, wurde Liebknecht verhaftet und zum Zwangsdienst an die Ostfront geschickt. Da er den Dienst an der Waffe verweigerte, musste er Gefallene bergen und begraben. Nach einem körperlichen Zusammenbruch wurde er dann aus der Armee entlassen, am Maifeiertag 1916 aber erneut festgenommen, weil er auf dem Potsdamer Platz in Berlin eine illegale Antikriegsdemonstration angeführt hatte. Diesmal verurteilte man ihn wegen Hochverrats zu vier Jahren Zuchthaus. Erst im Zuge einer von der Regierung Baden verhängten Amnestie für politische Gefangene kam Liebknecht Ende Oktober 1918 frei und kehrte umgehend nach Berlin zurück. Kurz darauf führte er erneut eine Antikriegskundgebung an, die in einem symbolhaft aufgeladenen Marsch an der russischen Botschaft endete, wo die bolschewistischen Gesandten einen Empfang ausrichteten.[3]

Liebknechts wichtigste Verbündete in den Wochen und Monaten nach dem Krieg war die aus Polen stammende marxistische Aktivistin und Intellektuelle Rosa Luxemburg, mit der zusammen er auch das bedeutendste kommunistische Organ, *Die Rote Fahne,* herausgab. Luxemburg, die eigentlich Rozalia Luksenburg hieß und wie Liebknecht im Jahr 1871 geboren wurde, wuchs im damals noch russischen Zamość auf. Sie war das jüngste Kind eines säkularen jüdischen Holzhändlers, der seinen Töchtern eine umfassende humanistische Bildung angedeihen ließ. Aufgrund einer Wachstumsstörung war Rosa kleinwüchsig und hatte einen leichten Buckel – körperliche Defizite, die sie durch ihren messerscharfen Verstand mehr als wettmachte.[4] Schon als Schülerin beteiligte sie sich in Warschau an revolutionären Aktionen gegen den Zaren und musste schließlich vor der zaristischen Polizei aus der Stadt fliehen. Von 1889 an lebte sie in Zürich, dem Sammelpunkt für sozialistische Emigranten aus ganz Europa. Dort studierte sie mit finanzieller Förderung ihres Lebensgefährten, des litauischen Sozialisten Leo Jogiches, an der Züricher Universität Philosophie, Geschichte, Volkswirtschaft und Mathematik. Jogiches unterstützte sie zudem bei der Gründung der Sozialdemokratischen Partei Polens und Litauens, zu deren Mitgliedern auch der zukünftige Chef der russischen Tscheka, Felix Dserschinski, gehörte.

Im Jahr 1898 erlangte Luxemburg durch die Ehe mit dem einzigen Sohn ihrer Züricher Gastfamilie, Gustav Lübeck, die deutsche Staatsbürgerschaft. Die Beziehung zu Jogiches führte sie dennoch weiter. Noch im selben Jahr siedelte sie nach Berlin über, trat umgehend in die SPD ein und bezog in der anhaltenden Kontroverse zwischen reformistischen und revolutionären Sozialdemokraten nachdrücklich Stellung. Als radikale Verfechterin der revolutionären Option wurde sie zwischen 1904 und 1906 dreimal in Haft genommen und erneut während des Krieges. Im Breslauer Gefängnis verfasste sie eine Reihe von einflussreichen Antikriegspamphleten, die mit Jogiches' Hilfe aus ihrer Zelle geschmuggelt, gedruckt und unter Arbeitern und Soldaten verteilt wurden. Nach fast dreijähriger Haft kam Luxemburg Anfang November 1918 frei und stürzte sich sofort wieder ins Geschehen.[5] Zehn Tage nach ihrer Entlassung schrieb sie an ihre Freundin Clara Zetkin: »Liebste, in aller Eile nur zwei Zeilen. Ich bin, seitdem ich aus dem Zug gestiegen bin, noch nicht mit einem Fuß in meiner Wohnung gewesen. Die ganze Zeit bis gestern war Jagd hinter der ›Roten Fahne‹ her. Erscheint sie – erscheint sie nicht? Darum drehte sich der Kampf von früh bis spät.«[6]

Unter der Parole »Alle Macht den Räten!« drängten Luxemburg und Liebknecht – vor allem in ihren Artikeln in der *Roten Fahne* – beharrlich auf eine »zweite Revolution«. Am 18. November, zehn Tage nach ihrer Entlassung aus dem Breslauer Gefängnis und der Rückkehr nach Berlin, plädierte Luxemburg in einem Artikel für die Fortführung der Revolution weit über den Sturz der kaiserlichen Herrschaft hinaus: »Scheidemann-Ebert sind die berufene Regierung der deutschen Revolution in ihrem heutigen Stadium. Aber die Revolutionen stehen nicht still. Ihr Lebensgesetz ist rasches Vorwärtsschreiten, über sich selbst Hinauswachsen.«[7]

Nicht nur bürgerlichen Zeitgenossen konnte das kaum gefallen. In einem Brief vom 13. Dezember 1918 an die linke Essayistin Margarete Susman bezeichnete der anarchistische Schriftsteller Gustav Landauer Liebknecht und seine »bolschewistischen« Anhänger als »pure Zentralisten wie Robespierre und die Seinen, deren Streben keinen Inhalt hat, sondern nur um die Macht geht: Sie arbeiten einem Militärregiment vor, das noch viel scheußlicher wäre als alles, was die Welt vorher gesehen hat. Diktatur des bewaffneten Proletariats – dann wirklich lieber Napoleon!«[8] Gemäßigte Sozialisten empfanden die Rhetorik Liebknechts und Luxemburgs erst recht als Bedrohung, allerdings aus anderen Gründen als Landauer.

Auch wenn die reale Macht der Spartakusgruppe eher gering war, zeigte das Beispiel der russischen Revolution doch sehr anschaulich, dass es lediglich einer kleinen Gruppe entschlossener Berufsrevolutionäre bedurfte, um die Regierung zu übernehmen. Ebert hatte noch immer vor Augen, wie die Minderheit der Bolschewiki in Russland im Herbst 1917 das Parlament verjagt hatten und das Land in der folgenden Zeit in einen verheerenden Bürgerkrieg gestürzt war. Daher wollte er die Radikalen um Luxemburg und Liebknecht um jeden Preis von der Macht fernhalten. Ebert wusste, dass Karl Radek sich seit November 1918 auf Lenins Weisung in Deutschland aufhielt, um zu sondieren, ob sich ein Bündnis der Bolschewiki mit der extremen Linken in Deutschland realisieren lasse. Der 1885 in Lemberg geborene Lenin-Vertraute Radek hatte den Großteil des Krieges mit Lenin in der Schweiz verbracht und im Winter 1917/18 auf russischer Seite an den Friedensverhandlungen in Brest-Litowsk teilgenommen.

Auf dem Reichsrätekongress der Arbeiter- und Soldatenräte Mitte Dezember 1918 in Berlin, zu dem gewählte Vertreter aus ganz Deutschland anreisten, trat das tiefe Zerwürfnis zwischen den verschiedenen Gruppierungen deutlich zutage. Hier prallten die widerstreitenden

Vorstellungen über das weitere Schicksal der Revolution krachend aufeinander. Den Standpunkt der Regierung vertrat dabei der Mehrheitssozialdemokrat Max Cohen, der mit seiner Rede gleichermaßen tosenden Applaus wie lautstarken Protest erntete.[9] Sprachgewaltig und bewegend schilderte Cohen den Delegierten die dramatische Lage Deutschlands, beschwor aber zugleich die Verheißungen von Demokratie und Sozialismus. Wieder und wieder mahnte er die Abgeordneten zu Ordnung, Produktivität und Disziplin. Ohne diese »deutschen« Tugenden würde es noch mehr Hunger, mehr Chaos geben. Eindringlich warnte er vor den konkreten Gefahren, gegen die Deutschland sich nun wehren müsse, etwa dagegen, erneut in eine Vielzahl von Kleinstaaten zerschlagen zu werden – entweder durch Entscheidungen der Alliierten oder infolge separatistischer Bestrebungen aus dem Innern wie in Bayern oder im Rheinland. Der Sozialismus, so Cohen, könne nur Fuß fassen, wenn das Produktionsniveau hoch bleibe, ansonsten werde das Resultat so aussehen wie in Russland, wo Menschen erfroren und verhungerten. »Wenn die Produktion stockt, wie bei uns, wenn weder Rohstoffe noch Betriebe vorhanden sind, ja, was soll man denn da eigentlich sozialisieren? Da ist *das plötzliche Sozialisieren der helle Wahnsinn*, da gibt es gar nichts zu sozialisieren!«[10] Deutschland könne sich nur entwickeln, wenn das ganze Volk gemeinsam voranschreite; das Bürgertum müsse für den Sozialismus gewonnen werden. Das könne allein ein frei gewählter, landesweiter Verfassungskonvent erreichen, nicht aber die Arbeiter- und Soldatenräte. Und die Alliierten, so gab Cohen zu bedenken, würden ohnehin nur mit einer rechtmäßigen deutschen Regierung verhandeln.

Cohens wohldurchdachte Rede stieß bei der Mehrheit der Kongressabgeordneten auf Zustimmung, erntete aber vehementen Widerspruch von links. Nicht wenige im Saal waren der Überzeugung, die Entbehrungen des Krieges und die Ungerechtigkeiten des alten Systems verlangten nach weit radikaleren Schritten. Nicht freie Parlamentswahlen, die letztlich wieder nur den Interessen der deutschen Mittel- und Oberschicht dienen würden, so wurde argumentiert, sondern ein politisches System, basierend auf den Arbeiter- und Soldatenräten, sei das Richtige für die Zukunft. Sie forderten darüber hinaus die

Verstaatlichung von Schlüsselindustrien und den Schulterschluss mit Russland.

Cohens Widersacher, der USPD-Politiker Ernst Däumig, ein ehemaliger Fremdenlegionär und preußischer Offizier, seit 1901 Sozialdemokrat, Bewunderer der russischen Revolution und Befürworter einer deutschen Räterepublik, erklärte: »Denn was vor 70 Jahren der Sänger der Revolution seherisch sagte, daß *das Proletariat berufen sei, die alte Welt zu zertrümmern und neu zu erbauen*, was seiner Zeit noch versagt blieb, das ist die Aufgabe und Forderung der Stunde von heute.«[11] Der morsche, verwesende Staat, den schon Freiligrath bloßgestellt und gegeißelt habe, müsse nun restlos vernichtet werden. Doch das könne nicht gelingen mit hehren Reden von Parlamentsabgeordneten oder hohlen Phrasen von Gewerkschaftsbürokraten. Nur der Aktivismus der Arbeiterklasse könne diese neue Zeit hervorbringen, und ebendieser Aktivismus, so Däumig, finde seinen politischen Ausdruck in den Arbeiter- und Soldatenräten. Doch die Mehrheitssozialdemokraten, die auf dem Kongress in der Überzahl waren, setzten sich durch und beendeten damit den linken Traum von der Räterepublik. Am Ende votierten die Delegierten für eine verfassunggebende Nationalversammlung, die unmittelbar nach den für Januar 1919 angesetzten freien und allgemeinen Wahlen zusammentreten sollte.

Mit der Entscheidung für allgemeine Wahlen ließ sich die Lage aber nicht mehr beruhigen. Wie angespannt das Verhältnis zwischen den Flügeln der Arbeiterbewegung mittlerweile war, sollte sich in den Weihnachtstagen des Jahres 1918 zeigen, als sich ein seit Langem schwelender Konflikt zwischen der linksgerichteten Volksmarinedivision und dem Berliner Stadtkommandanten und Mehrheitssozialdemokraten Otto Wels gewaltsam entlud. Wels empfand die Volksmarinedivision – eine bewaffnete Einheit in der Hauptstadt, die in seinen Augen eine Revolution nach bolschewistischem Muster anzustreben schien – zunehmend als Bedrohung. Also bestand er auf ihrer massiven Verkleinerung und hielt als Faustpfand den Lohn der Soldaten zurück. Im Gegenzug nahmen rebellierende Matrosen Wels am 23. Dezember gefangen. Ebert reagierte prompt: Ohne Rücksprache mit dem Koalitionspartner USPD rief er die Armee zu Hilfe. Die blutigen

Während der Weihnachtskämpfe zwischen regierungstreuen und revolutionären Truppen der Volksmarinedivision kam es im Dezember 1918 zu heftigen Auseinandersetzungen, die mit einer Niederlage der Regierungstruppen endeten. Scharfschützen der Regierungstruppen auf dem Brandenburger Tor haben die Charlottenburger Chaussee im Blick, über die sich am 9. November ein großer Teil der Revolutionäre dem Reichstag nähert.

Kämpfe, die daraufhin um das Berliner Stadtschloss der Hohenzollern entbrannten, endeten mit einer blamablen militärischen Niederlage der Regierungstruppen.[12] Viele Zeugen der Ereignisse bedauerten die Eskalation der Gewalt auf den Straßen Berlins:

> Weihnachten! Und in der Stadt wird mit Kanonen geschossen […]. Von 8–11 Uhr wird mit Gasgranaten und Maschinengewehren Schloß und Marstall beschossen. Tote und Verwundete. Mittags heißt es, die Matrosen hätten kapituliert. Doch ist der Ausgang wohl mehr ein Sieg der Matrosen als der Ebertschen Regierung.[13]

Die »Weihnachtsunruhen« schwächten die Regierung Ebert und führten zum Bruch zwischen USPD und MSPD. Am 29. Dezember schieden die drei USPD-Vertreter aus Protest gegen Eberts einseitige Entscheidung, mit der Armee gegen die Matrosen vorzugehen, aus dem Rat der Volksbeauftragten aus. Darüber hinaus entließ der preußische Ministerpräsident Paul Hirsch (MSPD) den Berliner Polizeipräsidenten Emil Eichhorn (USPD), weil dieser der Volksmarinedivision mit der Berliner Sicherheitswehr zu Hilfe geeilt war.[14]

Am 5. Januar reagierten die USPD und eine Reihe radikalerer linker Gruppierungen, darunter die neu gegründete KPD, auf diese in ihren Augen gezielte Provokation mit dem Aufruf zu einer Protestkundgebung gegen Ebert und seine Regierung. Die Lage geriet rasch außer Kontrolle, als eine Gruppe bewaffneter Demonstranten das Gebäude des sozialdemokratischen *Vorwärts* und andere Verlagshäuser im Berliner Zeitungsviertel besetzte. Diesen spontanen Aktionen folgte am Abend des 5. Januar die Bildung eines »Revolutionsausschusses«. Liebknecht heizte die Stimmung noch weiter an, indem er erneut zum »Sturz der Regierung Ebert-Scheidemann« aufrief.[15]

Am selben Tag demonstrierten etwa 100 000 Menschen auf den Straßen Berlins gegen die Absetzung Eichhorns. Höhepunkt des Protests war eine Rede Liebknechts auf dem Alexanderplatz, der auch Harry Graf Kessler als Schaulustiger beiwohnte: »Er war wie ein unsichtbarer Priester der Revolution, ein geheimnisvolles, tönendes Symbol, zu dem diese Leute aufblicken [...]. Fanatismus und Waffen im Dienste einer unklaren Hoffnung, der weithin nur Trümmer alter Weltanschauung entgegenstehen.«[16]

Auch Käthe Kollwitz verfolgte die Entwicklung mit großer Anspannung: »Am Sonntag 5. Januar Demonstrationsversammlungen gegen Absetzung Eichhorns. Hans, der abends in Studentenversammlung ist und spät nach Haus kommt, erzählt, daß der *Vorwärts* wieder besetzt ist vom Spartakus. Das ganze Agitationsmaterial für die Nationalversammlung ist auf der Straße verbrannt.«[17] Tags darauf fügte sie hinzu: »War im Atelier zur Arbeit. Zurück durch die Stadt, weil Stadtbahn gesperrt. Überall Menschenmassen in Erregung. Alexanderplatz sah ich einen Zug von etwa hundert bewaffneten Arbeitern ziehen, einige elende, abgefetzte Soldaten darunter. Die Männer mager, düster, entschlossen. Anschließend Halbwüchsige.«[18] So mancher liberal gesinnte Bürger beobachtete im Januar 1919 bang, wie Chaos und Gewalt auf Berlins Straßen um sich griffen. So klagte Betty Scholem in den Briefen an ihren Sohn Gerhard – der unter seinem in den 1920er Jahren angenommenen hebräischen Namen Gershom einer der führenden Gelehrten auf dem Gebiet der jüdischen Mystik werden sollte –, dass die Buchdruckerei der Familie unter den Streiks und den Demonstrationen sehr zu leiden habe. Außerdem sorge sie sich wegen der Schießereien auf den Straßen und des Ausfalls der Stromversorgung, ließ sie den Sohn wissen, der erst vor Kurzem zum Studium in die Schweiz aufgebrochen war.[19] Doch es sollte noch schlimmer kommen: »Wir haben eine unbeschreibliche Woche hinter uns, unheimlich im größten Grade […]. [D]iese Schreckensherrschaft [des Spartakus] war furchtbar.« Die Lieblingsuhr auf dem Spittelmarkt sei zerschossen worden, berichtet sie, Kugeln seien durch das Fenster der Metzgerei nebenan geflogen, gespenstische Scharen von Männern lungerten überall herum, und das Verlagshaus der MSPD-Zeitung *Vorwärts* befinde sich in einem schrecklichen Zustand.[20]

In Eberts Augen – und in denen vieler Zeitgenossen – wies der kommunistische Aufstand vom Januar 1919 mehr als nur flüchtige Ähnlichkeiten mit der erfolgreichen Machtübernahme der Bolschewiki 1917 in Russland auf. Ebert wollte mit allen Mitteln vermeiden, dass sich die Ereignisse von Petrograd in Berlin wiederholten. Und wenn nötig, würde er Gewalt anwenden.[21] Hier kam der MSPD-Militärexperte Gustav Noske ins Spiel, der nach dem Ausscheiden der USPD im Rat der Volksbeauftragten für Armee und Marine verantwortlich zeichnete. Mit seinem von ihm selbst überlieferten Ausspruch: »Meinetwegen! Einer muss der Bluthund werden, ich scheue die Verantwortung nicht!«, übernahm Noske nun den Oberbefehl über die Regierungstruppen in und um Berlin.[22]

Noske sah seine vordringliche Aufgabe darin, für »Ruhe und Ordnung« zu sorgen – und das mit allen verfügbaren Mitteln. Daher bediente er sich nicht nur regulärer Truppen, sondern setzte auch in erheblichem Maße Freikorpskämpfer ein.[23] Indem er die Bekämpfung des vermeintlich drohenden Bolschewismus in der deutschen Hauptstadt den Freikorpskämpfern überließ, rekrutierte er genau jene, die der Revolution von Anfang an mit glühendem Hass gegenüberstanden und seit ihrem Ausbruch auf eine Gelegenheit zur Abrechnung warteten. Diese Soldaten kämpften nicht *für* die Republik, sondern gegen »den Bolschewismus«.

In den Freikorps trafen durch Niederlage und Revolution verbitterte ehemalige Frontsoldaten auf unerfahrene Kadetten und rechtsgerichtete Studenten. Insbesondere die jüngeren Freiwilligen versuchten ihre Vorgesetzten nicht selten durch besonders rauhes Verhalten zu beeindrucken, was das Klima innerhalb der paramilitärischen Organisationen nach 1918 prägen sollte.[24] Viele dieser jungen Freiwilligen waren in einer kriegsverherrlichenden, von martialischen Heldenmythen getränkten Atmosphäre aufgewachsen. Sie hatten die »Stahlgewitter« nicht mehr selbst durchlitten, doch nun boten die Freikorps ihnen die Chance, ein romantisch verklärtes Kriegerleben zu führen. Waren sie erst einmal Teil einer von ehemaligen Stoßtrupplern dominierten Miliz, wollten sie sich dieser Gemeinschaft oftmals hochdekorierter Kämpfer und »Kriegshelden« auch als würdig erweisen.[25] So bildeten sich allmählich hochexplosive, rein männliche Subkulturen aus, in denen brutale Gewalt eine akzeptierte, wenn nicht gar erwünschte politische Ausdrucksform darstellte. Taten, nicht Worte waren das prägende Merkmal dieser Gruppen. Was sie antrieb, war nicht die revolutionäre Vision einer politischen Utopie, sondern eine Rhetorik, die sich auf die Wiederherstellung von Recht und Ordnung richtete und über eine ganze Reihe korrelierender gesellschaftlicher Feindbilder verfügte.[26]

Eines dieser Feindbilder war der Feminismus. Schon vor dem Krieg hatte das Aufkommen einer großen und lautstarken Frauenbewegung bei Konservativen erhebliche Ängste vor einer zunehmenden »Verweiblichung« der Gesellschaft geschürt, eine Entwicklung, die, wie sie befürchteten, durch das allgemeine Frauenwahlrecht weiter befördert werden würde, zumal die Frauen 1918 die Mehrheit der Stimmberechtigten stellten. Diese albtraumhafte Vision war nun Wirklichkeit geworden, was die verbreitete Auffassung zu bestätigen schien, dass die Revolution jegliche Ordnung und Disziplin hinwegfege und dem moralischen Verfall Tür und Tor öffne. Prominente linke Aktivistinnen wie Rosa Luxemburg waren in rechtsnationalen Kreisen besonders verhasst, ebenso Homosexuelle, die sich nach der Revolution freier fühlten und ihre Anliegen viel offener artikulierten.

Obwohl die Abschaffung des »Schwulenparagraphen« 175 des Strafgesetzbuches 1918 noch nicht zur Debatte stand – dieser wurde erst 1929 im Reichstag vom Strafrechtsausschuss des Parlaments kassiert, ein Beschluss, der aber nie umgesetzt wurde –, empfanden viele Homosexuelle die Revolution als große Befreiung. Zwar war gerade Berlin schon vor 1914 der Mittelpunkt von gesellschaftlichen und sexuellen Subkulturen gewesen, doch das war wenig im Vergleich zur Nachkriegszeit.[27] Schwulenaktivisten hofften, dass der Aufbruch in die Demokratie eine neue Ära der sexuellen Befreiung und der Gleichberechtigung Homosexueller einläuten würde,[28] denn die revolutionären Veränderungen gingen weit über die Aufhebung der offiziellen Zensur und der Polizeikontrollen hinaus.[29] Die Revolution hatte ihnen schon eine gewisse Publikationsfreiheit beschert, wenn auch weit weniger, als sie erträumt hatten.[30] Neue Zeitschriften für homosexuelle Männer erschienen, und an Kiosken in ganz Deutschland oder per Abonnement gab es Dutzende von Magazinen zu kaufen, die sich explizit an Schwule, Lesbierinnen oder Transvestiten richteten, »eine wahre Hochflut gleichgeschlechtlicher Zeitschriften«, wie es Magnus Hirschfeld, einer der wichtigsten Aktivisten der Zeit, formulierte.[31]

Auf der radikalen Rechten, wo man ohnehin den Eindruck hatte, die Welt sei durch die Revolution von 1918 aus den Fugen geraten, sorgten derartige Trends für blankes Entsetzen. Inmitten all dieser als zutiefst bedrohlich und dekadent empfundenen sozialen Verwerfungen boten rechte Geheimorganisationen und paramilitärische Milizen wie die Freikorps oder Selbstschutzgruppen klar definierte Hierarchien und ein vertrautes Gefühl von Zugehörigkeit und Sinnstiftung. Die paramilitärischen Gruppen waren Trutzburgen soldatischer Kameradschaft und »Ordnung« in einer als feindlich begriffenen Welt des demokratischen Egalitarismus, kommunistischen Internationalismus, Feminismus und Schwulenaktivismus. Widerstandsgeist, gepaart mit dem Verlangen, Teil einer Bewegung zu sein, die der nun so sinnlos erscheinenden Kriegserfahrung von massenhaftem Tod und Niederlage einen höheren Sinn verlieh, schweißte diese Gruppen zusammen.

Sie begriffen sich als Keimzelle einer »neuen Gesellschaft« der Krieger, in der sowohl die ewigen Werte der Nation hochgehalten als auch der Neuentwurf eines autoritären Staates vorweggenommen wurden, in dem diese Nation würde gedeihen können.[32]

Ernst von Salomon, einer dieser jungen Krieger, der die Nachkriegsrevolution als 16-jähriger Kadett miterlebte, hat seine Sicht der Ereignisse – stark stilisiert – in dem autobiographischen Roman *Die Geächteten* geschildert: »Der (roten) Fahne nach wälzten sich müde Haufen, regellos durcheinanderstapfend. Weiber marschierten an der Spitze. Sie schoben sich mit breiten Röcken voran, die graue Haut der Gesichter hing in Falten über spitzen Knochen [...]. Die Männer, alte und junge, Soldaten und Arbeiter und viele Kleinbürger dazwischen, schritten mit stumpfen, zermürbten Gesichtern [...]. So zogen sie, die Streiter der Revolution. Aus diesem schwärzlichen Gewusel da sollte also die glühende Flamme springen, sollte der Traum von Blut und Barrikaden sich verwirklichen? Unmöglich, vor denen da zu kapitulieren [...]. Hohn über ihren Anspruch, der keinen Stolz kennt, keine Siegessicherheit [...]. Ich steifte mich und dachte ›Kanaille‹ und ›Pack‹ und ›Mob‹ und kniff die Augen zusammen und besah diese dumpfen, ausgemergelten Gestalten; wie Ratten, dachte ich, die den Staub der Gosse auf ihren Rücken tragen.«[33]

Diese tiefe Verbitterung über den Ausbruch der Revolution empfanden auch viele ehemalige Frontsoldaten, und sie waren fest davon überzeugt, ihr aufopferungsvoller Kampf sei an der Heimatfront verraten worden. Zur Verbitterung trug auch bei, dass die von der Front heimkehrenden Einheiten mancherorts von Arbeiter- und Bauernräten entwaffnet, beleidigt und ihrer Achselstücke beraubt worden waren: »Am 15. November 1918 war ich vom Lazarett in Bad Nauheim zu meiner Garnison in Brandenburg unterwegs. Als ich an meinem Krückstock den Potsdamer Bahnhof in Berlin entlanghumpelte, hielt mich ein Trupp Uniformierter mit roter Armbinde an und forderte mich auf, meine Achselstücke und Abzeichen abzuliefern. Statt einer Antwort hob ich die Krücke, doch mein Widerstand wurde rasch gebrochen. Ich stürzte zu Boden, und erst das Eingreifen eines Bahnbeamten erlöste mich aus meiner erniedrigenden Lage.«[34]

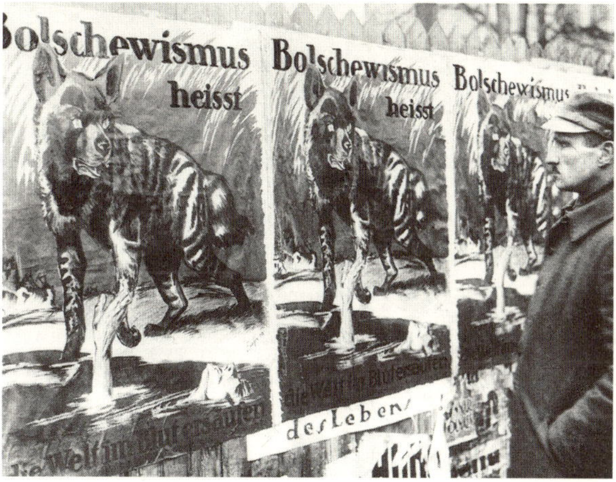

Ein Gespenst geht um in Europa … Die Furcht vor einer Ausbreitung des Bolschewismus nach Westen, die auf diesem Plakat von 1919 geschürt wird, gehörte zu den am weitesten verbreiteten und immer wieder neue Nahrung findenden Ängsten der Zeit und beeinflusste die politische Entwicklung ganz erheblich.

Gerade ehemalige Frontoffiziere schilderten in Briefen und Memoiren immer wieder solch »schmachvolle« oder »demütigende« Erfahrungen bei ihrer Rückkehr. Sie kamen in ein Deutschland, das mit den »großen« Traditionen des wilhelminischen Reiches gebrochen zu haben schien, für die sie jahrelang gekämpft und gelitten hatten. »Und dafür«, sollte sich einer von ihnen später fragen, »sollte die blühende Jugend Deutschlands zu Hunderten auf dem Schlachtfeld niedergemäht worden sein?!«[35] Ein ehemaliger Frontkämpfer, der ein Bein verloren hatte und den 9. November in einem Lazarett erlebte, bekannte: »Nie werde ich das Bild vergessen, wie ein verwundeter Kamerad, dem ein Arm amputiert war, in unser Zimmer trat und sich schweigend aufs Bett warf. Rotes Gesindel, das niemals eine Kugel pfeifen hörte, hatte ihn überfallen und sämtliche Abzeichen und Auszeichnungen vom Leibe gerissen. Vor Wut schrien wir auf. Für ein solches Deutschland hatten wir nun unser Blut und die Gesundheit hingegeben.«[36]

Nicht selten mussten die Soldaten, die sich im Schützengraben nach der Heimat und ihren Familien gesehnt hatten, erleben, dass sogar diese sie kühl empfingen, da die lange Abwesenheit und der entsprechende Einkommensausfall nicht durch einen Sieg gerechtfertigt wurden – ein Thema, das Joseph Roth in seinem berühmten und bemerkenswert hellsichtigen Roman *Das Spinnennetz* (1923) auslotet. Im Zentrum von Roths Roman stehen die Unruhen im Berlin der Nachkriegszeit. Leutnant Theodor Lohse ist einer jener vielen demobilisierten Offiziere der Mittelmächte, für den die Niederlage die maßgebliche Triebfeder seines Aufbegehrens gegen die Nachkriegsordnung darstellt. Lohse muss seinen Lebensunterhalt nach dem Krieg vom bescheidenen Gehalt eines Privatlehrers im Hause eines reichen jüdischen Geschäftsmanns bestreiten. Die tief empfundene Demütigung des militärischen Zusammenbruchs wie auch die Feindseligkeit, mit der ihn seine Familie bei der Rückkehr von den Schlachtfeldern Flanderns empfangen hat, kann er nicht verwinden: »[S]ie wurden alt und konnten es Theodor nicht verzeihen, dass er nicht seine Pflicht, als Leutnant und zweimal im Heeresbericht genannter Held zu fallen, erfüllt hatte. Ein toter Sohn wäre immer der Stolz der Familie geblieben. Ein abgerüsteter Leutnant und ein Opfer der Revolution war den Frauen lästig [...]. Er hätte den Schwestern sagen können, daß er sein Unglück nicht selbst verschuldete; daß er die Revolution verfluchte; daß er einen Haß gegen Sozialisten und Juden nährte; daß er jeden seiner Tage wie ein schmerzendes Joch über gebeugtem Nacken trug und in seiner Zeit sich eingeschlossen wähnte wie in einem sonnenlosen Kerker.«[37]

Lohse sieht den einzigen Ausweg aus dem »sonnenlosen Kerker« einer entwerteten Existenz in der Entscheidung, den Krieg auf andere Weise fortzuführen. Also schließt er sich einer jener paramilitärischen Organisationen an, die überall im Europa der Nachkriegszeit aus dem Boden schießen und auf ein nach 1918 in etlichen Ländern verbreitetes Problem hinweisen: die Unfähigkeit vieler Soldaten, den Krieg hinter sich zu lassen und sich mit dem Frieden abzufinden. Einer der bekannteren realen Freikorpskämpfer, Friedrich Wilhelm Heinz, hat dazu in seinen Erinnerungen geschrieben: »Man redete uns vor, daß der Krieg nun zu Ende sei. Wir lachten darüber. *Denn* der *Krieg*, das *waren wir selbst*. Seine Flamme brannte in uns fort und umzog unser ganzes Tun mit dem glühenden und unheimlichen Bannkreis der Zerstörung.«[38]

Der Umstand, dass vor dem offiziellen Ende der Kampfhandlungen am 11. November 1918 kein alliierter Soldat auf deutsches Gebiet vorgestoßen war, schien jene populäre Verschwörungstheorie zu untermauern, die Hindenburg und Ludendorff erstmals im Herbst 1918 kolportiert hatten: Die deutsche Armee sei in Wahrheit nicht von einem äußeren Feind besiegt, sondern ihr Zusammenbruch durch den »Dolchstoß« zersetzerischer innerer Elemente an der Heimatfront herbeigeführt worden. Revisionisten wie der Chef der Obersten Heeresleitung – und künftige Reichspräsident – Paul von Hindenburg, ein maßgeblicher Apologet der »im Felde unbesiegten« deutschen Armee, konnten somit auf älteren, lang tradierten Erzählungen des Verrats aufbauen, insbesondere auf dem mittelalterlichen *Nibelungenlied*, in dem der germanische Held Siegfried feige und hinterrücks mit einem Speer niedergestreckt wird. Die nach 1918 verbreitete Version dieses Mythos machte vor allem nebulöse internationalistische Verschwörungen und Verrat an der Heimatfront für die deutsche Niederlage verantwortlich, eine Vorstellung, die sich zu einem Eckpfeiler rechter Gesinnung im Deutschland der Zwischenkriegszeit entwickeln sollte.[39]

Der Mythos der »unbesiegten« deutschen Armee, die von den Revolutionären verraten worden sei, verbreitete sich in Windeseile über die Reichsgrenzen hinaus bis in entlegene Kriegsgefangenenlager. In der deutschsprachigen Häftlingszeitschrift des japanischen Gefangenenlagers Bandō, wo von 1917 an rund tausend Deutsche und eine Handvoll k.u.k. Kriegsgefangene interniert waren, ist Anfang Dezember zu lesen: »Während die Truppen an der Westfront, im wesentlichen unerschüttert, den ungleichen Kampf noch fortsetzten, war das Haus hinter der Front in helle Flammen geraten. Wehrlos liegen wir jetzt vor dem Feind da; wieder muß, wie einst nach Jena und Auerstedt [den großen militärischen Niederlagen Preußens gegen Napoleon], unser Vaterland durch Schimpf und Schande waten.«[40]

Fester Bestandteil dieser »Dolchstoßlegende« war die zuweilen indirekt, oft aber auch explizit geäußerte Vorstellung, der Verrat müsse an einem »Tag der Abrechnung« gesühnt werden – einem Tag, an dem es gelte, den »inneren Feind« mit allen Mitteln und ohne jedes Mitleid zu bekämpfen. So erklärte etwa der ehemalige Marineoffizier Manfred von Killinger, ein berüchtigter deutscher Freikorpsführer und später der NS-Botschafter in Bukarest, in einem Brief an seine Familie: »Ich habe einen Schwur getan, Vater. Kampflos habe ich mein Torpedoboot dem Feinde ausgeliefert und kampflos ist meine Flagge niedergegangen. Ich habe geschworen, mich an denen zu rächen, die das verschuldet haben. Diese Halunken sollen Deutschland nicht regieren.«[41]

Es waren Männer wie Killinger, die Noske zur Bekämpfung der angeblichen bolschewistischen Bedrohung anwarb. Er stellte ihnen damit einen staatlich sanktionierten Freibrief aus, ihre gewaltsamen Rachephantasien auszuleben. Bei der Niederschlagung des Berliner »Spartakusaufstands« im Januar 1919 entlud sich ihr über Monate aufgestauter Hass auf die Novemberrevolution und deren Vertreter. Am 11. Januar marschierten die paramilitärischen Einheiten auf Berlin und stürmten noch am selben Tag das Zeitungsviertel. Fünf kommunistische Besatzer des *Vorwärts*, die über die Bedingungen eines Abzugs verhandeln wollten, wurden festgenommen und mit zwei abgefangenen Kurieren brutal ermordet. Hilde Steinbrink, die das letzte Maschinengewehr bediente, mit dem sich die Spartakisten gegen die Freikorpstruppen wehrten, wurde gefangen genommen und interniert.[42]

Bei den erbitterten Straßenschlachten kamen rund 200 Menschen ums Leben, weitere 400 wurden festgenommen, darunter auch Karl Radek, der in Berlin-Moabit inhaftiert wurde. Noch am Nachmittag des 11. Januar ordnete Noske eine Militärparade durch die Berliner Innenstadt an, um den Sieg der Ordnungskräfte über ihre kommunistischen Widersacher zu feiern. Am 12. Januar war der letzte Widerstand gebrochen.[43] Beobachter wie Käthe Kollwitz traf es tief, dass das Blut deutscher Arbeiter vergossen worden war: »Große Freude unter bürgerlichem Publikum über die Erstürmung des Polizeipräsidiums, die heut nacht geglückt ist. Ich bin niedergeschlagen, sehr. Trotzdem ich einverstanden damit bin, daß Spartakus zurückgedrängt ist. Aber ich habe das beklommene Gefühl, daß die Truppen nicht umsonst gerufen sind, daß die Reaktion marschiert. Außerdem ist diese rohe Gewaltanwendung, dies Schießen der Genossen – solcher, die es sein sollten – entsetzlich.«[44]

Auch konservativere Zeitgenossen wie der prominente Historiker Friedrich Meinecke, der im wohlhabenden Berliner Villenviertel Dahlem lebte, wo sich die Freikorps vor ihrem Aufbruch in die Stadtmitte gesammelt hatten, gab sich besorgt und befürchtete, die Regierung Ebert habe womöglich Kräfte entfesselt, die sie nicht mehr bändigen könne: »Der Spartakusterror, der uns acht Tage in Atem hielt, scheint nun gebrochen zu sein. Es kam alles darauf an, gegen diesen Spuk, der von feigem Gesindel ausging, eine kleine, aber zuverlässige Truppe einzusetzen [...]. Aber werden diese jungen Leutnants, die jetzt wieder ihre Uniform angelegt und in Reih und Glied mit Gewehr marschieren, auch den Takt haben, die neue Zeit zu verstehen? [...] Es ist doch ein zartes Band nur zwischen der Ebertregierung und diesen Helfern aus der Bourgeoisie des Reserveoffiziertums.«[45]

In Berlin sollte es in den folgenden Tagen zu Rachemorden an kommunistischen Aktivisten und Funktionären kommen. Rosa Luxemburg und Karl Liebknecht, die beiden prominentesten Mitglieder des Zentralkomitees der Kommunistischen Partei, versuchten ihren Häschern zu entgehen, indem sie sich in ständig wechselnden Quartieren versteckt hielten. Noch an ihrem letzten Zufluchtsort im wohlhabenden Stadtteil Wilmersdorf verfassten sie Artikel für die *Rote Fahne*. Liebknecht veröffentlichte den feurigen Appell »Trotz alledem!«, in dem er die Niederlage einräumte, seine Anhänger aber zum Durchhalten aufrief. Die Zeit sei noch nicht reif gewesen für die kommunistische Revolution, »[u]nd die ungeheure gegenrevolutionäre Schlammflut aus den zurückgebliebenen Volksteilen und den besitzenden Klassen ersäufte sie«. Und dennoch: »Die Geschlagenen von heute werden die Sieger von morgen sein.«[46] Luxemburg sprang ihm in einem glühenden Traktat mit dem sarkastischen Titel »Die Ordnung herrscht in Berlin« bei: »Ihr stumpfen Schergen! Eure ›Ordnung‹ ist auf Sand gebaut. Die Revolution wird sich morgen schon rasselnd wieder in die Höh' richten und zu eurem Schrecken mit Posaunenklang verkünden: Ich war, ich bin, ich werde sein!«[47]

Am Abend des 15. Januar 1919 stürmten rechtsgerichtete Milizionäre das Wilmersdorfer Versteck. Liebknecht und Luxemburg wurden verhaftet und mit einem anderen kommunistischen Aktivisten – dem späteren Präsidenten der DDR, Wilhelm Pieck – der Garde-Kavallerie-Schützen-Division übergeben, einer Eliteeinheit des alten kaiserlichen Heeres, die jetzt unter dem Kommando von Hauptmann Waldemar Pabst stand, einem berüchtigten Antibolschewisten.[48] Im provisorischen Hauptquartier der Division, dem Nobelhotel *Eden*, konnte Pieck Pabst unter nie ganz geklärten Umständen dazu bewegen, ihn gehen zu lassen – womöglich im Austausch gegen Informationen über die Verstecke anderer Spartakisten, wie Pabst nach 1945 in einem Interview behauptete.[49]

Liebknecht ließ man nicht laufen. Er wurde angespuckt, misshandelt und mit einem Gewehrkolben niedergeschlagen. Um 22.45 Uhr fuhr man mit dem Bewusstlosen in den nahe gelegenen Tiergarten, wo man den Kommunistenführer mit drei Schüssen aus nächster Nähe tötete.[50] Dem offiziellen Divisionsbericht zufolge wurde Luxemburg währenddessen von einem »erregten Menschenknäul« verschleppt.[51] In Wahrheit saß sie in Pabsts provisorischem Büro und las Goethes *Faust*. Als die Soldaten ins Hotel zurückkehrten, wurde auch sie zweimal mit einem Gewehrkolben ins Gesicht geschlagen und dann stark blutend in ein Auto geworfen. Nach kurzer Fahrt sprang ein Oberleutnant aufs linke Trittbrett und tötete Luxemburg mit einem Schuss in den Kopf. Dann warf man sie in den Landwehrkanal, wo ihre verweste Leiche erst Wochen später, im Mai 1919, gefunden wurde.[52]

Als Liebknecht und weitere 31 ermordete Spartakisten am 25. Januar 1919 zu Grabe getragen wurden, gingen über 100 000 Menschen auf die Straße und begleiteten den Trauerzug, darunter viele, die den Aufstand zwar nicht gutgeheißen hatten, die Morde aber verurteilten. So notierte Käthe Kollwitz in ihrem Tagebuch: »Heut ist Karl Liebknecht begraben […]. Ich durfte eine Zeichnung nach ihm machen und ging früh nach dem Schauhause. In der Leichenhalle neben den andern Särgen stand er aufgebahrt. Um die zerschossene Stirn rote Blumen gelegt, das Gesicht stolz, der Mund etwas geöffnet und schmerzhaft verzogen. Ein etwas verwunderter Ausdruck im Gesicht. Die Hände im Schoß nebeneinandergelegt, ein paar rote Blumen auf dem weißen Hemd […]. Das ganze Innere der Stadt abgesperrt. Der gewaltige Demonstrationszug von inneren Straßen abgeleitet […].

Karl Liebknecht, der unumstrittene Anführer der extremen Linken im revolutionären Deutschland, auf dem Totenbett. Der bei der brutalen Ermordung durch Freikorpssoldaten zerschossene Kopf wird von einem Verband zusammengehalten. Käthe Kollwitz fertigte die Zeichnung des toten Revolutionärs an.

Vom Friedrichshain ging der Zug hinter den Särgen […]. Wie kleinlich und falsch sind alle diese Maßnahmen. Wenn Berlin – ein großer Teil Berlins – seine Gefallenen beerdigen will, so ist das keine revolutionäre Angelegenheit. Selbst zwischen den Schlachten gibt es Ruhestunden zum Bestatten der Toten. Es ist unwürdig und aufreizend, Liebknechts Gefolgschaft zum Grabe militärisch zu schikanieren. Und es ist ein Zeichen der Schwäche der Regierung, daß sie das dulden muß.«[53]

Die Ermordung der revolutionären Führer war beispielhaft für die Verrohung der politischen Sitten durch Krieg und latenten Bürgerkrieg. Dies traf nicht allein auf Deutschland zu. Politische Morde gab es in der unmittelbaren Nachkriegszeit überall in Europa. Im bürgerkriegsgeschüttelten Irland fielen ihr unter anderem Männer wie Michael Collins zum Opfer, in Ungarn der linksliberale Starkolumnist Béla Bacsó und der Chefredakteur der sozialdemokratischen Tageszeitung *Népszava*, Béla Somogyi.

Die Welle politischer Morde ebbte auch nach 1919 nicht ab: Am 15. März 1921 etwa erschoss der armenische Student Soghomon Tehlirian in Berlin den ehemaligen Innenminister des Osmanischen Reiches, Talât Pascha, einen der Hauptverantwortlichen für den Genozid an den Armeniern. 1925 ermordete ein den Nationalsozialisten nahestehender Zahntechniker in Wien den gesellschaftskritischen Romancier Hugo Bettauer, der als konvertierter Jude mit liberalen politischen Ansichten in das Feindschema der radikalen Rechten passte. Wenige Jahre später ereilte den jugoslawischen König Alexander I. in Marseille das gleiche Schicksal; sein Mörder war ein Mitglied der kroatischen Ustascha, die sich von der serbischen Mehrheit unterdrückt fühlte. Mord als Mittel der politischen Auseinandersetzung war keine Ausnahme, sondern fester Bestandteil der europäischen Nachkriegskultur.

Im deutschen Fall sollten die Morde an Luxemburg und Liebknecht langfristige Folgen für das Verhältnis zwischen Kommunisten und Sozialdemokraten haben. So brachte etwa das Entsetzen über Noskes Entscheidung, mit konterrevolutionären Kräften gegen deutsche Arbeiter vorzugehen, eine der prominentesten Frauenrechtlerinnen Deutschlands, Clara Zetkin, dazu, sich vollends von der Sozialdemokratie loszusagen.[54] Zetkin, die es bis dahin abgelehnt hatte, ihrer engen Freundin Luxemburg in die neu gegründete Kommunistische Partei zu folgen, trat nun – im Alter von 62 Jahren – in die KPD ein. »So alt ich bin […] will ich doch die Zeit, in der ich noch wirken kann, dort stehen, dort kämpfen, wo das Leben ist und nicht dort, wo mir Zersetzung und Schwäche entgegenstarrt.«[55]

Die Kluft, die sich im Ersten Weltkrieg innerhalb der sozialistischen Arbeiterbewegung aufgetan hatte und die durch die Blutweihnacht von 1918 noch tiefer geworden war, wurde nun zum unüberbrückbaren Abgrund. Für die Anhänger des linken USPD-Flügels und der KPD stand fest, dass die Führung der Mehrheitssozialdemokratie die politische Verantwortung für die blutigen Januarereignisse trug. Ebert und Noske dagegen waren überzeugt, dass sie Deutschland durch ihr konsequentes Handeln vor »russischen Verhältnissen« bewahrt hatten, die auch im Wahlkampf für die Nationalversammlung eine zentrale Rolle spielten.

KAPITEL XI

Triumph des Liberalismus

Am 19. Januar 1919 fanden die Wahlen zur verfassunggebenden Nationalversammlung statt. 83 Prozent der Wahlberechtigten strömten zu den Urnen, um die Konstituante zu wählen – das deutsche Übergangsparlament, das die Aufgabe hatte, eine neue Reichsverfassung auszuarbeiten. Insgesamt votierte eine überwältigende Mehrheit von 76 Prozent für jene Parteien, die klar für einen *demokratischen* Neuanfang in Deutschland standen: die Mehrheitssozialdemokraten (37 Prozent), die linksliberale Deutsche Demokratische Partei DDP (18,5 Prozent) und die katholische Zentrumspartei gemeinsam mit ihrer Schwesterpartei, der Bayerischen Volkspartei BVP (19,7 Prozent).

Im Vergleich zu den letzten Parlamentswahlen im Jahr 1912, aus denen die Sozialdemokraten erstmals als stärkste Fraktion im Reichstag hervorgegangen waren, hatte die MSPD sogar noch 3,1 Prozent zugelegt – und das trotz Abspaltung der USPD. Größte Oppositionspartei mit einen Stimmanteil von knapp über zehn Prozent wurde die rechtsnationale Deutschnationale Volkspartei DNVP, gefolgt von der USPD (7,6 Prozent) und der nationalliberalen Deutschen Volkspartei DVP.[1] Das Ergebnis war eindeutig: Die Mehrheit der Deutschen wollten einen demokratischen Neubeginn und nicht einen sozialrevolutionären Umsturz der Gesellschaft, wie ihn Teile der USPD und die neu gegründete KPD forderten. Letztere hatte zum Boykott der Wahlen aufgerufen, wohl auch in der Gewissheit, dass das Wahlergebnis ihre Schwäche offenbaren werde.

Bei diesen ersten wirklich demokratischen Wahlen in Deutschland – eine große Errungenschaft der Revolution – waren alle Bürger über zwanzig Jahren stimmberechtigt. Frauen waren den Männern vollkommen gleichgestellt und besaßen im Reich wie auf Länderebene aktives und passives Wahlrecht – eine höchst bemerkenswerte

Tatsache, da sowohl der Reichstag als auch der Preußische Landtag noch wenige Wochen vor der Revolution Anträge zur Einführung des Frauenwahlrechts zurückgewiesen hatten.[2]

Deutschland war nicht das erste Land, in dem sich die Frauen das Wahlrecht erstritten. Den Anfang hatten die Neuseeländerinnen bereits 1893 gemacht. In Europa erkämpften sich die Finninnen 1906 die vollen staatsbürgerlichen Rechte, 1913 die Norwegerinnen und 1915 die Däninnen. Mit Deutschland gestand nun auch die erste große Industrienation der Welt den Frauen dieses zentrale Bürgerrecht zu.

Die Geburtsstunde des Frauenwahlrechts in Deutschland war der »Aufruf an das Deutsche Volk«, den der Rat der Volksbeauftragten am 12. November 1918 veröffentlicht hatte: »Alle Wahlen zu öffentlichen Körperschaften sind fortan nach dem gleichen, geheimen, direkten, allgemeinen Wahlrecht auf Grund des proportionalen Wahlsystems für alle mindestens 20 Jahre alten männlichen und weiblichen Personen zu vollziehen.«[3] Keine drei Wochen später, am 30. November 1918, war in Deutschland das Reichswahlgesetz mit dem allgemeinen aktiven und passiven Wahlrecht für Frauen in Kraft getreten. Damit konnten deutsche Frauen am 19. Januar 1919 zum ersten Mal reichsweit wählen und gewählt werden. Zuvor hatten in einigen Ländern Landtagswahlen stattgefunden, bei denen sie ihr Wahlrecht bereits hatten nutzen können: in Baden am 5. Januar 1919 und in Württemberg am 12. Januar 1919. Als erste Frau überhaupt ergriff die Frauenrechtsaktivistin und Expertin für Sittlichkeitsfragen, Marianne Weber (DDP), bei der konstituierenden Sitzung im Karlsruher Ständehaus am 15. Januar 1919 als Abgeordnete das Wort. Die mit dem Soziologen Max Weber verheiratete Akademikerin und Autorin des Werkes *Ehefrau und Mutter in der Rechtsentwicklung* (1907) erklärte selbstbewusst, dass die Frauen sich dieser Aufgabe durchaus gewachsen zeigen würden: »Wir Frauen können nur unserer hohen Freude und Befriedigung darüber Ausdruck geben, dass wir zu dieser Aufgabe mitberufen sind, und ich glaube, sagen zu dürfen, dass wir besser für sie vorbereitet sind, als vielleicht die meisten von Ihnen glauben.«[4]

Webers Selbstbewusstsein gründete nicht zuletzt auf der Gewissheit, dass die Frauen mehr als die Hälfte der deutschen Bevölkerung repräsentierten. Rund zwei Millionen deutsche Männer waren im Krieg umgekommen, was die Bevölkerungsstruktur nachhaltig verändert hatte. Frauen stellten mit rund 17 Millionen Stimmberechtigten nun die Mehrheit der Wählerschaft. Die neue weibliche Wählerschaft übertraf die männliche insgesamt um 2,8 Millionen.[5] Und die überwiegende Mehrheit von ihnen ging tatsächlich an die Urnen: Bei den allgemeinen Wahlen zur verfassunggebenden Versammlung im Januar 1919 gaben über 82 Prozent der wahlberechtigten Bürgerinnen über 21 Jahre ihre Stimme ab – ein außergewöhnlich hohes Maß an politischer Partizipation. Der Großteil von ihnen votierte nicht für die linken Parteien, deren Wählerschaft eher männlich geprägt war, sondern für Parteien der bürgerlichen oder nationalistischen Rechten.[6]

Vom passiven Wahlrecht machten immerhin 300 Frauen als Kandidatinnen Gebrauch. Die meisten weiblichen Abgeordneten stellte das linke Lager, insbesondere die beiden sozialdemokratischen Parteien MSPD und USPD, die zusammen 21 der 37 – von der zweiten Jahreshälfte 1919 an waren es durch zwei Nachrückerinnen, Marie Behnke und Helene Grünberg, sogar 39 – Frauen in der Nationalversammlung stellten.[7] Die vierzigjährige Sozialdemokratin Marie Juchacz, eine gelernte Schneiderin und seit 1917 Vollzeitpolitikerin im Parteivorstand der MSPD, erklärte als erste gewählte Volksvertreterin in einem nationalen deutschen Parlament in ihrer Rede am 19. Februar 1919,[8] »dass es die Revolution gewesen« sei, die in »Deutschland die alten Vorurteile überwunden« und den Frauen gegeben habe, »was ihnen bis dahin zu Unrecht vorenthalten worden ist«.[9]

Eine rasante Zunahme politischer Betätigung unter deutschen Frauen war auch in anderen Bereichen zu beobachten: Die Zahl weiblicher Mitglieder in den Freien Gewerkschaften stieg zwischen 1918 und 1920 von 500 000 auf 1,7 Millionen; im selben Zeitraum verzeichnete die MSPD einen Anstieg ihrer weiblichen Mitgliederschaft von 66 000 auf über 200 000.[10]

Im Vorfeld der Wahlen von 1919 hatten die Parteien eigens Frauenkomitees ins Leben gerufen, deren Aufgabe es war, die politischen

Botschaften der Partei auf die Interessen der weiblichen Wählerschaft zuzuschneiden.[11] Doch nicht alle Botschaften verfingen, und längst nicht alle Frauen schienen die politischen und gesellschaftlichen Veränderungen seit November 1918 rundweg zu begrüßen. Dass die katholische Zentrumspartei und die konservativen Parteien den größten Anteil der weiblichen Wählerstimmen erhielten, lässt zumindest Verunsicherung angesichts der neuen politischen Realitäten vermuten. Andererseits waren es gerade die Frauen, die der MSPD ihren großen Erfolg bescherten.[12]

Das Wahlergebnis legte im Hinblick auf die künftige Regierungsarbeit eine Anknüpfung an die »Friedensmehrheit« von 1917 nahe, also ein Bündnis aus Mehrheitssozialdemokraten, linksliberaler Deutscher Demokratischer Partei und katholischem Zentrum, jenen drei Parteien, die sich wenig später zur sogenannten Weimarer Koalition zusammenschlossen.[13] Da die Regierung die Lage in der Hauptstadt nach dem Spartakusaufstand noch immer für zu unsicher hielt, entschied man sich für die mitteldeutsche Stadt als Versammlungsort des verfassunggebenden Gremiums. Dort tagte die Konstituante von Anfang Februar 1919 an im Deutschen Nationaltheater. Man hoffte, der Ort, an dem Goethe und Schiller gelebt und gearbeitet hatten – und der somit als Sinnbild der klassischen humanistischen Kultur Deutschlands galt –, dieser »Geist von Weimar«, sollte für die deutschen Bürger wie für die Alliierten einen Neubeginn symbolisieren. Neben dieser demonstrativen Abkehr vom Militarismus des Kaiserreichs war die Entscheidung, die Verfassung in Weimar und nicht in Berlin auszuarbeiten, auch ein Zugeständnis an die anderen Regionen Deutschlands, wo man starke Ressentiments gegen Preußen hegte und gegen die nach Ansicht vieler zu große Machtkonzentration in Berlin.[14]

Am 6. Februar 1919, dem Tag der offiziellen Eröffnung der Nationalversammlung – es war der 23. Geburtstag ihres 1914 gefallenen Sohnes Peter –, vermerkte Käthe Kollwitz in ihrem Tagebuch: »Es ist ein schöner Tag. Nach langer Zeit zum ersten Mal wieder fühl ich, daß ich viel kann [...]. Ich habe die Mutter gezeichnet, die ihre beiden Kinder umschließt, ich bin es mit meinen eigenen leibgeborenen Kindern, meinem Hans und meinem Peterchen. Und ich hab es gut

Die satirische Zeitschrift *Kladderadatsch* nennt es Damenwahl, was am 19. Januar 1919 stattfand: Die Frauen konnten zum ersten Mal das aktive und passive Wahlrecht ausüben. Während die Mehrheit der deutschen Wählerinnen für Parteien wie das Zentrum, die DVP oder die DNVP stimmten, standen die weiblichen Abgeordneten der verfassunggebenden Nationalversammlung mehrheitlich auf der politischen Linken.

machen können. Danke! […] Abends tranken wir Wein. Auf den Jungen. Und auf die Nationalversammlung.«[15]

Friedrich Ebert hielt die Eröffnungsrede in Weimar, wobei er sich wiederholt Zwischenrufen aus dem rechten Lager ausgesetzt sah, aber viel Beifall von den Delegierten der zahlenmäßig weit überlegenen Weimarer Koalition erntete.[16] In seiner Ansprache stellte er den politischen Neubeginn in die Tradition der deutschen Freiheitsbewegungen des 19. Jahrhunderts und mahnte Volk wie Volksvertreter zu Ordnung und Disziplin. Er verwahrte sich dagegen, dass die Revolution oder die Regierung die missliche Lage Deutschlands herbeigeführt habe. Schuld trügen vielmehr der Krieg, die verfehlte Politik der alten Eliten sowie die Rachsucht der Ententemächte. Wie so viele seiner Mitbürger beharrte Ebert darauf, dass die alliierten Gespräche in Paris einen Wilson'schen Frieden – keinen alliierten Siegfrieden – zum Ziel haben müssten:

> Aber nicht nur uns, auch *unsere Gegner* hat der Krieg ungeheuer erschöpft. Aus dem Gefühl der Erschöpfung bei unsern Gegnern entspringt ihr Bestreben, sich schadlos zu halten am deutschen Volke, wird der Ausbeutungsgedanke in das Friedenswerk hineingetragen. Diese Rache- und Vergewaltigungspläne fordern den schärfsten Protest heraus. [Bravo!] Das deutsche Volk kann nicht auf 20, 40 oder 60 Jahre zum Lohnsklaven anderer Länder gemacht werden […]. Gleichwohl ist das deutsche Volk entschlossen, selbst alle zur Verantwortung zu ziehen, denen ein absichtliches Verschulden oder eine absichtliche Niedertracht nachgewiesen werden kann. Aber man soll nicht diejenigen strafen, die selbst Opfer waren, Opfer des Krieges, Opfer unserer früheren Unfreiheit.[17]

Ebert beklagte, dass das Elsass bereits wie französisches Gebiet behandelt und Deutsche dort von ihrem Grund und Boden vertrieben würden, ferner gebe es Bestrebungen, den deutschen Haushalt und die deutsche Wirtschaft vollständig zu kontrollieren, »was zu einer allgemeinen geldwirtschaftlichen Versklavung des deutschen Volkes« führen würde. »Jetzt gebe man uns den Wilson-Frieden, auf den wir Anspruch haben«, forderte er.[18]

Es gab noch einen weiteren Punkt, den er am 6. Februar ansprach, und zwar »daß die Nationalversammlung die künftige Reichsregierung ermächtigt, baldigst mit der Regierung des deutsch-österreichischen Freistaates über den endgültigen Zusammenschluß zu verhandeln«. Die Republik solle, so sein Wunsch, zu den großdeutschen Traditionen der ersten Hälfte des 19. Jahrhunderts zurückkehren, um »das Band, das die Gewalt 1866 zerrissen hat, wieder neu zu knüpfen«, womit die

Schlacht von Königgrätz gemeint war, in deren Folge die deutsche Frage zugunsten der kleindeutschen Lösung entschieden wurde.[19]

Dass Ebert die Forderung nach einem Anschluss Österreichs bei der Eröffnung der deutschen Nationalversammlung erhob, bedarf der Erklärung. Aus heutiger Sicht erscheint sie unrealistisch, doch im Winter 1918/19 hofften nicht wenige, das Deutsche Reich werde die militärische Niederlage und den absehbaren Verlust Elsass-Lothringens wettmachen durch die Angliederung der Republik Deutsch-Österreich, jenen nach dem Zerfall des Habsburgerreichs übrig gebliebenen deutschsprachigen Rumpfstaat.[20] Begonnen hatte die Debatte über den »Anschluss« Österreichs bereits am 12. November 1918, als die provisorische Nationalversammlung in Wien Deutsch-Österreich zum »Bestandteil der Deutschen Republik« erklärte.[21] Ebert und der Rat der Volksbeauftragten waren durchaus skeptisch, ob Deutschland sich mit diesem *fait accompli* durchsetzen würde,[22] doch für erstrebenswert hielten die sechs Mitglieder der Revolutionsregierung den Anschluss allemal.[23] Sie beriefen sich dabei auf das Selbstbestimmungsrecht der Völker, von dem die meisten Deutschen bis zum Frühjahr 1919 leichtfertig annahmen, dass es der Friedenskonferenz von Versailles als Leitidee zugrunde liegen würde.

Die weit verbreitete Hoffnung auf einen »Verständnisfrieden« und den unmittelbar bevorstehenden Zusammenschluss Deutschlands und Deutsch-Österreichs passte gut in das optimistische Stimmungsbild, das die ersten Nachkriegsmonate in Deutschland prägte. Die Revolution schien nach Ansicht des deutschen Soziologen Max Weber der »sicherste Weg, das großdeutsche Problem, welches jetzt vor uns steht, einer Lösung entgegenzuführen«.[24] Speziell in den ersten Wochen nach dem Waffenstillstand sahen viele den Augenblick für die Errichtung jener großdeutschen Republik gekommen, die die Revolutionäre von 1848 vergebens angestrebt hatten. »Stolz stehen wir da und aufrecht und pflanzen am Grabe des alten Reiches die Hoffnung aufs größere Deutschland auf«, hieß es im Spätherbst 1918 in einem Leitartikel der linksliberalen Zeitschrift *Die Hilfe*. »Jetzt können wir«, so Wilhelm Heile, der Verfasser des Kommentars, »anders wie unsere Väter 1871 unser Haus von Grund auf neu bauen«.[25]

Auch von deutschen Historikern wurde die Wiedergeburt der »großdeutschen Idee« begeistert aufgenommen. Dabei hatten sie Bismarcks kleindeutsche Lösung 1871 nahezu einhellig als Erfüllung der deutschen Geschichte begrüßt. Dies sei ein »sich mit Notwendigkeit erfüllender Entwicklungsprozeß, der von Luther und der Reformation über den großen Kurfürsten und Friedrich den Großen bis zur preußischen Reformzeit führte, um dann im Werk Bismarcks seinen krönenden Abschluß zu finden«,[26] hieß es damals. Nun, nach dem Zusammenbruch des kleindeutschen Kaiserreichs, galt dieses Geschichtsbild weitgehend als überholt. Der nationalliberale »Vernunftrepublikaner« Hermann Oncken etwa war der Meinung, der Zerfall des Vielvölkerstaates Österreich-Ungarn habe eine Vereinigung des Reiches mit dem deutschsprachigen Teil Österreichs ebenso möglich wie erforderlich gemacht. In der gegenwärtigen Situation, so Oncken, gebe es nur ein außenpolitisches Ziel, dem sich die deutsche Republik voll und ganz verschreiben sollte: »Die Rückkehr zur großdeutschen Idee. Das ist für uns das Ergebnis der Weltkrisis […]. Großdeutschland ist jetzt möglich geworden, weil der österreichische Hausstaat nicht mehr existiert, und es ist nötig geworden, weil Deutschösterreich allein nicht leben kann. Damit ist nicht nur der theoretische Daseinsgrund für die kleindeutsche Idee von 1848/1866 hinfällig geworden, sondern auch das kleindeutsche Reich in dem Umfang, wie es von 1871 bestand, hat seine realpolitische Existenzberechtigung verloren. Die kleindeutsche Idee […] muss sich automatisch in der großdeutschen Idee auflösen.«[27]

Für Oncken und andere war die deutsch-österreichische Waffenbrüderschaft während des Ersten Weltkriegs ein deutlicher Beweis dafür, dass das Schicksal der beiden deutschsprachigen Staaten im Herzen Europas untrennbar miteinander verbunden war. Daher verdienten sie es, in einem Nationalstaat vereint zu werden. Oncken zufolge wohnte dem verlorenen Krieg und dem Zusammenbruch des k.u.k. Imperiums sogar ein »historischer Sinn« inne, nämlich mit dem Anschluss Österreichs die »reichste Frucht« der militärischen Niederlage des Kaiserreichs zu ernten.[28]

Der breite öffentliche Konsens bezüglich dieser »großdeutschen« Ausweitung des Reiches nach dem Krieg führte zur Gründung einer ganzen Reihe überparteilicher Vereinigungen wie etwa des »Deutsch-österreichischen Volksbunds«.[29] Ein Blick auf das Führungspersonal des Volksbunds verrät, wie breit gefächert das politische Spektrum der Anschlussbefürworter in den Jahren 1918/19 war: Erster Vorsitzender war der Sozialdemokrat Paul Löbe, Stellvertreter der Deutschnationale Otto Hoetzsch. Der deutsch-österreichische Botschafter in Berlin Ludo Hartmann durfte folglich auf breite Unterstützung der Parteien bauen, als er die deutsche Regierung Anfang Februar 1919 um ein klares öffentliches Bekenntnis zu Großdeutschland bat.[30]

Dass eine Reihe von demokratischen Politikern – am prominentesten sicher Ebert selbst – im Frühjahr 1919 auf den Anschluss drängte, hatte viele Gründe. Zunächst wäre der Anschluss ein Beweis für das Vermögen der Republik gewesen, eine »umfassendere« Lösung der deutschen Frage herbeizuführen, als es Otto von Bismarck 1871 gelungen war.[31] Zweitens hätten die Parteien, die nach den Wahlen zur Nationalversammlung die Mehrheit im Parlament stellten, durch die Unterstützung der Anschlussbewegung zeigen können, dass die Republik die historischen Traditionen der deutschen Vergangenheit in Ehren hielt. So betonte der liberale Staatsrechtslehrer Hugo Preuß, der »Vater« der Weimarer Verfassung, dass sein Verfassungsentwurf an die Ideale des Paulskirchenparlaments von 1848/49 angelehnt sei.[32] Diese Ideale beinhalteten, so Preuß, sowohl die Prinzipien der freiheitlichen Demokratie als auch das Streben nach einem großdeutschen Vaterland. Daher enthielt sein Entwurf zur Reichsverfassung bereits die rechtlichen Grundlagen für einen Anschluss Österreichs. Artikel 2, Absatz 1, der Weimarer Verfassung sah vor, dass neue Gebiete in das Reich aufgenommen werden konnten, wenn dies dem Wunsch der dort ansässigen Bevölkerung entsprach. In Artikel 61, Absatz 2, wurde Deutsch-Österreich überdies ein Sitz im Reichsrat gewährt – wenn auch zunächst nur in beratender Funktion, bis das Land Teil des Reiches geworden sein würde.[33]

All diese verfassungsrechtlichen Vorbereitungen wurden im Mai 1919 hinfällig, als die Siegermächte der deutschen Delegation in Versailles die Vertragsbedingungen vorlegten.[34] In diesen machten sie unmissverständlich deutlich, dass sie keinerlei territoriale Ausdehnung des Reiches dulden würden. Der Vertrag enthielt sogar eine Klausel, die den Anschluss ausdrücklich untersagte. So musste Deutschland in Artikel 80 anerkennen, dass die Unabhängigkeit Österreichs »unabänderlich ist, es sei denn, daß der Rat des Völkerbunds einer Abänderung zustimmt«.[35] Da Großbritannien und Frankreich zu den ständigen Mitgliedern im Völkerbundsrat gehörten und Entscheidungen dort einstimmig gefällt werden mussten, war eine derartige Zustimmung aber auf absehbare Zeit ausgeschlossen.

Die deutsche Niederlage im Ringen um einen demokratisch legitimierten Anschluss im Geiste des Selbstbestimmungsrechts der Völker war ein herber außenpolitischer Schlag für die Regierung. Dieser Rückschlag sollte indes nicht darüber hinwegtäuschen, dass die Konstituante ungeachtet aller Streitigkeiten zwischen den Parteien Beachtliches leistete. Mit der feierlichen Verkündung der Weimarer Reichsverfassung am 11. August 1919 legte sie ein bemerkenswertes rechtliches Dokument vor, das eine zutiefst liberale Handschrift trug. Die Weimarer Verfassung garantierte allen Deutschen Grundrechte wie Meinungs- und Pressefreiheit, erklärte Mann und Frau für gleichberechtigt und sicherte allen erwachsenen Bürgern freies und gleiches Wahlrecht zu. Darüber hinaus formalisierte sie in der Revolutionszeit aufgestellte und zum Teil bereits umgesetzte Forderungen zur Gleichberechtigung: die Zulassung der Frauen in der Rechtspflege, etwa als Richterinnen, in allen Bereichen der öffentlichen Verwaltung und Regierung, die Fortzahlung des Lohns bei Schwangerschaft, die Reform der Abtreibungsgesetzgebung, die Gleichstellung der Ehepartner, die Abschaffung des Zölibats für Beamtinnen, die Neuregelung der Alimentenfrage, die Einführung kostenloser Schulen und Koedukation für alle.[36] Nicht weniger bedeutend waren die Sozialreformen, die zum Teil schon von der ersten Revolutionsregierung beschlossen worden waren. Das betraf etwa das Prinzip der Parität von Kapital und Arbeit, die rechtsverbindliche Anerkennung von Tarifpartnern und -abschlüssen, die gesetzlich festgeschriebene Verantwortung des Staates für Arbeitslose und den Schutz von Müttern und Kindern.

Die Weimarer Verfassung sah erneut ein föderales System aus achtzehn Einzelstaaten vor, wobei dem deutschen Zentralstaat nun mehr Macht zukam als im Kaiserreich und manche der Kleinstaaten zusammengefasst wurden.[37] Die Macht Preußens, jenes Staates, der drei Fünftel der deutschen Bevölkerung beheimatete, wurde im Vergleich zur Zeit vor 1918 etwas begrenzt, da das Land nur zwei Fünftel aller Sitze im Reichsrat einnehmen durfte und dort dadurch die Mehrheit verlor. Die vom Reichskanzler geführte Regierung hatte sich vor dem Parlament – dem Reichstag – zu verantworten, dessen Zusammensetzung per Verhältniswahlrecht ermittelt wurde. Dabei votierten die Stimmberechtigten für eine Partei, der dann eine ihrem Stimmanteil entsprechende Anzahl von Sitzen im Reichstag zuerkannt wurde.[38]

Darüber hinaus sollte alle sieben Jahre ein Präsident direkt vom Volk gewählt werden. Dieser hatte den Kanzler und sein Kabinett zu ernennen und durfte den Reichskanzler unter außergewöhnlichen Umständen mit Notstandsbefugnissen ausstatten, die diesem erlaubten, per Dekret zu regieren. Die Macht des Reichspräsidenten war dann nahezu uneingeschränkt: Er konnte die Legislative auflösen und weitreichende, in Artikel 48 der Reichsverfassung festgeschriebene Notstandsrechte wahrnehmen. Wenn er die staatliche Ordnung bedroht sah, konnte er in jedem der Föderalstaaten die Armee einsetzen, um diese Ordnung wieder herzustellen.[39] Vor dem Hintergrund der Krise Weimars in den 1930er Jahren und dem Aufstieg Hitlers ist die Machtfülle des Reichspräsidenten immer wieder kritisiert worden – allerdings in dem Wissen um die Katastrophe von 1933. Die schwere Wirtschafts- und Staatskrise, die 1929 einsetzte, war aber aus der Perspektive des Jahres 1919 nicht vorhersehbar.

Bereits am 10. Februar, einen Tag vor der Wahl Eberts zum ersten Reichspräsidenten der Weimarer Republik, verabschiedete die Nationalversammlung den Entwurf der vorläufigen Reichsverfassung. Das in der Weimarer Verfassung entworfene politische System orientierte sich weit mehr an liberalen west- und nordeuropäischen Vorbildern als an den Verfassungen der imperialen Staaten Mittel- und Osteuropas. Das Wahlgesetz etwa sah vor, dass jede Partei, die mindestens 60 000 Stimmen erhielt, im Reichstag vertreten sein sollte. Die Einführung des Verhältniswahlrechts war ein wichtiger Schritt der

Demokratisierung des Wahlrechts, da es – anders als im Mehrheitswahlrecht des Kaiserreichs – eine Sitzverteilung im Parlament sicherte, die dem Wunsch des Wahlvolkes entsprach. Außerdem wurden mit Volksbegehren und Volksentscheiden – aber auch dem direkt zu wählenden Präsidenten – wichtige Elemente der direkten Demokratie eingeführt. Alles in allem war die Verfassung der Weimarer Republik erheblich demokratischer und liberaler als die Verfassungen der meisten anderen Länder in den 1920er Jahren.[40] Nicht ohne Grund sollte der mehrheitssozialdemokratische Reichsinnenminister Eduard David am 31. Juli 1919 betonen, dass nirgendwo eine vergleichbar demokratische Verfassung existiere, vielmehr sei die Weimarer Republik die »demokratischste Demokratie der Welt«.[41]

Die stark liberale Handschrift war maßgeblich den Mitgliedern der DDP zu verdanken, vor allem Hugo Preuß, der sich – wie Marie-Elisabeth Lüders auch – mit den Idealen des Linksliberalismus identifizierte und unverkennbar seinen Aufbruchsoptimismus in den Verfassungstext hatte einfließen lassen. Rückblickend mag einem dieser Optimismus des »Traumlands der Waffenstillstandsperiode«, wie der deutsche Theologe und Philosoph Ernst Troeltsch die Monate zwischen November 1918 und Frühsommer 1919 bezeichnet hat, naiv erscheinen, doch damals war solche Zuversicht weit verbreitet.[42]

Auch Käthe Kollwitz vermittelt in ihrem Tagebuch jenen Aufbruchsgeist, der nach den bangen Kriegsjahren mit dem Frieden und der Revolution Einzug hielt: »Die 5 verflossenen Silvesternächte waren rückwärts gewandt. Waren voll Schmerz, Trauer, Sehnsucht nach dem Frieden […] jetzt ist alles Zukunft. Zukunft, die wir hell sehen wollen, über das nächste Dunkle hinweg. Man will heut nicht allein sein, man will sich Mut machen, will Glauben bekräftigen und ausdrücken […]. 1918 hat den Krieg beendet und die Revolution gebracht. Der entsetzliche, immer unerträglichere Kriegsdruck ist fort und das Atmen ist wieder leichter. Daß wir damit gleich gute Zeiten bekämen, glaubte kein Mensch, aber der enge Schacht in dem wir staken, in dem wir uns nicht rühren konnten, ist durchkrochen, wir sehen Licht und atmen Luft.«[43] Das hörte sich an, als hätten die moderaten Revolutionäre bereits gesiegt, während die vermeintlichen

Fürsprecher eines Umsturzes nach bolschewistischem Vorbild kaum noch eine Rolle spielten.

Die neue deutsche Führung war nicht weniger optimistisch. Sie teilte den Alliierten in Paris mit, dass Deutschland mit den autokratischen Traditionen der Vergangenheit gebrochen habe. Die Kernforderung von Wilsons Vierzehn Punkten für einen »gerechten Frieden« sei damit erfüllt. Die Abgeordneten in Weimar glaubten tatsächlich, das vollbracht zu haben, was den liberalen Revolutionären von 1848 nicht gelungen war, und so war es kein Zufall, dass die Nationalversammlung nach langer Debatte das Schwarz-Rot-Gold der Märzrevolution von 1848 zu den neuen deutschen Nationalfarben erkor.[44] Das war eine unmissverständliche Botschaft: Die gemäßigten Revolutionäre von 1918 waren angetreten, die politischen Fehlentwicklungen seit 1848 zu korrigieren. Die liberale Demokratie, deren Geburt damals noch vereitelt worden war, hatte endlich triumphiert.

Tatsächlich hatte die Revolution Deutschland fundamental verändert: Der Kaiser und die gestrige Ordnung waren hinweggefegt worden; eine Nationalversammlung aus frei gewählten Abgeordneten hatte die erste deutsche Demokratie aus der Taufe gehoben; drei Viertel der Abgeordneten unterstützten die neue Regierung unter Philipp Scheidemann. Kaum ein anderes Land hatte eine vergleichbar fortschrittliche Verfassung und und ähnlich progressive Sozialgesetze wie Deutschland in den Weimarer Jahren. Diese beträchtlichen Errungenschaften wurden allerdings von dem Umstand überschattet, dass kleine radikale Minderheiten am linken und rechten Rand sich weigerten anzuerkennen, dass eine überwiegende Mehrheit der Deutschen die gemäßigte Revolution vom November 1918 unterstützte.

KAPITEL XII

Druck von innen: die Frühjahrsunruhen von 1919

Die Einberufung der Nationalversammlung war ein Meilenstein auf dem Weg in die parlamentarische Demokratie, aber die bürgerkriegsähnlichen Unruhen in Teilen Deutschlands waren damit nicht beendet, im Gegenteil: Im Frühjahr setzte eine zweite, radikalere Phase der Revolution ein, und was noch schlimmer war: Die großen Streiks im Ruhrgebiet wie in Mitteldeutschland und die Straßenkämpfe in Berlin, Bremen und München richteten sich nun gegen die demokratisch legitimierte Weimarer Koalitionsregierung. Im Frühjahr 1919 kam es in vielen Teilen Deutschlands erneut zu revolutionären Unruhen.

In Bremen riefen USPD und KPD am 10. Januar eine Räterepublik aus und suchten so den von den Mehrheitssozialdemokraten dominierten Arbeiterrat und den Senat der Stadt zu entmachten. Mit Standrecht und Pressezensur sollte die Regierung einer kleinen Minderheit durchgesetzt werden. Das scheiterte, da der Putsch umgehend von Freikorpssoldaten blutig niedergeschlagen wurde. In den industriellen Hochburgen des Ruhrgebiets und Mitteldeutschlands streikten die Minenarbeiter und forderten die sofortige Verstaatlichung der Zechen. An einem Generalstreik der Bergarbeiter nahmen 300 000 Menschen teil. Auch hier kam es zu blutigen Massakern durch Freikorpssoldaten. In Dresden wurde der sächsische Kriegsminister Gustav Neuring in die Elbe geworfen und erschossen, als er versuchte, ans Ufer zu gelangen. In Magdeburg besetzten »Rote Garden« Zeitungsredaktionen, deren politische Ausrichtung ihnen nicht passte. Nach erneuten Ausschreitungen in Berlin und der Ausrufung des Generalstreiks durch die KPD erließ Noske am 9. März 1919 den Befehl: »Jede Person, die mit der Waffe in der Hand, gegen Regierungstruppen kämpfend angetroffen wird, ist sofort zu erschießen.« Daraufhin kam es zu einer Welle von Gewalt und Terror. Die Regierungskräfte – reguläre Soldaten wie Freikorpskämpfer – gingen mit Maschinengewehren, Panzern und sogar Flugzeugen, die einige Bomben abwarfen, gegen die Aufständischen vor und töteten mehr als tausend Menschen. Viele Kämpfer auf Regierungsseite nutzten den Märzaufstand zur lang ersehnten Abrechnung mit dem Gegner, wobei sie durch Gerüchte – wie ein vermeintliches spartakistisches Massaker an sechzig Polizisten im Bezirk Lichtenberg – noch angestachelt wurden. Im Zuge der Niederschlagung der »Märzunruhen« wurde Rosa Luxemburgs langjähriger Lebensgefährte und Nachfolger als Herausgeber der *Roten Fahne*, Leo Jogiches, ermordet, ebenso 31 Mitglieder der Volksmarinedivision, die den Regierungstruppen bei den Weihnachtskämpfen von 1918 noch eine schmachvolle Niederlage zugefügt hatte.[1]

Die Unruhen erfassten auch München, wo die friedliche Revolution vom November 1918 im Frühjahr 1919 in Gewalt umschlug. Die Regierung Eisner hatte zwar immer wieder den revolutionären Wandel beschworen, sich jedoch als unfähig erwiesen, für ausreichend Lebensmittel oder neue Arbeitsplätze zu sorgen, und so war die Aufbruchsstimmung vom November bald verflogen. Eisner saß, wie es schien, zwischen allen Stühlen: Seinen einstigen Anhängern im linken Lager war sein Bruch mit dem alten Regime und den alten Eliten nicht radikal genug, während für seine rechten Gegner – darunter Monarchisten, Teile der Armee sowie die wachsende antisemitische »Thule-Gesellschaft« – schon seine jüdische Herkunft Anlass zum Misstrauen gab und seine sozialistischen Überzeugungen sogar eine Bedrohung darstellten. Immer öfter wurden seine Reden durch Zwischenrufe einzelner Arbeiter gestört, und schließlich wurde er bei Kundgebungen regelrecht niedergebrüllt. Selbst eines seiner Kabinettsmitglieder, der parteilose Verkehrsminister Heinrich von Frauendorfer, tadelte ihn zornentbrannt: »Sie sind […] ein Anarchist […]. Sie sind kein Staatsmann, Sie sind ein Narr! […] Wir wirtschaften ab, Sie haben den Eindruck des Bolschewismus gemacht. Ich kann den Ausbau der Räte nicht dulden […], das führt zum Ruin des Vaterlandes.«[2]

Die Berliner Märzunruhen wurden von Regierungsseite mit enormer Härte niedergeschlagen. Mehr als tausend Aufständische wurden getötet, zahlreiche Sympathisanten verhaftet. Im Bezirk Friedrichshain wird eine vermeintliche Unterstützerin von Regierungstruppen abgeführt – einem ungewissen Schicksal entgegen.

In den Augen des national gesinnten bayerischen Bürgertums hatte Eisner das Andenken der Kriegstoten beschmutzt, indem er als Ministerpräsident amtliche Dokumente an die Presse weitergab, die seiner Meinung nach belegten, dass der Krieg von »einer kleinen Horde preußisch-wahnsinniger Militärs« im Verbund mit »Schwerindustriellen und Weltpolitikern, Kapitalisten und Fürsten« vom Zaun gebrochen worden war.[3] Eisner hoffte, die Alliierten durch diese Form von Offenheit davon überzeugen zu können, dass sie es nun mit einem anderen Deutschland zu tun hatten. Bei einer internationalen Sozialistenkonferenz im Februar 1919 in Bern attackierte er die Regierung Ebert scharf, weil diese sich noch immer weigere, die Schuld Deutschlands am Kriegsausbruch 1914 anzuerkennen. Gerade mit solchen amateurhaften außenpolitischen Vorstößen, die seine radikaleren Züge zum Vorschein brachten, machte er sich und seiner Regierung allerdings keine Freunde, erst recht nicht mit dem reichlich ungeschickten Versuch, für Bayern einen Sonderfrieden mit den Alliierten auszuhandeln, oder seine unglücklichen Äußerungen zu einem möglichen Wiederaufbau Frankreichs durch deutsche Kriegsgefangene. Sowohl die Botschaften selbst als auch der gewählte Zeitpunkt – die Pariser Friedenskonferenz hatte gerade begonnen – waren kaum dazu angetan, Eisner und seine Mitstreiter in konservativen Kreisen beliebt zu machen.[4]

Als Prinz Leopold von Bayern, der einstige Oberbefehlshaber der deutschen Osttruppen, nach zweimonatiger Eisner-Regierung aus seinem Hauptquartier in Kaunas nach München zurückkehrte, war er beim Anblick der bayerischen Hauptstadt geradezu erschüttert: »Aber wie sah meine liebe Vaterstadt, die Haupt- und Residenzstadt Bayerns, aus!« Die Residenz, von der aus seine Familie das Land fast tausend Jahre lang regiert hatte, war kaum wiederzuerkennen. Als man ihn in seiner Feldmarschalluniform durch die Straßen chauffierte, hatte er den Eindruck, »die Stadt selbst [sehe] traurig genug aus; die Straßen schmutzig und wenig gepflegt, wenig Leben in der Stadt; was man von Militär sah, salopp und unordentlich. Es drehte einem das Herz im Leibe um. Auf der Residenz, dem Kriegsministerium und allen öffentlichen Gebäuden rote Fahnen, vor meinem Haus natürlich kein Posten mehr.«[5]

Die Krise der Regierung sollte für Eisner und die Anführer der USPD fatale Konsequenzen haben, da sie mit einer raschen Absetzbewegung linker wie rechter Kräfte fort vom Ministerpräsidenten einherging. Bei den Landtagswahlen vom 12. Januar 1919 hatten die bayerischen Wähler erstmals ein unmittelbares Mitspracherecht bei der politischen Gestaltung ihres Landes. Sie konnten über die Arbeit der Regierung Eisner ein Votum abgeben, und das wurde zum Debakel: Die USPD, deren Vertreter die eigentlichen Triebkräfte des Staatsstreichs vom November gewesen waren, erlitt eine verheerende Niederlage. Sie errang gerade einmal drei von insgesamt 156 Sitzen. Landesweit gingen MSPD (33 Prozent) und BVP (35 Prozent) als klare Sieger aus dem Urnengang hervor, während die USPD nur in einigen fränkischen Industriegebieten die Mehrheit erringen konnte. In München setzte sich die MSPD mit 45 Prozent der Stimmen klar durch, gefolgt von der BVP mit 23 Prozent. Die USPD, die mit Eisner den

Ministerpräsidenten stellte, kam nur auf 2,5 Prozent, die Kommunisten waren gar nicht erst zur Wahl angetreten.[6]

Am 21. Februar 1919 erreichte die Krise eine neue Eskalationsstufe. Als Eisner sich auf den Weg zum Parlament machte, um nach dem Wahldebakel seinen Rücktritt einzureichen, lauerte ihm der 22-jährige nationalistische Jurastudent und Infanterieleutnant Anton Graf von Arco auf Valley auf und schoss ihm von hinten zweimal in den Rücken.[7] Während die Leibwächter sofort das Feuer erwiderten und Arco schwer verwundeten, starb Eisner noch an Ort und Stelle. Wenig später drang der Sozialist Alois Lindner, ein Anhänger Eisners, in den Bayerischen Landtag ein, zog vor den Augen der Parlamentarier eine Pistole und feuerte zweimal auf den MSPD-Vorsitzenden Erhard Auer, den er – zu Unrecht – verdächtigte, beim Anschlag auf Eisner seine Finger im Spiel gehabt zu haben, und mehrere Umstehende. Auer wurde schwer verletzt, zwei andere Männer starben.[8] Attacken von derart brutaler physischer Gewalt nahmen immer mehr zu und sollten die nächste Phase der Revolution prägen.

Nach Eisners Ermordung und dem Attentat auf Auer übernahm die bayerische MSPD die Regierungsgewalt. Es wurde eine Koalition unter Führung von Eisners ehemaligem Kultusminister, dem MSPD-Abgeordneten Johannes Hoffmann, gebildet, die aber die zunehmend explosive Stimmung im Land nicht eindämmen konnte. Hoffmann versuchte im Verlauf des März mehrmals, zwischen den zerstrittenen Lagern zu vermitteln, scheiterte aber an der kompromisslosen Haltung der extremen Linken, die sich hartnäckig weigerte, die neue Regierung anzuerkennen, obwohl Hoffmann zwei USPD-Politiker in sein Kabinett berief. Am 3. April forderten Sozialisten in Augsburg sogar die Errichtung einer bayerischen Räterepublik. Anlass waren die jüngsten Ereignisse in Ungarn, wo der Kommunistenführer Béla Kun am 21. März eine Räterepublik ausgerufen und seine bayerischen und österreichischen Genossen ermutigt hatte, seinem Beispiel zu folgen.[9]

Das Attentat auf Eisner und die Ausrufung der Ungarischen Räterepublik hatten eine unmittelbar radikalisierende Wirkung in München, wie auch Victor Klemperer vermerkte: »Das Aussehen der Stadt wurde bedrohlicher, als Lastautomobile auftauchten, überflattert von roten Fahnen und gestopft voll mit stehenden Soldaten, die ihre Gewehre schußbereit hielten oder ostentativ luden […]. Flugblätter […] forderten zur Unterdrückung der bürgerlichen Presse auf, zum Generalstreik, zur ›zweiten Revolution‹.«[10] Auch andere Münchener Zeitzeugen berichteten von dem radikalen Stimmungsumschwung: »[D]ie Nachricht der Ausrufung der Räterepublik in Ungarn [schlug] wie eine Bombe ein«, notierte etwa der anarchistische Dichter und Publizist Erich Mühsam.[11]

Bayern versank erneut in Revolutionswirren. Angeführt von dem ehemaligen Lehrer Ernst Niekisch, verkündete der Zentralrat der Bayerischen Republik am 7. April das Ende der Regierung Hoffmann und rief die Räterepublik Bayern aus. Doch der Münchner Rätestaat fand von Beginn an wenig Rückhalt in der vorwiegend bäuerlichen, konservativen und katholischen Bevölkerung. Die Führung des neuen Regimes bestand zu großen Teilen aus Schwabinger Literaten wie dem 25-jährigen Bohemien und Dramatiker Ernst Toller oder dem anarchistischen Schriftsteller und Shakespeare-Übersetzer Gustav Landauer. Ihr revolutionäres Programm war ebenso ambitioniert wie unrealistisch und hätte – wenn überhaupt – nur in einem politisch wie wirtschaftlich völlig zerrütteten, viel maroderen Land als Bayern verwirklicht werden können. Es sah vor, Banken und große Industriebetriebe zu verstaatlichen; um den Kapitalismus abzuschaffen, wollte man »freies Geld« ausgeben; Professoren sollten ihre Titel verlieren und die Universitäten zukünftig von den Studenten geleitet werden. Die Presse sollte der Zensur Landauers – des Beauftragten für »Volksaufklärung« – unterliegen.[12] An der Münchener Universität wurde das Fach Geschichte abgeschafft, da es für den Fortschritt der Zivilisation nicht förderlich sei. Der Volksbeauftragte für Äußeres, Franz Lipp, sandte sogleich ein Telegramm nach Moskau, in dem er sich unter anderem über den »Flüchtling Hoffmann« beschwerte, »welcher aus meinem Ministerium den Abtrittsschlüssel mitgenommen hat«. Auch wolle er dem Nachbarland Württemberg und der Schweiz den Krieg erklären, »weil diese Hunde nicht die 60 Lokomotiven mir sofort leihweise überlassen haben […]. Ich bin sicher, daß wir siegen.«[13]

Auf einer Bildpostkarte mit seinem Konterfei, die er im April 1919 an den Romancier und Literaturkritiker Fritz Mauthner schickte, teilte Landauer mit: »Die Bayrische Räterepublik hat mir das Vergnügen gemacht, meinen heutigen Geburtstag zum Nationalfeiertag zu machen. Ich bin nun Beauftragter für Volksaufklärung, Unterricht, Wissenschaft, Künste und noch einiges. Läßt man mir ein paar Wochen Zeit, so hoffe ich, etwas zu leisten; aber leicht möglich, dass es nur ein paar Tage sind, und dann war es ein Traum.«[14]

Die Gefolgschaft der neuen Regierung beschränkte sich im Grunde auf eine kleine Schar von Fabrikarbeitern und eine Handvoll linksgerichtete Intellektuelle. Bürgerlich-konservative Münchener wie Victor Klemperer brachten den führenden Köpfen des neuen Regimes dagegen wenig Sympathie entgegen. Über Landauer schrieb Klemperer beispielsweise: »Landauer […] scheint mir der wieder lebendige, um kein Atom klüger, um einige Atome radikaler gewordene Eisner.« Das revolutionäre Programm der neuen Machthaber sei »meilenfern« von »allen politischen Notwendigkeiten und Selbstverständlichkeiten« entfernt.[15] Statt regulärer Gerichte wurden nun »Revolutionstribunale« eingerichtet, was Klemperer zu dem sarkastischen Kommentar veranlasste: »›Revolutionstribunal‹ im Justizpalast. Mit dem üppigen Rokokoschmuck seines prunkvollen Treppenhauses paßt der Justizpalast trefflich zu 1792er lebenden Bildern aus der Dantonzeit; ich möchte wetten, daß die künstlerischen Leiter unserer Münchener Revolution das sehr wohl erwogen haben. Landauer ist ja Fachmann, wie seine *Briefe aus der Französischen Revolution* beweisen.«[16]

Klemperer, dem die Nazis als Juden Berufsverbot erteilten und in die gesellschaftliche Isolation trieben, machte keinen Hehl daraus, was er von der radikalen Linken hielt. Aus Neugier hatte er einmal eine ihrer Versammlungen besucht. Was er dort beobachtete, hatte ihn vollends ernüchtert: »An zwei langen Tischen saßen dicht gedrängt, rauchend und Bier trinkend, etwa 250 Leute, in der Mehrzahl Männer verschiedenen Alters, hauptsächlich wohl Arbeiter. Die Szene war so vollkommen friedlich, daß es noch immer der Stammtisch der Eisenbahner oder ein Vortrag eines Vereins der Kaninchenzüchter oder Laubengärtner hätte sein können.« Der Inhalt der Ausführungen hingegen, in denen die »Notwendigkeit des Bürgerkrieges« propagiert wurde, erwies sich als weniger beschaulich. »Ich dachte: ›widerwärtige Zeitvergeudung‹, und ging. Nicht die geringste Sympathie verband mich mit diesen Leuten.«[17]

Die russischen Bolschewisten indes werteten die Ereignisse von München als Zeichen, dass eine kommunistische Revolution in ganz Deutschland unmittelbar bevorstehe. Aus Moskau sandte Grigori Sinowjew, Politbüromitglied und Vorsitzender der neu gegründeten Komintern, den süddeutschen Genossen ein begeistertes Glückwunschtelegramm: »Wir sind fest davon überzeugt, dass es nicht mehr lange dauert, bis ganz Deutschland zur Räterepublik wird. Die kommunistische Internationale ist sich der Tatsache bewusst, dass Sie in Deutschland nun auf jenen entscheidenden Posten kämpfen, an denen sich das Schicksal der proletarischen Revolution in ganz Europa entscheiden wird.«[18] Diese Ansicht teilten auch einige Zeitgenossen, die den Kommunismus rundweg ablehnten. So schrieb der damals in München lebende, politisch konservative Thomas Mann am 7. April 1919 in seinem Tagebuch: »Es ist anzunehmen, daß das Reich folgen wird.«[19] Von Paris und anderen westlichen Hauptstädten aus beobachteten die Alliierten die Vorgänge in Ost- und Mitteleuropa mit wachsender Sorge. Am 4. April 1919 erklärte US-Außenminister Robert Lansing: »Zentraleuropa versinkt in Anarchie; die Menschen haben keine Hoffnung mehr; die Roten Armeen Russlands marschieren westwärts. Ungarn befindet sich in den Händen der Revolutionäre; in Berlin, Wien und München gewinnen die Bolschewisten die Oberhand.«[20]

Johannes Hoffmann hatte sich mit seiner Regierung unterdessen im oberfränkischen Bamberg in Sicherheit gebracht. Er wollte den Münchener Putsch nicht kampflos hinnehmen. Am Palmsonntag, dem 13. April 1919, unternahm eine ihm ergebene bayerisch-republikanische Miliz den Versuch, die Münchener Räterepublik mit Gewalt zu stürzen, scheiterte jedoch am erbitterten Widerstand der aus bewaffneten Mitgliedern der Arbeiter- und Bauernräte neu gebildeten »Roten Armee«.[21] Hoffmanns Bemühungen, die legitime bayerische Regierung mit militärischen Mitteln wieder einzusetzen, hatte eine weitere Radikalisierung auf allen Seiten zur Folge. In der Münchner Räterepublik kam es zu einem deutlichen Linksruck.

Im Zuge dieser Entwicklung entmachteten zwei in Russland geborene langgediente Berufsrevolutionäre, Max Levien und Eugen Leviné, die »Kaffeehausanarchisten« in einem weiteren Putsch am 13. April und rissen die Führung der Zweiten Münchener Räterepublik, wie man sie später nannte, an sich.[22] Ohne die Zustimmung der KPD-Führung abzuwarten, errichteten sie ein bolschewistisches Regime und nahmen Kontakt zu Lenin auf, der sich zunächst höflich erkundigte, ob sie denn schon die Banken verstaatlicht hätten. Levien, der sich bei Kriegsbeginn zufällig in Deutschland aufgehalten hatte und in die kaiserliche Armee eingezogen worden war, befolgte Lenins Anweisungen umgehend. Er ließ Adlige und Angehörige des Großbürgertums verhaften und als Geiseln nehmen. Banken wurden verstaatlicht und Geldreserven geplündert. Unterdessen trieben die Kommunisten Ausbau und Ausbildung ihrer Roten Armee voran. In einer Reihe von Bekanntmachungen hieß es, dass Bayern die Bolschewisierung Europas anführen werde; sämtliche Arbeiter müssten eine militärische Ausbildung erhalten; alle in Privatbesitz befindlichen Waffen seien abzuliefern. Bei Nichtbefolgung der Anweisung drohe die Todesstrafe.[23]

Die Entwicklungen in München, Hoffmanns Niederlage vom Palmsonntag sowie eine weitere missglückte militärische Intervention in Dachau bei München drei Tage später heizte die Wut der antibolschewistischen Kräfte auf der Gegenseite weiter an.[24] Hoffmann, der sich zunächst gescheut hatte, auf republikfeindliche Freiwillige zurückzugreifen oder die Regierung in Berlin um Hilfe zu bitten, änderte nun seine Meinung und rief alle bayerischen Antikommunisten öffentlich zur Zerschlagung der Räterepublik auf:

> Bayern! Landsleute! In München rast der russische Terror, entfesselt von landfremden Elementen. Die Schmach Bayerns darf keinen Tag, keine Stunde weiter bestehen. Hierzu müssen alle Bayern helfen, ohne Unterschied der Partei, und zwar sofort […]. München ruft um Hilfe. Auf! Die Münchner Schmach muß verschwinden.[25]

Wie zu erwarten, fiel Hoffmanns Appell vor allem bei Ultranationalisten und Antidemokraten auf fruchtbaren Boden, die nun die Chance witterten, ihre offenen Rechnungen mit den Bolschewisten zu begleichen. Oftmals handelte es sich um militante Monarchisten, die vor allem danach trachteten, die alte Ordnung wiederherzustellen. Das waren Männer wie der ehemalige Kompaniechef im Bayerischen Infanterie-Leibregiment, Generalmajor Franz Ritter von Epp, der das Freikorps Oberland befehligte, oder sein Adjutant, der hochdekorierte 31-jährige Kriegsheld und spätere SA-Führer Hauptmann Ernst Röhm. Insgesamt folgten rund 15 000 bayerische Männer Hoffmanns Ruf zu den Waffen.[26]

Zu den vor Ort rekrutierten Streitkräften kamen noch etwa 15 000 reguläre Soldaten, die die Regierung in Berlin unter dem Kommando des preußischen Generalmajors Ernst von Oven entsandte mit dem Auftrag, der kommunistischen Herrschaft in München endlich ein Ende zu bereiten.[27] Als die Truppen Mitte April in Bayern einmarschierten, verbreiteten sich rasch allerhand Gerüchte: Die Räterepublik habe, um ihre Reihen zu verstärken, Scharen von Kriminellen aus den Gefängnissen entlassen und bewaffnet sowie ehemalige russische Kriegsgefangene angeworben.[28] Noch bevor die Regierungssoldaten München erreicht hatten, wurde in einer vom Militär wie von Hoffmanns bayerischer Regierung unterzeichneten Proklamation bekannt gemacht: »Wer den Regierungstruppen mit der Waffe in der Hand entgegentritt, wird mit dem Tode bestraft […]. Jeder Angehörige der Roten Armee wird als Feind des bayerischen Volkes und des Deutschen Reiches behandelt.«[29]

Die Schlacht um München, die am 1. Mai begann, war kurz und blutig. Am Tag zuvor, als Regierungstruppen und Freikorps die Stadt bereits umzingelten, hatten Angehörige der bayerischen »Roten Armee« im Münchner Luitpoldgymnasium zehn Geiseln erschossen, darunter eine Frau. Das erwies sich als äußerst unklug, denn die Nachricht von der Ermordung der Geiseln, viele davon Adlige und Mitglieder der rechtsextremen »Thule-Gesellschaft«, verbreitete sich wie ein Lauffeuer und wurde sogleich umfassend propagandistisch ausgeschlachtet.[30] Weit über Bayern hinaus galt die Erschießung der Münchener Gefangenen als Beweis für den »roten Terror«, der Deutschland von allen Seiten bedrohe. Die suggestiven Fotografien der Leichen, die Hitlers späterer Privatfotograf Heinrich Hoffmann am Tatort aufnahm, wurden in Tageszeitungen und auf Postkarten in ganz Deutschland verbreitet. Sie sollten den Eindruck vermitteln, die Revolution habe »die Schandtaten der französischen Revolution« längst übertroffen und »die Tore zur Hölle« weit aufgestoßen.[31] Dass es sich bei der getöteten Frau um die Verwandte eines der an den Kämpfen um München beteiligten Freikorpskommandanten handelte, die vor der Exekution zudem Opfer sexueller Übergriffe geworden sein sollte, heizte die Stimmung noch mehr auf. So lieferte die Hinrichtung den Konterrevolutionären einen willkommenen Anlass für rechtschaffene Empörung und grausame Rache.[32]

Victor Klemperer erlebte das am 1. Mai 1919 eingeläutete Ende der Münchener Räterepublik aus nächster Nähe: »[H]eute bis in den späten Nachmittag hinein, wo ich diese Zeilen schreibe, tobt buchstäblich eine donnernde Schlacht. Ein ganzes Fliegergeschwader kreuzt über München, das Feuer lenkend, selber beschossen, Leuchtkugeln abwerfend [...]. Infanteriefeuer knattert dazwischen. Und dabei marschieren, fahren, reiten immer neue Truppen mit Minenwerfern, Geschützen, Fouragewagen, Feldküchen durch die Ludwigstraße [...] und an allen Ecken, wo man gedeckt ist und doch Ausblick hat, drängt sich das Publikum, häufig das Opernglas in der Hand.«[33]

Der Einmarsch von Armee und Freikorps in die Stadt forderte über 600 Todesopfer, darunter viele schaulustige Zivilisten. Die Massenexekutionen der Gefangenen – darunter Gustav Landauer, Eugen Leviné und der Kriegskommissar der Räterepublik Rudolf Egelhofer – zogen sich bis zum 3. Mai hin. Erst wenige Wochen zuvor, am 14. März, hatte Landauer in einem Brief an seinen Freund Ludwig Berndl beteuert: »Seien Sie um mein Leben nicht besorgt! Von den drei Dimensionen habe ich mir aus der Länge immer am wenigsten gemacht.«[34]

Die Vergeltungsexpeditionen trafen auch viele Unschuldige. So stürmte eine betrunkene Freikorpseinheit die Theaterprobe eines katholischen Gesellenvereins, zerrte die Männer in einen nahe gelegenen

Keller, schlug sie zusammen und ermordete insgesamt 21 dieser unschuldigen Handwerker, die ein Informant fälschlich als Revolutionäre denunziert hatte. Kurz darauf wurden in einem Münchener Vorort 53 Russen, die in der bayerischen Roten Armee gedient hatten, gefoltert und erschossen.[35] Einer der an der »Befreiung« Münchens beteiligten Offiziere, Manfred von Killinger, sollte später in seinen stilisierten Erinnerungen genüsslich ausbreiten, wie die von ihm angeführte Soldateska 1919 im roten München »Ordnung« geschaffen hatte: Ein Gefangener bekam eine Handgranate »rin in die Kiemen«, »gurgelt« in seinem Blut und »torkelt von dannen«. Eine gefangengenommene Frau, die Killinger als lüsternes »Schwabinger Malweibchen« beschreibt, wird von mehreren Männern zusammengeschlagen und ausgepeitscht, »bis kein weißer Fleck mehr auf ihrer Rückseite war«. Killinger selbst kommentierte den Vorfall wie folgt: »›Roh‹, wird mancher sagen. Stimmt, aber richtig. Alles andere würde von dem Gesindel als Schlappheit ausgelegt werden.«[36]

Nach dem Ende der Kämpfe fuhren Regierungstruppen und Freikorps mit ihren Säuberungen weiter fort. Im Lauf der darauffolgenden Wochen verurteilten Gerichte rund 2200 Anhänger der Räterepublik zum Tod oder zu langen Haftstrafen; rund 5000 neu aufgenommene Verfahren beschäftigten sich mit vermeintlich oder tatsächlich während der Räterepublik verübten Straftaten.[37] »Man blickt im Geiste um sich: lauter Tote, lauter Ermordete«, schrieb der Anarchist Erich Mühsam am 7. Mai in seiner Gefängniszelle, nachdem man ihn zu fünfzehn Jahren Haft verurteilt hatte. »Das ist die Revolution, der ich entgegengejauchzt habe. Nach einem halben Jahr ein Bluttümpel: mir graut.«[38]

Die verheerenden Ereignisse in und um München, das sich bis dahin stets als friedlich und zutiefst bürgerlich erwiesen hatte, sollten lange Schatten werfen. Abgesehen davon, dass die Münchener wirtschaftliche Entbehrungen erlitten hatten und viele Söhne der Stadt an entlegenen Fronten ihr Leben gelassen hatten, war die bayerische Metropole vom Weltkrieg unberührt geblieben; doch nun hatte auch München Revolutionswirren, Straßenkämpfe und sogar Artilleriebeschuss und Luftbombardements erleben müssen. Wie Thomas Mann am 1. Mai in seinem Tagebuch festhielt, hatte das die Bewohner

Sonderblatt.

№ 53. München, 15. Mai 1919.

Bayerisches Polizeiblatt.

Herausgegeben von der Polizeidirektion München.

3040.

10000 Mark Belohnung.

Wegen Hochverrats

nach § 81 Ziff. 2 des RStGB. ist Haftbefehl erlassen gegen den hier abgebildeten Studenten der Rechte und der Philosophie

Ernst Toller.

Er ist geboren am 1. Dezember 1893 in Samotschin in Posen, Reg.-Bez. Bromberg, Kreis Kolmar, Amtsger. Margonin, als Sohn der Kaufmannseheleute Max u. Ida Toller, geb. Kohn.

Toller ist von schmächtiger Statur und lungenkrank; er ist etwa 1,65—1,68 m groß, hat mageres, blasses Gesicht, trägt keinen Bart, hat große braune Augen, scharfen Blick, schließt beim Nachdenken die Augen, hat dunkle, beinahe schwarze wellige Haare, spricht schriftdeutsch.

Für seine Ergreifung und für Mitteilungen, die zu seiner Ergreifung führen, ist eine Belohnung von

zehntausend Mark

ausgesetzt.

Wenden!

Der linkssozialistische Dramatiker und zeitweilige bayerische USPD-Vorsitzende Ernst Toller wird nach der blutigen Niederschlagung der Münchner Räterepublik steckbrieflich gesucht. Nach seiner Verhaftung drohte ihm die Todesstrafe. Am Ende wurde er wegen Hochverrats zu fünf Jahren Festungshaft verurteilt.

zutiefst entsetzt. Nicht wenige bürgerliche Beobachter neigten dazu, die Schuld für die Eskalation von Gewalt und Chaos allein den Rotgardisten zuzuschreiben. Mann, der damals im wohlhabenden Bezirk Bogenhausen lebte, ließ sich von der Mutter seiner Frau Katia, die näher am Regierungsviertel wohnte, über die Vorgänge im Stadtzentrum auf dem Laufenden halten: »K.'s Mutter telephonierte morgens, auf dem Wittelsbacher Palais wehe die weiße Fahne, um 4 Uhr hätten die Roten kapituliert. Erwies sich als Irrtrum. Es ist von Übergabe noch nicht die Rede, u. das Schießen dauerte mit Pausen an. In der Stadt, laut Erzählungen von K.'s Mutter, die gegen Mittag kam, mächtige Erregung: In der Nacht sind die im Luitpoldgymnasium internierten bürgerlichen u. adligen Geiseln, man kennt ihre Namen nicht, es sollen 10 sein, unter Verstümmelungen ermordet worden [...]. Ungeheure Wut der bürgerlichen Bevölkerung. Alle roten Armbinden plötzlich verschwunden.«[39]

Das Gefühl, in einer Welt zu leben, in der althergebrachte gesellschaftliche Strukturen und Hierarchien gewaltsam auf den Kopf gestellt wurden, hatte in Bayern einen massiven Rechtsruck zur Folge. Gemäßigte Kräfte wie Hoffmanns Sozialdemokraten hatten nun kaum noch eine Chance. Bald schon übernahm eine konservativ-nationalistische Regierung unter dem Monarchisten Gustav Ritter von Kahr die Macht. Vor allem München sollte sich zur unangefochtenen Hochburg des Nationalismus und Antibolschewismus in der Weimarer Republik entwickeln, und es war kein Zufall, dass die bayerische Hauptstadt zur Geburtsstätte des Nationalsozialismus wurde.[40]

KAPITEL XIII

Torpedierung von außen: Versailles

Im Frühjahr 1919, als auf deutschen Straßen die revolutionäre Gewalt tobte und die Parlamentarier in Weimar eine neue Verfassung diskutierten, kamen die Vertreter der Siegermächte in Paris zusammen, um Friedensverträge auszuhandeln und eine neue internationale Ordnung zu schaffen. Die Frage, die den Deutschen unter den Nägeln brannte, war, ob Wilson sein Versprechen halten und sich für einen Frieden ohne Besiegte einsetzen würde. Das waren Hoffnungen, die weit entfernt waren von den Vorstellungen der Alliierten – insbesondere Frankreichs. Nur drei Wochen nach Unterzeichnung des Waffenstillstands mit Marschall Foch am 11. November 1918 hatte das französische Außenministerium in einem geheimen Memorandum als Voraussetzung für eine neue internationale Ordnung die massive Verkleinerung des deutschen Reichsgebiets genannt, wenn nicht gar dessen gänzliche Zerschlagung.[1]

Die deutsche Bevölkerung wusste nichts von den Plänen, die am Quai d'Orsay kursierten, und so zog kaum jemand in den ersten Wochen nach dem Waffenstillstand die Gefahr einer möglichen Zerschlagung des Reiches oder größerer territorialer Einbußen überhaupt in Betracht. Man gab sich im »Traumland der Waffenstillstandsperiode« vielmehr irrationalem Wunschdenken hin und erwartete, dass Deutschland eine Behandlung zuteil werde, wie Frankreich sie auf dem Wiener Kongress von 1814/15 erfahren hatte.[2]

Doch die Verhandlungen von Paris unterschieden sich deutlich von denen der großen europäischen Friedenskonferenz des vorangegangenen Jahrhunderts, wie der britische Premierminister David Lloyd George schon 1919 anmerkte. Der erste und wohl bedeutendste Unterschied bestand darin, dass die unterlegenen Großmächte und ihre Nachfolgestaaten – Deutschland, Österreich, Ungarn, Bulgarien und das Osmanische Reich – zu den Gesprächen nicht geladen waren, während Frankreich bei den Wiener Beratungen über eine neue europäische Ordnung eine tragende Rolle gespielt hatte. Die Verliererstaaten sollten erst herbeizitiert werden, wenn die diversen Friedensverträge, die man ihnen auferlegen wollte, bereits ausgearbeitet waren. Russland, zwischen 1914 und 1917 Großbritanniens und Frankreichs wichtigster Verbündeter, war in Paris ebenfalls nicht vertreten, weil Briten und Franzosen noch immer den Sturz Lenins und seiner bolschewistischen Regierung betrieben, indem sie deren Gegner, die »Weißen«, logistisch und militärisch unterstützten.

Ein zweiter Unterschied betraf die Zahl der vertretenen Länder: Während auf dem Wiener Kongress nur fünf Parteien verhandelt hatten, saßen in Paris nun mehr als dreißig alliierte oder assoziierte Staaten am Verhandlungstisch.[3] Selbstverständlich besaßen nicht alle das gleiche Mitspracherecht. Ganz oben in der Hierarchie stand der »Rat der Zehn«, aus dem Ende März 1919 ein »Rat der Vier« unter Vorsitz des französischen Ministerpräsidenten Georges Clemenceau hervorging. Die weiteren Hauptakteure neben Clemenceau waren US-Präsident Wilson sowie der britische Premierminister David Lloyd George. Der italienische Regierungschef Vittorio Emanuele Orlando gehörte anfangs ebenfalls zum »Rat der Vier«, doch als Rom sich Ende April aus Protest gegen seine abgewiesenen Gebietsansprüche auf den Adriahafen Fiume von den Beratungen zurückzog, wurden die Entscheidungen im Grunde nur noch von den »Großen Drei« getroffen. Als Berater standen ihnen insgesamt 52 Expertenkommissionen zur Seite, die sich mit komplexen Fragen wie Reparationen und neuen Grenzverläufen beschäftigten.[4]

Schon bald nach der Eröffnung der Friedenskonferenz wurde deutlich, dass jeder der Delegationsführer mit ganz eigenen Zielen nach Paris gekommen war, die den Absichten der anderen Siegermächte oft diametral entgegenstanden. Das Hauptanliegen der Franzosen bestand darin, die Macht ihres westlichen Nachbarn Deutschland zu begrenzen. Clemenceau hatte die Konferenz ganz bewusst am 18. Januar beginnen lassen, dem Jahrestag der Gründung des Deutschen Reiches in Versailles nach der schmachvollen Niederlage

Frankreichs im Deutsch-Französischen Krieg von 1870/71. Die Lösung der »deutschen Frage«, wie sie Paris vorschwebte, drehte sich aber nicht nur um die künftige Friedenssicherung, sondern auch um Vergeltung für das erlittene Unrecht: Zehn französische *départements* waren im Weltkrieg durch Kampfhandlungen oder deutsche Besatzungstruppen verwüstet worden. Große Teile Nordwestfrankreichs lagen in Trümmern. Das Land hatte ein Viertel seiner männlichen Bevölkerung zwischen 18 und 27 Jahren verloren. Unter den westlichen Alliierten war Frankreich zweifellos am schwersten und unmittelbarsten von dem Konflikt betroffen. Clemenceau verhandelte also auch unter dem Eindruck, dass die überwiegende Mehrheit seiner Landsleute die Bestrafung des vermeintlichen Hauptschuldigen – Deutschland – verlangte, sowie eine angemessene Wiedergutmachung für Frankreich. Um sicherzustellen, dass von Deutschland nie wieder eine Gefahr für Frankreich ausgehen würde, erwogen Clemenceau und seine Berater eine ganze Reihe verschiedener Pläne, unter anderem die völlige Zerschlagung des Reiches, aber auch die Besetzung des Rheinlands und die Stärkung der neuen Staaten an der deutschen Ostgrenze, insbesondere Polens und der Tschechoslowakei.[5]

Den Briten – denen seit jeher an einem »Mächtegleichgewicht« auf dem Kontinent gelegen war – bereitete eine französische Hegemonie auf dem Kontinent ebenso große Sorgen wie vor 1914 die Gefahr einer deutschen Übermacht. Auch im Nahen Osten, wo grundlegende strategische und wirtschaftliche Interessen auf dem Spiel standen, prallten britische und französische Ambitionen aufeinander. Im Hinblick auf Deutschland bemühte sich Lloyd George um einen Mittelweg zwischen einer in seinen Augen gerechten Bestrafung von deutschen Kriegsverbrechen und der nötigen Aufrechterhaltung des wirtschaftlichen wie politischen Gleichgewichts in Europa. Zwar sollte Deutschland in Zukunft eine weniger große Rolle in der Welt spielen, was man dadurch erreichen konnte, dass man dem Reich seine Kolonien und seine Flotte wegnahm, aber die Rolle sollte auch nicht so gering sein, dass der Überseehandel gänzlich zum Erliegen kam. Schließlich war das Kaiserreich vor 1914 ein bedeutender Handelspartner Großbritanniens gewesen. Ein völlig verarmtes, womöglich gar bolschewistisch geführtes Deutschland war mit Londons wirtschaftlichen Interessen nicht zu vereinbaren. Aber im Dezember 1918 standen Parlamentswahlen an, und die Mehrheit der Briten erwartete, dass den Deutschen harte Friedensbedingungen aufgezwungen wurden. Vor allem konservative Blätter wie Lord Northcliffes *Daily Mail* und *The Times* forderten umfassende Reparationen sowie ein Gerichtsverfahren gegen Kaiser Wilhelm II. Manche verlangten gar dessen Hinrichtung.[6]

Der amerikanische Präsident Wilson wiederum hatte als Ziel der Konferenz stets einen »gerechten Frieden« versprochen, ein neues internationales Ordnungssystem demokratischer Staaten, das auf dem nationalen Selbstbstimmungsrecht der Völker beruhte. Überall auf der Welt sollten rational entscheidende, moralisch verantwortliche Individuen souveräne Regierungen wählen. Ganz oben auf der Agenda stand jedoch sein Herzensanliegen: die Verwirklichung des Prinzips der nationalen »Selbstbestimmung« – also die Legitimation einer Regierung durch den souveränen Willen des Volkes – sowie die Schaffung eines Völkerbundes, der durch die Wahrung kollektiver Sicherheit und des internationalen Friedens Kriege in Zukunft äußerst unwahrscheinlich, wenn nicht gar unmöglich machte.[7] Wilson schwebten dabei die USA vor, nach deren Vorbild er die ganze Welt – und vor allem Europa – reformieren wollte. Er hoffte, dass die in den Nachfolgestaaten der europäischen Großreiche herrschende ethnische wie religiöse Vielfalt in einem gewissen Grad anerkannt und legitimiert werden, aber die Völker dennoch eingebunden bleiben könnten in größere Staatsgebilde.[8] Hinter Wilsons von Idealismus getragenen Plänen verbarg sich allerdings auch ein wohlkalkuliertes Ziel: Wenn der Erste Weltkrieg und der alliierte Sieg das Machtgleichgewicht schon zugunsten der USA – und zuungunsten Europas – verschoben hatte, dann würde die von ihm propagierte neue Weltordnung dazu dienen, die globale Vorherrschaft seines Landes zu festigen – politisch wie wirtschaftlich.[9]

Den divergierenden Standpunkten sämtlicher Alliierter zu entsprechen und zugleich den Abordnungen der kleineren Länder in Paris gerecht zu werden, stellte ein nahezu aussichtsloses Unterfangen dar. Auch wenn die politischen Führer der Westalliierten es nie offen zugegeben hätten, so wussten sie doch von Beginn der Pariser Verhandlungen an, dass die Endfassung der Friedensverträge ein Kompromiss sein würde – allerdings nicht zwischen Gewinnern und Verlierern, sondern zwischen den Hauptakteuren der siegreichen Entente.[10]

Ende April zitierten die Siegermächte die Vertreter Deutschlands nach Paris. Die französischen Gastgeber ließen den Zug, mit dem die deutsche Delegation unterwegs war, in stark gedrosseltem Tempo durch die verwüstete französische Landschaft fahren, damit die 180-köpfige Abordnung den Ausblick auf die ausgebombte Mondlandschaft »genießen« konnte. Nach der Ankunft in Paris wurden die Deutschen »barsch in Autobusse verfrachtet und unter schwerer Bewachung nach Versailles gefahren [...], wo ihr Gepäck mit der rüden Auskunft, sie könnten es selbst ins Hotel tragen, einfach im Hof abgestellt wurde«.[11]

Der Leiter der deutschen Delegation, Außenminister Ulrich Graf Brockdorff-Rantzau, der zu Kriegszeiten für einen Kompromissfrieden eingetreten war und sich 1918 der neuen demokratischen Regierung zur Verfügung gestellt hatte, schien mit seinem Monokel und seinem etwas herablassenden Auftreten die Ansicht zu bestätigen, die auf alliierter Seite weit verbreitet war: In Deutschland hatten noch immer arrogante Adlige das Sagen. Wie die meisten Deutschen glaubte Brockdorff-Rantzau, dass Wilson schon im Interesse aller an einem starken Deutschland gelegen sein müsse und sich Amerikas Stimme am Ende durchsetzen werde. In völliger Verkennung der Verhältnisse rechneten die Deutschen damit, allenfalls mild gerügt zu werden. Die Gesandtschaft war mit einer kleinen Bibliothek aus Landkarten, Denkschriften und detaillierten Studien nach Frankreich gereist, die als Grundlage für sachliche Verhandlungen dienen sollten.[12]

Nach ein paar Tagen des bangen Wartens wurde die deutsche Delegation am 7. Mai 1919 endlich zu einem ersten Treffen ins Schlosshotel *Trianon* in Versailles zitiert. Clemenceau eröffnete die Sitzung mit den Worten: »Die Stunde der Abrechnung ist da. Sie haben um Frieden gebeten. Wir sind geneigt, Ihnen diesen zu gewähren.«[13] Als Brockdorff-Rantzau das Wort erhielt, blieb er sitzen – eine Geste, die von den Alliierten nicht ganz grundlos als mutwilliger Affront aufgefasst wurde. In seinen langen, weitschweifigen Ausführungen beteuerte er Deutschlands Unschuld am Kriegsausbruch und bezichtigte die Alliierten, durch die absichtliche Verzögerung der Friedenskonferenz und die anhaltende Seeblockade die Zahl der deutschen Kriegstoten weiter in die Höhe getrieben zu haben.

Brockdorff-Rantzaus Auftritt war strategisch unklug, weil er Wilson, den einzigen potenziellen Befürworter eines milden Friedens unter den Alliierten, unnötig verärgerte. Allerdings ist fraglich, ob eine andere Strategie letztlich einen günstigeren Friedensschluss zur Folge gehabt hätte. Wilson, Clemenceau und Lloyd George jedenfalls waren einhellig der Meinung, dass Brockdorff-Rantzau eine inakzeptable Vorstellung abgegeben hatte: »Das ist die taktloseste Rede, die ich jemals gehört habe«, erregte sich Wilson. »Die Deutschen sind wirklich ein dummes Volk. Sie tun immer das Falsche.«[14]

Am Abend, als man den Deutschen endlich gestattete, den Vertragsentwurf einzusehen, trauten die Delegierten ihren Augen kaum. Die Bedingungen waren noch deutlich härter als befürchtet. Die Konditionen wurden schon bald in den deutschen Zeitungen verbreitet und sorgten im ganzen Reich für blankes Entsetzen: Deutschland verlor ein Zehntel seiner Bevölkerung (etwa 6,5 Millionen Einwohner) und etwa ein Siebtel seines Staatsgebiets (rund 43 000 Quadratkilometer). Im Westen würde Elsass-Lothringen wie erwartet nach fast einem halben Jahrhundert deutscher Herrschaft an Frankreich zurückfallen und das Grenzgebiet Eupen-Malmedy Belgien zugeschlagen werden mit der Folge, dass zwischen 200 000 und 300 000 Deutsche entweder freiwillig oder unter Zwang Lothringen und das Elsass verlassen mussten.[15] Zudem büßte Deutschland zumindest zeitweise die Hoheitsgewalt über einen fünfzig Kilometer breiten Gebietsstreifen östlich des Rheins ein, der entmilitarisiert und durch drei alliierte Brückenköpfe jenseits des Flusses »gesichert« werden würde – eine Maßnahme, die vor allem französische Sicherheitsbedenken zerstreuen sollte. Wenn Deutschland dem Vertrag pflichtgemäß nachkam, würden diese Regionen wieder geräumt werden. Das wegen seines Bergbaus und anderer Industriebetriebe wirtschaftlich bedeutende Saargebiet wurde dem Völkerbund unterstellt, die dortige

Kohleförderung in einer Sonderregelung aber für fünfzehn Jahre den Franzosen zuerkannt – als Kompensation für die von den Deutschen verursachten Zerstörungen in Nordfrankreich.[16]

Die größten und umstrittensten Gebietsabtretungen musste Deutschland im Osten hinnehmen, wo die Alliierten nun die zuvor versprochene Schaffung eines unabhängigen Polens in die Tat umsetzten. Frankreich hatte sich bereits im Herbst 1917 für diese Idee stark gemacht, und Woodrow Wilson hatte im dreizehnten seiner Vierzehn Punkte erklärt, ein wiederhergestelltes Polen solle ein »unbestritten« von polnischer Bevölkerung bewohntes Gebiet sein und »freien sicheren Zugang zur See« erhalten.[17] Diese beiden Versprechen zu erfüllen, ohne das Selbstbestimmungsrecht der beträchtlichen deutschen Bevölkerungsteile in den nun polnischen Gebieten zu verletzen, war jedoch gar nicht möglich – ein eindrückliches Beispiel dafür, welche Herausforderung die Gründung neuer, lebensfähiger Nachfolgestaaten mit unangefochtenen Grenzen in Ostmitteleuropa darstellte.

Für Deutschland bedeutete die Errichtung eines polnischen Nationalstaats den Verlust der Provinz Posen, fast ganz Westpreußens sowie Teilen Oberschlesiens. Die an der Weichselmündung gelegene Hafenstadt Danzig mit ihrer überwiegend deutschen Bevölkerung erhielt den Status einer »Freien Stadt« unter nomineller Kontrolle des neu gegründeten Völkerbundes, dem Deutschland aber zunächst nicht beitreten durfte. Um den Polen jenen Meerzugang zu garantieren, den Wilson ihnen in den Vierzehn Punkten zugesagt hatte, schufen die Alliierten einen »Korridor«, der Ostpreußen vom Rest Deutschlands trennte. Von den insgesamt 1,1 Millionen Deutschen, die 1919 in diesem Polnischen Korridor lebten, hatten sechs Jahre später 575 000 ihrer Heimat den Rücken gekehrt und waren in die neue deutsche Republik gezogen.[18]

In einigen strittigen Fällen sahen die Alliierten Volksentscheide vor, bei denen die Bevölkerung der betroffenen Regionen selbst entscheiden durfte, zu welchem Staat sie gehören wollte. Das wichtigste dieser Plebiszite wurde im kohlereichen Oberschlesien abgehalten, einem der drei umstrittenen, ethnisch gemischten deutschen Grenzgebiete, die im Vertrag Erwähnung fanden – bei den anderen handelte es sich um Nordschleswig und die Distrikte Allenstein und Marienwerder, wo Polen und Deutsche Seite an Seite lebten.[19] Oberschlesien war für Berlin wie für Warschau von enormer Bedeutung, und zwar nicht nur wegen der Bevölkerung, sondern vor allem wegen der Minen und der dort ansässigen Eisen- und Stahlindustrie. Nahezu ein Viertel der jährlichen deutschen Kohleförderung sowie 81 Prozent seiner Zink- und 34 Prozent der Bleigewinnung fanden in schlesischen Minen statt. Die deutsche Regierung wies deshalb mit Nachdruck darauf hin, dass die Bevölkerung Oberschlesiens überwiegend deutsch sei, das Gebiet seit Jahrhunderten zu Deutschland gehöre und sein Reichtum gänzlich auf deutschem Fleiß und deutschem Kapital beruhe. Verliere Deutschland Oberschlesien, so hieß es in der deutschen Protestnote, sei das Land nicht in der Lage, die anderen Bedingungen des Friedensvertrags zu erfüllen.[20]

Das Rcferendum, das bereits im Vorfeld von massiven gewalttätigen Übergriffen beider Seiten überschattet war, wurde am 20. März 1921 abgehalten. Die endgültige Entscheidung über die neue deutsch-polnische Grenze fiel jedoch erst im Oktober 1921. Der Oberste Rat der Pariser Friedenskonferenz verabschiedete am Ende eine Lösung, bei der Polen ein Drittel des oberschlesischen Gebiets und 43 Prozent der Bevölkerung zugesprochen wurden, darunter die Städte Kattowitz (Katowice) und Königshütte (Chorzow), deren Bewohner mit überwältigender Mehrheit für den Verbleib bei Deutschland gestimmt hatten, sowie vier Fünftel des Industriedreiecks im Osten – eine Entscheidung, die in weiten Teilen Deutschlands als Akt der Siegerjustiz gebrandmarkt wurde.[21]

Zusätzlich zum Verlust erheblicher Gebiete im Osten sah der Versailler Vertrag die dauerhafte Abtretung der deutschen Überseekolonien vor – Territorien mit einer Gesamtfläche von immerhin 1,6 Millionen Quadratkilometern –, die nun als Mandatsgebiete des Völkerbunds unter den Siegermächten aufgeteilt wurden. Die Aufgabe Deutsch-Kameruns (heute Kamerun), Togos (das den heutigen Staat Togo sowie die Region Volta im Westen Ghanas umfasste), Deutsch-Ostafrika (Tansania/Burundi/Ruanda), Deutsch-Südwestafrikas

(Namibia) sowie der deutschen Pazifikinseln bedeutete für Deutschland den Verlust der materiellen Attribute eines Weltreichs.[22]

Die meisten der ehemaligen deutschen Kolonien in Afrika sollten als sogenannte B-Mandate unter die Verwaltung des Völkerbunds fallen. Damit waren Gebiete gemeint, die weiterhin der engen Führung durch Mandatsmächte – vor allem Großbritannien und Frankreich – bedurften, aber zu einem nicht näher bezeichneten Zeitpunkt in die Selbständigkeit entlassen werden sollten. Andere deutsche Kolonialgebiete, vor allem das ehemalige Deutsch-Südwestafrika und die einst deutsch besetzten Inseln im Südpazifik, wurden zu C-Mandaten. Diese glichen noch am ehesten Kolonien alter Schule, die »wohl nicht besser verwaltet werden können als nach den Gesetzen des Mandatars und als integraler Bestandteil seines Gebiets«.[23] Im Gegensatz zu den Weißen in den europäischen Großreichen – so lautete die zutiefst rassistische Logik des gesamten Mandatssystems der Pariser Friedensverträge – seien die dunkelhäutigen Kolonialvölker noch nicht in der Lage, sich selbst um ihre Belange zu kümmern.[24]

Vor dem Hintergrund der überzogenen Erwartungen auf allen Seiten mussten die Pariser Friedensverträge zwangsläufig alle enttäuschen. Rückblickend haben Historiker die Abkommen etwas wohlwollender betrachtet als viele Zeitgenossen und den Friedensstiftern von Paris zugutegehalten, dass sie häufig gezwungen waren, vor Ort längst geschaffene Tatsachen zu akzeptieren und sich damit zu begnügen, zwischen den widerstreitenden Forderungen verschiedener Parteien zu vermitteln.[25] Doch längst nicht alle Historiker sind der Auffassung, die Verhandler hätten aus einer ohnehin verfahrenen Lage zumindest das Beste gemacht, und weisen darauf hin, dass die Pariser Konferenz ihr oberstes Ziel verfehlt habe: die Schaffung einer sicheren, friedlichen und dauerhaften Weltordnung.[26]

Dass die in Paris errichtete Sicherheitsstruktur keine zwei Jahrzehnte überdauerte, ist maßgeblich auf die massive Zunahme revisionistischer und nationalistischer Strömungen in den europäischen Verliererstaaten des Ersten Weltkriegs zurückzuführen, nicht zuletzt in Deutschland, wo die ökonomischen Verwerfungen der Weltwirtschaftskrise nach 1929 Hitlers Nationalsozialisten in die Hände spielten. Diese haben von Anfang an nie einen Hehl aus ihrer Absicht gemacht, den »Diktatfrieden« von Versailles zu revidieren – wenn nötig mit Gewalt. Gerade der Aufstieg der Nationalsozialisten hat dazu geführt, dass Historiker wie auch die Öffentlichkeit dem Versailler Vertrag stets mehr Aufmerksamkeit geschenkt haben als allen anderen Aspekten der Friedensverhandlungen. Dieser einseitige Fokus auf Versailles – und im Speziellen auf die Reparationen und die »Kriegsschuld«-Klausel, die Berlin die alleinige Verantwortung für den Ausbruch der Feindseligkeiten gab – hat unser Verständnis der Pariser Friedenskonferenz womöglich eingeschränkt und das damals mit Abstand drängendste Problem zu Unrecht überschattet: die Umwandlung eines ganzen, zuvor von Landimperien beherrschten Erdteils in einen Kontinent der »Nationalstaaten«. Nach dem Zerfall der kontinentalen Landimperien entstanden auf deren ehemaligem Territorium zehn neue Staaten: Finnland, Estland, Lettland, Litauen, Polen, die Tschechoslowakei, Deutsch-Österreich, Ungarn, Jugoslawien und die Türkei, deren Staatsgebiet nun fast ausschließlich in Asien lag. Im überwiegend arabisch besiedelten Nahen Osten, der seit Jahrhunderten von den Osmanen beherrscht worden war, erfanden Großbritannien und Frankreich darüber hinaus eine Reihe neuer Staaten: Palästina, Transjordanien (Jordanien), Syrien, Libanon und Mesopotamien (Irak), die Mandatsgebiete des Völkerbunds unter britischer oder französischer Verwaltung sein sollten, bis man sie zu einem nicht näher bestimmten Zeitpunkt in die staatliche Unabhängigkeit entlassen würde.[27]

Die Zerschlagung der Landimperien war erst im Endstadium des Konflikts in den Mittelpunkt gerückt. Weder London noch Paris waren 1914 mit der erklärten Absicht in den Krieg gezogen, ein Europa der Nationalstaaten zu schaffen. Erst Anfang 1918 wurde die Zerschlagung der europäischen Großreiche als alliiertes Kriegsziel postuliert,[28] was eine Transformation von enormen Ausmaßen bedeutete. Als der Erste Weltkrieg mit dem Sieg der Alliierten formal zu Ende ging, verschwanden drei gewaltige, jahrhundertealte Imperien von der Landkarte – die Reiche der Osmanen, der Habsburger und der Romanows. Ein viertes, das deutsche Kaiserreich, das während des Weltkriegs infolge umfassender Gebietsgewinne in Ostmitteleuropa zu einem bedeutenden Landimperium aufgestiegen war, büßte erheblich an Größe ein und verlor seine Kolonien in Übersee. Zudem wurde es zu einer parlamentarischen Demokratie, die im Osten nun eine »blutende Grenze« besaß, wie Deutsche jeder politischen Couleur die neue Demarkationslinie bald bezeichneten.[29]

Vor 1914 war das Deutsche Reich einer der Hauptakteure im großen imperialen Spiel der Weltmächte gewesen. Wie immens der Statusverlust war, den die Deutschen nach dem Ende des Krieges erlebten, kann man wohl nur ermessen, wenn man sich die Ausdehnung des Reiches zu Kriegszeiten und die späteren Gebietsverluste vor Augen führt. Ohne Verständnis für die imperialen Dimensionen und Ambitionen des Kaiserreichs ist kaum nachzuvollziehen, warum die Weimarer Republik vielen deutschen Nationalisten in der Zwischenkriegszeit als ein »verstümmeltes« Gebilde erschien und warum rechtsnationale Gruppierungen so erbittert gegen den Verlust deutscher Ostgebiete und – wenn auch weniger heftig – den »Raub« der deutschen Kolonien Sturm liefen. Die Empörung in Deutschland richtete sich darüber hinaus gegen die Artikel 231 und 232 des Versailler Friedensvertrages, wonach Deutschland die alleinige Schuld für den Kriegsausbruch im Jahr 1914 trug. Artikel 231 wies Deutschland und den Mittelmächten die Verantwortung für die alliierten Kriegsschäden zu, woraufhin in Artikel 232 gefolgert wurde, dass Deutschland für die verursachten Schäden Reparationen zu leisten habe. Die Deutschen betrachteten Artikel 231 und 232 als eine Art moralische Verurteilung, die ihnen nach der demütigenden Niederlage und den territorialen wie materiellen Verlusten auch noch aufgebürdet wurde.

Der eigentliche Zweck von Artikel 231 war es, die Deutschland auferlegten Reparationszahlungen zu legitimieren, mit denen Frankreich und Belgien für die Verluste, die sie in den vier Jahren deutscher Besatzung erlitten hatten, entschädigt werden sollten. Mit dieser »Kriegsschuld« wurde Deutschland offiziell die Verantwortung für die in Belgien verübten Gräueltaten zugeschoben und das Reich für »alle Verluste und Schäden« haftbar gemacht, die im Laufe des Krieges entstanden waren, insbesondere während des strategischen Rückzugs der deutschen Armee auf die massiv befestigte »Siegfriedlinie« zwischen Arras, Saint-Quentin und Vailly, bei dem das deutsche Heer nichts als verbrannte Erde hinterlassen hatte.

Die Alliierten wussten sehr wohl, dass eine derart weit gefasste Definition finanzieller Haftung, die theoretisch die Kosten jeder Patrone und jeder Waisenrente einschloss, womöglich völlig unrealistische Reparationszahlungen zur Folge haben würde, die Deutschland niemals würde leisten können. Doch sie wussten eben auch, dass sie mit Zugeständnissen in der Reparationsfrage die vom Krieg tief traumatisierte Wählerschaft daheim gegen sich aufbringen würden. Zudem hatten die Franzosen nicht vergessen, welch gewaltige Reparationen Berlin ihnen im Jahr 1871 auferlegt hatte – und das ganz ohne damit gravierende materielle Schäden zu rechtfertigen. Da die Berechnung einer exakten Summe vorerst nicht möglich war, wurde die Entscheidung über die Höhe der zu leistenden Reparationen auf einen späteren Zeitpunkt vertagt und kein Betrag genannt. Das erzeugte bei den Deutschen den Eindruck, man wolle sie zwingen, einen Blankoscheck zu unterschreiben.[30]

Die Summe, auf die man sich im Londoner Zahlungsplan von 1921 schließlich verständigte, belief sich auf 132 Milliarden Goldmark, gegliedert in drei Arten von Schuldverschreibungen, und zwar »A-, B- und C-Bonds«. Ein Großteil des gewaltigen Betrags – insgesamt 82 Milliarden Goldmark – fiel in die Kategorie C-Bonds, mit deren Rückzahlung die Alliierten gar nicht rechneten. Diese C-Bonds dienten vor allem zur Beschwichtigung der Öffentlichkeit in den alliierten Ländern. Im Grunde sollte Deutschland nur die A- und B-Schuldverschreibungen bedienen, insgesamt eine Summe von 50 Milliarden Goldmark, die innerhalb von 36 Jahren zu begleichen war. Wenn sie es öffentlich auch nie zugegeben hätten, hielten deutsche Fachleute das für durchaus tragbar.[31]

Ferner wollten die Alliierten sicherstellen, dass Deutschland niemals mehr in der Lage sein würde, einen Krieg zu beginnen, und ordneten die Beschlagnahmung großer Waffenarsenale an. Der Vertrag zwang Deutschland zur Beschränkung seiner Armee auf maximal 100 000 Mann und untersagte den Besitz von Panzern, Flugzeugen und U-Booten.[32] Die auf eine Truppenstärke von maximal 15 000 Matrosen reduzierte Kriegsmarine wurde de facto abgeschafft und der Bau größerer Schiffe verboten. Die stolze kaiserliche Hochseeflotte, deren Aufrüstung vor 1914 in beträchtlichem Maße zu den deutsch-britischen Spannungen beigetragen hatte, war seit November 1918 in Scapa Flow auf den britischen Orkney-Inseln interniert.

Die Alliierten gaben den Deutschen zwei Wochen Bedenkzeit, stellten aber klar, dass bei einer Ablehnung des Vertrags die Kampfhandlungen wieder aufgenommen werden würden – auch aus diesem Grund waren die alliierten Armeen bis dahin nicht demobilisiert worden. In dieser knappen Frist, die noch einmal ein wenig verlängert wurde, gelang es der deutschen Delegation, ein stattliches Konvolut von Dokumenten und wohlüberlegten Argumenten zusammenzutragen, mit denen sie die harten Bedingungen anfochten. Doch sie konnten keine einzige nennenswerte Änderung erreichen.

Von dem Moment an, als im Mai 1919 der erste Vertragsentwurf in Berlin einging, empfanden die meisten Deutschen die Bestimmungen des Vertrages schlichtweg als kriminell. Was das in so gut wie allen Fragen tief gespaltene Deutschland nach dem Ersten Weltkrieg einte, war die strikte Ablehnung der Bedingungen von Versailles. Sogar Mitglieder der Regierungskoalition plädierten vehement dafür, den Vertrag nicht zu unterschreiben. Aber das war mit enormen Risiken verbunden, denn im Fall der Ablehnung galten ein Einmarsch der Alliierten und die Besetzung Deutschlands als so gut wie sicher.

Die Rede, die Reichskanzler Philipp Scheidemann am 12. Mai 1919 in der Nationalversammlung hielt, gibt die allgemeine Stimmungslage wieder. Seine Tirade gegen die Abtretung deutscher Gebiete und Bevölkerungsteile durch neue Grenzziehungen gipfelte in dem Satz: »Wir sind ein Fleisch und Blut, und wer uns zu trennen versucht, der schneidet mit mörderischem Messer in den lebendigen Leib des deutschen Volkes.« Auch im weiteren Verlauf seiner Ansprache bediente er sich einer solchen überhitzten Rhetorik: Der Vertrag, so der Kanzler, bedeute »erbarmungslose Zerstückelung«, »Versklavung« und »Helotentum«. »Sechzig Millionen [Deutsche] hinter Stacheldraht und Kerkergittern, sechzig Millionen bei der Zwangsarbeit, denen die Feinde das eigene Land zum Gefangenenlager machen!«, das bedeute, so Scheidemann, dass man den Deutschen »[d]en Fuß in den Nacken und den Daumen aufs Aug'« stelle. Der Stenograph notierte »stürmischen Beifall« und »lebhafte Zustimmung«. Und dann folgte der berühmt gewordene Satz: »Welche Hand müsste nicht verdorren, die sich und uns in diese Fesseln legt?« Dem Parlamentsprotokoll zufolge erntete der erste demokratisch gewählte deutsche Regierungschef damit bei seinen Parlamentskollegen jedweder politischer Couleur »minutenlangen brausenden Beifall«.[33] Er sagte aber auch: »Dreimal wehe über die, die heute einen wahrhaften Frieden auch nur um einen Tag verzögern.« Das quittierten die Abgeordneten ebenfalls mit »stürmischem Beifall und Händeklatschen«. Die darin zum Ausdruck gebrachte Haltung wurde von der ganz überwiegenden Mehrheit der Deutschen geteilt.[34]

Die nationalistische Rechte ging in ihrer Missbilligung des Vertragsentwurfs freilich noch einen Schritt weiter. Besonders scharf fiel die Kritik des Redners der DNVP, Arthur Graf von Posadowsky-Wehner, aus. Für den aus einem alten schlesischen Adelsgeschlecht stammenden Bürokraten stellte praktisch jeder Artikel des Vertrags einen »Raub« dar: Die Gebietsabtretungen ebenso wie die Beschränkung der deutschen Truppenstärke, das Verbot einer Vereinigung mit Österreich wie die Forderung, den Kaiser mitsamt seinen Generälen und Beamten an die Entente auszuliefern – alles nichts als Diebstahl, Landraub, Raub deutscher Besitztümer und deutscher Eigenstaatlichkeit. Das Elsass sei ein überwiegend deutsches, aber »durch bourbonische Raubgier« gestohlenes Land und Oberschlesien seit dem Jahre 1253 ohnehin von der polnischen Krone getrennt. Die Engländer, so polterte der Graf, pochten zwar auf nationale Selbstbestimmung, aber wie verhalte es sich denn mit Irland und Indien? Was könnten die Belgier den Deutschen angesichts ihres schändlichen Wütens im Kongo schon vorwerfen? Und was war aus Wilsons Versprechungen geworden? »Dieser Vertrag ist ein Shylockvertrag«, donnerte er unter tosendem Applaus, und Wilson sei nur ein Schwindler, der sich als Freund Deutschlands ausgegeben habe, um seine wahren Absichten zu verschleiern.[35]

Am 22. Mai 1919 ermächtigt die Nationalversammlung die Regierung Gustav Bauer (MSPD) zur Unterzeichnung des Versailler Vertrages. Auf der Zuschauertribüne verfolgt ein überwiegend weibliches Publikum die Reden und Debatten zu dieser schicksalhaften Entscheidung.

Dagegen konnten die Befürworter des Vertrags nur ein einziges Argument vorbringen, und das war durch alle flammenden Reden nicht zu entkräften: Deutschland hatte keine Wahl, da eine Weigerung den Fortgang des Krieges mit all seinen furchtbaren Folgen sowie eine alliierte Invasion nach sich ziehen würde. Die Deutschen hatten zwar keine Wahl, aber sie ließen die Alliierten wissen, dass »nach unserem Glauben« dem »Tode die Auferstehung« folge – eine klare Drohung, dass der Friede nicht von langer Dauer sein würde.[36]

Auch wenn Posadowsky-Wehners Reaktion arg überzogen war, hatten die Parlamentarier in der Nationalversammlung doch allen Grund, bitter enttäuscht zu sein – insbesondere von Wilson, in dessen Versprechen eines »gerechten Friedens« die deutsche Politik seit dem Spätsommer 1918 so große Hoffnungen gesetzt hatte. In seinen Reden wie in den Repliken auf die Friedensangebote der Mittelmächte von 1918 hatte der amerikanische Präsident stets bekräftigt, dass sein Krieg allein den Autokraten gelte, eine wahrhaftig vom Volk getragene

Regierung jedoch mit »Friedensverhandlungen« auf Grundlage der Vierzehn Punkte rechnen könne. Ein halbes Jahr später aber, nachdem die deutsche Revolution die deutschen Fürsten und Könige vom Thron gefegt hatte, waren die Vertreter der demokratischen deutschen Regierung nicht einmal zu den Friedensgesprächen eingeladen worden. Stattdessen legte man ihnen ein »Diktat« vor, zu dem die Abgesandten kaum hatten Stellung nehmen dürfen und die Sieger ihr abschließendes Urteil, wie es schien, längst gefällt hatten.[37]

Dass der Friedensvertrag ganz anders, nämlich weit weniger versöhnlich ausfiel als Wilsons Vierzehn Punkte, dürfte sehr viel mehr zum Ansehensverlust der Demokratie beigetragen haben als die vermeintlich »halbe Revolution« von 1918 oder die vermeintlichen »Konstruktionsfehler« der Weimarer Reichsverfassung.

Die deutschen Bemühungen um eine Abschwächung der Bedingungen, insbesondere in Bezug auf Artikel 231, konterten die Alliierten mit dem Hinweis, Deutschland habe den Krieg »gewollt und entfesselt« und sei »für die rohe und unmenschliche Art, in der er geführt worden ist, verantwortlich«.[38] Dann folgte die Selbstversenkung der deutschen Hochseeflotte in Scapa Flow – ein symbolischer Akt, der die beteiligten Seeleute in der Heimat sofort zu Helden machte, die Siegermächte aber lediglich in ihrer Ansicht bestätigte, dass die Deutschen unverbesserlich und unzuverlässig seien. Elf Tage bevor die deutsche Abordnung in Paris den Versailler Vertrag unterzeichnete, befahl deren deutscher Kommandant, Konteradmiral Ludwig von Reuter, die Versenkung aller 74 Schiffe, vom Schlachtschiff bis zum Zerstörer, um deren Aufteilung unter den alliierten Siegermächten zu verhindern.[39]

Am 22. Juni ging in der Berliner Wilhelmstraße ein weiteres Ultimatum ein: Falls Deutschland die Bedingungen nicht binnen fünf Tagen akzeptiere, werde die Entente die Kampfhandlungen fortsetzen. Daraufhin signalisierten Regierung und Armeeführung umgehend ihre Einwilligung. Auch die verfassunggebende Versammlung erklärte sich bereit, der Unterzeichnung zuzustimmen – allerdings unter Protest. Doch dann traten am 19. Juni Scheidemann und Brockdorff-Rantzau zurück, und es gelang Reichspräsident Ebert nur mit Glück, eine neue Regierung unter Führung des Sozialdemokraten Gustav Bauer zu bilden.[40]

Am 28. Juni 1919 nachmittags um 15.00 Uhr, genau fünf Jahre nach der Ermordung Erzherzog Franz Ferdinands, betraten die Abgesandten der Regierung Bauer, Außenminister Hermann Müller und Verkehrsminister Johannes Bell, den großen Spiegelsaal von Versailles. Eskortiert von alliierten Soldaten, schritten sie vor bis zur Mitte des Raums. Der betagte Gastgeber der Pariser Friedenskonferenz, Clemenceau, hatte die Räumlichkeiten mit Bedacht gewählt: Hier war Wilhelm I. nach der französischen Niederlage von 1870/71 zum ersten Kaiser eines vereinigten deutschen Nationalstaats ausgerufen worden. Der ansonsten eher für seinen Pragmatismus bekannte zukünftige Reichskanzler Otto von Bismarck hatte das Schloss Ludwigs XIV. damals zur Bühne der symbolischen Erniedrigung des gerade unterworfenen Frankreich erkoren. Fast ein halbes Jahrhundert später bot sich Frankreich nun endlich die Gelegenheit später Genugtuung. Die beiden deutschen Emissäre, die zur Unterzeichnung des Friedensvertrags angereist waren, wurden an einer langen Reihe entstellter französischer Veteranen vorübergeführt, die man eigens zur feierlichen Unterzeichnung nach Versailles gebracht hatte, als lebende Mahnung des von Deutschland verursachten Unheils.[41]

»Die ganze Veranstaltung war aufwendig geplant und so inszeniert, dass sie für den Gegner die größtmögliche Demütigung darstellte«, vermerkte Oberst Edward House, der wichtigste außenpolitische Berater des US-Präsidenten.[42] Einem britischen Beobachter zufolge wirkten die deutschen Abgesandten wie »Gefangene, die zur Verkündung ihres Urteils hereingeführt wurden«.[43] Müller und Bell kehrten noch am selben Abend nach Berlin zurück.

Während die Bürger von Paris auf den Straßen feierten, strömten in Deutschland die Menschen auf die Straße, um gegen einen als zutiefst ungerecht empfundenen Friedensvertrag zu protestieren, der Deutschland ein für alle Mal aus dem Kreis der Großmächte auszuschließen schien. Dass Großbritannien und die Vereinigten Staaten erhebliche Anstrengungen unternommen hatten, um die Einheit und Unabhängigkeit Deutschlands zu wahren – vor allem durch ihren

Widerstand gegen die von Frankreich geforderte Abtrennung des Rheinlands –, wurde von den meisten übersehen. Allerorten wich die Begeisterung, mit der so viele Deutsche im Jahr 1918 den Sieg der Demokratie begrüßt hatten, einem Gefühl tiefer Enttäuschung und Verbitterung über die Friedensbedingungen.[44]

Für einen beträchtlichen Teil der Deutschen war das Friedensabkommen fortan untrennbar mit der Revolution von 1918 verbunden und mit dem, was sie hervorgebracht hatte: die Weimarer Republik. Insbesondere Anhänger der extremen Rechten bezeichneten den Versailler Vertrag gar als »wahre Verfassung« der Weimarer Demokratie. Sie empfanden sie als von außen aufgezwungene »undeutsche« Staatsform, die einzig und allein dem Zweck diente, das deutsche Volk über Generationen hinweg zu versklaven.[45] Bekräftigt wurde diese Haltung gegenüber dem Versailler Vertrag durch John Maynard Keynes' polemische Attacken in seinem Bestseller *Die wirtschaftlichen Folgen des Friedensvertrages.*

Keynes hatte als Vertreter des britischen Finanzministeriums an der Pariser Konferenz teilgenommen und sich dabei vor allem mit der Frage der finanziellen Haftung Deutschlands beschäftigt. Wie Millionen andere Menschen in Europa und weit darüber hinaus war er ein glühender Anhänger des Wilsonianismus und glaubte fest daran, dass sich mit den Prinzipien des amerikanischen Präsidenten sämtliche Übel beseitigen ließen, die 1914 zum Kriegsausbruch geführt hatten. Aus Protest gegen den Vertragsentwurf trat er noch vor der feierlichen Unterzeichnung am 28. Juni 1919 von seinem Amt in der britischen Delegation zurück und begann unverzüglich mit der Niederschrift seines Buches, das im Dezember 1919 erschien. Die Veröffentlichung machte Keynes praktisch über Nacht auf beiden Seiten des Atlantiks zu einer intellektuellen Berühmtheit. Der britische Ökonom wertete das Versailler Abkommen als »karthagischen Frieden«, der darauf abziele, Deutschland ebenso nachhaltig zu vernichten, wie es die Römer bei der Zerstörung Karthagos im Jahr 146 v. Chr. getan hatten. Deutschland würden, so Keynes, Reparationen aufgebürdet, die weit über seine materiellen Möglichkeiten hinausgingen. Früher oder später werde Nachkriegsdeutschland aber seine Sicherheitsinteressen

Der flammende Protest gegen die Bestimmungen des Versailler Vertrages einte die sonst tief gespaltenen Parteien der Weimarer Republik. Massenproteste fanden in zahlreichen deutschen Städten statt. Hier spricht Marie Juchacz, MSPD-Abgeordnete der Nationalversammlung, am 18. Mai 1919 zu Demonstranten auf dem Berliner Wilhelmplatz.

wieder durchsetzen – zunächst durch militärische Ebenbürtigkeit und schließlich durch militärische Überlegenheit.[46]

Was bis heute gern übersehen wird und schon in den Diskussionen der Zeitgenossen kaum eine Rolle spielte, ist die Tatsache, dass Deutschland in Paris im Grunde viel besser abschnitt als die anderen Mittelmächte.[47] Im Vertrag von Saint-Germain-en-Laye etwa, der im September 1919 unterzeichnet wurde, musste sich der deutsch-österreichische Rumpfstaat zur Abtretung Südtirols an Italien, der Südsteiermark an das Königreich der Serben, Kroaten und Slowenen sowie Feldbergs und Böhmzells an die Tschechoslowakei verpflichten. Polen hatte sich zu diesem Zeitpunkt längst das habsburgische Galizien einverleibt, und Böhmen mit seinen drei Millionen deutschsprachigen Einwohnern wurde Teil der Tschechoslowakei. Darüber hinaus bürdete das Abkommen den Österreichern – gemeinsam mit den Ungarn – zu den Reparationen auch noch einen Großteil der

Kriegsschulden des Habsburgerreiches auf. Die exakte Berechnung der Schadenssumme überließ man dabei der Reparationskommission.[48]

Auch die Deutsch-Österreicher, die auf den baldigen Anschluss an Deutschland gehofft hatten – der Traum liberaler Nationalisten während der 1848er-Revolution –, sollten bitter enttäuscht werden.[49] Wie ihr deutsches Pendant war die österreichische Linke nach der militärischen Niederlage und dem Zerfall des k.u.k. Imperiums ebenfalls davon ausgegangen, dass der Zusammenschluss der beiden Länder Wilsons Prinzip der Selbstbestimmung entsprechen und der jungen deutschen Republik überdies einen erheblichen Legitimitätsschub bescheren würde. Auch ökonomisch erachtete man einen solchen Schritt für überaus sinnvoll, denn ohne seine fruchtbaren Kornkammern in Ungarn und Böhmen schien der deutsch-österreichische Rumpfstaat kaum fähig, seine sechs Millionen Bürger zu ernähren. Die landwirtschaftliche Produktion Österreichs kurz nach Kriegsende lag gerade einmal bei der Hälfte des Vorkriegsvolumens, und die heimische Kohleförderung deckte nur ein Viertel des Bedarfs während des eisigen Winters.[50]

In Deutschland hatte der Anschluss vor allem bei den Mehrheitssozialdemokraten breite Unterstützung gefunden, die darauf verwiesen, dass das Anschlussverbot eine eklatante Verletzung des nationalen Selbstbestimmungsrechts darstelle. Noch am 18. März 1919 hatte der *Vorwärts* erklärt: »Das kleindeutsche Reich Bismarcks ist in die Katastrophe des Weltkrieges hineingetaumelt, aber der großdeutsche Gedanke von 1848, der den Zusammenschluß aller Deutschen, auch der Deutschösterreicher, als Ziel vor Augen hatte, er marschiert und vollendet sich in unseren Tagen unter dem Zeichen des schwarz-rot-goldenen Banners, der Revolutionsfahne von 1848.«[51]

Die Niederlage von Ebert und seiner Partei war für die rechte Propaganda ein gefundenes Fressen. Das konservative Wochenblatt *Die Tradition* hatte bereits Anfang April 1919 erklärt, dass die von den Sozialdemokraten verbreitete Hoffnung auf eine friedliche Revision der kleindeutschen Grenzen unrealistisch sei: »Wenn man mit Worten und warmem deutschen Herzen Reiche gründen könnte, dann hätten die Idealisten der Frankfurter Paulskirche uns schon vor

70 Jahren das große deutsche Vaterland vom Belt bis an die Adria geschenkt.«[52] Nach dem Veto der Siegermächte sah der Chefredakteur der *Kreuzzeitung* und spätere DNVP-Vorsitzende Kuno von Westarp diese Einschätzung bestätigt. Seiner Ansicht nach war es den Vätern der Weimarer Verfassung »nicht gelungen […], den Plan eines größeren Deutschlands zu verwirklichen, um dessentwillen sie sich bei Beginn der Verhandlungen [über die Verfassung] einem Bismarck so gewaltig überlegen dünkten«.[53]

Die MSPD wusste nur zu gut um die Tragweite ihres diplomatischen Misserfolgs und weigerte sich daher hartnäckig, das Scheitern ihrer großdeutschen Bestrebungen einzugestehen. Am 22. Juni 1919, als die Nationalversammlung nach langen und hitzigen Debatten der Unterzeichnung des Versailler Friedensvertrags schließlich zugestimmt hatte, versicherte Paul Löbe dem Plenum, die Republik werde weiter für Großdeutschland eintreten – »für die Einheit aller derer […], die von der Donau bis an die Etsch wie an den Mündungen der Weser und Elbe, Oder und Weichsel von deutscher Mutter das Sprechen gelernt haben«.[54] Doch nach dem alliierten Anschlussverbot fehlte dem Versprechen der Mehrheitssozialdemokraten etwas ganz Entscheidendes: die Glaubwürdigkeit. War der Anschluss in den Jahren 1918/19 ein hoffnungsvolles Projekt der demokratischen Linken gewesen, so diente dessen Scheitern bald der extremen Rechten als »Beweis« für die Unfähigkeit des republikanischen Staates, seine Versprechen einzuhalten.[55]

Noch mehr Grund zur Klage als die Österreicher und Deutschen hatten die Ungarn. Das Land verlor zwei Drittel seines Vorkriegsterritoriums und über 73 Prozent seiner Bevölkerung. Der Vertrag von Trianon, der diese Bestimmungen enthielt, sollte aufgrund der politischen Umwälzungen in Budapest und des Einmarschs der rumänischen Armee erst 1920 seine endgültige Form erhalten.[56] Zerrüttet von vier Jahren Krieg, Revolution, Konterrevolution und der Invasion durch ausländische Truppen, lag das Land schon vor der Unterzeichnung des Vertrags wirtschaftlich am Boden. Das Produktionsniveau der ungarischen Konsumgüterindustrie erreichte gerade einmal fünfzehn Prozent des Vorkriegsstandes.[57]

Verglichen mit den drastischen Abtretungen, die Ungarn zu akzeptieren hatte, waren die Gebietsverluste Bulgariens zwar etwas weniger dramatisch – was die Bulgaren freilich anders sahen –, aber gemessen an der Größe des Landes fielen sie heftiger aus als die Bestimmungen des Versailler Vertrags für Deutschland. Wie die übrigen Verliererstaaten war Bulgarien auf der Friedenskonferenz nicht vertreten. Und wie viele andere Führer der einstigen Mittelmächte hatte auch die Regierung in Sofia zunächst gehofft, für sie gelte das Prinzip der nationalen Selbstbestimmung. Immerhin waren die Bulgaren in drei Regionen außerhalb ihrer neuen Staatsgrenzen in der Überzahl: in der südlichen Dobrudscha entlang der westlichen Schwarzmeerküste, in Westthrakien an der Nordseite der Ägäis und in Teilen Makedoniens. Nur wurden alle drei Gebiete auch von anderen Nationen beansprucht, die als befreundete Staaten der Alliierten galten: Rumänien bestand auf der Süddobrudscha – obwohl dort gerade einmal 10 000 Rumänen unter den 300 000 Bewohnern lebten –, das Königreich der Serben, Kroaten und Slowenen verlangte Makedonien, und Griechenland erhob Ansprüche auf Westthrakien.[58]

Als der Vertragsentwurf im September schließlich in Sofia vorlag, übertraf er selbst die düstersten Erwartungen. Relativ betrachtet war das im November 1919 unterbreitete Abkommen von Neuilly-sur-Seine gewiss drakonischer als der Vertrag von Versailles, den man den Deutschen auferlegt hatte. Die Bestimmungen zwangen Sofia zur Abtretung einer Fläche von insgesamt 11 000 Quadratkilometern, darunter die Gebiete Westthrakien (an Griechenland) sowie vier Grenzregionen mitsamt den strategisch bedeutenden Städten Strumica, Caribrod und Bosilegrad und deren Umland (rund 2500 Quadratkilometer), die an das Königreich der Serben, Kroaten und Slowenen fielen. Der Vertrag bürdete den Bulgaren zudem schwindelerregende Reparationen in Höhe von 2250 Millionen Goldfranc auf, die im Laufe von 37 Jahren zu entrichten waren. Ferner musste Sofia sich bereit erklären, Griechenland, Rumänien und dem Königreich der Serben, Kroaten und Slowenen riesige Mengen an Vieh und Eisenbahnausrüstung zu übergeben und der südslawischen Monarchie obendrein jährlich 50 000 Tonnen Kohle zu liefern. Gemessen an seiner Größe und seinem Bruttoinlandsprodukt, traf es Bulgarien in Bezug auf die Reparationen von allen Mittelmächten am härtesten.[59]

Darüber hinaus wurden die Streitkräfte Bulgariens massiv dezimiert: Aus der Armee sollte eine Polizeitruppe von gerade einmal 20 000 Mann werden. Als die Einzelheiten des Abkommens publik wurden, erwog man in Sofia, die Bedingungen abzulehnen, doch Teodorows Amtsnachfolger Aleksandar Stambolijski hatte gar keine andere Wahl, als »sogar einen schlechten Frieden« zu unterzeichnen.[60] Am 27. November 1919 leistete er im Rathaus von Neuilly seine Unterschrift. Es wirkte, so ein amerikanischer Beobachter später, »als habe man den Laufjungen zu einem Gespräch mit den Direktoren hereingerufen«. Unter den Anwesenden befand sich auch der griechische Ministerpräsident Venizelos, der sich »bemühte, nicht zu zufrieden auszusehen«, weil er seinem Land Westthrakien gesichert hatte.[61]

In den Augen der meisten Bulgaren war die Vertragsunterzeichnung ein Tiefpunkt in ihrer Geschichte als unabhängiger Staat: Mit den neu gezogenen Grenzen verlor Bulgarien seine landwirtschaftlich ertragreichsten Gebiete Dobrudscha und Thrakien sowie den Zugang zur Ägäis – ein wesentlicher Aspekt, da der Gütertransport per Schiff für große Teile der bulgarischen Wirtschaft von enormer Bedeutung war.[62] Aufgrund des neuen Grenzverlaufs strömten außerdem Massen von Flüchtlingen aus Makedonien, Thrakien, der Dobrudscha und den abgetrennten westlichen Grenzgebieten ins Land – die zweite große Flüchtlingswelle seit 1913. Schon zwischen 1912 und den frühen 1920er Jahren hatte Bulgarien geschätzte 280 000 Flüchtlinge aufnehmen müssen, die nun bis zu fünf Prozent der Gesamtbevölkerung ausmachten. Etwa die Hälfte dieser Menschen kam aus den an Griechenland abgetretenen Gebieten, also dem ägäischen Makedonien und Westthrakien, weitere 25 Prozent aus Ostthrakien im ehemaligen Osmanischen Reich. Zahlenmäßig geringer, wenn auch nicht minder problematisch war der Zustrom von Flüchtlingen aus den Gegenden, die nun zum Königreich der Serben, Kroaten und Slowenen gehörten (12,5 Prozent), sowie aus Rumänien (11 Prozent).[63] Ein derart massiver Zuzug in einer so tiefen ökonomischen und sozialen Krise stellte den bulgarischen Staat über Jahre hinweg vor ungeheure Herausforderungen.[64]

Wie dramatisch die Lage war, zeigt der eindringliche Brief, den Stambolijski am 22. November 1919 dem verständnislosen französischen Ministerpräsidenten Clemenceau schrieb: »Die Bevölkerung Bulgariens lebt heute in tiefster Verzweiflung. Ihr Unglück wird durch die Leiden der zahlreichen Flüchtlinge noch verschlimmert [...]. Diese zahllosen Flüchtlinge, Heimatlose ohne jedweden Besitz [...] werden stets eine offene Wunde in den Beziehungen auf dem Balkan darstellen.«[65] Stambolijski sollte recht behalten, das aber nicht mehr erfahren. Er wurde im Juni 1923 von Revolutionären ermordet. Die sozialen und finanziellen Kosten des verlorenen Krieges, die Wirtschaftskrisen und die internationale Isolation hatten noch über Jahre tiefe innenpolitische Zerwürfnisse und gewaltsame Zusammenstöße zwischen Anhängern verschiedener politischer Lager zur Folge, ebenso rasch wechselnde, oftmals durch Staatsstreiche gestürzte Regierungen.

Für Bulgariens langjährige Kolonialherren und Weltkriegsverbündete, die Osmanen, hatte der imperiale Auflösungsprozess schon lange vor dem Waffenstillstand mit der »Befreiung« sämtlicher arabischer Regionen durch die vorrückenden Briten und dem Rückzug der osmanischen Armee begonnen. Noch bevor die Pariser Konferenz im Januar 1919 zusammentrat – wobei die Türken als einzige Völkerschaft des Osmanischen Reiches von den Beratungen ausgeschlossen blieben –, war klar, dass das Schicksal dieses Imperiums in den Händen Großbritanniens und Frankreichs lag. Die Vereinigten Staaten hatten ihm nie den Krieg erklärt, und die Tatsache, dass Wilson Paris noch am Tag der Unterzeichnung des Versailler Vertrags verließ, machte deutlich, dass er sich beim Aufbau einer Nachkriegsordnung im Nahen Osten nicht engagieren würde. Großbritannien und Frankreich indes waren fest entschlossen, den Großteil der arabischen Provinzen des Osmanenreichs unter sich aufzuteilen.

Die Realisten in Konstantinopel hatten die arabischen Gebiete daher längst abgeschrieben, doch einige optimistische Staatsmänner setzten auf Wilsons Vierzehn Punkte, wo von der »unbedingten Selbständigkeit« der »türkischen Teile des jetzigen Osmanischen Reiches« die Rede war – sprich des kleinasiatischen Anatoliens und des europäischen Ostthrakiens.[66] Ähnlich wie seine Kollegen aus den anderen

Verliererstaaten versicherte der liberale türkische Ministerpräsident Damad Ferid Clemenceau, Lloyd George und Wilson am 17. Juni 1919 in Paris, dass seine Führung nichts mit dem Komitee für Einheit und Fortschritt gemein habe, das Schuld trage am Kriegseintritt des Osmanischen Reiches und am furchtbaren Schicksal der armenischen Christen. Wenn man das Selbstbestimmungsrecht der Völker zur Anwendung bringe, müsse insbesondere Anatolien türkisch bleiben. Nur waren inzwischen die Griechen auf den Plan getreten und beanspruchten – ermutigt durch vage Versprechungen des britischen Außenministers Sir Edward Grey im Jahr 1915 – das von großen griechischen Gemeinden bewohnte Westanatolien für sich. Griechenland hatte in den letzten achtzehn Kriegsmonaten auf alliierter Seite gekämpft und genoss als christliches Land im Westen traditionell große Sympathien, während die Osmanen weder aus Großbritannien noch aus Frankreich mit Unterstützung rechnen durften. Lloyd George bezeichnete die Türken in einer berühmten Rede gar als »menschliches Krebsgeschwür, ein schleichendes Leiden im Fleische jener Länder, die sie zugrunderichten und in denen sie jedes Leben zum Verrotten bringen«.[67]

Neben Griechenland hatten es noch weitere bereits bestehende oder im Entstehen begriffene Staaten auf Teile Anatoliens abgesehen. Nachdem es sich 1911 bereits die ehemals osmanische Inselgruppe der Dodekanes einverleibt hatte, bemühte sich Italien um ein Standbein in Westanatolien. Auf Grundlage schwammiger Formulierungen des Londoner Vertrags von 1915, der Rom bei der Zerschlagung des Osmanenreichs einen »gerechten Anteil« zusicherte, drängten italienische Diplomaten nun umso heftiger auf einen eigenen Einflussbereich in Anatolien. Auch die Kurden verlangten ihre Unabhängigkeit oder zumindest eine Autonomie unter internationalem Schutz – aus Angst, wieder als Minderheit unter armenischer, arabischer oder türkischer Herrschaft zu enden. Und ebenso strebte das ehemals russische Armenien, das im Mai 1918 zur Demokratischen Republik Armenien wurde, nach der Annexion einer Reihe osmanischer Provinzen im Osten. Im Frühjahr 1918 eskalierte dort die Gewalt, als Überlebende des *Aghet* Vergeltung an örtlichen muslimischen Zivilisten übten: Bei Massakern in Erzinjan und Erzurum metzelten Armenier zwischen

Ende Januar und Mitte Februar 1918 schätzungsweise 10 000 muslimische Türken nieder.[68]

Die Gebietsansprüche fremder Länder und die grassierende Gewalt im Innern verschärften die Situation im ohnehin kriegsgeschundenen Anatolien noch weiter, wie britische Erkundungsmissionen belegten. Leutnant Clarence Palmer, einer der von Konstantinopel ins Landesinnere entsandten Offiziere, der den Krieg größtenteils in osmanischer Gefangenschaft verbracht hatte, reiste durch Nordwestanatolien von Eskişehir nach Konya und berichtete seinen Vorgesetzten von Hunger, Krankheit und materieller Not. Heimatlose Armenier würden dort für ein wenig Essen ihre Kinder verkaufen. Da viele Männer vom Land gefallen seien und man die Nutztiere beschlagnahmt habe, sei die landwirtschaftliche Produktion zum Erliegen gekommen, und auch die Industrie stelle nichts her.[69]

Im August 1920, über ein Jahr nach Unterzeichnung des Versailler Vertrags, schlossen die siegreichen Alliierten schließlich ein Friedensabkommen mit der Regierung des Sultans unter Damad Ferid. Es sollte der letzte der Pariser Friedensschlüsse sein. Der in der Halle der königlichen Porzellanmanufaktur von Sèvres unterzeichnete Vertrag ließ den Türken gerade einmal ein Drittel Anatoliens. Die Griechen erhielten Smyrna und dessen Umgebung, wobei die endgültige Entscheidung über die Zukunft Westanatoliens innerhalb von fünf Jahren per Volksentscheid fallen sollte. Den Armeniern wiederum wurde ein gewaltiges Gebiet in Ostanatolien zugesprochen, von Trabzon bis zum Vansee, und Kurdistan sollte eine autonome Region werden. Die Meerenge des Bosporus wurde unter internationale Verwaltung gestellt. Sowohl Frankreich als auch Italien behielten ihre Einflusssphären in Südanatolien.[70]

Gemäß Artikel 231 des Abkommens hatte die Türkei »Verluste und Opfer jedweder Art« zu verantworten, »für die sie in vollem Maße reparationspflichtig« sei. Wie im Fall Deutschlands waren sich die Alliierten auch hier vollkommen im Klaren, dass die Türkei niemals zur Zahlung derartiger Reparationen fähig sein würde. Dementsprechend sah der Vertrag die Bildung einer Finanzkommission vor, der je ein Vertreter Frankreichs, des Britischen Empire sowie Italiens angehören sollten und – in rein beratender Funktion – ein türkischer Repräsentant. Dieses Gremium besaß weitreichende Befugnisse, darunter die vollständige Verfügungsgewalt über die Regierungsausgaben und die Billigung künftiger Staatsanleihen. Keine andere Mittelmacht hatte einen solchen Eingriff in ihre staatliche Souveränität hinnehmen müssen. Für türkische Nationalisten war das eine weitere der gravierenden und demütigenden Einmischungen Europas in osmanische Angelegenheiten, die im 19. Jahrhundert ihren Anfang genommen hatten.[71]

Um diese anscheinend rachsüchtige Haltung der Alliierten gegenüber den Besiegten in den Jahren 1918 bis 1920 zu verstehen, muss man sich das moralische Klima der Nachkriegszeit und insbesondere die Gemütslage in den alliierten Ländern vergegenwärtigen.[72] Die schwelende Erinnerung an die deutschen Gräueltaten in Belgien im Jahr 1914, die Verwüstungen, die deutsche Truppen 1917 bei ihrem strategischen Rückzug angerichtet hatten, an die Offensiven des Frühjahrs 1918 sowie Trauer und Wut über den Verlust von Verwandten und Freunden auf den Schlachtfeldern lasteten schwer auf den Staatschefs und Diplomaten in Paris. Die vom Krieg erhitzten Gemüter hatten sich Anfang 1919 noch lange nicht beruhigt. Die Führer der Alliierten, die vom Wohlwollen ihrer Wähler abhingen, wussten nur zu gut, dass diese Entschädigung für die vielen erlittenen Verluste forderten, und sei es nur, um diesen Opfern einen Sinn zu verleihen. Nach Ansicht der Alliierten war den Deutschen mit ihrem Gerede von einem »gerechten Frieden« nicht zu trauen, schließlich hatten sie Russland und Rumänien in den Verträgen von Brest-Litowsk und Bukarest im Jahr zuvor selbst überaus drakonische Bedingungen auferlegt. Und dann war da auch noch der Wunsch nach kollektiver Sicherheit: Die siegreichen Alliierten befürchteten ein militärisches Aufleben ihrer unterlegenen Kriegsgegner, insbesondere ein Wiedererstarken Deutschlands. Berlin aller Mittel für einen Vergeltungskrieg zu berauben, galt als zentrale Maßnahme zur Sicherung des Friedens im Allgemeinen – und zur Wahrung der territorialen Integrität Frankreichs im Besonderen.

Die Deutschen hatten für all das wenig Verständnis. Der Groll über den Versailler Vertrag erwuchs aus der tief empfundenen

Schmach über die Niederlage und aus dem Gefühl, 1919 getäuscht worden zu sein. Sie warfen den Alliierten Doppelzüngigkeit vor, da Wilsons Konzept der Selbstbestimmung offenbar nur für Völkerschaften galt, die als Verbündete der Entente in den Krieg gezogen waren – Polen, Tschechen, Südslawen, Rumänen und Griechen –, jedoch nicht für die ehemaligen Gegner, also für Österreicher, Deutsche, Ungarn, Bulgaren und Türken. Das Selbstbestimmungsrecht entpuppte sich in ihren Augen als leeres Versprechen, erst recht als sich erwies, dass die Anwendung dieses Prinzips auf Gebiete mit einer zutiefst komplexen ethnischen Zusammensetzung gar nicht möglich war oder geradezu dazu einlud, die Gewalt des Ersten Weltkriegs in eine Vielzahl von Grenzkonflikten und Bürgerkriegen zu überführen.[73] All diese neuen, angeblich auf dem Selbstbestimmungsrecht der Völker gegründeten Staaten besaßen innerhalb ihrer Grenzen große und lautstarke nationale Minderheiten, in denen nach dem Einsetzen der Weltwirtschaftskrise verstärkt Forderungen nach einer Wiedervereinigung mit ihren »Mutterländern« aufkamen.

Die Gebietsabtretungen und die Weigerung der Alliierten, auch den deutschsprachigen Völkern eine »selbstbestimmte« Vereinigung mit Deutschland oder Österreich zu gestatten, hatten zur Folge, dass sich nach den Friedensverträgen 13 Millionen Deutsche – Deutsch-Österreicher inbegriffen – außerhalb der Reichsgrenzen wiederfanden.[74] Der Irredentismus sollte fortan ein Problem der europäischen Politik sein,[75] denn die neuen Minderheiten in den jungen, ethnisch gemischten Nachfolgestaaten waren oft überaus anfällig für nationalistische Demagogie. In Schlesien etwa entwickelte sich die Breslauer Friedrich-Wilhelms-Universität zu einer Brutstätte deutsch-nationalistischer Agitation. Der multi-ethnischen Struktur der Stadtbevölkerung entsprechend, war die Universität bis dahin immer eine außergewöhnlich kosmopolitische Bildungseinrichtung gewesen und hatte während des gesamten 19. Jahrhunderts starke polnische Burschenschaften sowie eine große Zahl jüdischer Studenten beheimatet.[76]

Nach 1918 schlug die Stimmung aber radikal um und richtete sich fortan gegen das friedliche Zusammenleben unterschiedlicher Bevölkerungsgruppen. Junge deutsche Nationalisten aus der ganzen Region strömten herbei, um Vorlesungen bei Professoren wie Walter Kuhn zu besuchen, einem selbst ernannten Experten auf dem in Mode kommenden Feld der »Ostforschung«. Kuhn dozierte über die Notwendigkeit, den Versailler Vertrag aufzukündigen und die »verlorene« deutsche Bevölkerung in Polen und Mittelosteuropa allgemein »zurückzuholen«.[77] Solche Ideen fielen bei den »Verlorenen« auf fruchtbaren Boden. Wie sich zeigen sollte, neigten Deutsche in ethnisch gemischten Grenzregionen im Vergleich zu den Bewohnern urbaner Zentren weiter westlich weitaus eher dazu, rechtsextreme Parteien zu unterstützen, und schlossen sich später weitaus öfter den nationalsozialistischen Parteiorganisationen an.[78] In diesen Grenzregionen lebten nach 1918/19 beträchtliche deutsche Bevölkerungsgruppen. So betrug der deutsche Bevölkerungsanteil im Königreich der Serben, Kroaten und Slowenen – dem späteren Jugoslawien – etwa 14 Prozent. In der jungen Tschechoslowakei lebten mit 23 Prozent der Gesamtbevölkerung sogar mehr Volksdeutsche als Slowaken.[79]

Infolge des Versailler Vertrags wurde die Weimarer Republik zu einem ethnisch weit homogeneren Staat, als es Deutschland nach der Reichsgründung 1871 je gewesen war – vor allem durch den Verlust der nicht unerheblichen französisch- und polnischsprachigen Minderheiten, der mengenmäßig durch den starken Zuzug von Flüchtlingen aus Osteuropa nach Deutschland teilweise kompensiert wurde. Im Herbst 1920 betrug ihre Zahl 560 000, insbesondere Russen, die vor dem blutigen Bürgerkrieg in ihrem Land geflohen waren. Die Hauptanlaufstelle der Flüchtlinge war Berlin, wo sich viele Angehörige der russischen Intelligenzija niederließen und bald ihr ganz eigenes, auf Nostalgie und bürgerlichen Traditionen gründendes Kulturleben hervorbrachten. Berlins wohlhabende, erst 1920 eingemeindete Bezirke Schöneberg, Friedenau, Wilmersdorf und Charlottenburg boten großbürgerlichen russischen Emigranten ein bereits vertrautes neues Zuhause, da viele von ihnen bereits auf ihren Reisen in der Vorkriegszeit im neuen Westen Station zu machen pflegten.[80] Eifrig bestrebt, ihre russische Kultur auch im Ausland am Leben zu erhalten, betrieben sie unter anderem eigene Verlage. Im Jahr 1922 zählte man in der deutschen Hauptstadt nicht weniger als 72 russische Verlage.[81]

Theoretisch sollten die Rechte der beträchtlichen Minoritäten durch sogenannte Minderheitenverträge geschützt werden – eine Reihe bilateraler Abkommen, die jeder neue Staat als Voraussetzung für seine internationale Anerkennung als eigenständiges Mitglied des Völkerbunds unterzeichnen musste.[82] Der polnische Minderheitenvertrag – auch »kleiner Vertrag von Versailles« genannt und am selben Tag unterzeichnet wie sein großes Pendant – sollte die Grundlage für sämtliche Folgeerklärungen der Konferenz zu dem Thema darstellen. Nicht weniger als sieben Nachfolgestaaten sollten ähnliche Abkommen abschließen.[83] Sie sollten die kollektiven Rechte der ethnischen und religiösen Minoritäten in den Nachfolgestaaten Ostmitteleuropas garantieren.[84] Die neuen Nationalstaaten verpflichteten sich darin, den Minderheiten das Recht auf politische Betätigung und Repräsentation und den Gebrauch ihrer Sprache vor Gericht und in der Schule zu gestatten sowie Entschädigung für Gebietstransfers zu leisten.

In der Tschechoslowakei garantierten internationale Abkommen den Minderheiten kollektive Rechte. In Gegenden, wo sie mindestens zwanzig Prozent der Bevölkerung stellten, hatten Deutsche etwa das Recht, in ihrer eigenen Sprache unterrichtet zu werden und im Umgang mit staatlichen Behörden Deutsch zu sprechen. Da sich die Volksdeutschen in bestimmten Gegenden konzentrierten, kamen faktisch neunzig Prozent von ihnen in den Genuss dieser Zugeständnisse.[85] Vermeintliche Verletzungen gegen die Minderheitenverträge konnten vor den Völkerbundsrat und den Internationalen Gerichtshof gebracht werden. Von erheblicher Bedeutung war dabei, dass auch ausländischen Parteien das Recht eingeräumt wurde, im Namen unterdrückter Minoritäten Einspruch zu erheben. So durfte beispielsweise die deutsche Regierung im Namen der Sudetendeutschen gegen die tschechoslowakische Regierung klagen. Die ausgehandelten Minderheitenrechte waren eine der größten Errungenschaften der Friedenskonferenz, da sie den Minderheiten die Möglichkeit boten, ihre Rechte einzufordern und auf Schadenersatz zu klagen – was viele von ihnen auch wahrnahmen.[86] Aus Sicht vieler Deutscher waren sie jedoch kaum mehr als ein Feigenblatt, das den krassen Verstoß gegen das Recht auf nationale Selbstbestimmung kaschierte, von dem sie fälschlicherweise angenommen hatten, dass es dem Versailler Vertrag zugrunde liegen würde. Vor allem im rechten Lager war man überzeugt, dass die »verlorenen« Minderheiten um jeden Preis »heimgeholt« werden müssten, sodass der Vertragsrevisionismus lange vor dem Aufkommen des Nationalsozialismus zu einem beherrschenden Thema wurde.[87]

Äußerst unbefriedigend blieb die Lage für Minderheiten, die keinen Nationalstaat hatten, der sich für ihre Interessen stark machte, was vor allem jene rund sechs Millionen Juden betraf, die im sogenannten Ansiedlungsrayon lebten – den westlichen Grenzregionen des untergegangenen Romanow-Imperiums und der Osthälfte des einstigen Habsburgerreichs, insbesondere in Westgalizien und Ungarn. In ihren neuen Heimatländern wurden sie vielfach als Bolschewisten oder auch Vaterlandsverräter verfolgt, was in der Ukraine, in Russland und sogar in Polen in Pogrome ausartete.[88] So notierte der deutsch-jüdische Kriegsveteran und Schriftsteller Arnold Zweig im Jahr 1920 vermutlich in Reaktion auf ein besonders gut dokumentiertes Pogrom in Pinsk: »Polen und Pogrom ist über das Ostjudenvolk hereingebrochen, das in große[n] Städte[n] gehäuft wohnt, und das über Dörfer und Städtchen verstreut ist. Aus großen Städten kommen erschütternde Nachrichten, aber die Dörfer und Städtchen, ohne Eisenbahn, ohne Telegraphen, bleiben lange stumm. Langsam hört man, was dort geschieht: Mord oder Metzelung.«[89]

Viele Juden kehrten aufgrund der zunehmenden Verfolgung Osteuropa den Rücken und flohen in Richtung Westen, nicht wenige nach Deutschland. Vor dem Ersten Weltkrieg lebten in Deutschland rund 80 000 »Ostjuden«. Nach Kriegsende kam es zu einem erneuten Zustrom aus dem ehemaligen Zarenreich, ausgelöst vom immer heftiger tobenden Bürgerkrieg und den damit einhergehenden flächendeckenden antisemitischen Übergriffen und Massakern der konterrevolutionären »Weißen«. Der Zuzug Zehntausender Ostjuden schürte den Antisemitismus all jener Deutschen weiter, die ihre Mitbürger jüdischen Glaubens seit jeher als Bürger zweiter Klasse betrachteten und langgehegte Vorurteile über die »Andersartigkeit« der Juden nun durch die ungewöhnliche Kleidung, die fremden Traditionen und die

Sprache der ostjüdischen Flüchtlinge bestätigt sahen. Selbst der eine oder andere deutsche Jude fühlte sich den orthodoxen Neuankömmlingen überlegen. Victor Klemperer, zum Protestantismus konvertierter Sohn eines Rabbiners der ultraliberalen Reformsynagoge in Berlin, war das verbreitete Gefühl kultureller Superiorität, wenn nicht gar der Herablassung gegenüber den orthodoxen Ostjuden keineswegs fremd. 1917, während eines längeren Aufenthaltes im deutsch besetzten Vilnius war Klemperer häufig orthodoxen Juden begegnet und hatte ihren Glauben als »abstoßenden Fanatismus« abgelehnt. Nach dem Besuch der örtlichen Talmudschule habe er auf dem Hof tief Luft schöpfen müssen, da er sich fühlte, als sei er »unter Wasser geschwommen«:

> Nein, ich gehörte nicht zu diesen Menschen, und wenn man mir hundertmal Blutsverwandtschaft mit ihnen nachwies. Ich gehörte nicht zu ihnen und wenn noch mein eigener Vater hier gelernt hätte. Ich gehörte nach Europa, nach Deutschland, ich war nichts als Deutscher, und ich dankte meinem Schöpfer, Deutscher zu sein.[90]

Die Vorstellung von der »Andersartigkeit« des osteuropäischen Judentums war eine seit dem frühen 19. Jahrhundert unter deutschen Juden verbreitete Idee, die vor allen dazu diente, sich gesellschaftlich von diesen abzugrenzen und die eigene Kultiviertheit und Verfeinerung hervorzuheben.[91] So hegten liberale Juden und deutsche Antisemiten gegen die »Ostjuden« nicht selten dieselben Vorurteile und betrachteten sie als primitiv. Als nach dem Ersten Weltkrieg Massen jüdischer Flüchtlinge aus Osteuropa ins Land strömten, befürchteten viele deutsche Juden – sofern sie nicht Zionisten waren –, dass die neuen Immigranten ihnen die Assimilation in die deutsche Gesellschaft erschweren könnten, und meldeten ernste Zweifel an, ob Nachkriegsdeutschland überhaupt in der Lage sei, weitere Arbeitskräfte zu integrieren.[92]

Über die Skepsis der deutschen Juden gingen die deutschen Antisemiten freilich weit hinaus. Als Lina von Osten, die spätere Ehefrau des Cheforganisators der Judenvernichtung Reinhard Heydrich, zum ersten Mal orthodoxe jüdische Flüchtlinge sah, empfand sie nach eigenem Bekunden vor allem Ekel. Osten, eine frühe Anhängerin der Nationalsozialisten, erinnerte sich in ihren Memoiren, dass sie die nach 1918 in großer Zahl nach Deutschland strömenden Ostjuden als »Eindringlinge und ungebetene Gäste« wahrgenommen hatte. Durch deren schiere Anwesenheit habe sie sich derart »provoziert« gefühlt, dass sie sie einfach »hassen musste«: »Das Zusammenleben mit ihnen verglichen wir mit einer erzwungenen Ehe, in der die Partner einander buchstäblich nicht riechen können.«[93]

Die russische Revolution fügte dem weit verbreiteten Judenhass noch eine weitere Dimension hinzu, sowohl in Deutschland als auch weit darüber hinaus. Im Februar 1919 schrieb der in München lebende deutschbaltische Flüchtling Alfred Rosenberg, der im Zweiten Weltkrieg Reichsminister für die besetzten Ostgebiete werden sollte: »Lenin war fast der einzige Nichtjude unter den Volkskommissaren, gleichsam das russische Aushängeschild des jüdischen Unternehmens [...]. Aber man konnte es beobachten, und alle neueren Nachrichten stimmen darin überein, daß der Haß gegen die Juden in Rußland, trotz allem Terror, immer größere Kreise zieht [...]. Wenn die jetzige Regierung fällt, dann bleibt kein Jude lebend in Rußland; das kann man mit Bestimmtheit behaupten: was nicht totgeschlagen wird, wird vertrieben [...]. Wohin? Die Polen halten sie [sich] doch schon jetzt vom Halse, und so werden sie alle in das alte Deutschland kommen, wo man die Juden so liebt und die wärmsten Plätze für sie bereithält.«[94]

Die Vorstellung, dass »die Juden« sowohl Triebkräfte als auch primäre Nutznießer des Bolschewismus seien, stammte eindeutig aus Russland, wo sie vor allem von der Propaganda der Weißen kolportiert wurde. Doch sie breitete sich rasend schnell über ganz Europa aus. Die Tatsache, dass vergleichsweise viele Juden eine wichtige Rolle in den mitteleuropäischen Revolutionen von 1918/19 gespielt hatten – Rosa Luxemburg in Berlin, Kurt Eisner in München, Béla Kun in Ungarn, Victor Adler in Wien –, ließ diese Theorie durchaus plausibel erscheinen und selbst in Großbritannien und Frankreich Anklang finden.

Weitere Bestätigung schienen diese Ansichten durch die weltweite Verbreitung der fingierten *Protokolle der Weisen von Zion* zu erfahren – der angeblichen Mitschrift einer Zusammenkunft jüdischer Führer, die Ende des 19. Jahrhunderts Pläne zur Erlangung der jüdischen Weltherrschaft geschmiedet haben sollten. Von 1919 an wurden diese *Protokolle* in verschiedene westeuropäische Sprachen übersetzt – zuweilen mit finanzieller Unterstützung wohlhabender Privatleute, etwa des amerikanischen Industriellen Henry Ford, der die Druckkosten für mehr als 500 000 in den USA verbreitete Exemplare übernahm. Dass die *Protokolle* 1921 als Fälschung entlarvt wurden, änderte so gut wie nichts an dem nachhaltigen Einfluss, den sie auf die konterrevolutionäre Gedankenwelt der Zeit ausübten.

Die unheilige Allianz von Antisemitismus und Antibolschewismus zeitigte unter verschiedenen europäischen Rahmenbedingungen sehr unterschiedliche Auswirkungen: Nur östlich des Rheins – und in noch viel drastischerem Maße östlich der Elbe – hetzte dieser »Anti-Judäo-Bolschewismus« zu Pogromen und Massenmorden an Juden auf, die zum grausigen Merkmal der Jahre 1917 bis 1923 – wie später auch der Zeit nach 1939 – werden sollten.[95]

Die Juden schienen all das zu repräsentieren, was die radikale Rechte verachtete. Sie galten als Verkörperung der panslawischen revolutionären Bedrohung aus »dem Osten«, die das traditionelle Gefüge eines christlichen Mitteleuropas gefährdete, und ebenso als »rote Agenten« Moskaus sowie – paradoxerweise – als Vertreter einer obskuren kapitalistischen »Goldenen Internationale«, der Triebfeder für die Demokratisierung nach westlichem Vorbild. All diese Zuweisungen hatten eines gemeinsam: die Vorstellung von den Juden als inhärent unverwurzeltes Volk, beseelt von einer »natürlichen« internationalistischen Abneigung gegen den Nationalstaat und dessen jeweiliges »Wirtsvolk«.

Das waren Anschuldigungen, mit denen sich rechtsgerichtete Gruppierungen wie der Alldeutsche Verband schon lange vor dem Krieg hervorgetan hatten.

Die Annahme, Juden seien in patriotischer Hinsicht von Natur aus »unzuverlässig«, verbarg sich auch hinter der »Judenzählung« vom Oktober 1916, mit der hochrangige Offiziere hofften, die Zulassung von Juden zum Offizierskorps vermeiden zu können. Ziel der

Erhebung war, die Juden als feige und vaterlandslose »Drückeberger« zu entlarven, indem man nachwies, dass sie im Heer statistisch unterrepräsentiert waren und diejenigen, die sich gemeldet hatten, ihren Dienst vorrangig in den Schreibstuben versahen. Die Ergebnisse bewiesen allerdings genau das Gegenteil: Viele jüdische Deutsche waren glühende Patrioten und fühlten sich dem Reich als ihrer Heimat zutiefst verbunden. Zudem waren die Juden in der deutschen Armee eher über- als unterrepräsentiert, in den Streitkräften im Allgemeinen wie auch an der Front. Da die Resultate den Erwartungen der antisemitischen Offiziere so frappierend widersprachen, beschloss man, deren Veröffentlichung zu unterbinden. Wenngleich die dem Zensus zugrundeliegenden Vorurteile von der überwiegenden Mehrheit der einfachen Soldaten nicht geteilt wurden, löste allein die Tatsache, dass er durchgeführt worden war, unter den deutschen Juden erhebliche Verbitterung aus.

Neben der rechtsextremen Propaganda, die den Juden die Schuld für die militärische Niederlage und die Revolution von 1918/19 zuschob, trat bald noch eine andere, weit mehr verbreitete Form des Antisemitismus zutage. Diese richtete sich speziell gegen Kriegsgewinnler und die Handvoll Bankiers, die es während des Krieges oder in der anschließenden Inflationszeit zu Reichtum gebracht hatte. Hinzu kamen die sozialen Spannungen, die der stetig anschwellende Zustrom verarmter Juden aus Russland mit sich brachte, die vor dem Bürgerkrieg und der grassierenden antisemitischen Gewalt Schutz suchten.

Auch wenn das nicht beabsichtigt gewesen war, schürten die in Paris beschlossenen Grenzverschiebungen und die turbulenten Ereignisse in Russland die Fremdenfeindlichkeit und den Antisemitismus in Deutschland – in einer Zeit, als das Land von der Gewalt auf den Straßen gebeutelt wurde und die Angst vor einem blutigen Bürgerkrieg noch immer allgegenwärtig war.

EPILOG

Die streitbare Demokratie: Deutschland 1919-1923

Nach dem Fall der Münchener Räterepublik 1919 hielten die revolutionären und konterrevolutionären Unruhen in Deutschland unvermindert an. Im März 1920 unternahm die nationalistische Rechte einen Putschversuch – eine Reaktion auf die im Versailler Vertrag festgeschriebene Verringerung des deutschen Heeres auf 100 000 Mann und die von der Regierung angeordnete Auflösung aller Freikorps. Eine der Schlüsselfiguren des Staatsstreichs, General Walther von Lüttwitz, hatte sich geweigert, die Freiwilligen zu entlassen und die Armee zu verkleinern. Als dann auch noch belastende Schriftstücke auftauchten, die ihn mit Umsturzplänen einer rechten Verschwörung in Verbindung brachten, war Lüttwitz umgehend seines Postens enthoben worden. Doch der General hatte sich mit seinem Vorgehen die Sympathien vieler Freikorpskämpfer erworben, insbesondere der berüchtigten, nach dem Korvettenkapitän Hermann Ehrhardt benannten »Brigade Ehrhardt«. Nachdem er sich zunächst der Unterstützung dieser Truppe versichert hatte, stellte der General Reichspräsident Ebert ein Ultimatum. Neben der Rücknahme der Truppenreduzierung bei Armee und Freikorps wurde darin noch eine ganze Reihe weiterer Forderungen erhoben, unter anderem die nach Neuwahlen und der gewaltsamen Niederschlagung von Streiks.[1] Ebert wies das Ultimatum umgehend zurück. Daraufhin marschierte die Brigade Ehrhardt auf Berlin. Am 13. März erklärten Lüttwitz und sein Mitstreiter Dr. Wolfgang Kapp, ein hoher ostpreußischer Verwaltungsbeamter und 1917 Mitbegründer der rechtsextremen Deutschen Vaterlandspartei, die Reichsregierung für abgesetzt.[2]

Ebert und das Kabinett flohen vor den Putschisten nach Dresden, später nach Stuttgart, da sich der Chef des Truppenamtes, Hans von

Seeckt, weigerte, der Regierung mit regulären Reichswehreinheiten zur Hilfe zu kommen. Zwar gab es auch republikfreundliche Offiziere oder »Vernunftrepublikaner« wie Seeckts Vorgesetzten, den ersten Chef der Heeresleitung der republikanischen Reichswehr General Walther Reinhardt, der zu einem militärischen Eingriff gegen die Kapp-Putschisten bereit war. Aber Ebert entschied sich für eine andere Strategie, und diese sollte sich als überaus wirkungsvoll erweisen:[3] Gemeinsam mit Mehrheitssozialdemokraten, Unabhängigen Sozialdemokraten und Gewerkschaften, die angesichts des Rechtsputsches entschlossen an einem Strang zogen, rief die Regierung einen Generalstreik aus:

> Arbeiter! Genossen! Wir haben die Revolution nicht gemacht, um uns heute wieder einem blutigen Landsknechtsregime zu unterwerfen. Wir paktieren nicht mit den Baltikumsverbrechern! […] Es geht um Alles! Darum sind die schärfsten Abwehrmittel geboten. […] Legt die Arbeit nieder! Streikt! Schneidet dieser reaktionären Clique die Luft ab! Kämpft mit jedem Mittel für die Erhaltung der Republik! Lasst allen Zwist beiseite. Es gibt nur ein Mittel gegen die Diktatur Wilhelms II.: Lahmlegung jedes Wirtschaftslebens! Keine Hand darf sich mehr rühren! Kein Proletarier darf der Militärdiktatur helfen! Generalstreik auf der ganze Linie! Proletarier, vereinigt euch! Nieder mit der Gegenrevolution![4]

Auch die KPD schloss sich am 14. März dem Streikaufruf an. In einer beeindruckenden Demonstration ihrer Macht – dem größten Streik in der deutschen Geschichte – brachte die deutsche Arbeiterbewegung mit ihrem Ausstand das öffentliche Leben in Deutschland abrupt und komplett zum Erliegen. Der Nah- und Fernverkehr wurde gestoppt, Fabriken und Behörden blieben geschlossen, selbst die Wasser- und Gasversorgung in der deutschen Hauptstadt wurde gekappt. Schon nach viereinhalb Tagen brach der Putsch in sich zusammen.[5]

Doch es erwies sich als äußerst schwierig, den Streik zu beenden. Ermutigt durch den Sieg über die Putschisten, witterten nun die linken Verfechter einer radikaleren Umgestaltung des Landes ihre Chance auf die Errichtung einer Räterepublik und eine sozio-ökonomische Revolution. In Windeseile gründeten der USPD oder der KPD nahestehende Aufständische Arbeiterräte und übernahmen in Leipzig, Hamburg und Chemnitz die Macht. Am 19. März vermerkte Harry Kessler in seinem Tagebuch, dass der Kapp-Putsch zwar gescheitert sei, dass aber in Berlin, Leipzig, Nürnberg, Chemnitz, Dresden und im Ruhrgebiet erbitterte Kämpfe zwischen Arbeitern und Reichswehrtruppen ausgebrochen seien.[6] Tags darauf schrieb er: »In Berlin hat die Menge an verschiedenen Stellen Offiziere der abziehenden Abenteurertruppe gefangen genommen und totgeschlagen. Die Erbitterung der Volksmassen gegen das Militär scheint grenzenlos; ihr Machtgefühl infolge des siegreichen Generalstreiks stark angeschwollen.«[7]

Im Ruhrgebiet hatte sich in Reaktion auf den Kapp-Lüttwitz-Putsch eine 50 000 Mann starke »Rote Armee« aus sozialistischen und kommunistischen Arbeitern gebildet, von denen viele Weltkriegserfahrung hatten. Die von USPD und KPD formierte Truppe sollte den Staatsstreich rechter Reaktionäre abwehren. Bald weiteten sich die politischen Forderungen deutlich aus und reichten schließlich bis zur Verstaatlichung von Schlüsselindustrien und der Installation einer Räterepublik. Auch die Gewerkschaften forderten eine Sozialisierung der Betriebe und eine Regierungsumbildung. Um die Gefahr eines anhaltenden Generalstreiks abzuwenden, wurde eine neue Regierung unter dem Sozialdemokraten Hermann Müller gebildet, die das Kabinett Bauer am 26. März ersetzte.[8]

An der brenzligen Situation im Ruhrgebiet änderte das freilich so gut wie nichts. Ende März eskalierte die Lage, als Reichswehrsoldaten und Freikorps unter dem Befehl Generalleutnant Oskar von Watters begannen, den sogenannten Märzaufstand mit Gewalt niederzuwerfen. Das Vorgehen Watters hatte bürgerkriegsähnliche Gefechte zur Folge, bei denen rund 1000 Aufständische niedergemetzelt wurden, die meisten »auf der Flucht erschossene« Gefangene. Auch 250 Reichswehr- und Freikorpsmitglieder kamen ums Leben. Viele der Freikorpssoldaten sahen in der Niederschlagung der Rebellion eine Gelegenheit zur brutalen Abrechnung mit jenen, denen sie die Schuld am

Scheitern des Kapp-Putsches gaben. So schrieb ein studentischer Freikorpskämpfer von den Ruhrkämpfen an seine Eltern: »Pardon wird nicht gegeben. Selbst die Verwundeten erschießen wir noch. Die Begeisterung ist großartig, fast unglaublich. Unser Battalion hat zwei Tote; die Roten haben 200 bis 300 Tote. Alles, was uns in die Hände kommt, wird mit dem Gewehrkolben zunächst abgefertigt und dann noch eine Kugel.«[9] Dieses brutale Vorgehen der Staatsmacht hinterließ eine Verbitterung, die lange nachwirken sollte.[10] Schon Anfang Juni verlor die SPD-geführte Regierung Müller in den Reichstagswahlen die Mehrheit. Stimmengewinne verzeichneten dagegen die USPD und die Parteien der bürgerlichen Rechten: die DNVP und die DVP.

Auch nach dem Kapp-Putsch und der Niederschlagung von Aufständen in Mitteldeutschland und an der Ruhr konnte die Gewalt nicht völlig eingedämmt werden, nahm aber eine andere, mehr zielgerichtete Form an. Das erste prominente Opfer des Rechtsterrorismus war der Zentrumspolitiker Matthias Erzberger, der am 26. August 1921 bei einem Spaziergang in Bad Griesbach im Schwarzwald erschossen wurde.[11] Erzberger war zuvor als Unterzeichner der Waffenstillstandsvereinbarungen vom November 1918 von dem DNVP-Abgeordneten Karl Helfferich mit einer regelrechten Hetzkampagne überzogen und als »Novemberverbrecher« diffamiert worden. Im Januar 1920 hatte der Student Oltwig von Hirschfeld bereits ein Attentat auf den damaligen Finanzminister unternommen, bei dem dieser schwer verletzt wurde. Zur Zeit des zweiten, tödlichen Anschlags erholte Erzberger sich gerade von den dabei erlittenen Verletzungen. Seine Mörder, zwei ehemalige Marineoffiziere, handelten im Auftrag rechtsextremer Geheimbünde und Terrorzellen wie der Organisation Consul. Mit Erzberger wurde erstmals ein gewählter Vertreter der jungen Republik gezielt Opfer eines Terrorangriffs.[12]

Ein Jahr später, am 4. Juni 1922, überlebte der ehemalige Reichskanzler Philipp Scheidemann nur knapp einen Säureanschlag. Im selben Monat, am 24. Juni 1922, ermordeten Attentäter der Organisation Consul Außenminister Walther Rathenau auf dem Weg ins Amt.[13] Dass Rathenau sich als Aufsichtsratsvorsitzender des Elektrokonzerns AEG und ehemaliger Leiter der staatlichen Kriegsrohstoffabteilung in vielerlei Hinsicht um Deutschland verdient gemacht hatte und bis 1918 ein Verfechter des Siegfriedens und einer *Levée en masse* gewesen war in der Hoffnung, die Niederlage Deutschlands noch abwenden zu können, spielte für seine nationalistischen Mörder keine Rolle. Als Jude und »Erfüllungspolitiker« war der Außenminister ein »natürlicher« Feind der extremen Rechten. Rasch wurde klar, dass dieselben rechtsnationalen Untergrundzirkel, die für die Ermordung Erzbergers verantwortlich waren, auch hinter dem Anschlag auf Rathenau steckten. Es waren entweder Veteranen, die an den Freikorpsfeldzügen im Baltikum und in Oberschlesien teilgenommen hatten, oder national gesinnte Studenten, die ihre »Vaterlandsliebe« durch die Betätigung in rechtsextremen Geheimorganisationen beweisen wollten.[14]

Dennoch ist der Befund, die Weimarer Demokratie sei »wehrlos« gewesen, unzutreffend. Nach den Morden an Erzberger und Rathenau ergriff die Regierung entschlossen Maßnahmen zum Schutz der Republik. Reichspräsident Friedrich Ebert erließ gemäß Artikel 48 der Weimarer Verfassung eine Reihe von Notstandsverordnungen zur »Wiederherstellung der öffentlichen Sicherheit und Ordnung«.[15] In diesen Erlassen wurde jede Herabwürdigung der Republik wie auch ihrer Institutionen und Vertreter zur strafbaren Handlung erklärt, auch republikfeindliche Druckerzeugnisse und Versammlungen konnten nun verboten werden. Die nach dem Erzberger-Attentat verhängten Notverordnungen wurden Ende 1921 wieder aufgehoben, doch nach Rathenaus Ermordung nahmen die Forderungen nach einem umfassenden Republikschutzgesetz, das die Demokratie wehrhafter gegen ihre Gegner machte, erneut zu. Schließlich wurde am 21. Juli 1922 das »Gesetz zum Schutze der Republik« mit Zweidrittelmehrheit vom Reichstag verabschiedet, das den Notverordnungen folgte und zunächst für fünf Jahre galt. Die Rathenau-Mörder hatte die Polizei bereits zuvor in ihrem Unterschlupf auf der Burg Saaleck aufgespürt. Als man sie festnehmen wollte, machten sie ihrem Leben selbst ein Ende. Der Fahrer der Attentäter und zahlreiche weitere Tatbeteiligte wurden zu Gefängnisstrafen verurteilt.[16]

Nach den Morden an Erzberger und Rathenau wurde den rechtsgerichteten Parteien – insbesondere der konservativen Deutschnationalen Volkspartei (DNVP) – vorgeworfen, durch ihre Agitation zu Morden an republikanischen Politikern beigetragen zu haben, was ihrem politischen Ansehen immensen Schaden zufügte.[17] Selbst Reichskanzler Joseph Wirth (Zentrum) ließ keinen Zweifel daran, wo er den Hort terroristischer und republikfeindlicher Aktivitäten verortete: »Da steht der Feind, der sein Gift in die Wunden eines Volkes träufelt. Da steht der Feind und darüber ist kein Zweifel: dieser Feind steht rechts.« Dieser Erkenntnis mussten nun Taten folgen: »Dem wachsenden Terror, dem Nihilismus, der sich vielfach unter dem Deckmantel nationaler Gesinnung verbirgt, darf nicht mehr mit Nachsicht begegnet werden.«[18]

Außer dem Republikschutzgesetz, das die Schaffung eines Staatsgerichtshofs vorsah – des ersten unabhängigen nationalen Verfassungsgerichts in der deutschen Rechtsgeschichte –, wurden noch weitere Gesetze und Verordnungen vom Parlament gebilligt, die ebenfalls am 21. Juli 1922 in Kraft traten. Wichtig war dabei vor allem das »Gesetz über die Pflichten der Beamten zum Schutze der Republik«, das von den Beamten Verfassungstreue verlangte.[19] Gewiss war »Verfassungstreue« etwas, das sich nur schwer per Gesetz durchsetzen ließ, und auch die Versuche demokratischer Staaten, ihre Bürger durch Symbole emotional an den Staat zu binden, sind stets abhängig von günstigen Rahmenbedingungen wie dem wirtschaftlichen und politischen Erfolg des Staates. In diesem Zusammenhang ist die Arbeit des »Reichskunstwartes« Edwin Redslob hervorzuheben. Redslob war seit 1920 für die künstlerische Formgebung des Reiches, also etwa die Ausgestaltung der Staatssymbole oder die jährlichen Verfassungsfeiern, verantwortlich.[20] Auch wenn der Ertrag seiner Bemühungen schwer quantifizierbar ist, lässt sich doch festhalten, dass 1928 – bei den letzten Reichstagswahlen vor der Weltwirtschaftskrise – eine Mehrheit der Deutschen für Parteien stimmte, die der Republik nicht ablehnend gegenüberstanden. Gerade die SPD, die sich besonders stark mit der von ihr geschaffenen Weimarer Republik identifizierte und mit Hermann Müller erneut den Kanzler stellen sollte, verbesserte ihr Wahlergebnis im Vergleich zu 1924 um fast vier Prozentpunkte und stellte mit 29,8 Prozent der Stimmen die mit Abstand größte Reichstagsfraktion.

Nach dem Rathenau-Mord im Jahr 1922 kam es überall in der Republik zu spontanen Massendemonstrationen gegen die Gefahr von Rechts, die zugleich ein klares Bekenntnis zur Republik waren. Doch hier zeigten sich starke regionale Unterschiede. Insbesondere in Bayern, wo die Angst vor einer – unwahrscheinlichen – neuerlichen revolutionären Bedrohung von links seit der Räterepublik präsent blieb, und wo seit dem Kapp-Putsch eine rechtskonservative Regierung im Amt war, hielt sich die Sympathie für die von Berlin aus regierte Republik in Grenzen. Nach dem Ende der kurzlebigen Räterepublik wirkte München geradezu wie ein Magnet auf Nationalisten aus ganz Deutschland und wurde so schließlich zu einer Brutstätte rechtsgerichteter Radikaler. Es ist daher kaum verwunderlich, dass Adolf Hitler genau hier seine politische Sozialisierung erfuhr.[21]

Ideologisch war Hitler in der unmittelbaren Nachkriegszeit mehr oder weniger orientierungslos. Zwar hatte ihn die Niederlage der Mittelmächte im November 1918 radikalisiert, doch es war noch nicht klar, ob sein Extremismus zur rechten oder zur linken Seite tendierte.[22] In München arbeitete er zunächst einige Zeit als Vertrauensmann seiner Armeeeinheit mit der Propagandaabteilung von Eisners Revolutionsregierung zusammen, in deren Auftrag er seinen einstigen Kameraden die Demokratie näherbringen sollte. Nach der Revolution sympathisierte er mit der USPD und ließ sich im April 1919 sogar in einen der Münchener Soldatenräte wählen. Damit stellte er in der Führungsriege des zukünftigen »Dritten Reiches« keineswegs eine Ausnahme dar. Auch Sepp Dietrich, später Generaloberst der Waffen-SS und Kommandeur von Hitlers SS-Leibstandarte, war im November 1918 zum Vorsitzenden eines Soldatenrats gewählt worden. Doch Hitlers Begeisterung für den Sozialismus war nur von kurzer Dauer. Schon im September 1919 tauchte er als Propagandaredner und V-Mann der Reichswehr erstmals in einem Bierkeller bei einer Versammlung der rechtsextremen Deutschen Arbeiterpartei (DAP) auf. Noch im selben Monat trat er in die im Februar 1920 in Nationalsozialistische Arbeiterpartei (NSDAP) umbenannte Gruppierung ein und brachte sie bald unter seine Kontrolle.[23]

Was Hitler in den Jahren 1918 bis 1923 prägte, waren vor allem die Erfahrungen der Niederlage, der Revolution in Bayern und die Friedensverträge des Jahres 1919.[24] Doch blieb er während dieser Jahre politisch eine nahezu irrelevante Figur. Erst durch die Staats- und Wirtschaftskrise nach 1929 rückte er ins Zentrum des politischen Geschehens, und erst durch seine zentrale Rolle bei den Menschheitsverbrechen des »Dritten Reiches« gewann er eine historische Bedeutung. Noch im Jahr 1923 – und selbst noch bei den Reichstagswahlen von 1928 – fanden seine radikalen Botschaften des biologistischen Antisemitismus, von Rassenlehre und nationaler Wiedergeburt durch gewaltsame Revision der Versailler Verträge nur bei einer extrem kleinen Minderheit Gehör und Zuspruch. Sein überhasteter Versuch einer Machtergreifung nach Mussolinis Vorbild im Herbst 1923 scheiterte auch deshalb so kläglich. Als er und seine Anhänger am Mittag des 9. November durch München marschierten, eröffnete die bayerische Polizei das Feuer und bereitete dem Putschversuch schnell ein Ende. Sechzehn Nationalsozialisten starben im Kugelhagel. Hitler selbst konnte entkommen, wurde aber kurz darauf verhaftet.[25] Nur wenige Wochen zuvor waren die in Moskau geschmiedeten Pläne für eine proletarische Erhebung – einen »deutschen Oktober« – an der mangelnden Unterstützung der Massen gescheitert.[26]

Bis Ende des Jahres 1923 hatte die Weimarer Republik, die so oft als »schwache Demokratie« abgetan wird, somit eine ganze Reihe Putschversuche von links wie von rechts überstanden – ungleich dramatischere und gewalttätigere Angriffe auf die Demokratie, als die Bundesrepublik in den 1970er und 1980er Jahren bewältigen musste, die zu jener Zeit niemals als »schwache Demokratie« wahrgenommen wurde. Die Weimarer Republik schien Ende 1923 politisch gefestigter denn je; ihr letztliches Scheitern neun Jahre später war nicht vorherzusehen.

Selbst im Bereich der Wirtschaft gelang nach turbulenten Jahren allmählich eine gewisse Stabilisierung. Die junge Republik hatte enorme Herausforderungen zu bewältigen, die sie zum Teil noch vom Kaiserreich geerbt hatte und die in den ersten Jahren zu schweren Verwerfungen geführt hatten. Der erzwungene Abfluss von Staatseinnahmen ins Ausland in Form von Reparationszahlungen bedeutete eine weitere Belastung für das Land, das hohe Kriegsschulden tilgen musste und zudem darunter litt, dass seine wirtschaftlichen Ressourcen und sein Binnenmarkt deutlich geschrumpft waren. Wichtige Industriegebiete in Lothringen und Teilen Oberschlesiens waren verloren. Die Menge der hergestellten Industriegüter lag nur bei 42 Prozent des Produktionsniveaus von 1913, und auch die Getreideernte erreichte nicht einmal die Hälfte des Vorkriegsstandes. Hinzu kamen die anfallenden Kosten für die medizinische Versorgung und staatliche Unterstützung arbeitsloser Veteranen und Kriegsversehrter, die nie mehr eine Anstellung finden würden.

Jeder Versuch, die Finanzierungslücke durch Steuererhöhungen wettzumachen, wurde mit dem Vorwurf erstickt, eine Erfüllungspolitik gegenüber den Alliierten zu betreiben. Folglich zogen es die Regierungen vor, die ausländischen Gläubiger davon zu überzeugen, dass die wirtschaftlichen Schwierigkeiten Deutschlands nur durch eine Aufhebung der Reparationen oder zumindest deren Streckung oder Absenkung auf ein erträglicheres Maß zu lösen seien. Die Energie und Vehemenz, mit der diese riskante Strategie betrieben wurde, variierte von Regierung zu Regierung, doch der Sinkflug der Mark gegenüber dem Dollar ließ sich mehr als einmal bremsen. Aufzuhalten war er nicht: Im November 1921 kostete ein US-Dollar noch 263 Mark, bis zum Juli 1922 hatte sich der Kurs auf 493 Mark erhöht.[27]

Die Inflation geriet schließlich außer Kontrolle. Im August 1922 kostete ein US-Dollar bereits 1000 Mark, im Oktober 3000, im Dezember dann 7000. Die Geldentwertung nahm Fahrt auf und entwickelte eine gefährliche Eigendynamik – mit katastrophalen Folgen. Die deutsche Regierung war bald nicht mehr in der Lage, die festgelegten Reparationszahlungen zu leisten, da diese in Gold beglichen werden mussten, das für die Deutschen unerschwinglich wurde. Auch mit den Kohlelieferungen an Frankreich, die Teil der Entschädigungsleistungen waren, geriet Deutschland Ende 1922 erheblich in Rückstand. Daraufhin marschierten im Januar 1923 französische und belgische Truppen ins Ruhrgebiet ein, Deutschlands wichtigste Industrieregion, um die geforderte Kohle zu konfiszieren. Fast augenblicklich rief die Regierung in Berlin den passiven Widerstand aus, der jede Zusammenarbeit mit den Franzosen unterband.

Die Kosten dieser Politik waren für die Besatzer wie für den deutschen Staat enorm, denn er vergab nun Kredite in Billionenhöhe, um die Lohnfortzahlung an all jene sicherzustellen, die sich am passiven Widerstand beteiligten. Das schloss nicht nur die Reichsbahn im besetzten Gebiet ein, sondern auch den Kohlebergbau und die Eisen- und Stahlindustrie. Erst Ende September konnte der sogenannte Ruhrkampf – nicht zuletzt durch Vermittlung der USA – beigelegt werden. Doch die wirtschaftliche Lage war nun noch schlechter als zuvor. Wer im Januar 1923 einen US-Dollar wechseln wollte, erhielt dafür schon mehr als 17 000 Mark, im April waren es 24 000, im Juli sogar 353 000 Mark. Dann stieg der Dollarkurs in so schwindelerregende Höhen, dass er sich für den Rest des Jahres nur noch in absurden Zahlenreihen ausdrücken ließ: Im August bekam man für einen US-Dollar 4 621 000, im September 98 860 000, im Oktober 25 260 000 000, im November 2 193 600 000 000 und im Dezember 4 200 000 000 000 Mark.[28]

Auf ihrem Höhepunkt nahm die Hyperinflation schier aberwitzige Züge an: Geld verlor beinahe vollständig an Bedeutung. Die Druckereien kamen kaum noch mit der Produktion von Geldscheinen hinterher, die immer astronomischere Beträge auswiesen. Viele Gemeinden gingen dazu über, eigenes, oft nur einseitig bedrucktes Notgeld auszugeben. Beschäftigte holten ihren Lohn in Einkaufskörben oder Schubkarren ab, da das Papiergeld säckeweise ausgezahlt wurde. Kaum hatte man es in Empfang genommen, eilte man schleunigst in die Läden und deckte sich mit Vorräten ein, bevor diese unerschwinglich wurden.

Am Ende meisterte die Weimarer Republik jedoch auch diese Krise und kam durch geschicktes politisches Taktieren, gepaart mit klugen Finanzreformen, wieder auf die Beine. Eine zentrale Rolle spielte dabei der DVP-Politiker und »Vernunftrepublikaner« Gustav Stresemann, der im Jahr 1923 für einige Monate sowohl Reichskanzler als auch Außenminister war. Am 25. Oktober signalisierte die Regierung in Paris – auf amerikanischen Druck und mit der Aussicht auf wirtschaftliche Anreize vonseiten der USA –, dass man bereit sei, einer Überprüfung der Reparationsfrage durch eine internationale Expertenkommission – die spätere Dawes-Kommission – zuzustimmen. Dies leitete eine Phase der Entspannungspolitik ein, in deren Rahmen auch der Abzug der französisch-belgischen Truppen aus dem Ruhrgebiet erfolgte. Im Gegenzug gelobte Deutschland, den vereinbarten Reparationszahlungen nachzukommen. Der einberufene Ausschuss unter Vorsitz des amerikanischen Finanzexperten Charles Dawes erarbeitete einen neuen Zahlungsplan, der im Folgejahr verhandelt und verabschiedet wurde.[29]

Zur Stabilisierung der Finanzpolitik einigte sich das Kabinett am 15. Oktober 1923 auf die Einführung einer neuen Währung, der Rentenmark, deren Wert an den Goldpreis gebunden war. Mitte November wurde das neue Geld ausgegeben, und das »Wunder der Rentenmark« gelang tatsächlich:[30] Der Wechselkurs zum Dollar konnte auf Vorkriegsniveau stabilisiert werden. Der Reichsbankpräsident konnte die temporäre Rentenmark vor Spekulationen bewahren und schließlich durch die neue »Reichsmark« ersetzen.[31] Die Hyperinflation war damit vorüber und die Republik stand finanzpolitisch robuster da als jemals zuvor.

Das Ende der französisch-belgischen Ruhrbesetzung und die Konsolidierung der deutschen Wirtschaft Ende 1923 läuteten eine Phase der Stabilisierung ein, was sich auch in den internationalen Beziehungen widerspiegelte. Bereits 1922 hatte Deutschland mit dem Vertrag von Rapallo seine Beziehungen zur Sowjetunion normalisiert. Zwei Jahre später wurden die deutschen Reparationszahlungen mit dem Dawes-Plan auf eine feste wirtschaftliche Grundlage gestellt. Internationale Darlehen – insbesondere aus den USA – halfen die deutsche Wirtschaft anzukurbeln. Schon im darauffolgenden Jahr sollte im Vertrag von Locarno, in dem Deutschland seine neuen Westgrenzen anerkannte, die deutliche Entspannung im Verhältnis zu Paris und London zum Ausdruck kommen. Für diese Wende in den internationalen Beziehungen wurden die wesentlichen Architekten des Locarno-Vertrags – der britische Außenminister Austen Chamberlain sowie seine Amtskollegen, der Deutsche Gustav Stresemann und der

Franzose Aristide Briand – mit den Friedensnobelpreisen des Jahres 1925 beziehungsweise 1926 geehrt.

Am Ende des Jahres 1923 ließ sich schwer bestreiten, dass sich die Republik unter widrigsten Umständen behauptet hatte. Von einer »gescheiterten« oder auch nur »halbherzigen« Revolution zu sprechen, erscheint aus der Perspektive am Ende dieses Jahres unangemessen: Deutschland hatte – nunmehr unter dem Zentrumspolitiker Wilhelm Marx – eine demokratisch legitimierte Regierung, eine liberale Verfassung, die seinen Bürgern weitreichende politische und soziale Grundrechte garantierte, und eine sich spürbar erholende Wirtschaft. Die Staatskrise vom Herbst 1923 war überwunden. Extremistische Minderheiten auf der politischen Linken und Rechten waren marginalisiert, ihre Versuche, die Republik mit Gewalt zu stürzen, waren gescheitert. Trotz territorialer Verluste war das Reich als nationaler Einheitsstaat bewahrt worden – entgegen französischen Ambitionen und den Bestrebungen kleiner Separatistenbewegungen innerhalb Deutschlands. Angesichts der Vielzahl der Herausforderungen, denen die junge Demokratie zwischen 1918 und 1923 ausgesetzt war, hätten die deutschen Republikaner mit einigem Stolz auf das Erreichte zurückblicken können.

Dass die Demokraten mit diesen höchst bemerkenswerten Erfolgen nicht offensiver umgingen, mag vor allem an den unrealistischen Erwartungen gelegen haben, die viele Deutsche seit dem letzten Kriegsjahr im Hinblick auf die Friedensordnung gehegt hatten. Nachdem in der ersten Jahreshälfte 1918 ein deutscher Sieg noch zum Greifen nahe schien, hatten sie nach der militärischen Wende in der zweiten Jahreshälfte 1918 doch zumindest einen Kompromissfrieden erwartet. Hinzu kam, dass sie sich von der neuen politischen Ordnung Lösungen für die Probleme erhofften, die die Republik 1918 vom Kaiserreich geerbt hatte.

Noch immer prallten in der tief gespaltenen deutschen Nachkriegsgesellschaft miteinander kaum zu vereinbarende Ideale aufeinander. Während die Republik von rechts als »undeutsche«, von den Alliierten aufgezwungene Staatsform abgelehnt wurde, trauerten Teile der Linken – nach wie vor in der Minderheit – der im Herbst des

Jahres 1918 »verpassten Gelegenheit« nach, eine »wahre Revolution« durchzusetzen. Treffend wie kaum ein anderer hat der große Satiriker, Gesellschaftskritiker und Essayist Kurt Tucholsky die Spannung zwischen Illusion und Realität treffend in dem Spottgedicht »Ideal und Wirklichkeit« (1929) zusammengefasst:

> In stiller Nacht und monogamen Betten
> denkst du dir aus, was dir am Leben fehlt.
> Die Nerven knistern. Wenn wir das doch hätten,
> was uns, weil es nicht da ist, leise quält.
> (…)
> Wir dachten unter kaiserlichem Zwange
> an eine Republik (…) und nun ists die!
> Man möchte immer eine große Lange,
> und dann bekommt man eine kleine Dicke –
> Ssälawih – ![32]

Selbst der linke SPD-Kritiker Tucholsky, der in den 1920er Jahren immer wieder die mangelnde Demokratisierung von Armee und Justiz anprangerte, hätte wohl schwer bestreiten können, dass die »kleine Dicke« aus der Perspektive eines Demokraten im Vergleich zu den politischen Verhältnissen im Kaiserreich klare Vorzüge zu bieten hatte.

Mit Recht ist immer wieder auf die vielen Schwächen der Demokratie verwiesen worden, die sich aber erst aus der Rückschau als solche erwiesen. Dennoch sind sie im retrospektiven Wissen um das Scheitern Weimars 1933 ins Zentrum der historischen Bewertung der ersten deutschen Demokratie gerückt. Dabei ist ein sehr einseitiges Bild von Weimar als »Totgeburt« entstanden, in dem die Empfindungen der Zeitgenossen nur bedingt widergespiegelt sind. Am Ende des Jahres 1923 war das Scheitern der Demokratie weit unwahrscheinlicher als ihre Konsolidierung. Die Zukunft der Weimarer Republik war zu diesem Zeitpunkt vollkommen unvorhersehbar.

ANHANG

Dank

Zu den erfreulichsten Aufgaben eines Autors gehört es, nach Fertigstellung eines Buchmanuskripts jenen zu danken, die in unterschiedlichster Weise an seiner Entstehung beteiligt waren. Die Arbeit an diesem Buch wurde durch die große Fülle wichtiger Einzeluntersuchungen zu Teilaspekten der Anfangsphase der Weimarer Republik erheblich erleichtert. Ich hoffe, dass die Verfasser dieser in den Anmerkungen aufgelisteten Studien erkennen werden, wie sehr ich in Bezug auf ihre archivarischen and analytischen Leistungen in ihrer Schuld stehe.

Dankbar bin ich auch für die vielen anregenden Gespräche mit Freunden und Kollegen in Deutschland und in aller Welt. Seit nunmehr zehn Jahren lebe und arbeite ich in Dublin – einem Ort, der sich zu einem der weltweit wichtigsten Forschungszentren für die in diesem Buch behandelte Periode in der deutschen und europäischen Gewaltgeschichte entwickelt hat. Zahllose Gespräche mit meinen brillanten Dubliner Kollegen – insbesondere John Horne, Mark Jones, Alan Kramer, Stephan Malinowski, Tony McElligott, William Mulligan und Jennifer Wellington – haben mir geholfen, manche meiner Argumente zuzuspitzen, andere wiederum zu verwerfen. Selbstverständlich sind alle verbleibenden faktischen Fehler oder Fehlschlüsse allein mir zuzuschreiben.

Die Recherche für dieses Buch hat mich in eine ganze Reihe von Bibliotheken geführt, und ich bin allen dortigen Mitarbeitern zu großem Dank verpflichtet. Im Marburger Herder-Institut, wo ich ein Semester als Alexander-von-Humboldt-Stipendiat verbracht habe, durfte ich die Gastfreundschaft des dortigen Direktors Peter Haslinger genießen, der mir ausgezeichnete Arbeitsbedingungen und Raum zum Nachdenken gewährt hat. Wenn diese Studie auch weniger das Ergebnis umfangreicher Archivarbeit als ein synthetisierender Debattenbeitrag ist, möchte ich des weiteren die große Hilfe von Jan Bockelmann und Ursula Falch hervorheben, die für mich in diversen Bibliotheken eine erhebliche Anzahl von Texten zusammengetragen und mir beim Sichten und Auffinden maßgeblicher Dokumente unschätzbare Dienste erwiesen haben.

Und ich möchte mich für die gute Zusammenarbeit mit dem Siedler Verlag bedanken, der nun mein viertes Buch in deutscher Übersetzung veröffentlicht. Dank an Karen Guddas und Jens Dehning, den Übersetzer Alexander Weber und meiner Lektorin Ditta Ahmadi, mit der ich mittlerweile seit über zehn Jahren an deutschen Texten arbeite.

Mein letzter Dank gilt, wie immer, meiner Familie. Meine Eltern haben mich bei meinen häufigen Besuchen in Berlin auf vielerlei Weise unterstützt. Meine Mutter, Evelyn Gerwarth, die meine Arbeit immer mit großem Interesse begleitet hat, durfte das Erscheinen dieses Buches leider nicht mehr miterleben. In Dublin hat mir meine Frau Porscha trotz ihres eigenen dicht gedrängten Terminkalenders als Professorin für englische Literatur mit kritischen Kommentaren und stilistischen Ratschlägen zur Seite gestanden. Glückliche Stunden abseits des Schreibtischs verbrachte ich oft mit ihr und unseren beiden mittlerweile sieben Jahre alten Söhnen Lucian und Oscar, die diesem Buch gegenüber stets ein gesundes Desinteresse bekundet und dem Verfasser bei der Niederschrift wunderbare und reichhaltige Ablenkung beschert haben.

Zum Schluss sei meinen ältesten lebenden Verwandten, meiner Großmutter Gundi Arndt und meiner Tante Helga Fennig, Dank gesagt, zwei starken Frauen, die beide in der Weimarer Republik geboren wurden und mir als Zeitzeugen des turbulenten 20. Jahrhunderts eine besondere zeitgebundene Perspektive auf die Geschichte eröffnet haben. Ihnen ist dieses Buch gewidmet.

Robert Gerwarth
Dublin, im Juni 2018

Anmerkungen

Einleitung

1 John C. G. Roehl, *Wilhelm II.: Der Weg in den Abgrund, 1900–1941*, S. 1246f.

2 Ebd., S. 1247. Zur Bewertung von Wilhelms Verhalten durch seine Zeitgenossen siehe: Martin Kohlrausch, *Der Monarch im Skandal: Die Logik der Massenmedien und die Transformation der wilhelminischen Monarchie*, Berlin 2005.

3 *Berliner Tageblatt*, 10. November 1918.

4 Ebd.

5 Dieter Gosewinkel, *Einbürgern und Ausschließen: Die Nationalisierung der Staatsangehörigkeit vom Deutschen Bund bis zur Bundesrepublik Deutschland*, Göttingen 2001, S. 345.

6 Helga Grebing, *Frauen in der deutschen Revolution 1918/19* (Kleine Schriften Stiftung Reichspräsident Friedrich Ebert-Gedenkstätte Nr. 17), Heidelberg 1994, S. 26.

7 Volker Ullrich, »Kriegsalltag. Zur inneren Revolutionierung der Wilhelminischen Gesellschaft«, in Wolfgang Michalka (Hrsg.), *Der Erste Weltkrieg. Wirkung – Wahrnehmung – Analyse*, Weyarn 1997, S. 603–621, hier S. 610f. Siehe ebenso Florence Hervé, *Geschichte der deutschen Frauenbewegung*, Köln 1995; Willy Albrecht, Friedhelm Boll, Beatrix W. Bouvier, Rosemarie Leuschen-Seppel und Michael Schneider, »Frauenfrage und deutsche Sozialdemokratie vom Ende des 19. Jahrhunderts bis zum Beginn der zwanziger Jahre«, *Archiv für Sozialgeschichte* 19 (1979), S. 459–510; und Rolf Helbig, Wilhelm Langbein und Lothar Zymara, *Beiträge zur Lage des weiblichen Proletariats und dessen aktive Einbeziehung in den Kampf der deutschen Arbeiterklasse gegen Imperialismus, Militarismus und Krieg in der dritten Hauptperiode der Geschichte der deutschen Arbeiterbewegung*, Diss. Pädagogische Hochschule Clara Zetkin, Leipzig, Sektion Geschichte (1973), S. 131–132, 140–141 und 400.

8 Adele Schreiber, *Revolution und Frauenwahlrecht. Frauen! Lernt wählen!*, Berlin 1919, S. 14–15.

9 Kathleen Canning, »›Sexual Crisis‹, the Writing of Citizenship, and the State of Emergency in Germany, 1917–1922«, in Alf Lüdtke und Michael Wildt (Hrsg.), *Staats-Gewalt: Ausnahmezustand und Sicherheitsregimes. Historische Perspektiven*, Göttingen 2008, S. 167–213. Zur Entstehung neuer Öffentlichkeiten in der Weimarer Zeit siehe Kathleen Canning, Kerstin Barndt und Kristin McGuire (Hrsg.), *Weimar Publics/Weimar Subject: Rethinking the Political Culture of Germany in the 1920s*, New York 2010.

10 Kathleen Canning, »Das Geschlecht der Revolution: Stimmrecht und Staatsbürgertum 1918/1919«, in Alexander Gallus (Hrsg.), *Die vergessene Revolution von 1918/19*, Göttingen 2010, S. 84–116.

11 James D. Steakley, *The Homosexual Emancipation Movement in Germany*, New York 1975; John C. Fout, »Sexual Politics in Wilhelmine Germany: The Male Gender Crisis, Moral Purity, and Homophobia«, *Journal of the History of Sexuality* 2 (1992), S. 388–421.

12 Magnus Hirschfeld, »Situationsbericht«, *Jahrbuch für sexuelle Zwischenstufen mit besonderer Berücksichtigung der Homosexualität* XVII (1918), S. 159.

13 Adam Seipp, *The Ordeal of Demobilization and the Urban Experience in Britain and Germany, 1917–1921*, Farnham 2009; Scott Stephenson, *The Final Battle: Soldiers of the Western Front and the German Revolution of 1918*, Cambridge/New York 2009, S. 320–326; Richard Bessel, *Germany after the First World War*, Oxford 1993, S. 47 und 74–76.

14 Karl Hampe, *Kriegstagebuch 1914–1919*, hrsg. von Folker Reichert und Eike Wolgast, 2. Aufl., München 2007, S. 775, Eintrag vom 10. November 1918.

15 Ernst Troeltsch, »Die Revolution in Berlin. 30.11.1918«, in ders., *Die Fehlgeburt einer Republik: Spektator in Berlin 1918 bis 1922*, Frankfurt am Main 1994, S. 5–11, hier S. 10.

16 Elard von Oldenburg-Januschau, zitiert in Stephan Malinowski, *Vom König zum Führer: Sozialer Niedergang und politische Radikalisierung im deutschen Adel zwischen Kaiserreich und NS-Staat*, Berlin 2003, S. 207.

17 Eberhard Straub, *Albert Ballin: Der Reeder des Kaisers*, Berlin 2001, S. 257–261.

18 Heinrich August Winkler, *Weimar 1918–1933: Die Geschichte der ersten deutschen Demokratie*, München 1993, S. 25f. und 87ff.

19 Lida Gustava Heymann und Anita Augspurg, *Erlebtes – Erschautes: Deutsche Frauen kämpften für Freiheit, Recht und Frieden 1850–1950*, hrsg. von Margit Twellmann, Frankfurt am Main 1992, S. 178.

20 Hermann Müller, *Die Novemberrevolution: Erinnerungen*, Berlin 1928, 2. Aufl. 1931, S. 41.

21 Leonhard Frank, *Links, wo das Herz ist*, Berlin 1952, zitiert in Günther Albrecht (Hrsg.), *Erlebte Geschichte von Zeitgenossen gesehen und geschildert.* Erster Teil: *Vom Kaiserreich zur Weimarer Republik*, Berlin (Ost) 1967, S. 188–190.

22 Martin Buber (Hrsg.) unter Mitarbeit von Ina Britschgi-Schimmer, *Gustav Landauer. Sein Lebensgang in Briefen*, Bd. 2, Berlin 1920, S. 322f.

23 Albert Einstein, *Einstein Papers*, Bd. 7: *The Berlin Years: Writings, 1918–1921*, Princeton, NJ, 1998, S. 946.

24 *Kreuzzeitung*, 12. November 1918.

25 Wolfgang Niess, *Die Revolution von 1918/19 in der deutschen Geschichtsschreibung. Deutungen der Weimarer Republik bis ins 21. Jahrhundert*, Berlin 2012. Siehe auch Susanne Miller und Gerhard A. Ritter, »Die Novem-

ber-Revolution im Herbst 1918 im Erleben und Urteil der Zeitgenossen«, *Aus Politik und Zeitgeschichte* 18 (1968), H. 45, S. 3–40.

26 Reinhard Rurüp, »Problems of the German Revolution 1918–19«, *Journal of Contemporary History* 3 (1968), S. 109–135; Eberhard Kolb, »1918/19: Die steckengebliebene Revolution«, in Carola Stern und Heinrich A. Winkler (Hrsg.), *Wendepunkte deutscher Geschichte 1848–1990*, Frankfurt am Main 2001, Neuausgabe, S. 100–125; Frances L. Carsten, *Revolution in Central Europe 1918–19*, London 1972; Heinrich August Winkler, *Die Sozialdemokratie und die Revolution von 1918/19: ein Rückblick nach sechzig Jahren*, Berlin 1979.

27 Eric J. Hobsbawm, »Revolution«, in Roy Porter und Mikulas Teich (Hrsg.), *Revolution in History*, Cambridge 1986, S. 5–46.

28 Kolb, »1918/19: Die steckengebliebene Revolution«, S. 87f.

29 Oskar Lafontaine, »Rede auf dem Parteitag in Cottbus am 24./25. Mai 2008«, https://archiv2017.die-linke.de/fileadmin/download/disput/2008/disput_juni2008.pdf (abgerufen 22. November 2017).

30 Andreas Wirsching und Jürgen Eder (Hrsg.), *Vernunftrepublikanismus in der Weimarer Republik. Politik, Literatur, Wissenschaft*, Stuttgart 2008.

31 Troeltsch, »Die Revolution in Berlin 30.11.1918«, S. 9.

32 Thomas Manns Tagebucheintrag vom 10. November 1918 in ders., *Tagebücher 1918–1921*, hrsg. von Peter de Mendelssohn, Frankfurt am Main 1979, S. 67.

33 Adolf Hitler, *Mein Kampf: Eine kritische Edition*, hrsg. von Christian Hartmann, Thomas Vordermayer, Othmar Plöckinger und Roman Töppel, Berlin/München 2016, Bd. 1, S. 553.

34 Gerhard Pau, »Der Sturm auf die Republik und der Mythos vom ›Dritten Reich‹. Die Nationalsozialisten«, in Detlef Lehnert und Klaus Megerle, *Politische Identität und nationale Gedenktage. Zur politischen Kultur in der Weimarere Republik*, Opladen 1989, S. 255–279, insb. S. 270–279.

35 Alfred Rosenberg, *Dreißig Novemberköpfe*, München 1927, S. 7.

36 Siehe dazu Robert Gerwarth, *Die Besiegten*, München 2017, S. 318 und 327. Michael Geyer, »Endkampf 1918 and 1945: German Nationalism, Annihilation, and Self-Destruction«, in Alf Lüdtke und Bernd Weisbroch (Hrsg.), *No Man's Land of Violence: Extreme Wars in 20th Century*, Göttingen 2006, S. 37–67.

37 Niess, *Geschichtsschreibung;* Institut für Marxismus-Leninismus beim ZK der SED (Hrsg.), *Vorwärts und nicht vergessen. Erlebnisberichte aktiver Teilnehmer der Novemberrevolution 1918/19*, Berlin (Ost) 1958; Arbeitskreis verdienter Gewerkschaftsveteranen beim Bundesvorstand des FDGB (Hrsg.), *Erinnerungen von Veteranen der deutsche Gewerkschaftsbewegung an die Novemberrevolution*, 2. Aufl., Berlin (Ost) 1960; Jakov S. Drabkin, *Die Novemberrevolution in Deutschland*, Berlin (Ost) 1968; Institut für Marxismus-Leninismus beim ZK der SED (Hrsg.), *Illustrierte Geschichte der deutschen Novemberrevolution 1918/19*, Berlin (Ost) 1978.

38 Siehe beispielsweise Arthur Rosenberg, *Entstehung und Geschichte der Weimarer Republik*, Frankfurt am Main 1955; Friedrich Stampfer, *Die 14 Jahre der Ersten Deutschen Republik*, Offenbach 1947, 2. Aufl., Hamburg 1953; Ferdinand Friedensburg, *Die Weimarer Republik*, Berlin 1946, 2. Aufl. 1957; Leopold Schwarzschild, *Von Krieg zu Krieg*, Amsterdam 1947; Erich Eyck, *Geschichte der Weimarer Republik*, Bd. I: *Vom Zusammenbruch des Kaisertums bis zur Wahl Hindenburgs*, Zürich 1954, Bd. II: *Von der Konferenz von Locarno bis zu Hitlers Machtübernahme*, Zürich 1956. Friedrich Meinecke, *Die Deutsche Katastrophe*, Berlin 1947, S. 88, spricht von einem »Notbau«, einem rein behelfsmäßigen, mehr aus Notwendigkeit als aus Überzeugung geschaffenen Gebilde.

39 Friedrich Balke und Benno Wagner (Hrsg.), *Vom Nutzen und Nachteil historischer Vergleiche: Der Fall Bonn–Weimar*, Frankfurt am Main 1997; Christoph Gusy (Hrsg.), *Weimars langer Schatten: »Weimar« als Argument nach 1945*, Baden-Baden 2003; Sebastian Ullrich, *Der Weimar-Komplex: Das Scheitern der ersten deutschen Demokratie und die politische Kultur der frühen Bundesrepublik 1945–1959*, Göttingen 2009.

40 Zu den größeren Strömungen in der Geschichtsschreibung siehe Eberhard Kolb, *Die Weimarer Republik*, 6. Aufl., München 2002, S. 166–177; Ursula Büttner, *Weimar: Die überforderte Republik 1918–1933*, Stuttgart 2008. Siehe ebenso Anthony McElligot (Hrsg.), *Weimar Germany*, 2. Aufl., Oxford/New York 2011.

41 Karl Dietrich Erdmann, »Die Geschichte der Weimarer Republik als Problem der Wissenschaft«, in *Vierteljahrshefte für Zeitgeschichte* 3 (1955), S. 1–19, hier S. 6–8.

42 Ulrich Kluge, *Soldatenräte und Revolution: Studien zur Militärpolitik in Deutschland 1918/19*, Göttingen 1975; Eberhard Kolb, *Die Arbeiterräte in der deutschen Innenpolitik 1918/19*, Düsseldorf 1962, 2. Aufl. 1976; Walter Tormin, *Zwischen Rätediktatur und sozialer Demokratie: Die Geschichte der Rätebewegung in der deutschen Revolution 1918/19*, Düsseldorf 1959; Peter von Oertzen, »Die großen Streiks der Ruhrbergarbeiterschaft im Frühjahr 1919«, *Vierteljahrshefte für Zeitgeschichte* 6 (1958), S. 231–262; ders., *Betriebsräte in der Novemberrevolution: Eine politikwissenschaftliche Untersuchung über Ideengehalt und Struktur der betrieblichen und wirtschaftlichen Arbeiterräte in der deutschen Revolution 1918/1919*, Düsseldorf 1963, 2. Aufl., Berlin 1976; Erich Matthias, *Zwischen Räten und Geheimräten: Die deutsche Revolutionsregierung 1918/19*, Düsseldorf 1970; Reinhard Rürup, *Probleme der Revolution in Deutschland 1918/19*, Wiesbaden 1968; ders. (Hrsg.), *Arbeiter- und Soldatenräte im rheinisch-westfälischen Industriegebiet: Studien zur Geschichte der Revolution 1918/19*, Wuppertal 1975. Diese Kontroverse findet sich bereits in frühen Berichten von aktiv an der Revolution beteiligten Zeitzeugen. Siehe beispielsweise Emil Barth, *Aus der Werkstatt der deutschen Revolution*, Berlin 1919; Eduard Bernstein, *Die deutsche Revolution*, Bd. 1: *Ihr Ursprung, ihr Verlauf und ihr Werk*, Berlin 1921.

43 Sebastian Haffner, *Die Verratene Revolution*, Bern/München/Wien 1969.

44 Kolb, *Weimarer Republik*, S. 22. Zum Begriff der »gebremsten Revolution« siehe Winkler, *Weimar*, S. 33–68; sowie Wolfgang Schieder, »Die Umbrüche von 1918, 1933, 1945 und 1989 als Wendepunkte deutscher Geschichte«, in Dietrich Papenfuß und Wolfgang Schieder (Hrsg.), *Deutsche Umbrüche im 20. Jahrhundert*, Köln/Weimar/Wien 2000, S. 3–18.

45 Gallus (Hrsg.), *Die vergessene Revolution*; Wolfgang Niess, *Die Revolution von 1918/19: Der wahre Beginn unserer Demokratie,* München 2017, S. 589. Neue Ansätze zu wichtigen Aspekten der Weimarer Geschichte finden sich in Anthony McElligott und Kirsten Heinsohn (Hrsg.), *Germany 1916–23: A Revolution in Context*, Bielefeld 2015.

46 Siehe etwa Hans Ulrich Gumbrechts literaturhistorische Darstellung des Jahres 1926, dem es auf beeindruckende Weise gelingt, die Geschichte *nicht* rückblickend aus dem Jahr 1933 zu lesen. Hans Ulrich Gumbrecht, *1926: Living on the Edge of Time*, Cambridge, MA, 1997.

47 Dem Anspruch nahe kommt Niess, *Die Revolution von 1918/19*. Auch Joachim Käppner, *1918: Aufstand für die Freiheit: Die Revolution der Besonnenen,* München 2017, bemüht sich um Ergebnisoffenheit, hat allerdings eine allzu positive Sicht auf die Rätebewegung, die verkennt, dass sie zu keinem Zeitpunkt mehrheitsfähig war.

48 Zu dieser kontextabhängigen Deutung des Begriffs »Krise« in den zeitgenössischen Diskursen über die Weimarer Republik siehe etwa Wolfgang Hardtwig, *Ordnungen in der Krise: Zur politischen Kulturgeschichte Deutschlands 1900–1933*, München 2007, insbesondere die Aufsätze von Rüdiger Graf, »Optimismus und Pessimismus in der Krise – der politisch-kulturelle Diskurs in der Weimarer Republik«, S. 115–140, und Peter Fritzsche, »Historical Time and Future Experience in Postwar Germany«, S. 141–164. Siehe ebenso Martin H. Geyer, »›Die Gleichzeitigkeit des Ungleichzeitigen‹: Zeitsemantik und die Suche nach Gegenwart in der Weimarer Republik«, in Wolfgang Hardtwig (Hrsg.), *Utopie und politische Herrschaft im Europa der Zwischenkriegszeit*, München 2005, S. 75–100; Moritz Föllmer und Rüdiger Graf (Hrsg.), *Die ›Krise‹ der Weimarer Republik: Zur Kritik eines Deutungsmusters*, Frankfurt am Main 2005. Siehe auch Anthony McElligott, (Hrsg.),*Weimar Germany,* Oxford/New York 2011, S. 8ff.

49 Sebastian Conrad und Jürgen Osterhammel (Hrsg.), *Das Kaiserreich transnational: Deutschland in der Welt, 1871–1914,* 2. Aufl., Göttingen 2006.

50 Fritz-Konrad Krüger, *Government and Politics of the German Empire*, London 1915, S. 13. Zu Bevölkerungszahlen siehe Ernest Barker, *The Submerged Nationalities of the German Empire*, Oxford 1915, S. 7. In Deutschland gab es in Nordschleswig überdies eine dänische Minderheit von 150 000 Einwohnern. Zur Diskriminierung dieser Minderheiten siehe Alexander Watson, »Fighting for Another Fatherland: the Polish Minority in the German Army, 1914–1918«, *The English Historical Review* 126 (2011), S. 1137–1166; Kramer, »Wackes at War«, S. 110–121.

51 Kristin Kopp, »Gray Zones: on the inclusion of ›Poland‹ in the study of German Colonialism«, in Michael Perraudin und Jürgen Zimmerer (Hrsg.), *German Colonialism and National Identity*, New York/London 2011; Robert Lewis Koehl, »Colonialism inside Germany: 1886–1918«, *The Journal of Modern History* 25 (1953), S. 255–272. Zu Bevölkerungszahlen siehe Ernest Barker, *The Submerged Nationalities of the German Empire*, Oxford 1915, S. 7. Weiteres zu dieser Diskriminierung findet sich in Watson, »Fighting for Another Fatherland«; Kramer, »Wackes at War, S. 110–121.

52 Dazu etwa: Gregor Thum (Hrsg.), *Traumland Osten: Deutsche Bilder vom östlichen Europa im 20. Jahrhundert,* Göttingen 2006; Philipp Ther, »Deutsche Geschichte als imperiale Geschichte. Polen, slawophone Minderheiten und das Kaiserreich als kontinentales Empire«, in Sebastian Conrad und Jürgen Osterhammel (Hrsg.), *Das Kaiserreich transnational: Deutschland in der Welt, 1971–1914,* 2. Aufl., Göttingen 2006, S. 129–48.

53 Peter Calvert, *A Study of Revolution*, Oxford 1970, S. 183f.

54 Die Literatur zu diesem Thema ist enorm. Siehe insbesondere Peter Gatrell, *A Whole Empire Walking: Refugees in Russia during World War I*, Bloomington 1999; Vejas Gabriel Liulevicius, *War Land on the Eastern Front: Culture, National Identity, and German Occupation in World War I*, Cambridge 2000; Philippe Nivet, *Les réfugiés français de la Grande Guerre, 1914–1920*, Paris 2004; Nick Baron und Peter Gatrell (Hrsg.), *Homelands: War, Population, and Statehood in Eastern Europe and Russia, 1918–1924*, London 2004; Annette Becker, *Les cicatrices rouges, 14–18, France et Belgique occupées*, Paris 2010; Philippe Nivet, *La France occupée, 1914–1918*, Paris 2011; Pierre Purseigle, »›A Wave on to Our Shores‹«: The Exile and Resettlement of Refugees from the Western Front, 1914–1918«, *Contemporary European History* 16 (2007), S. 432.

55 Aristide Zolberg, »The Formation of New States as a Refugee-Generating Process«, *Annals of the American Academy of Political and Social Science* 467 (1983), S. 24–38. Allgemeine Überblicksdarstellungen finden sich bei Michael Marrus, *The Unwanted: European Refugees in the Twentieth Century*, Oxford 1985, S. 51–121, und Claudena M. Skran, *Refugees in Inter-War Europe: The Emergence of a Regime*, Oxford 1995, S. 13–61.

56 David Allen Harvey, »Lost Children or Enemy Aliens? Classifying the Population of Alsace after the First World War«, *Journal of Contemporary History* 34 (1999), S. 537–554; Laird Boswell, »From Liberation to Purge Trials in the ›Mythic Provinces‹: Recasting French Identities in Alsace and Lorraine, 1918–1920«, *French Historical Studies* 23 (2000), S. 129–162. Elsass-Lothringen betreffend zeigt Tara Zahra in ihrem Beitrag überzeugend, dass die französische Politik gegenüber der deutschen Minderheit weitaus repressiver war als der Umgang mit Deutschstämmigen in den meisten mitteleuropäischen Ländern, etwa in der Tschechoslowakei, vgl. Tara Zahra, »The Minority Problem: National Classification in the French and Czechoslovak Borderlands«, *Contemporary European History* 17 (2008), S. 137–165.

57 Peter Holquist, »Violent Russia, Deadly Marxism? Russia in the Epoch of Violence, 1905–21«, *Kritika: Explorations in Russian and Eurasian History* 4 (2003), S. 627–652, hier S. 645.

58 Zwar gibt es eine ganze Reihe wegweisender Studien zur deutschen Rezeption der bolschewistischen Revolution; da diese jedoch vor dem Aufkommen der transnationalen Geschichtsschreibung erschienen sind, erweisen sie sich heute größtenteils als überholt. Bisher hat kein Historiker diese Aspekte ausführlich behandelt. Maßgebliche Beispiele für diese heute veralteten Ansätze sind Erich Matthias, *Die deutsche Sozialdemokratie und der Osten*, Tübingen 1954; Peter Lösche, *Der Bolschewismus im Urteil der deutschen Sozialdemokratie 1903–1920*, Berlin 1967; Karl-Heinz Luther, »Die nachrevolutionären Machtkämpfe in Berlin, November 1918 bis März 1919«, *Jahrbuch für Geschichte Mittel- und Ostdeutschlands* 8 (1959), S. 187–222.

59 Käthe Kollwitz, *Die Tagebücher*, hrsg. von Jutta Bohnke-Kollwitz, Berlin 1989, S. 374f. (Eintrag vom 1. Oktober 1918).

Kapitel I

1 Thomas Boghardt, *The Zimmermann Telegram: Intelligence, Diplomacy and America's Entry into World War I*, Annapolis 2012, S. 67 und 79.

2 Ebd., S. 182.

3 Zur deutschen Unterstützung der irischen Republikaner im Jahr 1916 siehe: Jerome aan de Wiel, *The Irish Factor 1899–1919: Ireland's Strategic and Diplomatic Importance for Foreign Powers*, Dublin 2008; Matthew Plowman, »Irish Republicans and the Indo-German Conspiracy of World War I«, *New Hibernia Review* 7 (2003), S. 81–105. Zur Förderung des Dschihad durch Deutschland vgl. Tilman Lüdke, *Jihad made in Germany: Ottoman and German Propaganda and Intelligence Operations in the First World War*, Münster 2005, S. 117–125; Gerhard Höpp, *Muslime in der Mark: Als Kriegsgefangene und Internierte in Wünsdorf und Zossen, 1914–1924*, Berlin 1997; Rudolf A. Mark, *Krieg an fernen Fronten: Die Deutschen in Zentralasien und am Hindukusch 1914–1924*, Paderborn 2013, S. 17–42.

4 Jörn Leonhard, *Die Büchse der Pandora: Geschichte des Ersten Weltkriegs*, München 2014, S. 654; Gerd Koenen, *Der Russland-Komplex: Die Deutschen und der Osten, 1900–1945*, München 2005, S. 63ff.

5 Reinhard R. Doerries, *Prelude to the Easter Rising: Sir Roger Casement in Imperial Germany*, London/Portland 2000; Mary E. Daly (Hrsg.), *Roger Casement in Irish and World History*, Dublin 2005; Höpp, *Muslime in der Mark*.

6 David Stevenson, *1914–1918. Der Erste Weltkrieg*, Mannheim 2010, S. 313ff.

7 Günter Wollstein, *Theobald von Bethmann Hollweg. Letzter Erbe Bismarcks, erstes Opfer der Dolchstoßlegende*, Göttingen/Zürich 1995, S. 139f.

8 Burton J. Hendrick, *The Life and Letters of Walter Hines Page*, Bd. 3, Garden City, NY, 1925, S. 324 und 352; Barbara W. Tuchman, *The Zimmermann Telegram*, New York 1958, S. 95.

9 David Stevenson, *1917. War, Peace, and Revolution*, Oxford 2017, S. 58–59.

10 Friedrich Katz, *The Secret War in Mexico: Europe, the United States, and the Mexican Revolution*, Chicago 1981, S. 327–383.

11 Lawrence Sondhaus, *The Great War at Sea: A Naval History of the First World War*, Cambridge 2014, S. 157; ders., *German Submarine Warfare in World War I: The Onset of Total War at Sea*, Lanham 2017, S. 46–56; Anne Cipriano Venzon (Hrsg.), *The United States in the First World War: An Encyclopedia*, New York/London 1995, S. 45–47.

12 Als zeitgenössische Einschätzung siehe Kurt Riezler, *Tagebücher, Aufsätze, Dokumente*, Göttingen 2008, S. 395; zum historischen Kontext: Leonhard, *Pandora*, S. 616–617.

13 Joachim Schröder, *Die U-Boote des Kaisers: die Geschichte des deutschen U-Boot-Krieges gegen Großbritannien im Ersten Weltkrieg*, Bonn 2003, S. 428f.

14 Adam Tooze, *Sintflut: Die Neuordnung der Welt 1916–1931*, München 2015, S. 55 und 66f.

15 Wollstein, *Bethmann Hollweg*, S. 137.

16 Stevenson, *1917*, S. 53.

17 Decie Denholm, »Eine Australierin in Leipzig: Die heimlichen Briefe der Ethel Cooper 1914–1919«, in Bernd Hüppauf (Hrsg.), *Ansichten vom Krieg*, Königstein im Taunus 1984, S. 132–152, hier S. 139 (Brief vom 4. Februar 1917).

18 Harry Graf Kessler, *Das Tagebuch 1880–1937*, hrsg. von Roland S. Kamzelak und Ulrich Ott, Bd. 6: *1916–1918*, hrsg. von Günter Riederer, Stuttgart 2006, S. 142 (Eintrag vom 1. Februar 1917).

19 Thomas J. Knock, *To End All Wars: Woodrow Wilson and the Quest for a New World Order*, New York 1992, S. 121f.

20 Zu den theologischen Einflüssen, die Wilsons Denken und Handeln prägten, siehe Mark Benbow, *Leading Them to the Promised Land: Woodrow Wilson, Covenant Theology, and the Mexican Revolutions, 1913–1915*, Kent 2010; Milan Babík, *Statecraft and Salvation: Wilsonian Liberal Internationalism as Secularized Eschatology*, Waco 2013. Zu Wilsons Beziehung zum Liberalismus im Allgemeinen siehe Niels Aage Thorsen, *The Political Thought of Woodrow Wilson*, Princeton 1988; Knock, *To End All Wars*, S. 3–14.

21 Klaus Schwabe, *Deutsche Revolution und Wilson-Frieden: Die amerikanische und deutsche Friedensstrategie zwischen Ideologie und Machtpolitik 1918/19*, Düsseldorf 1971, S. 13f. und 16.

22 Ebd., S. 23f. und 56.

23 Jennifer D. Keene, »The United States«, in John Horne (Hrsg.), *Companion to World War I*, Malden, MA, 2010, S. 508–523, hier S. 510.

24 Frederick C. Luebke, *Bonds of Loyalty: German Americans and World War I*, DeKalb 1974, S. 29–30.

25 Keene, »The United States«, S. 510; Richard Traxel, *Crusader Nation: the*

United States in Peace and the Great War 1898–1920, New York 2006, S. 147–148.

26 Stevenson, *1917*, S. 46.

27 Alexander Sedlmaier, *Deutschlandbilder und Deutschlandpolitik: Studien zur Wilson-Administration (1913–1921)*, Stuttgart 2003, S. 65f. und 197; Knock, *To End All Wars*, S. 107.

28 »Permanent Peace: Address to the United States Senate, January 22, 1917«, in *War Addresses of Woodrow Wilson*, Boston 1918, S. 8.

29 Arthur S. Link u. a. (Hrsg.), *The Papers of Woodrow Wilson*, Bd. 40 (20. Nov. 1916–23. Jan. 1917), Princeton, NJ, 1982, S. 533–539, hier S. 537.

30 Leonard V. Smith, *Sovereignty at the Paris Peace Conference of 1919*, Oxford 2018, S. 24–28.

31 Ebd.

32 Robert Service, *Lenin: A Biography*, London 2000, S. 256–264; Catherine Merridale, *Lenin on the Train*, London 2016.

33 Merridale, *Lenin on the Train*.

34 Willi Gautschi, *Lenin als Emigrant in der Schweiz*, Zürich 1973, S. 249–256; Helen Rappaport, *Conspirator: Lenin in Exile*, New York 2010, S. 286–298.

35 Christopher Read, *Lenin: A Revolutionary Life*, Abingdon/New York 2005, S. 30; Hélène Carrère D'Encausse, *Lenin: Revolution and Power*, New York/London 1982; Service, *Lenin*, S. 109.

36 Service, *Lenin*, S. 137.

37 Ebd., S. 135–142; Read, *Lenin*, S. 56f.

38 Leonhard, *Pandora*, S. 652.

39 Zu der Rolle Zürichs und der Schweiz in dieser Zeit siehe Georg Kreis, *Insel der unsicheren Geborgenheit: die Schweiz in den Kriegsjahren 1914–1918*, Zürich 2014; Roman Rossfeld, Thomas Buomberger und Patrick Kury (Hrsg.), *14/18. Die Schweiz und der Grosse Krieg*, Baden 2014.

40 Zu dieser Debatte vgl. David Priestland, *The Red Flag: A History of Communism*, London 2009, S. 52–60; Robert Service, *Comrades! World History of Communism*, Cambridge, MA, 2007, S. 36–57.

41 Zum Sozialismus im Jahr 1914 vgl. das Standardwerk von Georges Haupt, *Socialism and the Great War: The Collapse of the Second International*, Oxford 1972.

42 Bebels Rede zitiert in *Protokoll über die Verhandlungen des Parteitages der Sozialdemokratischen Partei Deutschlands, abgehalten zu Mannheim vom 23. bis 29. September 1906*, Berlin 1906, S. 232.

43 Eduard Bernstein, *Die Voraussetzungen des Sozialismus und die Aufgaben der Sozialdemokratie*, Stuttgart 1899, S. 165.

44 Kautsky zitiert in Winkler, *Weimar*, S. 16.

45 Walter Mühlhausen, *Friedrich Ebert, 1871–1925: Reichspräsident der Weimarer Republik*, Bonn 2006, S. 42f. Siehe ebenso Dieter Dowe und Peter-Christian Witt, *Friedrich Ebert 1871–1925: Vom Arbeiterführer zum Reichspräsidenten*, Bonn 1987.

46 Dieter Engelmann und Horst Naumann, *Hugo Haase: Lebensweg und politisches Vermächtnis eines streitbaren Sozialisten*, Berlin 1999.

47 Ernst-Albert Seils, *Hugo Haase: Ein jüdischer Sozialdemokrat im deutschen Kaiserreich. Sein Kampf für Frieden und soziale Gerechtigkeit*, Frankfurt am Main 2016.

48 Read, *Lenin*, S. 36–42.

49 Zu Russland in dieser Zeit siehe die Überblicksdarstellungen von Richard Pipes, *The Russian Revolution*, New York 1990, sowie Orlando Figes, *Die Tragödie eines Volkes: Die Epoche der Russischen Revolution 1891–1924*, Berlin 1998. Beide vermitteln ein reichhaltiges Wissen und tiefe Einblicke in die Beziehung zwischen Krieg und Revolution in Russland. Von immenser Bedeutung für dieses Thema ist zudem die bahnbrechende Untersuchung von Peter Gatrell, *A Whole Empire Walking: Refugees in Russia in World War I*, Bloomington, IN, 1999, ebenso Peter Holquist, *Making War, Forging Revolution. Russia's Continuum of Crisis*, Cambridge, MA, 2002, und Eric Lohr, *Nationalizing the Russian Empire: The Campaign against Enemy Aliens during World War I*, Cambridge, MA, 2003. Zum Zusammenbruch der russischen Armee siehe Allan K. Wildman, *The End of the Russian Imperial Army: The Old Army and the Soldiers' Revolt, March to April 1917*, Princeton 1980; und ders., *The End of the Russian Imperial Army II: The Road to Soviet Power and Peace*, Princeton 1987.

50 Holquist, *Making War*, S. 30 und 44. Vgl. auch Norman Stone, *The Eastern Front 1914–1917*, London 1975, S. 291–301.

51 Zur Februarrevolution siehe Helmut Altrichter, *Rußland 1917: Ein Land auf der Suche nach sich selbst*, Paderborn 1997, S. 110–140; Manfred Hildermeier, *Geschichte der Sowjetunion 1917–1991: Entstehung und Niedergang des ersten sozialistischen Staates*, München 1998, S. 64–80; Peter Gatrell, *Russia's First World War, 1914–1917: A Social and Economic History*, London 2005, S. 197–220; Rex A. Wade, *The Russian Revolution, 1917*, Cambridge/New York 2000; Stephen Smith, *The Russian Revolution: A Very Short Introduction*, Oxford/New York 2002, Kapitel 1; Christopher Read, *From Tsar to Soviets: The Russian People and their Revolution, 1917–1921*, Oxford/New York 1996; Tsuyoshi Hasegawa, »The February Revolution«, in Edward Acton, Vladimir Iu. Cherniaev und William G. Rosenberg (Hrsg.), *Critical Companion to the Russian Revolution 1914–1921*, London 1997, S. 48–61; Barbara Alpern Engel, »Not by Bread Alone: Subsistence Riots in Russia during World War I«, *Journal of Modern History* 69 (1997), S. 696–721; Wildman, *The End of the Russian Imperial Army*, Bd. 1.

52 W. Bruce Lincoln, *Passage through Armageddon: The Russians in War and Revolution*, New York 1986, S. 321–325; Pipes, *The Russian Revolution 1899–1919*, S. 274f.; Hans Rogger, *Russia in the Age of Modernisation and Revolution 1881–1917*, London 1995, S. 266f.

53 Dominic Lieven, *Nicholas II. Emperor of all the Russians*, London 1994, S. 226.

54 Douglas Smith, *Der letzte Tanz: Der Untergang der russischen Aristokratie,* Frankfurt am Main 2016, S. 107; Lincoln, *Passage,* S. 331–333; Richard Pipes, *Die Russische Revolution,* 3 Bde., Berlin 1992/93, Bd. I, S. 485–488; Figes, *Tragödie,* S. 346f.

55 Pipes, *Russische Revolution,* Bd. 1, S. 528–544; Lincoln, *Passage,* S. 337–345.

56 Lincoln, *Passage,* S. 334–344; Figes, *Tragödie,* S. 353–544; Robert Paul Browder und Alexander F. Kerensky (Hrsg.), *The Russian Provisional Government 1917: Documents,* 3 Bde., Stanford 1961; William G. Rosenberg, *The Liberals in the Russian Revolution: The Constitutional Democratic Party, 1917–1921,* Princeton 1974, S. 114–116.

57 Marc Ferro, *La révolution de 1917,* Bd. 2: *Octobre, Naissance d'une société,* Paris 1976.

58 Figes, *Tragödie,* S. 349–356.

59 Lenin, »Erster Brief aus der Ferne«, in Institut für Marxismus-Leninismus beim Zentralkomitee der SED (Hrsg.), *Wladimir Iljitsch Lenin. Werke,* Bd. 23: *August 1916–März 1917,* 7. Aufl., Berlin (Ost) 1975, S. 311–322, hier S. 316 und 317. Hervorhebungen im Original.

60 Leonhard, *Pandora,* S. 655.

61 Service, *Lenin,* S. 260.

62 Figes, *Tragödie,* S. 386–409.

63 Lincoln, *Passage,* S. 346–371; Altrichter, *Rußland 1917,* S. 166–170.

64 Joshua Sanborn, *Imperial Apocalypse: The Great War and the Destruction of the Russian Empire,* Oxford/New York 2014, S. 205–211.

65 Ebd., S. 209.

66 Andrejs Plakans, *The Latvians,* Stanford 1995, S. 108.

67 Wildman, *End of the Russian Imperial Army,* Bd. 1, S. 369; Mark von Hagen, *War in a European Borderland: Occupations and Occupation Plans in Galicia and Ukraine, 1914–1918,* Seattle 2007, S. 84–85.

68 Wildman, *The End of the Russian Imperial Army,* Bd. 2, S. 225–231; Joshua A. Sanborn, *Drafting the Russian Nation. Military Conscription, Total War, and Mass Politics, 1905–1925,* DeKalb, IL, 2003, S. 173f.

69 Figes, *Tragödie,* S. 448–461; Ronald G. Suny, »Toward a Social History of the October Revolution«, *American Historical Review* 88 (1983), S. 31–52.

70 George Katkov, *The Kornilov Affair: Kerensky and the Breakup of the Russian Army,* London/New York 1980; Harvey Ascher, »The Kornilov Affair: A Reinterpretation«, in *Russian Review* 29 (1970), S. 286–300.

71 Ebd.

72 Zu Trotzki siehe Isaac Deutscher, *Trotzki,* Bd. 1: *Der bewaffnete Prophet 1879–1921,* Stuttgart 1962; Robert Service, *Trotzki. Eine Biographie,* Berlin 2012; Geoffrey Swain, *Trotsky and the Russian Revolution,* London/New York 2014; Joshua Rubenstein, *Leon Trotsky: A Revolutionary's Life,* New Haven/London 2006.

73 Wladimir Iljitsch Lenin, »Staat und Revolution«, in *Werke,* Bd. 25 (Juni bis

September 1917), Berlin 1974, S. 412–424; Heinrich August Winkler, *Geschichte des Westens: Zeit der Weltkriege*, München 2016, S. 32–35.

74 Pipes, *Die Russische Revolution*, Bd. 2, S. 179–225. Zur Bedrohung Sowjetrusslands durch Autonomiebestrebungen siehe Andreas Kappeler, *Rußland als Vielvölkerreich: Entstehung – Geschichte – Zerfall*, 2. Aufl., München 1993; Mark, *Krieg an fernen Fronten*, S. 131–134.

75 Figes, *Tragödie*, S. 487ff.

76 Lincoln, *Passage*, S. 463–468.

77 Pipes, *Die Russische Revolution*, Bd. 2, S. 265ff.

78 Leonhard, *Pandora*, S. 679; Hildermeier, *Geschichte der Sowjetunion*, S. 117; Rex A. Wade, »The October Revolution, the Constituent Assembly, and the End of the Russian Revolution«, in Ian D. Thatcher (Hrsg.), *Reinterpreting Revolutionary Russia: Essays in Honour of James D. White*, London 2006, S. 72–85.

79 Pipes, Die *russische Revolution,* Bd. 2, S. 343–369.

80 Rosa Luxemburg an Marta Rosenbaum, April 1917, zitiert nach Peter Nettl, *Rosa Luxemburg,* Frankfurt am Main 1968, S. 653.

81 *Vorwärts*, 15. Februar 1918.

82 Figes, *Tragödie*, S. 521–527; Alexander Rabinowitch, *Die Sowjetmacht. Das erste Jahr*, Essen 2010, S. 405–409.

83 Smith, *Letzter Tanz*, S. 118; Lincoln, *Passage,* S. 458–461; Pipes, *Die Russische Revolution*, Bd. 2, S. 276f.

84 Orlando Figes, *Peasant Russia, Civil War: The Volga Countryside in Revolution, 1917–21*, Oxford/New York 1989, S. 296–297.

85 Smith, *Letzter Tanz*, S. 178; Graeme J. Gill, *Peasants and Government in the Russian Revolution*, New York 1979, S. 154.

86 Sean McMeekin, *History's Greatest Heist: The Looting of Russia by the Bolsheviks*, London/New Haven 2009, S. 12–13, 24–25 und 73–91. Eine lokale Fallstudie findet sich bei Donald J. Raleigh, *Experiencing Russia's Civil War: Politics, Society and Revolutionary Culture in Saratov, 1917–1922*, Princeton 2002.

Kapitel II

1 Zu Brest-Litowsk siehe Vejas Gabriel Liulevicius, *War Land on the Eastern Front: Culture, National Identity and German Occupation in World War I*, Cambridge/New York 2000, S. 204–207; Sanborn, *Imperial Apocalypse*, S. 232ff.; sowie in Winfried Baumgarts Klassiker *Deutsche Ostpolitik 1918: Von Brest-Litowsk bis zum Ende des Ersten Weltkriegs*, Wien/München 1966, S. 13–92.

2 Baumgart, *Deutsche Ostpolitik 1918*, S. 16.

3 Zitiert in Imanuel Geiss, *Der polnische Grenzstreifen, 1914–1918. Ein Beitrag zur deutschen Kriegszielpolitik im Ersten Weltkrieg*, Husum 1960, S. 78.

4 Annemarie Sammartino, *The Impossible Border. Germany and the East, 1914–1922*, Ithaca 2010, S. 18–44.

5 Gregor Thum, »Mythische Landschaften: Das Bild vom deutschen Osten und die Zäsuren des 20. Jahrhunderts«, in ders. (Hrsg.), *Traumland Osten: Deutsche Bilder vom östlichen Europa im 20. Jahrhundert*, Göttingen 2006, S. 263–285.

6 Siehe Hoffmanns Darstellung in Karl Friedrich Nowak (Hrsg.), *Die Aufzeichnungen des Generalmajors Max Hoffmann*, 2 Bde., Berlin 1929, hier Bd. 2, S. 190. Siehe dazu auch den Bericht eines weiteren hochrangigen deutschen Diplomaten, Frederic von Rosenberg, der ebenfalls an den Verhandlungen von Brest-Litowsk beteiligt war: Winfried Becker, *Frederic von Rosenberg (1874–1937): Diplomat vom späten Kaiserreich bis zum Dritten Reich, Außenminister der Weimarer Republik*, Göttingen 2011, S. 26–40. Des weiteren Baumgart, *Deutsche Ostpolitik 1918*, S. 14.

7 Richard von Kühlmann, *Erinnerungen*, Heidelberg 1948, S. 523f.; Leo Trotzki, *Mein Leben*, Frankfurt am Main 1930; Nowak, *Aufzeichnungen Max Hoffmann*, Bd. 2, S. 207ff.; Werner Hahlweg, *Der Diktatfrieden von Brest-Litowsk 1918 und die bolschewistische Weltrevolution*, Münster 1960; Christian Rust, »Self-determination at the Beginning of 1918 and the German Reaction«, *Lithuanian Historical Studies* 13 (2008), S. 43–46.

8 Ottokar Luban, »Die Massenstreiks für Frieden und Demokratie im Ersten Weltkrieg«, in Chaja Boebel und Lothar Wentzel (Hrsg.), *Streiken gegen den Krieg: Die Bedeutung der Massenstreiks in der Metallindustrie vom Januar 1918*, Hamburg 2008, S. 11–27.

9 Ernst Haase, *Hugo Haase. Sein Leben und Wirken*, Berlin 1929, S. 157f.

10 Ralf Hoffrogge, *Richard Müller: Der Mann hinter der Novemberrevolution*, Berlin 2008.

11 Philipp Scheidemann, *Memoiren eines Sozialdemokraten*, Bd. 1, Dresden 1928, S. 402f.

12 Hoffrogge, *Müller;* Boebel/Wentzel (Hrsg.), *Streiken gegen den Krieg.*

13 Oleksii Kurayev, *Politika Nimechchini i Avstro-Uhorshchini v Pershii svitovij vijni: ukrayins'kii napryamok*, Kiew 2009, S. 220–246; Wolfdieter Bihl, *Österreich-Ungarn und die Friedensschlüsse von Brest-Litowsk*, Wien/Köln/Graz 1970, S. 60–62; Caroline Milow, *Die ukrainische Frage 1917–1923 im Spannungsfeld der europäischen Diplomatie*, Wiesbaden 2002, S. 110–115; Stephan M. Horak, *The First Treaty of World War I: Ukraine's Treaty with the Central Powers of February 9, 1918*, Boulder 1988; Frank Golczewski, *Deutsche und Ukrainer 1914–1939*, Paderborn 2010, S. 240–246.

14 Oleh S. Fedyshyn, *Germany's Drive to the East and the Ukrainian Revolution, 1917–1918*, New Brunswick 1971; Peter Borowsky, »Germany's Ukrainian Policy during World War I and the Revolution of 1918–19«, in Hans-Joachim Torke und John-Paul Himka (Hrsg.), *German-Ukrainian Relations in Historical Perspective*, Edmonton 1994, S. 84–94; Golczewski, *Deutsche und Ukrainer*, S. 289–306; Olavi Arens, »The Estonian Question at Brest-Litovsk«, *Journal of Baltic Studies* 25 (1994), S. 309; Rust, »Self-Determination«; Gert von Pistohlkors, *Deutsche Geschichte im Osten Europas. Bal-*

tische Länder, Berlin 1994, S. 452–460; Hans-Erich Volkmann, *Die deutsche Baltikumpolitik zwischen Brest-Litowsk und Compiègne*, Köln/Wien 1970.

15 Baumgart, *Deutsche Ostpolitik 1918*, S. 14f.; Dietmar Neutatz, *Träume und Alpträume: Eine Geschichte Russlands im 20. Jahrhundert*, München 2013, S. 158–160; Werner Hahlweg, *Der Diktatfrieden von Brest-Litowsk 1918 und die bolschewistische Weltrevolution*, Münster 1960, S. 50–52.

16 Leopold Prinz von Bayern, *Leopold Prinz von Bayern, 1846–1930. Aus den Lebenserinnerungen*, hrsg. von Hans-Michael und Ingrid Körner, Regensburg 1983, S. 310–319, hier S. 310 (Eintrag vom 3. März 1918).

17 Hannes Leidinger und Verena Moritz, *Gefangenschaft, Revolution, Heimkehr. Die Bedeutung der Kriegsgefangenenproblematik für die Geschichte des Kommunismus in Mittel- und Osteuropa 1917–1920*, Köln/Wien 2003; Reinhard Nachtigal, *Russland und seine österreichisch-ungarischen Kriegsgefangenen (1914–1918)*, Remshalden 2003; Alan Rachaminow, *POWs and the Great War: Captivity on the Eastern Front*, Oxford/New York 2002.

18 Zu den geschätzten zwei Millionen österreichisch-ungarischen Kriegsgefangenen in Russland siehe Nachtigal, *Russland und seine österreichisch-ungarischen Kriegsgefangenen*; Lawrence Sondhaus, *World War One: The Global Revolution*, Cambridge/New York 2011, S. 421. Zu Tito im Besonderen vgl. Vladimir Dedijer, *Novi prilozi za biografiju Josipa Broza Tita 1*, Zagreb/Rijeka 1980, S. 57–59 (Neuauflage der Originalausgabe von 1953).

19 Stephenson, *Final Battle*, S. 4–5; Angaben aus Bessel, *Germany after the First World War*, S. 68–74.

20 Nowak, *Aufzeichnungen Max Hoffmann*, Bd. 1, S. 214–224, hier S. 219 (Eintrag vom 19. November 1918).

21 David Kennedy, *Over Here: the First World War and American Society*, Oxford/New York 1980, S. 169.

22 Keith Hitchins, *Rumania, 1866–1947*, Oxford/New York 1994, S. 273f.

23 Ludendorff zitiert in Manfred Nebelin, *Ludendorff: Diktator im Ersten Weltkrieg*, München 2010, S. 404.

24 Tagebucheintrag vom 31. Dezember 1917 in Albrecht von Thaer, *Generalstabsdienst an der Front und in der OHL: Aus Briefen und Tagebuchaufzeichnungen, 1915–1919;* Göttingen 1958, S. 150f.; Alexander Watson, *Ring of Steel: Germany and Austria-Hungary at War, 1914–1918*, London 2015, S. 514.

25 Adenauer zitiert in Hans-Peter Schwarz, *Adenauer. Der Aufstieg 1876–1952*, Stuttgart 1986, S. 178.

26 Ebd., S. 514f.

27 Heinz Hagenlücke, *Deutsche Vaterlandspartei: Die nationale Rechte am Ende des Kaiserreichs*, Düsseldorf 1997.

28 Martin Kitchen, *The Silent Dictatorship. The Politics of the German High Command under Hindenburg and Ludendorff, 1916–1918*, New York 1976.

29 Stellv. Gen. Kdo. XIV. A.K. [ans Kriegsamt, Abteilung für Volksernährungsfragen, Berlin], [Karlsruhe], 1.7.17., nach Richard Bessel, »Revolution«, in Jay Winter (Hrsg.), *The Cambridge History of the First World War*, Bd. 2, Cambridge/New York 2014, S. 126–144, hier S. 131.

30 Guy Pedroncini, *Les Mutineries de 1917*, 3. Aufl., Paris 1996; für eine Überblicksdarstellung der Krise des Jahres 1917 siehe Leonard V. Smith, Stéphane Audoin-Rouzeau und Annette Becker, *France and the Great War*, Cambridge 2003, S. 113–145.

31 Christopher Seton-Watson, *Italy from Liberalism to Fascism*, London 1967, S. 471.

32 William H. Kautt, *The Anglo-Irish War, 1916–1921: A People's War*, Westport/London 1999.

33 Michael S. Neiberg, *The Second Battle of the Marne*, Bloomington 2008, S. 34; Michael Geyer, *Deutsche Rüstungspolitik 1860–1980*, Frankfurt am Main 1984, S. 83–96; Bessel, *Germany after the First World War*, S. 5. Zur Verlegung der deutschen Truppen nach Westen siehe Giordan Fong, »The Movement of German Divisions to the Western Front, Winter 1917–1918«, in *War in History* 7 (2000), S. 225–235, hier S. 229f.

34 Leonhard, *Pandora*, S. 805.

35 Eine sehr ausführliche Darstellung der Offensive findet sich in David T. Zabecki, *The German 1918 Offensives: A Case Study in the Operational Level of War*, New York 2006, S. 126–133. Eine kompaktere und neuere Analyse bietet Watson, *Ring of Steel*, S. 517ff.

36 Ernst Jünger, *In Stahlgewittern*, historisch-kritische Ausgabe, hrsg. von Helmuth Kiesel, Bd. 1, Stuttgart 2013, S. 512–519. Die überarbeitete Fassung unterscheidet sich nicht wesentlich vom ursprünglichen Tagebucheintrag, vgl. Ernst Jünger, *Kriegstagebuch 1914–1918*, hrsg. von Helmuth Kiesel, Stuttgart 2010, S. 375–387 (Tagebucheintrag vom 21. März 1918). Zu Jüngers Leben siehe Helmuth Kiesel, *Ernst Jünger. Die Biographie*, München 2007.

37 Watson, *Ring of Steel*, S. 519f.; Martin Middlebrook, *Der 21. März 1918. Die Kaiserschlacht*, Berlin/Frankfurt am Main/Wien 1979.

38 J. Paul Harris, *Douglas Haig and the First World War*, Cambridge 2008, S. 454–456.

39 Alan Kramer, *Dynamic of Destruction: Culture and Mass Killing in the First World War*, Oxford/New York 2007, S. 269–271; Holger Herwig, *The First World War: Germany and Austria-Hungary, 1914–1918*, London 1997, S. 400–416. Zur Überwindung der französisch-britischen Rivalität siehe Elizabeth Greenhalgh, *Victory through Coalition. Politics, Command and Supply in Britain and France, 1914–1918*, Cambridge/New York 2005. Einen neuen Beitrag zu den Erfolgsaussichten Deutschlands bietet: Holger Afflerbach, *Auf Messers Schneide: Wie das Deutsche Reich den Ersten Weltkrieg verlor*, München 2018.

40 Georg Alexander von Müller, *Regierte der Kaiser? Kriegstagebücher, Aufzeichnungen und Briefe des Chefs des Marine-Kabinetts Admiral Alexander*

von Müller 1914–1918, hrsg. von Walter Görlitz, Göttingen/Berlin/Frankfurt am Main 1959, S. 365f.

41 Hugenberg zitiert in Nebelin, *Ludendorff*, S. 414f.

42 Heinrich Aufderstrasse am 1.5.1918 an Hermann Sachse, zitiert nach Benjamin Ziemann, »Enttäuschte Erwartung und kollektive Erschöpfung«, in Jörg Duppler und Gerhard P. Groß (Hrsg.), *Kriegsende 1918: Ereignis, Wirkung, Nachwirkung*, München 1999, S. 165–182, hier S. 175.

43 Watson, *Ring of Steel*, S. 520.

44 Zabecki, *German 1918 Offensives*, S. 139–173; David Stevenson, *With Our Backs to the Wall: Victory and Defeat in 1918*, London 2011, S. 67.

45 Wilhelm Deist, »Verdeckter Militärstreik im Kriegsjahr 1918?«, in Wolfram Wette (Hrsg.), *Der Krieg des kleinen Mannes: Eine Militärgeschichte von unten*, München/Zürich 1998, S. 146–167, hier S. 149f.

46 Alexander Watson, *Enduring the Great War: Combat, Morale and Collapse in the German and British Armies, 1914–1918*, Cambridge/New York 2008, S. 181.

47 Zabecki, *German 1918 Offensives*, S. 184–205; Watson, *Ring of Steel*, S. 521; Robert Foley, »From Victory to Defeat: The German Army in 1918«, in Ashley Ekins (Hrsg.), *1918: Year of Victory*, Auckland/Wollombi 2010, S. 69–88, hier S. 77.

48 Eberhard Kessel (Hrsg.), *Friedrich Meinecke, Werke*, Bd. 8: *Autobiographische Schriften*, Stuttgart 1969, hier S. 289.

49 Ebd., S. 292.

50 Stevenson, *With Our Backs to the Wall*, S. 78–88.

51 Herwig, *First World War*, S. 414; Smith/Audoin-Rouzeau/Becker, *France and the Great War*, S. 151; Stevenson, *With Our Backs to the Wall*, S. 345.

52 Scott Stephenson, *The Final Battle: Soldiers of the Western Front and the German Revolution of 1918*, Cambridge/New York 2009, S. 25.

53 Ebd.

54 Oliver Haller, »German Defeat in World War I, Influenza and Postwar Memory«, in Weinhauer/McElligott/Heinsohn (Hrsg.), *Germany 1916–23*, S. 173f.; siehe ebenso Eckard Michels, »Die ›Spanische Grippe‹ 1918/19: Verlauf, Folgen und Deutungen in Deutschland im Kontext des Ersten Weltkriegs«, *Vierteljahrshefte für Zeitgeschichte* 58 (2010), S. 1–33; Frieder Bauer und Jörg Vögele, »Die ›Spanische Grippe‹ in der deutschen Armee 1918: Perspektive der Ärzte und Generäle«, *Medizinhistorisches Journal* 48 (2013), S. 117–152; Howard Phillips und David Killingray (Hrsg.), *The Spanish Influenza Pandemic of 1918–19: New Perspectives*, London 2003.

55 Stephenson, *Final Battle*, S. 25.

56 Zum Zustand der Fronteinheiten in den letzten Kriegswochen siehe die Berichte in A. Philipp (Hrsg.), *Die Ursachen des Deutschen Zusammenbruches im Jahre 1918*, Zweite Abteilung: *Der innere Zusammenbruch*, Bd. 6, Berlin 1928, S. 321–386.

57 Bernd Ulrich und Benjamin Ziemann (Hrsg.), *Frontalltag im Ersten Weltkrieg: Wahn und Wirklichkeit. Quellen und Dokumente*, Frankfurt am Main 1994, S. 94 (Bericht vom 4. September 1918).

58 Stevenson, *With Our Backs to the Wall*, S. 112–169.

Kapitel III

1 Friederike Krüger und Michael Salewski, »Die Verantwortung der militärischen Führung deutscher Streitkräfte in den Jahren 1918 und 1945«, in Jörg Duppler und Gerhard Paul (Hrsg.), *Kriegsende 1918: Ereignis, Wirkung, Nachwirkung*, München 1999, S. 377–398, hier S. 390.

2 Ulrich/Ziemann (Hrsg.), *Frontalltag im Ersten Weltkrieg*, Dok. 58, S. 203f.

3 Nebelin, *Ludendorff*, S. 423f. Zu Hindenburg siehe Wolfram Pyta, *Hindenburg: Herrschaft zwischen Hohenzollern und Hitler*, München 2007.

4 Zu den Schlachten von Dojran und dem Gedenken an den Ersten Weltkrieg in Bulgarien siehe Nikolai Vukov, »The Memory of the Dead and the Dynamics of Forgetting: ›Post-Mortem‹ Interpretations of World War I in Bulgaria«, in Oto Luthar (Hrsg.), *The Great War and Memory in Central and South Eastern Europe*, Leiden 2016; siehe ebenso Ivan Petrov, *Voynata v Makedonia (1915–1918)*, Sofia 2008; Nikola Nedev und Tsocho Bilyarski, *Doyranskata epopeia, 1915–1918*, Sofia 2009.

5 Zum Durchbruch bei Dobro Polje siehe Richard C. Hall, *Balkan Breakthrough: The Battle of Dobro Pole 1918*, Bloomington 2010; Dimitar Azmanov und Rumen Lechev, »Probivat na Dobro pole prez sptemvri 1918 godina«, in *Voennoistoricheski sbornik* 67 (1998), S. 154–175.

6 Weitere Einzelheiten in Bogdan Kesyakov, *Prinos kym diplomaticheskata istoriya na Bulgaria (1918–1925): Dogovori, konventsii, spogodbi, protokoli i drugi syglashenia i diplomaticheski aktove s kratki belejki*, Sofia 1925; Petrov, *Voynata v Makedonia*, S. 209–211.

7 Kessel (Hrsg.), *Meinecke*, Bd. 8, S. 305 (Tagebucheintrag vom 27. September 1918).

8 Kollwitz, *Die Tagebücher*, S. 374 (Eintrag vom 1. Oktober 1918).

9 Andrej Mitrović, *Serbia's Great War, 1914–1918*, London 2007, S. 312–319.

10 Gunther Rothenberg, *The Army of Francis Joseph*, West Lafayette 1997, S. 212f.

11 Watson, *Ring of Steel*, S. 538.

12 Mark Thompson, *The White War: Life and Death on the Italian Front 1915–19*, London 2009, S. 344–346; Mark Cornwall, *The Undermining of Austria-Hungary: The Battle for Hearts and Minds*, Basingstoke 2000, S. 287–299.

13 Watson, *Ring of Steel*, S. 538.

14 Ebd., S. 540; Arthur May, *The Passing of the Hapsburg Monarchy*, Bd. 2, Philadelphia 1966, S. 760–763.

15 Rudolf Neck (Hrsg.), *Österreich im Jahre 1918: Berichte und Dokumente*, Wien 1968, S. 104–113.

16 Zitiert in Mario Isnenghi und Giorgio Rochat, *La Grande Guerra 1914–1918*, Bologna 2008, S. 463f.

17 Erik-Jan Zürcher, »The Ottoman Empire and the Armistice of Moudros«, in Hugh Cecil und Peter H. Liddle (Hrsg.), *At the Eleventh Hour: Reflections, Hopes, and Anxieties at the Closing of the Great War, 1918*, London 1998, S. 266–275.

18 Martin Albrecht, *Als deutscher Jude im Ersten Weltkrieg. Der Fabrikant und Offizier Otto Meyer*, hrsg. von Andreas Meyer, Berlin 2014, hier S. 122.

19 Thaer, *Generalstabsdienst*, S. 234 und 235 (Tagebucheintrag vom 1. Oktober 1918).

20 Thaer, *Generalstabsdienst*, S. 235.

21 Herbert Michaelis, Ernst Schraepler und Günter Scheel (Hrsg.), *Ursachen und Folgen*, Bd. 2: *Der militärische Zusammenbruch und das Ende des Kaiserreichs*, Berlin 1959, S. 319f. (Dok. 365).

22 Wilsons Kongressansprache vom 11. Februar 1918 in Woodrow Wilson, *War and Peace: Presidential Messages, Addresses, and Public Papers (1917–1924)*, hrsg. von Ray Stannard Baker und William E. Dodd, New York 1927, S. 177–184, Zitat auf S. 180.

23 Harry Rudolph Rudin, *Armistice 1918*, New Haven 1944, S. 53f.

24 Lothar Machtan, *Prinz Max von Baden: Der letzte Kanzler des Kaisers*, Berlin 2013.

25 Winkler, *Weimar*, S. 22.

26 Winkler, *Zeit der Weltkriege*, S. 95f. Eine jüngere Studie zu den Oktoberreformen bietet Anthony McElligott, *Rethinking the Weimar Republic: Authority and Authoritarianism, 1916–1936*, London 2014, S. 19–26.

27 Rudin, *Armistice 1918*, S. 53 und 56–80; Watson, *Ring of Steel*, S. 547f.

28 Sedlmaier, *Deutschlandbilder und Deutschlandpolitik*, S. 101. Zum diplomatischen Notenwechsel zwischen Deutschland und den Vereinigten Staaten siehe ebenso Schwabe, *Deutsche Revolution und Wilson-Frieden*, S. 88–195; Edmund Marhefka (Hrsg.), *Der Waffenstillstand 1918–1919: Das Dokumenten-Material der Waffenstillstands-Verhandlungen von Compiègne, Spa, Trier und Brüssel*, Bd. 1: *Der Waffenstillstandsvertrag von Compiègne und seine Verlängerungen nebst den finanziellen Bestimmungen*, Berlin 1928, S. 11.

29 Kessel (Hrsg.), *Meinecke*, Bd. 8, S. 306 (Tagebucheintrag vom 3. Oktober 1918).

30 Nowak, *Aufzeichnungen Max Hoffmann*, Bd. 1, S. 214 (Eintrag vom 7. Oktober 1918).

31 Klaus Schwabe, *Woodrow Wilson, Revolutionary Germany, and Peacemaking, 1918–1919: Missionary Diplomacy and the Realities of Power*, Chapel Hill/London 1985, S. 47.

32 Ebd., S. 48.

33 Ebd., S. 48ff.

34 Marhefka (Hrsg.), *Der Waffenstillstand 1918–1919*, S. 12.

35 Ebd., S. 13f.
36 Ebd.
37 Sedlmaier, *Deutschlandbilder*, S. 217.
38 Bullit Lowry, *Armistice 1918*, Kent/London 1996, S. 77.
39 Schwabe, *Woodrow Wilson, Revolutionary Germany*, S. 55ff.
40 Kollwitz, *Tagebücher*, S. 376 (Eintrag vom 15. Oktober 1918).
41 Marhefka (Hrsg.), *Der Waffenstillstand 1918–1919*, S. 14f.
42 Sedlmaier, *Deutschlandbilder*, S. 105.
43 Ebd., S. 155.
44 Schwabe, *Woodrow Wilson, Revolutionary Germany*, S. 66.
45 Aktenvermerk von F. K. Lane (23. Oktober 1918), zitiert in Sedlmaier, *Deutschlandbilder*, S. 105.
46 Schwabe, *Woodrow Wilson, Revolutionary Germany*, S. 67.
47 Zitiert in Rudin, *Armistice 1918*, S. 173, und Watson, *Ring of Steel*, S. 550f.
48 Nowak, *Aufzeichnungen Max Hoffmann*, Bd. 1, S. 215 (Eintrag vom 8. Oktober 1918).
49 Nebelin, *Ludendorff*, S. 489ff.; Prinz Max von Baden an Wilhelm II., 25. Oktober 1918, in Erich Matthias und Rudolf Morsey, *Die Regierung des Prinzen Max von Baden. Quellen zur Geschichte des Parlamentarismus und der politischen Parteien*, Bd. II, Düsseldorf 1962, Dok. Nr. 94.
50 Nebelin, *Ludendorff*, S. 493.
51 Ebd., S. 497f.
52 Nowak, *Aufzeichnungen Max Hoffmann*, Bd. 1, S. 216 (Eintrag vom 27. Oktober 1918).
53 Johannes Hürter, *Wilhelm Groener. Reichswehrminister am Ende der Weimarer Republik (1928–1932)*, München 1993, S. 16.
54 Marhefka (Hrsg.), *Der Waffenstillstand 1918–1919*, S. 17f.
55 Winkler, *Zeit der Weltkriege*, S. 95f.; Anthony McElligott, *Rethinking the Weimar Republic: Authority and Authoritarianism, 1916–1936*, London 2014, S. 19–26.
56 Auer zitiert in Käppner, *1918*, S. 152.
57 Martin Kitchen, *The Silent Dictatorship: The Politics of the German High Command under Hindenburg and Ludendorff, 1916–1918*, New York 1976; Bessel, »Revolution«, S. 126–144.

Kapitel IV

1 Wilhelm Deist, »Die Politik der Seekriegsleitung und die Rebellion der Flotte Ende Oktober 1918«, in *Vierteljahrshefte für Zeitgeschichte* 14 (1966), S. 341–368.
2 Gerhard Groß, »Eine Frage der Ehre? Die Marineführung und der letzte Flottenvorstoß 1918«, in Jörg Duppler und Gerhard P. Groß (Hrsg.), *Kriegsende 1918: Ereignis, Wirkung, Nachwirkung*, München 1999, S. 349–365, hier S. 354–365; Watson, *Ring of Steel*, S. 552.
3 Deist, »Die Politik der Seekriegsleitung«, S. 347f.

4 Richard Stumpf, *Warum die Flotte zerbrach. Kriegstagebuch eines christlichen Arbeiters*, Berlin 1927, S. 25, zitiert nach Groß, »Eine Frage der Ehre?«, S. 349.

5 Dirk Dähnhardt, *Revolution in Kiel*, Neumünster 1984, S. 48; zu den Ereignissen des Jahres 1917 siehe ebenso *Das Werk des Untersuchungsausschusses der Verfassunggebenden Deutschen Nationalversammlung und des Deutschen Reichstages 1919–1928. Verhandlungen, Gutachten, Urkunden* (= WUA), hrsg. von Walter Schücking, Johannes Bell u. a., Reihe 4: *Die Ursachen des Deutschen Zusammenbruchs im Jahre 1918*, hrsg. von Albrecht Philipp, Berlin 1928–1929, Bd. 9/1 und 2: *Entschließung und Verhandlungsbericht: Marine und Zusammenbruch,* Bd. 10/1: *Gutachten der Sachverständigen Alboldt, Stumpf, v. Trotha zu den Marinevorgängen 1917 und 1918*; Bd. 10/2: *Tagebuch des Matrosen Richard Stumpf*; Stephan Huck und Frank Nägler (Hrsg.), *Marinestreiks – Meuterei – Revolutionäre Erhebung 1917/1918*, München 2009.

6 Dähnhardt, *Revolution*, S. 35 und 48; siehe auch Detlef Siegfried, *Das radikale Milieu: Kieler Novemberrevolution, Sozialwissenschaft und Linksradikalismus 1917–1922*, Wiesbaden 2004.

7 Dähnhardt, *Revolution*, S. 50; Deist, »Die Politik der Seekriegsleitung«, S. 351; Erich Matthias und Rudolf Morsey (Hrsg.), *Quellen zur Geschichte des Parlamentarismus und der politischen Parteien,* Bd. 2: *Die Regierung des Prinzen Max von Baden,* Düsseldorf 1962, S. 220ff.

8 Zitiert nach Deist, »Die Politik der Seekriegsleitung«, S. 352.

9 Ebd., 352f.

10 Trothas »Überlegungen in ernster Stunde« für Levetzow vom 6.10.1918 mit einem Anschreiben vom 8.10.1918, zitiert nach Deist, »Die Politik der Seekriegsleitung«, S. 352f.

11 Holger Herwig, *»Luxury« Fleet: the Imperial German Navy, 1888–1918,* London 1980, S. 247 und 250; Watson, *Ring of Steel*, S. 552.

12 Dähnhardt, *Revolution*, S. 52; Groß, »Eine Frage der Ehre?«, S. 351f.

13 Zu den Einzelheiten dieses Plans, die Debatte über dessen militärischen Nutzen und die Beweggründe der SKL siehe Groß, »Eine Frage der Ehre?«, S. 351ff.

14 Bernhard Rausch, *Am Springquell der Revolution. Die Kieler Matrosenerhebung,* Kiel 1918, S. 7.

15 Dähnhardt, *Revolution*, S. 52; zum Text der Flugblätter siehe Hugo von Waldeyer-Hartz, *Die Meuterei der Hochseeflotte: Ein Beitrag zur Geschichte der Revolution*, Berlin 1922, S. 29.

16 Dähnhardt, *Revolution*, S. 53.

17 »Sammlung Unruhen in Kiel«, Bundesarchiv-Militärarchiv F4076/64914, nach: Dähnhardt, *Revolution*, S. 54.

18 WUA, Reihe 4: *Die Ursachen des Deutschen Zusammenbruchs im Jahre 1918*, Bd. 9/1, S. 486.

19 Dähnhardt, *Revolution*, S. 54.

20 »Bericht Konteradmiral Küsel, Eintreffen und Aufenthalt III. Geschwader«, Bundesarchiv-Militärarchiv F 7590/Vol. 2. Zitiert nach Dähnhardt, *Revolution*, S. 55.

21 Lothar Popp, *Ursprung und Entwicklung der Novemberrevolution 1918*, Kiel 1918, S. 10.

22 »Polizeibericht vom 2. November 1918«, Bundesarchiv-Militärarchiv Rm 31/v. 2373, fol. 10–14. Zitiert nach Dähnhardt, *Revolution*, S. 56.

23 Dähnhardt, *Revolution*, S. 56.

24 Ebd.

25 Popp, *Ursprung*, S. 11; Dähnhardt, *Revolution*, S. 57.

26 Hannes Leidinger, »Der Kieler Aufstand und die deutsche Revolution«, in Verena Moritz und Hannes Leidinger (Hrsg.), *Die Nacht des Kirpitschnikow. Eine andere Geschichte des Ersten Weltkriegs*, Wien 2006, S. 220–235; Daniel Horn, *Mutiny on the High Seas: Imperial German Naval Mutinies of World War One*, London 1973, S. 234–246; Watson, *Ring of Steel*, S. 553.

27 Dähnhardt, *Revolution*, S. 58f.

28 Ebd., S. 60.

29 »Kriegstagebuch des Munitionsdepots (Ostufer der Kieler Förde)«, Bundesarchiv-Militärarchiv F 3979/63961. Zitiert nach Dähnhardt, *Revolution*, S. 60.

30 *Quellen zur Geschichte des Parlamentarismus und der politischen Parteien.* Zweite Reihe: *Militär und Politik*, hrsg. von Erich Matthias und Hans Meier-Welcher, Bd. 1: *Militär und Innenpolitik im Weltkrieg 1914–1918*, hrsg. von Wilhelm Deist, 2 Bde., Düsseldorf 1970, Nr. 502, 1361.

31 Philipp Scheidemann, *Der Zusammenbruch*, Berlin 1921, S. 190.

32 Wolfram Wette, *Gustav Noske: Eine politische Biographie*, Düsseldorf 1987, S. 203; Gustav Noske, *Von Kiel bis Kapp*, Berlin 1920, S. 8.

33 »Kriegstagebuch der Kommandantur«, Bundesarchiv-Militärarchiv RM 3 l/v.2373, fol. 70. Zitiert nach Dähnhardt, *Revolution*, S. 62.

34 Ebd., S. 63.

35 Popp, *Ursprung*, S. 14.

36 Dähnhardt, *Revolution*, S. 64.

37 »Aufzeichnungen Souchons vom 7.10.1926«. Zitiert nach Dähnhardt, *Revolution*, S. 65.

38 »Bericht Steinhäusers über die Ereignisse in der Karlstraße am 3.11.1918«, Bundesarchiv-Militärarchiv RM 31/v. 2373, fol. 23f. Zitiert nach Dähnhardt, *Revolution*, S. 65.

39 Ebd.; Popps Darstellung zufolge wurde ohne Vorwarnung auf den Protestzug geschossen. Vgl. Popp, *Ursprung*, S. 13.

40 Dähnhardt, *Revolution*, S. 66.

41 Ebd.

42 Ebd., S. 71.

43 Ebd.

44 Popp, *Ursprung*, S. 16.
45 Dähnhardt, *Revolution*, S. 82.
46 Ebd., S. 75.
47 Popp, *Ursprung*, S. 16; Bernhard Rausch, *Am Springquell der Revolution: Die Kieler Matrosenerhebung*, Kiel 1918, S. 16.
48 Rausch, *Springquell*, S. 20.
49 »Bericht Souchon vom 7. März 1920«, Bundesarchiv-Militärarchiv, F I66o. Zitiert nach Dähnhardt, *Revolution*, S. 76.
50 Dähnhardt, *Revolution*, S. 76.
51 Noske, *Kiel bis Kapp*, S. 10; Conrad Haussmann, *Schlaglichter: Reichstagsbriefe und Aufzeichnungen*, hrsg. von Ulrich Zeller, Frankfurt am Main 1924, S. 265; Wette, *Noske*, S. 203.
52 Noske, *Kiel bis Kapp*, S. 11.
53 Wette, *Noske*, S. 206.
54 Ebd.
55 Dähnhardt, *Revolution*, S. 87; Wette, *Noske*, S. 208.
56 Noske, *Kiel bis Kapp*, S. 13.
57 Ebd., S. 23.
58 Wette, *Noske*, S. 554.
59 Kessel (Hrsg.), *Meinecke*, Bd. 8, S. 309f. (Eintrag vom 10. November 1918).

Kapitel V

1 Ulrich Kluge, »Militärrevolte und Staatsumsturz. Ausbreitung und Konsolidierung der Räteorganisation im rheinisch-westfälischen Industriegebiet«, in Reinhard Rürup (Hrsg.), *Arbeiter- und Soldatenräte im rheinisch-westfälischen Industriegebiet*, Wuppertal 1975, S. 39–82.
2 Richard Müller, *Eine Geschichte der Novemberrevolution. Vom Kaiserreich zur Republik – Die Novemberrevolution – Der Bürgerkrieg in Deutschland*, Berlin 2011, S. 29.
3 Jan Rüger, *Helgoland: Deutschland, England und ein Felsen in der Nordsee*, Berlin 2017, S. 246.
4 Zur Rolle des Heimatheeres in der Novemberrevolution siehe Ernst-Heinrich Schmidt, *Heimatheer und Revolution 1918: Die militärischen Gewalten im Heimatgebiet zwischen Oktoberreform und Novemberrevolution*, Stuttgart 1981.
5 Sender zitiert nach Käppner, *1918*, S. 372.
6 Michael Geyer, »Zwischen Krieg und Nachkrieg: die deutsche Revolution 1918/19 im Zeichen blockierter Transnationalität«, in Alexander Gallus (Hrsg.), *Die vergessene Revolution von 1918/19*, Göttingen 2010, S. 187–222, hier S. 193ff.
7 Kessler, *Tagebuch*, Bd. 6, S. 619.
8 Roger Chickering, *Imperial Germany and the Great War, 1914–1918*, 2. Aufl., Cambridge 2004, S. 195; Adam R. Seipp, *The Ordeal of Peace: Demobiliza-*

tion and the Urban Experience in Britain and Germany, 1917–1921, Farnham 2009.

9 Hans Beyer, *Die Revolution in Bayern 1918/1919*, Berlin (Ost) 1988, S. 13.

10 Heinrich Hillmayr, »München und die Revolution 1918/1919«, in: Karl Bosl (Hrsg.), *Bayern im Umbruch. Die Revolution von 1918, ihre Voraussetzungen, ihr Verlauf und ihre Folgen*, München/Wien 1969, S. 453–504, hier S. 471.

11 Ebd.; Beyer, *Revolution in Bayern*, S. 13.

12 Günter Hortzschansky (Hrsg.), *Illustrierte Geschichte der deutschen Novemberrevolution 1918/19*, Berlin (Ost) 1978, S. 107.

13 Allan Mitchell, *Revolution in Bayern 1918/1919: Die Eisner-Regierung und die Räterepublik*, München 1967, S. 79; Beyer, *Revolution in Bayern*, S. 15.

14 »Resolution der Theresienwiesen-Versammlung vom 7. November 1918«, abgedruckt in *Münchner Post*, 8. November 1918; ebenso zitiert in Beyer, *Revolution in Bayern*, S. 161f.

15 Franz Schade, *Kurt Eisner und die bayerische Sozialdemokratie*, Hannover 1961; Peter Kritzer, *Die bayerische Sozialdemokratie und die bayerische Politik in den Jahren 1918–1923*, München 1969; eine jüngere biographische Darstellung bietet Bernhard Grau, *Kurt Eisner 1867–1919: Eine Biographie*, München 2001.

16 Mitchell, *Revolution in Bayern 1918/1919*, S. 52.

17 Ebd.

18 Anthony Read, *The World on Fire. 1919 and the Battle with Bolshevism*, London 2009, S. 33–37.

19 Beyer, *Revolution in Bayern*, S. 12f.

20 Hillmayr, »München und die Revolution 1918/1919«; Grau, *Eisner*, S. 344; Mitchell, *Revolution in Bayern 1918/1919*, S. 100; David Clay Large, *Where Ghosts Walked: Munich's Road to the Third Reich*, New York 1997, S. 78f.; Read, *The World on Fire*, S. 35.

21 *Dokumente und Materialien zur Geschichte der deutschen Arbeiterbewegung*, Reihe II, Berlin (Ost) 1957, S. 280.

22 Mitchell, *Revolution in Bayern 1918/1919*, S. 76.

23 Hilde Kramer, *Rebellin in München, Moskau und Berlin: Autobiographie 1901–1924*, hrsg. von Egon Guenther, Berlin 2011, S. 49.

24 Beyer, *Revolution in Bayern*, S. 16; Hillmayr, »München und die Revolution 1918/1919«, S. 472; Hortzschansky (Hrsg.), *Illustrierte Geschichte der deutschen Novemberrevolution*, S. 107.

25 Felix Fechenbach, *Der Revolutionär Kurt Eisner: Aus persönlichen Erlebnissen*, Berlin 1929, S. 42f., zitiert in Hortzschansky (Hrsg.), *Illustrierte Geschichte der deutschen Novemberrevolution*, S. 109.

26 Ulrich Kluge, *Soldatenräte und Revolution: Studien zur Militärpolitik in Deutschland 1918/19*, Göttingen 1975, S. 48–56.

27 Rainer Maria Rilke an Clara Rilke, 7. November 1918, in Heinrich August Winkler und Alexander Cammann (Hrsg.), *Weimar: Ein Lesebuch zur deutschen Geschichte 1918–1933*, München 1997, S. 44f.

28 Oswald Spengler zitiert in ebd., S. 57–58.

29 Lothar Machtan, *Die Abdankung: Wie Deutschlands gekrönte Häupter aus der Geschichte fielen*, Berlin 2008, hier S. 15. Siehe auch Karina Urbach (Hrsg.), *European Aristocracies and the Radical Right, 1918–1939*, Oxford 2007; Malinowski, *Vom König zum Führer*, S. 20–28.

30 Denholm, »Eine Australierin in Leipzig«, S. 150. Zum Kontext: Werner Bramke und Silvio Reisinger, *Leipzig in der Reolution von 1918/19*, Leipzig, 2009; Silvio Reisinger, »Die Revolution von 1918/19 in Leipzig«, in Ulla Plenner (Hrsg.), *Die Novemberrevolution 1918/19 in Deutschland: Für bürgerliche und sozialistische Demokratie. Allgemeine, regionale und biographische Aspekte. Beiträge zum 90. Jahrestag der Revolution*, Berlin 2009, S. 163–180.

31 Eberhard Kolb, *Umbrüche deutscher Geschichte 1866/71 - 1918/19 - 1929/33. Ausgewählte Aufsätze zum 60. Geburtstag*, hrsg. von Dieter Langewiesche und Klaus Schönhoven, Berlin 1993, S. 246ff.

32 Oliver Bernhardt, *Alfred Döblin*, München 2007.

33 Alfred Döblin, »Revolutionstage im Elsaß«, *Die Neue Rundschau*, Februar 1919, Bd. 1, S. 164–172, abgedruckt in Alfred Döblin, *Schriften zur Politik und Gesellschaft*, Olten/Freiburg im Breisgau 1972, S. 59–70, hier S. 60.

34 Döblin, »Revolutionstage im Elsaß«, S. 61f.

35 Ebd., S. 64.

36 Walter Nojowski, *Victor Klemperer (1881–1960): Romanist – Chronist der Vorhölle*, Berlin 2004.

37 Victor Klemperer, *Curriculum Vitae: Erinnerungen 1881–1918*, Bd. 2, Berlin 1996, S. 687–712, hier S. 689.

38 Ebd., S. 690.

39 Nowak, *Aufzeichnungen Max Hoffmann*, Bd. 1, S. 218 (Eintrag vom 12. November 1918).

40 Klemperer, *Curriculum Vitae*, S. 703.

41 Max von Baden, *Erinnerungen und Dokumente*, Berlin 1927, S. 588.

42 Eine ausführlichere Darstellung des Endes der deutschen Herrscherdynastien findet sich bei Machtan, *Die Abdankung*.

43 Kollwitz, *Die Tagebücher*, S. 378 (Eintrag vom 8. November 1918).

44 Kessel (Hrsg.), *Meinecke*, Bd. 8, S. 300.

45 Wolfgang Sauer, »Das Scheitern der parlamentarischen Monarchie«, in Eberhard Kolb, *Vom Kaiserreich zur Weimarer Republik*, Köln 1972, S. 77–99; Sedlmaier, *Deutschlandbilder*, S. 103; Schwabe, *Deutsche Revolution und Wilson-Frieden*, S. 134.

46 Primärquellen für diese Ereignisse finden sich in Matthias/Morsey (Hrsg.), *Die Regierung des Prinzen Max von Baden*. Für eine Bewertung der kurzen Phase einer parlamentarischen Monarchie siehe Wolfram Pyta, »Die Kunst des rechtzeitigen Thronverzichts: Neue Einsichten zur Überlebenschance der parlamentarischen Monarchie in Deutschland im Herbste 1918« in

Bernd Sösemann und Patrick Merziger, *Geschichte, Öffentlichkeit, Kommunikation: Festschrift für Bernd Sösemann zum 65. Geburtstag*, Stuttgart 2010, S. 363–382.

47 Cecil Lamar, *Wilhelm II.*, Bd. 2, *Emperor and Exile, 1900–1941*, Chapel Hill/London 1996, S. 286f.

48 Kohlrausch, *Der Monarch im Skandal*, S. 326. Einiges weist darauf hin, dass ein inszenierter Tod des Monarchen auf dem Schlachtfeld, ein sogenannter Königstod, damals ernsthaft in Erwägung gezogen wurde.

49 Baden, *Erinnerungen und Dokumente*, S. 530.

50 John C. G. Röhl, *Wilhelm II.*, Bd. 3: *Der Weg in den Abgrund 1900–1941*, München 2008, S. 1239; Sedlmaier, *Deutschlandbilder*, S. 103; Schwabe, *Deutsche Revolution und Wilson-Frieden*, S. 134.

51 »Bericht Wilhelm Drews über seinen Besuch bei Wilhelm II. an Max von Baden«, in Matthias/Morsey (Hrsg.), *Die Regierung des Prinzen Max von Baden*, Dok. Nr. 115.

52 Kuno Graf von Westarp, *Das Ende der Monarchie am 9. November 1918*, Stollhamm 1952, S. 37.

53 Wilhelm zitiert in Röhl, *Wilhelm II.*, Bd. 3, S. 1242 und 1540, Fußnote 225.

54 Alfred Niemann, *Kaiser und Revolution: Die entscheidenden Ereignisse im Großen Hauptquartier im Herbst 1918*, Berlin 1922, S. 126.

55 Niemann zeichnet ein eher zwiespältiges Bild der Reise und berichtet, manche Soldaten hätten sich gegen den Kaiser gleichgültig, wenn nicht gar offen feindselig gezeigt. Zitat nach Niemann, *Kaiser und Revolution*, S. 127; ders., *Revolution von Oben – Umsturz von unten*, Berlin 1927, S. 389.

56 Baden, *Erinnerungen und Dokumente*, S. 597.

57 Niemann, *Kaiser und Revolution*, S. 134.

58 Vgl. Groeners Aussage im »Dolchstoßprozess« des Jahres 1925 in Christof von Ebbinghaus, *Die Memoiren des Generals von Ebbinghaus*, Stuttgart 1928, S. 29.

59 Hünicken, »Das Frontheer und der 9. November: Erlebnisse eines Regimentskommandeurs in Spa«, Anhang zu Alfred Niemann, *Revolution von oben – Umsturz von unten. Entwicklung und Verlauf der Staatsumwälzung in Deutschland 1914–1918*, Berlin 1927, S. 437–444.

60 Ebd., S. 438.

61 Ebd., S. 439; Westarp-Protokoll in Gerhard A. Ritter und Susanne Miller (Hrsg.), *Die deutsche Revolution 1918–1919. Dokumente*, Hamburg 1975, S. 71.

62 Hindenburgs Ansprache laut den Augenzeugenberichten von Major Beck und Hauptmann Roedenbeck, abgedruckt in Kuno Graf Westarp, *Das Ende der Monarchie*, hrsg. von Werner Conze, Berlin 1952, S. 64f.

63 Westarp, *Das Ende der Monarchie*, S. 65f.

64 Hünicken, »Das Frontheer«, S. 439.

65 Wilhelm Groener, *Lebenserinnerungen: Jugend, Generalstab, Weltkrieg*, Göttingen 1957, S. 457f.

66 Ebd., S. 438; Röhl, *Wilhelm II.*, Bd. 3, S. 1244.
67 Kohlrausch, *Der Monarch im Skandal*, S. 329.
68 Groener, *Lebenserinnerungen*, S. 460.

Kapitel VI

1 Richard Müller, *Vom Kaiserreich zur Republik*, Bd. 2: *Die Novemberrevolution*, Wien 1925, Neuauflage Berlin 1973, S. 10. Siehe auch Heinrich August Winkler, *Von der Revolution zur Stabilisierung: Arbeiter und Arbeiterbewegung in der Weimarer Republik, 1918 bis 1924*, Berlin 1984, S. 45.
2 Adolf Wermuth, *Ein Beamtenleben*, Berlin 1922, S. 412.
3 Richard Müller, *Vom Kaiserreich zur Republik*, Bd. 1: *Ein Beitrag zur Geschichte der revolutionären Arbeiterbewegung während des Weltkrieges*, Wien 1924, Neuauflage Berlin 1979, S. 178f.
4 Müller, *Vom Kaiserreich zur Republik*, Bd. 2, S. 12.
5 »Anordnung General von Linsingens, 7.11.1918«, in Ritter/Miller (Hrsg.), *Die deutsche Revolution*, S. 62.
6 Winkler, *Weimar*, S. 29.
7 Ebd. So zumindest Max von Badens plausible Einschätzung der Lage. Vgl. Baden, *Erinnerungen und Dokumente*, S. 579f.
8 Winkler, *Von der Revolution zur Stabilisierung*, S. 41.
9 Matthias/Morsey (Hrsg.), *Die Regierung des Prinzen Max von Baden*, S. 620–627; Baden, *Erinnerungen und Dokumente*, S. 581.
10 *Vorwärts*, 9. November 1918, Morgen-Ausgabe.
11 Winkler, *Von der Revolution zur Stabilisierung*, S. 42.
12 Emil Barth, *Aus der Werkstatt der Revolution*, Berlin 1919, S. 53; Wilhelm Pieck, *Gesammelte Reden und Schriften*, Bd. 1 (August 1904–1. Januar 1919), Berlin (Ost) 1959, S. 413ff.; Ritter/Miller (Hrsg.), *Die deutsche Revolution*, S. 64ff.
13 »Aufruf des Vollzugsausschusses des Arbeiter- und Soldatenrates Berlin vom 8.11.1918«, abgedruckt in Hortzschansky (Hrsg.), *Illustrierte Geschichte der deutschen Novemberrevolution*, S. 141.
14 »Flugblatt der Spartakusgruppe, 8.11.1918«, abgedruckt in ebd., S. 140.
15 Barth, *Aus der Werkstatt der Revolution*, S. 54.
16 Cläre Casper-Derfert, »Steh auf, Arthur, heute ist Revolution«, in Institut für Marxismus-Leninismus beim ZK der SED (Hrsg.), *Vorwärts und nicht vergessen: Erlebnisberichte aktiver Teilnehmer der Novemberrevolution 1918/1919*, S. 293–300, hier S. 298f.
17 Ingo Materna, »9. November 1918 – der erste Tag der Republik: Eine Chronik«, *Berlinische Monatsschrift* 4 (2000), S. 140–147, hier S. 141.
18 Müller, *Vom Kaiserreich zur Republik*, Bd. 2, S. 11.
19 http://www.dhm.de/lemo/zeitzeugen/m%C3%BCnsterberg-novemberrevolution-1918 (letzter Abruf 11. Januar 2018).
20 Winkler, *Von der Revolution zur Stabilisierung*, S. 42; Hans Adolph, *Otto*

Wels und die Politik der deutschen Sozialdemokratie 1894–1939: Eine politische Biographie, Berlin 1971, S. 77.

21 Pieck, *Gesammelte Reden und Schriften*, Bd. 1, S. 425f. Dittmann schildert denselben Vorgang etwas anders: Danach hätten sich Ebert, Scheidemann und Eduard David von der MSPD mit Ledebour, Dittmann und Ewald Vogtherr von der USPD noch vor der MSPD-Fraktionssitzung getroffen, um über die Möglichkeiten einer gemeinsamen Regierungsbildung zu sprechen. Dittmann und Vogtherr seien aufgeschlossen gewesen, während Ledebour, der die engsten Verbindungen zu den Revolutionären Obleuten unterhielt, dem Ansinnen »in schroffster Weise« eine Abfuhr erteilt habe. Siehe Winkler, *Von der Revolution zur Stabilisierung*, S. 50.

22 Ernst Troeltsch, *Spektator Briefe, Aufsätze über die deutsche Revolution und die Weltpolitik 1918/22*, Tübingen 1924, S. 22f.

23 Winkler, *Von der Revolution zur Stabilisierung*, S. 45.

24 Müller, *Vom Kaiserreich zur Republik*, Bd. 2, S. 10.

25 Adolph, *Otto Wels*, S. 71f.; Winkler, *Von der Revolution zur Stabilisierung*, S. 46.

26 »Erinnerungen Willy Witte«, SAPMO-BArch SgY 30/1020, Bl. 30, abgedruckt in Axel Weipert, *Das Rote Berlin: Eine Geschichte der Berliner Arbeiterbewegung 1830–1934*, Berlin 2013, S. 139f.

27 Joachim Petzold, *Der 9. November 1918 in Berlin: Berliner Arbeiterveteranen berichten über die Vorbereitung der Novemberrevolution und ihren Ausbruch am 9. November 1918 in Berlin*, Berlin (Ost) 1958, S. 33.

28 Casper-Derfert, »Steh auf, Arthur, heute ist Revolution«, S. 300.

29 Baden, *Erinnerungen und Dokumente*, S. 596.

30 Haffner, *Verratene Revolution*, S. 79

31 Baden, *Erinnerungen und Dokumente*, Bd. 2, S. 630f.

32 WTB-Nachricht, abgedruckt in Stahl, *Schulthess' Europäischer Geschichtskalender*, S. 450f.

33 Denholm, »Eine Australierin in Leipzig«, S. 150.

34 Kessler, *Tagebuch*, Bd. 6, S. 624.

35 Otto Lubarsch, *Ein bewegtes Gelehrtenleben*, Berlin 1931, S. 336f.

36 Winkler, *Von der Revolution zur Stabilisierung*, S. 46f.

37 Materna, »9. November 1918«, S. 142.

38 Winkler, *Von der Revolution zur Stabilisierung*, S. 46f.

39 Ebd.

40 Ebd., S. 39. Zu Eberts Leben siehe Dowe/Witt, *Friedrich Ebert*; Mühlhausen, *Friedrich Ebert: Reichspräsident*.

41 Siehe Bernd Braun, Die »Generation Ebert«, in ders. und Klaus Schönhoven (Hrsg.), *Generationen in der Arbeiterbewegung*, München 2005, S. 69–86.

42 Robert Gerwarth und John Horne, »Vectors of Violence: Paramilitarism in Europe after the Great War, 1917–1923«, *The Journal of Modern History* 83 (2011), S. 489–512, hier S. 497.

43 Robert Gerwarth und John Horne, »Bolshevism as Fantasy: Fear of Revolution and Counter-Revolutionary Violence, 1917–1923«, in Robert Gerwarth und John Horne (Hrsg.), *War in Peace Paramilitary Violence in Europe after the Great War*, Oxford 2012, S. 40–51.

44 Zitiert in Mark William Jones, »Violence and Politics in the German Revolution, 1918–19«, unveröff. Diss., European University Institute 2011, S. 89–90.

45 Robert Gerwarth und Martin Conway, »Revolution and Counterrevolution«, in Donald Bloxham und Robert Gerwarth (Hrsg.), *Political Violence in Twentieth-Century Europe*, Cambridge/New York 2011, S. 140–175.

46 David Kirby, *A Concise History of Finland*, Cambridge/New York 2006, S. 152f.

47 Pertti Haapala und Marko Tikka, »Revolution, Civil War and Terror in Finland in 1918«, in Gerwarth/Horne (Hrsg.), *War in Peace*, S. 71–83.

48 Zum finnischen Bürgerkrieg siehe Anthony Upton, *The Finnish Revolution, 1917–18*, Minneapolis 1980; Risto Alapuro, *State and Revolution in Finland*, Berkeley 1988; Tuomas Hoppu und Pertti Haapala (Hrsg.), *Tampere 1918: A Town in the Civil War*, Tampere 2010; Jason Lavery, »Finland 1917–19: Three Conflicts, One Country«, in *Scandinavian Review* 94 (2006), S. 6–14; Evan Mawdsley, *The Russian Civil War*, London 2000, S. 27–29.

49 Friedrich Eberts Aufruf vom 9. November 1918, abgedruckt in Ritter/Miller (Hrsg.), *Die deutsche Revolution*, S. 79f.

50 Alois Brandl, *Zwischen Inn und Themse. Lebensbeobachtungen eines Anglisten*, Berlin 1936, S. 331f.

51 Scheidemann, *Der Zusammenbruch*, S. 173.

52 Zitiert nach Manfred Jessen-Klingenberg, »Die Ausrufung der Republik durch Philipp Scheidemann am 9. November 1918«, *Geschichte in Wissenschaft und Unterricht* 19 (1968), S. 649–656, hier S. 653f.

53 Kollwitz, *Die Tagebücher*, S. 378f. (Eintrag vom 9. November 1918).

54 Niess, *Die Revolution von 1918/19*, S. 79.

55 Karl Liebknechts Proklamation der Sozialistischen Republik zitiert nach Ritter/Miller (Hrsg.), *Die deutsche Revolution*, S. 79.

56 Heinrich August Winkler, *Age of Catastrophe. A History of the West, 1914–1945*, London/New Haven 2015, S. 67.

57 Kessel (Hrsg.), *Meinecke*, Bd. 8, S. 31 o (Eintrag vom 11. November 1918).

Kapitel VII

1 »Protokoll der Sitzung der Reichsregierung unter Teilnahme von Generalleutnant Groener am 5.11.1918«, teilweise abgedruckt in Hellmut Otto und Karl Schmiedel, *Der Erste Weltkrieg. Dokumente*, 2. Aufl., Berlin (Ost) 1977, S. 330–334; siehe auch Matthias/Morsey (Hrsg.), *Die Regierung des Prinzen Max von Baden*, S. 526ff. und 557; Matthias Erzberger, *Erlebnisse im Weltkrieg*, Stuttgart/Berlin 1920, S. 325f.

2 Marhefka (Hrsg.), *Der Waffenstillstand 1918–1919*, S. 18f.

3 Die folgenden Passagen basieren größtenteils auf Erzbergers im Jahr 1920 verfassten autobiographischen Schilderungen, siehe Matthias Erzberger, *Erlebnisse im Weltkrieg*, Stuttgart/Berlin 1920.

4 Lowry, *Armistice 1918*, S. 156.

5 Maxime Weygand, zitiert in »Amis de l'Armistice« (Hrsg.), *Der 11. November 1918. Unterzeichnung eines Waffenstillstands im Wald von Compiègne*, Compiègne o.J., S. 5.

6 Ebd.

7 »Amis de l'Armistice« (Hrsg.), *Der 11. November 1918*, S. 7.

8 Ferdinand Foch, *Mémoire pour servir à l'histoire de la guerre 1914–1918*, Bd. II, Paris 1931, S. 248ff.; Maxime Weygand, *Le onze Novembre*, Paris 1947; »Amis de l'Armistice« (Hrsg.), *Der 11. November 1918*, S. 9ff.; Erzberger, *Erlebnisse im Weltkrieg*, S. 330ff.

9 »Amis de l'Armistice« (Hrsg.), *Der 11. November 1918*, S. 9; Erzberger, *Erlebnisse im Weltkrieg*, S. 331.

10 George A. Baron Riddell, *Lord Riddell's Intimate Diary of the Peace Conference and After, 1918–1923*, London 1933, S. 190.

11 Margaret MacMillan, *Die Friedensmacher. Wie der Versailler Vertrag die Welt veränderte*, Berlin 2015, S. 233.

12 Erzberger, *Erlebnisse im Weltkrieg*, S. 330.

13 Ebd., S. 332; Lowry, *Armistice*, S. 157f.

14 Erzberger, *Erlebnisse im Weltkrieg*, S. 333.

15 Marhefka (Hrsg.), *Der Waffenstillstand 1918–1919*, S. 58f.

16 »Amis de l'Armistice« (Hrsg.), *Der 11. November 1918*, S. 10; Erzberger, *Erlebnisse im Weltkrieg*, S. 334, Lowry, *Armistice*, S. 158.

17 Lowry, *Armistice*, S. 159.

18 Ebd.

19 Erzberger, *Erlebnisse im Weltkrieg*, S. 336.

20 Lowry, *Armistice*, S. 159f.

21 Marhefka (Hrsg.), *Der Waffenstillstand 1918–1919*, S. 59.

22 Lowry, *Armistice*, S. 160.

23 Marhefka (Hrsg.), *Der Waffenstillstand 1918–1919*, S. 60.

24 Lowry, *Armistice*, S. 160f.; Erzberger, *Erlebnisse im Weltkrieg*, S. 335.

25 Rudin, *Armistice 1918*, S. 427–432; Watson, *Ring of Steel*, S. 556.

26 Käthe Kollwitz, *Die Tagebücher*, S. 381.

27 Döblin, »Revolutionstage im Elsaß«, S. 68.

28 Ebd., S. 69.

29 Prinz Rohan zitiert in Malinowski, *Vom König zum Führer*, S. 211.

30 Victor Klemperer, *Man möchte immer weinen und lachen in einem: Revolutionstagebuch 1919*, Berlin 2015, S. 26.

31 Klemperer, *Curriculum Vitae*, S. 708.

32 Ebd., S. 690.

33 Ebd., S. 712.

Kapitel VIII

1 Bernd G. Längin, *Die deutschen Kolonien, Schauplätze und Schicksale 1884–1918*, Berlin 2004.

2 Liman von Sanders, *Five Years in Turkey*, Annapolis 1927, S. 13.

3 Tanja Bührer, *Die Kaiserliche Schutztruppe für Deutsch-Ostafrika: Koloniale Sicherheitspolitik und transkulturelle Kriegführung, 1885 bis 1918*, München 2011.

4 Hew Strachan, *The First World War in Africa*, Oxford 2004, S. 5.

5 Eckard Michels, *»Der Held von Deutsch-Ostafrika«: Paul von Lettow-Vorbeck. Ein preußischer Kolonialoffizier*, Paderborn 2008, S. 228.

6 Zur Fahnenflucht siehe Imperial War Museum (IWM) P126 Hawkins Papers, Telegramm Hawkins an seine Vorgesetzten, 8.11.1918, nach Michels, *Held von Deutsch-Ostafrika*, S. 230. Siehe ebenso Michelle Moyd, »›We don't want to die for nothing‹: *askari* at War in German East Africa«, in Santanu Das (Hrsg.), *Race, Empire and First World War Writing*, Cambridge 2011, S. 90–107. Siehe auch: Michelle Moyd, *Violent Intermediaries: African Soldiers, Conquest, and Everyday Colonialism in German East Africa*, Athens, OH, 2014.

7 Ludwig Boell, »Der Waffenstillstand 1918 und die ostafrikanische Schutztruppe. Eine Berichtigung«, *Wehrwissenschaftliche Rundschau* 14 (1964), S. 324–336, hier S. 325. Kriegstagebuch Schutztruppe 19.11.1918, zitiert nach ebd., S. 328.

8 Walter von Ruckteschell, »Der Feldzug in Ostafrika«, in Paul von Lettow-Vorbeck, *Um Vaterland und Kolonie. Ein Weckruf an die deutsche Nation*, Berlin-Lichterfelde 1919, S. 98f.; Franz Köhl, *Der Kampf um Deutsch-Ostafrika 1914–1918*, Berlin 1920, S. 90; Geheimes Staatsarchiv Preußischer Kulturbesitz, VI. HA, Nachlass Hans Schnee, Nr. 19, Das Ostafrikanische Tagebuch von Gouverneur Schnee vom 25.11.1917–05.12.1918, S. 315f.; Paul von Lettow-Vorbeck, *Meine Erinnerungen an Ostafrika*, Leipzig 1920, S. 295.

9 Lettow-Vorbeck, *Meine Erinnerungen an Ostafrika*, S. 291; Boell, »Waffenstillstand 1918«, S. 328.

10 Boell, »Waffenstillstand 1918«, S. 328.

11 Wolfgang Foerster (Hrsg.), *Kämpfer an vergessenen Fronten*, Berlin 1931, S. 112; Heinrich Schnee, *Deutsch-Ostafrika im Weltkrieg*, Leipzig 1919, S. 389; Ludwig Deppe, *Mit Lettow-Vorbeck durch Ostafrika*, Berlin 1921, S. 449.

12 Deppe, *Mit Lettow-Vorbeck durch Ostafrika*, S. 389 und 393.

13 Lettow-Vorbeck, *Meine Erinnerungen an Ostafrika*, S. 292; Schnee, *Deutsch-Ostafrika im Weltkrieg*, S. 389; Ruckteschell, »Der Feldzug in Ostafrika«, S. 107; Köhl, *Der Kampf um Deutsch-Ostafrika*, S. 90.

14 IWM, Hopkins Papers, Aufzeichnung von Hauptmann L. A. Russell von der North Rhodesia Police über die letzte Phase des Krieges, Oktober 1937; Lieutenant Colonel Hawkins zitiert in *Times*, 3. Februar 1920, nach: Michels, *Held von Deutsch-Ostafrika*, S. 230.

15 *Times*, 15. November 1918; National Archives, Cab 45/44, Tagebuch von C. P. Fendall, 22. November 1918.

16 Boell, »Waffenstillstand 1918«, S. 329.

17 Marhefka (Hrsg.), *Waffenstillstand*, S. 40f.

18 National Archives, WO 158/905, Telegramm Van Deventers an das Kriegsministerium, 25. November 1918, nach Michels, *Held von Deutsch-Ostafrika*, S. 230. Die ausstehenden Zahlungen wurden nach langen Verhandlungen und der Währungsstabilisierung in Deutschland erst 1926/27 geleistet.

19 Bundesarchiv-Militärarchiv, N103/24, »Lebenserinnerungen«, S. 27, nach Michels, *Held von Deutsch-Ostafrika*, S. 230.

20 Geheimes Staatsarchiv Preußischer Kulturbesitz, VI. HA, Nachlass Hans Schnee, Nr. 19, Das Ostafrikanische Tagebuch, S. 314, nach Michels, *Held von Deutsch-Ostafrika*, S. 229; Wenig, *Kriegssafari*, S. 247; Imperial War Museum, Hopkins Papers, »Aufzeichnung von Hauptmann L. A. Russell von der North Rhodesia Police über die letzte Phase des Krieges, Oktober 1937«, nach Michels, *Held von Deutsch-Ostafrika*, S. 230; Lettow-Vorbeck, *Meine Erinnerungen an Ostafrika*, S. 289.

21 Imperial War Museum, Hopkins Papers, Aufzeichnungen aus der letzten Phase des Feldzugs (Manuskript von Major Hopkins) nach Michels, *Held von Deutsch-Ostafrika*, S. 232; Förster (Hrsg.), *Kämpfer an vergessenen Fronten*, S. 113.

22 National Archives, Kew, WO 158/905, nach Michels, *Held von Deutsch-Ostafrika*, S. 231.

23 Angaben nach Ludwig Boell, *Die Operationen in Ostafrika. Weltkrieg 1914–1918*, Hamburg 1951, S. 424; Schnee, *Deutsch-Ostafrika im Weltkrieg*, S. 395. Siehe ebenso Leonard Mosley, *Duel for Kilimandjaro. The East African Campaign 1914–1918*, London 1963, S. 221–224.

24 Angaben nach Boell, *Die Operationen in Ostafrika*, S. 242.

25 Michels, *Held von Deutsch-Ostafrika*, S. 233.

26 Siehe dazu Sammartino, *The Impossible Border;* Timothy Snyder, *The Reconstruction of Nations: Poland, Ukraine, Lithuania, Belarus, 1569–1999*, New Haven/London 2004, S. 62–63; Liulevicius, *War Land on the Eastern Front*, S. 228ff. Zu baltischen Paramilitärs, die für die Unabhängigkeit ihres Landes kämpften, siehe Tomas Balkelis, »›Turning Citizens into Soldiers‹: Baltic Paramilitary Movements after the Great War«, in Gerwarth/Horne (Hrsg.), *War in Peace*, S. 126–144.

27 Dies traf insbesondere auf Estland und Lettland zu. Vgl. James D. White, »National Communism and World Revolution: The Political Consequences of German Military Withdrawal from the Baltic Area in 1918–19«, in *Europe-Asia Studies* 8 (1994), S. 1349–1369. Gute historische Überblicksdarstellungen zum Baltikum liefern Andres Kasekamp, *A History of the Baltic States*, New York 2010; Andrejs Plakans, *A Concise History of the Baltic States*, Cambridge/New York 2011; sowie Georg von Rauchs Stan-

dardwerk *The Baltic States: The Years of Independence: Estonia, Latvia, Lithuania, 1917–1940*, Berkeley 1974.

28 Nowak, *Aufzeichnungen Max Hoffmann,* Bd. 1, S. 224 (Eintrag vom 31. Dezember 1918).

29 Zu Bischoff und der »Eisernen Division« siehe Tanja Bührer, *Die Kaiserliche Schutztruppe für Deutsch-Ostafrika: Koloniale Sicherheitspolitik und transkulturelle Kriegführung, 1885 bis 1918,* München 2011, S. 211; Bernhard Sauer, »Vom ›Mythos eines ewigen Soldatentums‹. Der Feldzug deutscher Freikorps im Baltikum im Jahre 1919«, *Zeitschrift für Geschichtswissenschaft* 43 (1995), S. 869–902; sowie das Selbstzeugnis von Josef Bischoff, *Die letzte Front: Geschichte der Eisernen Division*, Berlin 1935.

30 Liulevicius, *War Land on the Eastern Front*, S. 56ff.

31 John Hiden, *The Baltic States and Weimar Ostpolitik*, Cambridge/New York 1987, S. 16; Sammartino, *The Impossible Border*, S. 48.

32 Rüdiger von der Goltz, *Meine Sendung in Finnland und im Baltikum*, Leipzig 1920, S. 156 (Militärstatistiken).

33 Hagen Schulze, *Freikorps und Republik, 1918–1920*, Boppard am Rhein 1969, S. 143.

34 Sammartino, *The Impossible Border,* S. 53.

35 Alfred von Samson-Himmelstjerna, »Meine Erinnerungen an die Landwehrzeit«, Herder Institut, Marburg, DSHI 120 BR BLW 9, S. 20.

36 Rudolf Höss, *Kommandant in Auschwitz. Autobiographische Aufzeichnungen*, eingeleitet und kommentiert von Martin Broszat, Stuttgart 1958, S. 34.

37 Robert G. L. Waite, *Vanguard of Nazism: The Free Corps Movement in Postwar Germany, 1918–1923*, Cambridge, MA, 1952, S. 118–119.

38 Erich Balla, *Landsknechte wurden wir: Abenteuer aus dem Baltikum*, Berlin 1932, S. 111f. Ballas Schilderungen waren ganz speziell dazu gedacht, seine Leserschaft zu schockieren und gewaltsame Vergeltung zu rechtfertigen.

39 Ebd.

40 John Hiden und Martyn Housden, *Neighbours or Enemies? Germans, the Baltic, and Beyond*, Amsterdam/New York 2008, S. 21.

41 Sammartino, *The Impossible Border,* S. 55.

42 Plakans, *The Latvians*, S. 108.

43 Julien Gueslin, »Riga, de la métropole russe à la capitale de la Lettonie 1915–1919«, in Philippe Chassaigne und Jean-Marc Largeaud (Hrsg.), *Villes en guerre (1914–1945)*, Paris 2004, S. 185–195; Suzanne Pourchier-Plasseraud, »Riga 1905–2005: A City with Conflicting Identities«, *Nordost-Archiv* 15 (2006), S. 175–194, hier S. 181.

44 Uldis Ģērmanis, *Oberst Vācietis und die lettischen Schützen im Weltkrieg und in der Oktoberrevolution*, Stockholm 1974, S. 147 und 155.

45 Balla, *Landsknechte,* S. 180f.

46 Marguerite Yourcenar, *Der Fangschuss*, Köln/Berlin 1968, S. 128f.

47 Waite, *Vanguard of Nazism,* S. 118f.

48 Charles L. Sullivan, »The 1919 German Campaign in the Baltic: The Final Phase«, in Stanley Vardys und Romuald Misiunas, *The Baltic States in Peace and War, 1917–1945*, London 1978, S. 31–42.

49 Schulze, *Freikorps und Republik*, S. 184; Liulevicius, *War Land on the Eastern Front*, S. 232; Sammartino, *Impossible Border*, S. 63.

50 Zum Ende des Baltikumfeldzugs siehe auch die umfangreiche, im Marburger Herder Institut zusammengetragene Presseberichterstattung: Herder Institut, Marburg, DSHI 120 BLW/BR 1/2.

51 Friedrich Wilhelm Heinz, *Sprengstoff*, Berlin 1930, S. 8f.

52 Ernst von Salomon, *Die Geächteten*, Berlin 1923, S. 144f. Zu Salomon siehe auch die neue Biographie von Gregor Fröhlich, *Soldat ohne Befehl. Ernst von Salomon und der Soldatische Nationalismus*, Paderborn, 2017.

Kapitel IX

1 Klaus Hock, *Die Gesetzgebung des Rates der Volksbeauftragten*, Pfaffenweiler 1987; Friedrich-Carl Wachs, *Das Verordnungswerk des Reichsdemobilmachungsamtes*, Frankfurt am Main 1991; Bessel, *Germany after the First World War*.

2 Die Statistiken folgen Bessell, *Germany after the First World War*, S. 5f., sowie Willibald Gutsche, Fritz Klein und Joachim Petzold, *Der Erste Weltkrieg: Ursachen und Verlauf*, Köln 1985, S. 292.

3 Zum Trauma der Niederlage und zum kollektiven Gedächtnis siehe Jay Winter, *Sites of Memory, Sites of Mourning: The Great War in European Cultural History*, Cambridge/New York 1995; Stefan Goebel, »Re-Membered and Re-Mobilized: The ›Sleeping Dead‹ in Interwar Germany and Britain«, *Journal of Contemporary History* 39 (2004), S. 487–501; Benjamin Ziemann, *Contested Commemorations: Republican War Veterans and Weimar Political Culture*, Cambridge/New York 2013; Claudia Siebrecht, *The Aesthetics of Loss: German Women's Art of the First World War*, Oxford/New York 2013.

4 Bessell, *Germany after the First World War*, S. 79.

5 Döblin, »Revolutionstage im Elsaß«, S. 70f.

6 Ernst Willi Hansen, »Vom Krieg zum Frieden: Probleme der Umstellung nach dem ersten ›gesamtgesellschaftlichen‹ Krieg«, in Bernd Wegner (Hrsg.), *Wie Kriege enden. Wege zum Frieden von der Antike bis zur Gegenwart*, Paderborn 2002, S. 163–186.

7 Richard Bessel, »Die Heimkehr der Soldaten. Das Bild der Frontsoldaten in der Öffentlichkeit der Weimarer Republik«, in Gerhard Hirschfeld, Gerd Krumeich und Irina Renz, *»Keiner fühlt sich hier mehr als Mensch«: Erlebnis und Wirkung des Ersten Weltkriegs*, Essen 1993, S. 221–240; Sabine Kienitz, »Beschädigte Helden. Zur Politisierung des kriegsinvaliden Soldatenkörpers in der Weimarer Republik«, in Jost Dülffer und Gerd Krumeich (Hrsg.), *Der verlorene Frieden: Politik und Kriegskultur nach 1918*, Essen 2002, S. 199–214; Bessel, *Germany after the First World War*. Zur Situation

in München siehe Adam R. Seipp, *The Ordeal of Peace: Demobilization and the Urban Experience in Britain and Germany, 1917–1921*, Farnham 2009.

8 Einen allgemeinen Überblick zu diesem Thema bieten Hans Mommsen (Hrsg.), *Der Erste Weltkrieg und die europäische Nachkriegsordnung: Sozialer Wandel und Formveränderung der Politik*, Köln 2000, und Stéphane Audoin-Rouzeau und Christophe Prochasson (Hrsg.), *Sortir de la Grande Guerre. Le monde et l'après-1918*, Paris 2008. Abgesehen von diesen Studien sowie Richard Bessels Untersuchungen für Deutschland gibt es heute eine ganze Reihe guter Studien, die sich mit den Problemen und Herausforderungen der Demobilisierung in verschiedenen Kombattantenstaaten beschäftigen. Zu Deutschland und Großbritannien siehe die vergleichende Untersuchung von Adam Seipp. Zur Lage in Frankreich siehe Bruno Cabanes, *La victoire endeuillée. La sortie de guerre des soldats français*, Paris 2004.

9 Deborah Cohen, *The War Come Home: Disabled Veterans in Britain and Germany, 1914–1939*, Berkeley 2001, Kapitel 4.

10 Ziemann, *Contested Commemorations*. Zum Stahlhelm: Volker Berghahn, *Der Stahlhelm. Bund der Frontsoldaten*, Düsseldorf 1966.

11 Erich Maria Remarque, *Im Westen nichts Neues*, 31. Aufl., Köln 2010, S. 198.

12 Die Literatur über den Granatenschock (engl. *shell shock*) und die sogenannten Kriegszitterer ist heute überaus umfangreich; siehe beispielsweise Paul Frederick Lerner, *Hysterical Men: War, Psychiatry, and the Politics of Trauma in Germany, 1890–1930*, Ithaca 2003; Ben Shephard, *A War of Nerves: Soldiers and Psychiatrists, 1914–1994*, London 2002.

13 Vicky Baum, *Menschen im Hotel*, Frankfurt am Main 2010, S. 9.

14 Ebd., S. 307.

15 Iris von Hoyningen-Huene, *Adel in der Weimarer Republik. Die rechtlich-soziale Situation des reichsdeutschen Adels 1918–1933*, Limburg 1992, S. 20–23; Marcus Funck, »Schock und Chance. Der preußische Militäradel zwischen Stand und Profession«, in Heinz Reif (Hrsg.), *Adel und Bürgertum in Deutschland*, Berlin 2001, S. 139–141; Walter Görlitz, *Die Junker, Adel und Bauer im deutschen Osten: geschichtliche Bilanz von 7 Jahrhunderten*, Glücksburg 1957, S. 318–320; Malinowski, *Vom König zum Führer*, S. 200.

16 Kollwitz, *Die Tagebücher*, S. 389 (Eintrag vom 12. Dezember 1918).

17 Stephenson, *The Final Battle*, S. 3.

18 Heinz Hürten (Hrsg.), *Zwischen Revolution und Kapp-Putsch: Militär und Innenpolitik, 1918–1920*, Düsseldorf 1977.

19 Thaer, *Generalstabsdienst*, S. 274f.

20 Groener, *Lebenserinnerungen*, S. 467f.

21 Ebd., S. 471f.

22 Nowak, *Aufzeichnungen Max Hoffmann*, Bd. 1, S. 224 (Eintrag vom 21. November 1918).

23 Susanne Rouette, »Frauenerwerbsarbeit in Demobilisierung und Inflation 1918–1923: Struktur und Entwicklung des Arbeitsmarktes in Berlin«, in Klaus Tenfelde (Hrsg.), *Arbeiter im 20. Jahrhundert*, Stuttgart 1991, S. 32–65.

24 Henriette Fürth, *Die deutschen Frauen im Kriege*, Tübingen 1917; siehe ferner Angelika Eppele, *Henriette Fürth und die Frauenbewegung im deutschen Kaiserreich. Eine Sozialbiographie*, Pfaffenweiler 1999; Laurie Marhoefer, »Degeneration, Sexual Freedom, and the Politics of the Weimar Republic, 1918–1933«, *German Studies Review* 34 (2011), S. 529–550.

25 Helga Grebing, *Frauen in der deutschen Revolution 1918/19* (Kleine Schriften Stiftung Reichspräsident Friedrich Ebert-Gedenkstätte Nr. 17), Heidelberg 1994, S. 26.

26 Renate Bridenthal und Claudia Koonz, »Beyond *Kinder, Küche, Kirche:* Weimar Women in Politics and Work«, in Renate Bridenthal u. a. (Hrsg.), *When Biology Became Destiny: Women in Weimar and Nazi Germany*, New York 1984, S. 33–65.

27 Die Entwicklung der Inflation im und unmittelbar nach dem Krieg schildert Gerald D. Feldman in großer Ausführlichkeit auf den ersten 150 Seiten seines monumentalen Geschichtswerks *The Great Disorder: Politics, Economic, and Society in the German Inflation, 1914–1924*, New York 1993. Zu den Wechselkursen in der gesamten Periode siehe Tabelle I auf S. 5. Feldmans Darstellung ersetzt die einstigen Standardwerke von Constantino Bresciani-Turroni, *The Economics of Inflation: A Study of Currency Depreciation in Post-war Germany*, London 1937, sowie Karsten Laursen und Jürgen Pedersen, *The German Inflation 1918–1923*, Amsterdam 1964. Einen bündigen Überblick über den Forschungsstand bietet Theo Balderston, *Economics and Politics in the Weimar Republic*, London 2002, S. 34–60. Zum Zusammenhang zwischen Inflation und Reparationsfrage siehe Stephen B. Webb, *Hyperinflation and Stabilization in Weimar Germany*, Oxford 1989.

28 Seipp, *Ordeal of Peace*.

29 Feldman, *The Great Disorder*, S. 837ff.; eine pessimistischere Sichtweise findet sich in Niall Ferguson, *Paper and Iron: Hamburg Business and German Politics in the Era of Inflation, 1897–1927*, Oxford 1995, speziell S. 408–419.

30 Gerald D. Feldman, »Das deutsche Unternehmertum zwischen Krieg und Revolution: Die Entstehung des Stinnes-Legien-Abkommens«, in ders., *Vom Weltkrieg zur Weltwirtschaftskrise: Studien zur deutschen Wirtschafts- und Sozialgeschichte 1914–1932*, Göttingen 1984, S. 100–127; ders. und Irmgard Steinisch, *Industrie und Gewerkschaften 1918–1924: Die überforderte Zentralarbeitsgemeinschaft*, Stuttgart 1985, S. 135ff.

31 Zur ZAG siehe Heinrich Kaun, *Die Geschichte der Zentralarbeitsgemeinschaft der industriellen und gewerblichen Arbeitgeber und Arbeitnehmer Deutschlands*, Jena 1938; Feldman/Steinisch, *Industrie und Gewerkschaften 1918–1924*; Andrea Rehling, *Konfliktstrategie und Konsenssuche in der Krise. Von der Zentralarbeitsgemeinschaft zur Konzertierten Aktion*, Baden-Baden 2011.

32 »Bekanntmachung des Rats der Volksbeauftragten vom 15.11.1918«, abgedruckt in Ritter/Miller (Hrsg.), *Die deutsche Revolution 1918–1919*, S. 229.

Zu Eberts Rolle in der Revolution vgl. Walther Mühlhausen, *Friedrich Ebert 1871–1925*, S. 150–164.

33 Buber (Hrsg.), *Gustav Landauer*, Bd. 2, S. 296.

Kapitel X

1 Winkler, *Von der Revolution zur Stabilisierung*, S. 122f.; ders., *Weimar*, S. 58.

2 Zu Karl Liebknecht siehe Helmut Trotnow, *Karl Liebknecht: Eine Politische Biographie*, Köln 1980; Heinz Wohlgemuth, *Karl Liebknecht: Eine Biographie*, Berlin 1975; Annelies Laschitza und Elke Keller, *Karl Liebknecht: Eine Biographie in Dokumenten*, Berlin 1982; Annelies Laschitza, *Die Liebknechts: Karl und Sophie, Politik und Familie*, Berlin 2009; Read, *World on Fire*, S. 29.

3 Read, *World on Fire*, S. 29; Jones, »Violence and Politics«, S. 91.

4 Peter Nettl, *Rosa Luxemburg*, Frankfurt am Main 1968, S. 67 (zu ihren Fehlbildungen); Annelies Laschitza, *Im Lebensrausch, trotz alledem. Rosa Luxemburg: Eine Biographie*, Berlin 1996/2002, S. 25; Jason Schulman (Hrsg.), *Rosa Luxemburg: Her Life and Legacy*, New York 2013; Mathilde Jacob, *Rosa Luxemburg: An Intimate Portrait*, London 2000; Read, *World on Fire*, S. 29f.

5 Laschitza, *Rosa Luxemburg*, S. 584.

6 Rosa Luxemburg an Clara Zetkin, 18. November 1918, in Laschitza, *Rosa Luxemburg*, S. 591.

7 Rosa Luxemburg, *Gesammelte Werke*, Bd. 4: *August 1914–Januar 1919*, Berlin 1974, S. 399; Karl Egon Lönne (Hrsg.), *Die Weimarer Republik, 1918–1933: Quellen zum politischen Denken der Deutschen im 19. und 20. Jahrhundert*, Darmstadt 2002, S. 79–82.

8 Buber (Hrsg.), *Gustav Landauer*, Bd. 2, S. 336.

9 Max Cohen, »Rede für die Nationalversammlung vor dem Allgemeinen Kongress der Arbeiter- und Soldatenräte«, 19. Dezember 1918, in Peter Wende (Hrsg.) und Andreas Fahrmeir (Mitarbeit), *Bibliothek der Geschichte und Politik: Politische Reden III 1914–1945*, Frankfurt am Main 1994, S. 97–121.

10 Ebd., S. 109 [Kursivierungen im Original].

11 Ernst Däumig, »Rede gegen die Nationalversammlung vor dem Allgemeinen Kongress der Arbeiter- und Soldatenräte«, 19. Dezember 1918, in ebd., S. 122–141, hier S. 122 [Kursivierungen im Original].

12 Ulrich Kluge, *Soldatenräte und Revolution: Studien zur Militärpolitik in Deutschland 1918/19*, Göttingen 1975, S. 241ff.; Winkler, *Von der Revolution zur Stabilisierung*, S. 109–110; Stephenson, *The Final Battle*, S. 262–271. Über die Gewalt in dieser Phase der Revolution siehe Jones, »Violence and Politics«, S. 177–196.

13 Kollwitz, *Die Tagebücher*, S. 390f. (Eintrag vom 24. Dezember 1918). Gas wurde tatsächlich nicht eingesetzt.

14 Eduard Bernstein, *Die deutsche Revolution*, Bd. 1: *Ihr Ursprung, ihr Verlauf*

und ihr Werk, Berlin 1921, S. 131–135; Winkler, *Von der Revolution zur Stabilisierung*, S. 120.

15 Winkler, *Weimar*, S. 58.

16 Harry Graf Kessler, *Das Tagebuch 1880–1937*, hrsg. von Günter Riederer und Roland Kamzelak, Bd. 7, *1919– 1923*, hrsg. von Angela Reintal, Stuttgart 2006, S. 77.

17 Kollwitz, *Die Tagebücher*, S. 396 (Eintrag vom 5. Januar 1919).

18 Ebd. (Eintrag vom 6. Januar 1919).

19 Betty Scholem an Gershom Scholem, 7. Januar 1919, in Itta Shedletzky und Thomas Sparr (Hrsg.), *Betty Scholem – Gershom Scholem, Mutter und Sohn im Briefwechsel 1917–1946*, München 1989, S. 30f.

20 Betty Scholem an Gershom Scholem, 13. Januar 1919, ebd., S. 32f.

21 Winkler, *Von der Revolution zur Stabilisierung*, S. 122.

22 Andreas Wirsching, *Vom Weltkrieg zum Bürgerkrieg: Politischer Extremismus in Deutschland und Frankreich 1918–1933/39. Berlin und Paris im Vergleich*, München 1999, S. 134; Winkler, *Von der Revolution zur Stabilisierung*, S. 124; Noske, *Von Kiel bis Kapp*, S. 68.

23 Zu den Freikorps siehe Schulze, *Freikorps und Republik*; Hannsjoachim W. Koch, *Der deutsche Bürgerkrieg: Eine Geschichte der deutschen und österreichischen Freikorps 1918–1923*, Berlin 1978; Wolfram Wette, *Gustav Noske*; Bernhard Sauer, »Freikorps und Antisemitismus«, *Zeitschrift für Geschichtswissenschaft* 56 (2008), S. 5–29; Klaus Theweleit, *Männerphantasien*, 2 Bde., Frankfurt am Main 1977; Rüdiger Bergien, »Republikschützer oder Terroristen? Die Freikorpsbewegung in Deutschland nach dem Ersten Weltkrieg«, *Militärgeschichte* (2008), S. 14–17; ders., *Die bellizistische Republik: Wehrkonsens und Wehrhaftmachung in Deutschland, 1918–1933*, München 2012, S. 64–69.

24 Robert Gerwarth, »The Central European Counter-Revolution: Paramilitary Violence in Germany, Austria and Hungary after the Great War«, *Past & Present* 200 (2008), S. 175–209.

25 Ebd.

26 Ebd.

27 James D. Steakley, *The Homosexual Emancipation Movement in Germany*, New York 1975; John C. Fout, »Sexual Politics in Wilhelmine Germany: The Male Gender Crisis, Moral Purity, and Homophobia«, *Journal of the History of Sexuality* 2 (1992), S. 388–421.

28 Hirschfeld, »Situationsbericht«, S. 159f.

29 Canning, »Das Geschlecht der Revolution«, S. 84–116.

30 Jens Dobler, »Zensur von Büchern und Zeitschriften mit homosexueller Thematik in der Weimarer Republik«, *Invertito: Jahrbuch für die Geschichte der Homosexualitäten* 2 (2000), (»Homosexualitäten in der Weimarer Republik 1919–1933«), S. 83–104.

31 Magnus Hirschfeld, »Die Homosexualität«, in Leo Schidrowitz (Hrsg.), *Sittengeschichte des Lasters*, Wien 1927, S. 310. Siehe auch James D. Steakley,

The Homosexual Emancipation Movement in Germany, Salem, NH, 1993, S. 78. Eine neuere Studie zum Thema bietet Laurie Marhoefer, *Sex and the Weimar Republic: German Homosexual Emancipation and the Rise of the Nazis*, Toronto 2015.

32 Jürgen Reulecke, »*Ich möchte einer werden so wie die …*«: *Männerbünde im 20. Jahrhundert*, Frankfurt am Main 2001, S. 89ff.

33 Salomon, *Die Geächteten*, S. 10f. Zur autobiographischen Freikorps-Literatur siehe insbesondere Matthias Sprenger, *Landsknechte auf dem Weg ins Dritte Reich? Zu Genese und Wandel des Freikorps-Mythos*, Paderborn 2008.

34 Zitiert nach Richard Evans, *Das Dritte Reich. Aufstieg*, München 2003, S.133.

35 Ebd., S. 134.

36 Ebd.

37 Joseph Roth, *Das Spinnennetz* (in Fortsetzungen erstmals 1923 erschienen, erste Buchausgabe Köln/ Berlin 1967), S. 6.

38 Heinz, *Sprengstoff*, S. 7.

39 Boris Barth, *Dolchstoßlegenden und politische Disintegration: das Trauma der deutschen Niederlage im Ersten Weltkrieg*, Düsseldorf 2003. Siehe ebenso Gerd Krumeich, »Die Dolchstoß-Legende«, in Etienne François und Hagen Schulze (Hrsg.), *Deutsche Erinnerungsorte*, München 2001, Bd. 1, S. 585–599; Wolfgang Schivelbusch, *Die Kultur der Niederlage*, Berlin 2001, S. 203–247.

40 »Kriegsübersicht für November«, *Die Baracke. Zeitschrift des Kriegsgefangenenlagers Bando*, 15. Dezember 1918 (11/64), S. 184. Zum Lager von Bando, in dem den Insassen weitreichende Freiheiten gewährt wurden, siehe Mahon Murphy, *Colonial Captivity during the First World War: Internment and the Fall of the German Empire, 1914–1919*, Cambridge 2017.

41 Manfred von Killinger, *Der Klabautermann: Eine Lebensgeschichte*, 3. Aufl., München 1936, S. 263. Zu Killinger siehe Bert Wawrzinek, *Manfred von Killinger (1886–1944): Ein politischer Soldat zwischen Freikorps und Auswärtigem Amt*, Preußisch Oldendorf 2004.

42 Zu Steinbrink siehe Helga Grebing, *Frauen in der deutschen Revolution 1918/19*, Heidelberg 1994, S. 6.

43 Siehe die Protokolle des preußischen Parlaments: *Sammlung der Drucksachen der Verfassunggebenden Preußischen Landesversammlung, Tagung 1919/21*, Bd. 15, Berlin 1921, S. 7705; vgl. ebenso Dieter Baudis und Hermann Roth, »Berliner Opfer der Novemberrevolution 1918/19«, *Jahrbuch für Wirtschaftsgeschichte* (1968), S. 73–149, hier S. 79.

44 Kollwitz, *Die Tagebücher*, S. 399 (Eintrag vom 12. Januar 1919).

45 Kessel (Hrsg.), *Meinecke*, Bd. 8, S. 313f.

46 Karl Liebknecht, *Ausgewählte Reden, Briefe und Aufsätze*, Berlin 1952, S. 505–520.

47 Rosa Luxemburg, *Politische Schriften*, hrsg. von Ossip K. Flechtheim, Frankfurt am Main 1975, Bd. 3, S. 203–209, hier S. 209.

48 Zur Entdeckung und Verhaftung der beiden siehe Klaus Gietinger, *Eine Leiche im Landwehrkanal: Die Ermordung Rosa Luxemburgs*, Hamburg 2008, S. 18. Zu Pabst siehe Klaus Gietinger, *Der Konterrevolutionär: Waldemar Pabst – eine deutsche Karriere*, Hamburg 2009.
49 Gietinger, *Leiche im Landwehrkanal*, S. 131.
50 Zur Misshandlung Liebknechts siehe die zusammengefassten Beweisstücke in Bundesarchiv-Militärarchiv Ph8v/2 Bl. 206–220: »Schriftsatz in der Untersuchungssache gegen von Pflugk-Harttung und Genossen. Berlin, den 15. März 1919«, sowie Bl. 221–227.
51 Gietinger, *Leiche im Landwehrkanal*, 36f.
52 Eine Schilderung des Mordes an Luxemburg im Tiergarten (wie sie Horst von Pflugk-Harttung tags darauf Ernst von Weizsäcker gab) findet sich in Leonidas E. Hill (Hrsg.), *Die Weizsäcker-Papiere 1900–1934*, Berlin 1982, S. 325; siehe ebenso Gietinger, *Leiche im Landwehrkanal*, S. 37 und 134 (Anhang, Dokument 1). Vgl. ferner die Akten Bundesarchiv-Militärarchiv PH8v/10, insbesondere Bl. 1–3, »Das Geständnis. Otto Runge, 22 Jan. 1921«.
53 Kollwitz, *Die Tagebücher*, S. 401f. (Eintrag vom 25. Januar 1919).
54 Tânia Puschnerat, *Clara Zetkin: Bürgerlichkeit und Marxismus. Eine Biographie*, Essen 2003.
55 »Protokoll über die Verhandlungen des außerordentlichen Parteitages vom 2. bis 6. März 1919 in Berlin«, *Protokolle der Unabhängigen Sozialdemokratischen Partei Deutschlands*, Bd. 1: *1917–1919*, Glashütten/Taunus 1975, S. 140.

Kapitel XI

1 Winkler, *Weimar*, S. 69.
2 »Verordnung des Rats der Volksbeauftragten über die Wahlen zur Verfassunggebenden Deutschen Nationalversammlung (Reichswahlgesetz) vom 30.11.1918«, Ritter/Miller (Hrsg.), *Die deutsche Revolution*, S. 369–371; Siegfried Heimann, *Der Preußische Landtag 1899–1947. Eine politische Geschichte*, Berlin 2011, S. 266f.; Gisela Bock, *Geschlechtergeschichten der Neuzeit: Ideen, Politik, Praxis*, Göttingen 2014, S. 230ff.
3 Ritter/Miller (Hrsg.), *Die deutsche Revolution*, S. 104.
4 Ina Hochreuther, *Frauen im Parlament. Südwestdeutsche Parlamentarierinnen von 1919 bis heute*, hrsg. vom Landtag Baden-Württemberg, Stuttgart 2002, S. 73.
5 Schreiber, *Revolution und Frauenwahlrecht*, S. 14f.; Hans-Ulrich Wehler, *Deutsche Gesellschaftsgeschichte*, Bd. 4: *Vom Beginn des Ersten Weltkrieges bis zur Gründung der beiden deutschen Staaten 1914–1949*, München 2003, S. 232f.
6 Grebing, *Frauen*, S. 17f.
7 Christl Wickert, *Unsere Erwählten: Sozialdemokratische Frauen im Deutschen Reichstag und im Preußischen Landtag 1919 bis 1932*, 2 Bde., Göttingen 1986, S. 64–69.

8 Heidemarie Lauterer, *Parlamentarierinnen in Deutschland 1918/19–1949*, Königstein im Taunus 2002.

9 *Verhandlungen der verfassunggebenden Deutschen Nationalversammlung* Bd. 326, Stenographische Berichte, Berlin 1920, 177D.

10 Grebing, *Frauen*, S. 15.

11 Siehe Julia Sneeringer, *Winning Women's Votes: Propaganda and Politics in Weimar Germany*, Chapel Hill 2002.

12 Grebing, *Frauen*, S. 25.

13 Lothar Albertin, *Liberalismus und Demokratie am Anfang der Weimarer Republik: Eine vergleichende Analyse der Deutschen Demokratischen Partei und der Deutschen Volkspartei*, Düsseldorf 1972; Ernst Portner, *Die Verfassungspolitik der Liberalen 1919: Ein Beitrag zur Deutung der Weimarer Reichsverfassung*, Bonn 1973; Rudolf Morsey, *Die Deutsche Zentrumspartei 1917–1923*, Bonn 1966, S. 196–245; Wolfgang Luthardt, *Sozialdemokratische Verfassungstheorie in der Weimarer Republik*, Opladen 1986; Sigrid Vestring, *Die Mehrheitssozialdemokratie und die Entstehung der Reichsverfassung von Weimar 1918/1919*, Münster 1987.

14 Heiko Holste, *Warum Weimar? Wie Deutschlands erste Republik zu ihrem Geburtsort kam*, Wien 2017.

15 Kollwitz, *Die Tagebücher*, S. 406 (Eintrag vom 6. Februar 1919).

16 Friedrich Ebert, *Rede zur Eröffnung der Verfassunggebenden Nationalversammlung*, 6. Februar 1919, Wende (Hrsg.), *Politische Reden III*, S. 244–253.

17 Ebd., S. 246 (Kursivierungen im Original).

18 Ebd., S. 247f.

19 Ebd.

20 Stanley Suval, *The Anschluss Question in Germany and Austria in the Weimar Era. A Study of Nationalism in Germany and Austria 1918–1932*, Baltimore/London 1974.

21 Siehe »Gesetz über die Staats- und Regierungsform Deutsch-Österreichs«, in Ernst R. Huber, *Deutsche Verfassungsgeschichte seit 1789*, Bd. 5: *Weltkrieg, Revolution und Reichserneuerung 1914–1919*, Stuttgart 1978, S. 1175. Siehe ebenso Otto Bauer, *Die österreichische Revolution*, Wien 1923, S. 143.

22 Zur Resolution des Rats der Volksbeauftragten siehe Erich Matthias und Susanne Miller (Hrsg.), *Die Regierung der Volksbeauftragten 1918/19*, 2 Bde., Düsseldorf 1969, hier Bd. 1, »Sitzung vom 15. November 1918«, S. 45.

23 Siehe Susanne Miller, »Das Ringen um ›die einzige großdeutsche Republik‹. Die Sozialdemokratie in Österreich und im Deutschen Reich zur Anschlußfrage 1918/19«, *Archiv für Sozialgeschichte* 11 (1971), S. 1–68.

24 Zitate aus *Berliner Tageblatt*, 10. November 1918, Morgenausgabe, sowie Max Weber, »Deutschlands künftige Staatsform« (November 1918), in ders., *Gesammelte politische Schriften*, S. 436–471, hier S. 441.

25 Wilhelm Heile, »Der deutsche Neubau«, *Die Hilfe* 24 (1918), S. 559f.

26 Elisabeth Fehrenbach, »Die Reichsgründung in der kleindeutschen Ge-

schichtsschreibung«, in Theodor Schieder und Ernst Deuerlin (Hrsg.), *1870/71. Tatsachen, Kontroversen, Interpretationen,* Stuttgart 1970, S. 261.

27 Hermann Oncken, »Die Wiedergeburt der großdeutschen Idee«, in ders., *Nation und Geschichte: Reden und Aufsätze 1919–1935*, Berlin 1935, S. 45–70, hier S. 61. [Erstveröffentlichung in *Österreichische Rundschau* 63 (1920), S. 97–114.]

28 Ebd., S. 64.

29 Suval, *Anschluss Question*, S. 9ff.; ebenso »Österreichisch-deutscher Volksbund«, in Dieter Fricke u.a. (Hrsg.), *Lexikon zur Parteiengeschichte. Die bürgerlichen und kleinbürgerlichen Parteien und Verbände in Deutschland (1789–1945)*, 4 Bde., Leipzig 1983–86, hier Bd. 3, S. 566ff. Zur öffentlichen Meinung im Reich siehe u.a. Duane P. Myers, *Germany and the Question of Austrian Anschluss 1918–1922*, New Haven 1968.

30 *Berliner Tageblatt*, 4. Februar 1919, Morgenausgabe.

31 Stanley Suval, »Overcoming Kleindeutschland: The Politics of Historical Mythmaking in the Weimar Republic«, *Central European History*, II (1969), S. 312–330, hier S. 321.

32 Nationalversammlung, 24. Februar 1919, Bd. 326, S. 292. Preuß' Verfassungsentwurf ist abgedruckt in *Deutscher Reichs- und Preußischer Staatsanzeiger*, 20. Januar 1919.

33 Siehe *Die Verfassung des Deutschen Reiches vom 11. August 1919*, hrsg. von Gerhard Anschütz, 2. Aufl., Berlin 1921, S. 30 (Art. 2) und 119f. (Art. 61).

34 Siehe Fritz Klein, »Between Compiègne and Versailles: The Germans on the Way from a Misunderstood Defeat to an Unwanted Peace«, in Manfred F. Boemeke, Gerald D. Feldman und Elisabeth Glaser (Hrsg.), *The Treaty of Versailles. A Reassessment afer 75 Years,* Washington, D.C., 1998, S. 203–220.

35 *Treaty of Peace between the Allied and Associated Powers and Germany*, London 1925, S. 51. Der Wortlaut ist nahezu identisch mit Artikel 88 des Vertrags von Saint-Germain. Siehe *Der Staatsvertrag von St. Germain*, Wien 1919, S. 58.

36 Grebing, *Frauen*, S. 22.

37 Enno Eimers, *Das Verhältnis von Preußen und Reich in den ersten Jahren der Weimarer Republik 1918–1923*, Berlin 1969; Wolfgang Benz, *Süddeutschland in der Weimarer Republik: Ein Beitrag zur deutschen Innenpolitik 1918–1923*, Berlin 1970; Gerhard Schulz, *Zwischen Demokratie und Diktatur: Verfassungspolitik und Reichsreform in der Weimarer Republik*, Bd. 1: *Die Periode der Konsolidierung und der Revision des Bismarckschen Reichsaufbaus 1919–1930*, 2. Aufl., Berlin 1987; Manfred Peter Heimers, *Unitarismus und süddeutsches Selbstbewußtsein. Weimarer Koalition und SPD in Baden in der Eichsreformdiskussion 1918–1933*, Düsseldorf 1992; Waldemar Besson, *Württemberg und die deutsche Staatskrise 1928–1933. Eine Studie zur Auflösung der Weimarer Republik*, Stuttgart 1959; Ulrich Reuling, »Reichsreform und Landesgeschichte: Thüringen und Hessen in der Länderneugliede-

rungsdiskussion der Weimarer Republik«, in *Aspekte thüringisch-hessischer Geschichte*, Marburg 1992, S. 257–308; Franz Menges, *Reichsreform und Finanzpolitik. Die Aushöhlung der Eigenstaatlichkeit Bayerns auf finanzpolitischem Wege in der Zeit der Weimarer Republik*, Berlin 1971.

38 Eine kritischer Blick auf das Verhältniswahlrecht findet sich bei Ferdinand Hermens, *Mehrheitswahlrecht oder Verhältniswahlrecht?*, Berlin 1949. Eine jüngere Untersuchung bietet Eberhard Schanbacher, *Parlamentarische Wahlen und Wahlsystem in der Weimarer Republik*, Düsseldorf 1982.

39 Bei der Diskussion um die »Geburtsfehler« der Weimarer Verfassung stand lange die starke Stellung des Reichspräsidenten in Folge des Notverordnungsrechts an erster Stelle, der letztlich den Übergang aus einem parlamentarischen System in eine autoritäre Regierungspraxis ermöglichte. Ludwig Richter, »Die Vorgeschichte des Art. 48 der Weimarer Reichsverfassung«, *Der Staat* 37 (1998), S. 1–26; ders., »Reichspräsident und Ausnahmegewalt. Die Genese des Art. 48 in den Beratungen der Weimarer Nationalversammlung«, *Der Staat* 37 (1998), S. 221–247; ders., »Notverordnungsrecht«, in Eberhard Kolb (Hrsg.), *Friedrich Ebert als Reichspräsident: Amtsführung und Amtsverständnis*, München 1997, S. 250–257.

40 Christoph Gusy, »Die Grundrechte in der Weimarer Republik«, *Zeitschrift für neuere Rechtsgeschichte* 15 (1993), S. 163–183.

41 Nationalversammlung, Bd. 7, S. 353.

42 James Sheehan, *Where Have All the Soldiers Gone? The Transformation of Modern Europe*, New York 2008, S. 94.

43 Kollwitz, *Die Tagebücher*, S. 392f. (Eintrag vom 31. Dezember 1918).

44 Kathleen Canning, »The Politics of Symbols, Semantics, and Sentiments in the Weimar Republic«, *Central European History* 43 (2010), S. 567–580.

Kapitel XII

1 Winkler, *Von der Revolution zur Stabilisierung*, S. 171–182; Jones, »Violence and Politics«, S. 313–350, speziell S. 339f. Eine deutsche Fassung des von Jones überarbeiteten Buches ist unter dem folgenden Titel erschienen: Mark Jones, *Am Anfang war Gewalt. Die deutsche Revolution 1918/19 und der Beginn der Weimarer Republik*, Berlin 2017.

2 Zitiert nach Mitchell, *Revolution in Bayern 1918/19*, S. 148; Freya Eisner, *Kurt Eisner: Die Politik des libertären Sozialismus*, Frankfurt am Main 1979, S. 175–180.

3 Holger Herwig, »Clio Deceived: Patriotic self-censorship in Germany after the Great War«, *International Security* 12 (1987), S. 5–44, Zitat auf S. 9. Wolfgang Jäger, *Historische Forschung und politische Kultur in Deutschland*, Göttingen 1984, S. 23.

4 Grau, *Eisner*, S. 397ff.

5 *Leopold Prinz von Bayern, 1846–1930. Aus den Lebenserinnerungen*, hrsg. von Hans-Michael und Ingrid Körner, Regensburg 1983, S. 314.

6 Alois Schmid (Hrsg.), *Handbuch der bayerischen Geschichte*, Bd. 4.2: *Das*

neue Bayern von 1800 bis zur Gegenwart, 2., überarb. Aufl., München 2007, S. 742.

7 Susanne Miller, *Die Bürde der Macht: Die deutsche Sozialdemokratie 1918–1920*, Düsseldorf 1978, S. 457; Grau, *Eisner*, S. 439; Hans von Pranckh, *Der Prozeß gegen den Grafen Anton Arco-Valley, der den bayerischen Ministerpräsidenten Kurt Eisner erschossen hat*, München 1920.

8 Allan Mitchell, *Revolution in Bavaria 1918–19: The Eisner Regime and the Soviet Republic*, Princeton 1965, S. 271; Winkler, *Weimar*, S. 77; Pranckh, *Der Prozeß gegen den Grafen Anton Arco-Valley.*

9 Wilhelm Böhm, *Im Kreuzfeuer zweier Revolutionen*, München 1924, S. 297; Wolfgang Maderthaner, »Utopian Perspectives and Political Restraint: The Austrian Revolution in the Context of Central European Conflicts«, in Günter Bischof, Fritz Plasser und Peter Berger (Hrsg.), *From Empire to Republic: Post World War I Austria*, New Orleans 2010, S. 52–66, hier S. 58.

10 Klemperer, *Man möchte immer weinen*, S. 89.

11 Mühsam zitiert in Read, *World on Fire*, S. 151.

12 Ebd., S. 152.

13 Zitiert in Watt, *The Kings Depart*, S. 364; Hans Beyer, *Von der Novemberrevolution zur Räterepublik in München*, Berlin 1957, S. 77f.

14 Buber (Hrsg.), *Gustav Landauer*, Bd. 2, S. 413–414.

15 Klemperer, *Man möchte immer weinen*, S. 113.

16 Ebd., S. 134.

17 Ebd., S. 24.

18 Sinowjew zitiert in David J. Mitchell, *1919: Red Mirage*, London 1970, S. 165.

19 Thomas Mann, *Tagebücher 1918–1921*, hrsg. von Peter de Mendelssohn, Frankfurt am Main 2003, S. 188 (Eintrag vom 7. April 1919).

20 Lansing zitiert in Alan Sharp, »The New Diplomacy and the New Europe«, in Nicholas Doumanis, *The Oxford Handbook of Europe 1914–1945*, Oxford/New York 2016.

21 Zur Flucht nach Bamberg siehe Wette, *Noske*, S. 431. Zu den Ereignissen vom Palmsonntag vgl. Heinrich Hillmayr, *Roter und Weißer Terror in Bayern nach 1918*, München 1974, S. 43; Wette, *Noske*, S. 434; Mitchell, *Revolution in Bavaria*, S. 316f.

22 Mitchell, *Revolution in Bavaria*, S. 304–331.

23 Richard M. Watt, *The King's Depart: the German Revolution and Treaty of Versailles 1918–19*, New York 1968, S. 366ff.

24 Ernst Toller, *Eine Jugend in Deutschland*, Reinbek bei Hamburg 1979, S. 98–119; Mitchell, *Revolution in Bavaria*, S. 320.

25 Wolfgang Zorn, *Geschichte Bayerns im 20. Jahrhundert*, München 1986, S. 194.

26 Read, *World on Fire*, S. 154; Mitchell, *Revolution in Bavaria*, S. 322.

27 Mitchell, *Revolution in Bavaria*, S. 322; Read, *World on Fire*, S. 155.

28 Zu diesen Gerüchten siehe Jones, »Violence and Politics«, S. 377f.; Hillmayr, *Roter und Weißer Terror in Bayern*, S. 136f.

29 Zitiert in Wette, *Noske*, S. 440.

30 Hermann Gilbhard, *Die Thule-Gesellschaft: Vom okkulten Mummenschanz zum Hakenkreuz*, München 1994, S. 116; Detlev Rose, *Die Thule-Gesellschaft: Legende, Mythos, Wirklichkeit,* Tübingen 1994, S. 58–66.

31 Ein Abdruck dieser Fotografien findet sich in Rudolf Herz und Dirk Halfbrodt, *Revolution und Fotografie: München 1918/19*, Berlin 1988, S. 183–192; Zitat aus *Bayerischer Kurier* 3./4.5.1919, zitiert in Malinowski, *Vom König zum Führer*, S. 205.

32 Hillmayr, *Roter und Weißer Terror*, S. 108ff.

33 Klemperer, *Man möchte immer weinen*, S. 168.

34 Buber (Hrsg.), *Gustav Landauer*, Bd. 1, S. 394.

35 Mark Jones, *Founding Weimar: Violence and the German Revolution of 1918–1919*, Cambridge/New York 2016, S. 286.

36 Killinger, *Der Klabautermann, S.* 13ff. und 52f.

37 Mitchell, *Revolution in Bavaria*, S. 331, Fußnote S. 51.

38 Zitiert in Niess, *Die Revolution von 1918/19*, S. 383.

39 Mann, *Tagebücher 1918–1921*, S. 218.

40 Eine eingehendere Darstellung der Art und Weise, wie das politische Klima im München der Nachkriegszeit Hitler prägte, findet sich in Thomas Weber, *Becoming Hitler: The Making of a Nazi*, Oxford 2017.

Kapitel XIII

1 Memorandum des französischen Außenministeriums vom 25. Oktober 1918 zitiert in Klaus Hildebrand, *Das vergangene Reich. Deutsche Außenpolitik von Bismarck bis Hitler 1871–1945*, Stuttgart 1995, S. 390.

2 Troeltsch, *Spektator-Briefe,* S. 69.

3 David Lloyd George, *The Truth About the Peace Treaties,* 2 Bde., London 1938, Bd. 1, S. 565; MacMillan, *Friedensmacher*, S. 22.

4 MacMillan, *Friedensmacher,* S. 89; zur Fiume-Krise siehe ebd., S. 371ff.

5 Bruno Cabanes, *La victoire endeuillée: La sortie de guerre des soldats français (1918–1920)*, Paris 2004.

6 Robert E. Bunselmeyer, *The Cost of War 1914–1919: British Economic War Aims and the Origins of Reparation*, Hamden 1975, S. 141; MacMillan, *Friedensmacher*, S. 262, David Reynolds, *The Long Shadow. The Great War and the Twentieth Century*, London 2013, S. 93; Winkler, *Zeit der Weltkriege*, S. 207f.

7 Leonard V. Smith, »The Wilsonian Challenge to International Law«, *The Journal of the History of International Law* 13 (2011), S. 179–208. Siehe ebenso Leonard V. Smith, »Les États-Unis et l'échec d'une seconde mobilisation«, in Stéphane Audoin-Rouzeau und Christophe Prochasson (Hrsg.), *Sortir de la Guerre de 14–18*, Paris 2008, S. 69–91; Manfred F. Boemeke, »Woodrow Wilson's Image of Germany, the War-Guilt Question and the Treaty of ersailles«,

in ders./Feldman/Glaser (Hrsg.), *The Treaty of Versailles*, S. 603–614. Siehe auch Alexander Sedlmaier, *Deutschlandbilder und Deutschlandpolitik.*

8 Leonard V. Smith, »Empires at the Paris Peace Conference«, in Robert Gerwarth und Erez Manela (Hrsg.), *Empires at War, 1911–1923*, Oxford 2014, S. 254–276, hier S. 262 und 265.

9 Tooze, *Sintflut.*

10 Siehe insbesondere Boemeke/Feldman/Glaser (Hrsg.), *The Treaty of Versailles*; David A. Andelman, *A Shattered Peace: Versailles 1919 and the Price We Pay Today*, Hoboken 2008; MacMillan, *Friedensmacher*; Alan Sharp, *The Versailles Settlement: Peacemaking after the First World War, 1919–1923*, 2. Aufl., London 2008.

11 MacMillan, *Friedensmacher*, S. 602.

12 Ebd., S. 603.

13 Zitiert in ebd., S. 607.

14 Ebd., S. 607f. Erich Eyck, *A History of the Weimar Republic*, Bd. 1: From *the Collapse of the Empire to Hindenburg's Election*, dt. Originalausgabe 1954, Cambridge, MA, 1964, S. 92–95.

15 Laird Boswell, »From Liberation to Purge Trials in the ›Mythic Provinces‹: Recasting French Identities in Alsace and Lorraine, 1918–1920«, *French Historical Studies* 23 (2000), S. 129–162, hier S. 141.

16 Alan Sharp, »The Paris Peace Conference and its Consequences«, https://encyclopedia.1914-1918-online.net/article/the_paris_peace_conference_and_its_consequences (zuletzt eingesehen am 31. Juli 2018)

17 MacMillan, *Friedensmacher*, S. 283.

18 Gotthold Rhode, »Das Deutschtum in Posen und Pommerellen in der Zeit der Weimarer Republik«, in Senatskommission für das Studium des Deutschtums im Osten an der Rheinischen Friedrich-Wilhelms-Universität Bonn, *Studien zum Deutschtum im Osten*, Köln/Graz 1966, S. 99. Andere Schätzungen liegen höher, siehe Richard Blanke, *Orphans of Versailles: The Germans in Western Poland*, 1918–1939, Lexington 1993, S. 32ff.

19 Eine ausführliche Analyse bieten James E. Bjork, *Neither German nor Pole: Catholicism and National Indifference in a Central European Borderland, 1890–1922*, Ann Arbor 2008; T. Hunt Tooley, »German Political Violence and the Border Plebiscite in Upper Silesia, 1919–1921«, *Central European History* 21 (1988), S. 56–98; sowie ders., *National Identity and Weimar Germany: Upper Silesia and the Eastern Border, 1918–22*, Lincoln/London 1997. Siehe ferner Tim K. Wilson, »The Polish-German Ethnic Dispute in Upper Silesia, 1918–1922: A Reply to Tooley«, *Canadian Review of Studies in Nationalism* 32 (2005), S. 1–26.

20 MacMillan, *Friedensmacher*, S. 289.

21 Waldemar Grosch, *Deutsche und polnische Propaganda während der Volksabstimmung in Oberschlesien 1919–1921*, Dortmund 2003.

22 Großbritannien und Frankreich teilten die deutschen Kolonien Kamerun und Togo unter sich auf. Belgien erhielt Ruanda-Urundi im nordwestlichen

Deutsch-Ostafrika, Deutsch-Südwestafrika (das heutige Namibia) fiel als Mandatsgebiet an Südafrika. Im Pazifik gingen alle deutschen Inseln nördlich des Äquators (die Marshallinseln, die Karolinen, die Marianen und Palau) sowie das chinesische Kiautschou in japanischen Besitz über. Deutsch-Samoa fiel an Neuseeland, Deutsch-Neuguinea, der Bismarck-Archipel und Nauru an Australien. Sharp, *Versailles Settlement*, S. 109–138.

23 Leonard V. Smith, »Empires at the Paris Peace Conference«, in Gerwarth/Manela (Hrsg.), *Empires at War*, S. 254–276, hier S. 262 und 265.

24 Zum Mandatssystem siehe Susan Pedersen, »The Meaning of the Mandates System: An Argument«, *Geschichte und Gesellschaft* 32 (2006), S. 1–23; dies., *The Guardians: The League of Nations and the Crisis of Empire*, Oxford/New York 2015, S. 17–44. Siehe ferner Nadine Méouchy und Peter Sluglett (Hrsg.), *The British and French Mandates in Comparative Perspective*, Leiden 2004; David K. Fieldhouse, *Western Imperialism in the Middle East, 1914–1958*, Oxford/New York 2006, S. 3–20; siehe ebenso Lutz Raphael, *Imperiale Gewalt und mobilisierte Nation: Europa 1914–1945*, München 2011, S. 74f.

25 Boemeke/Feldman/Glaser (Hrsg.), *The Treaty of Versailles*, S. 11–20; Zara Steiner, »The Treaty of Versailles Revisited«, in Michael Dockrill und John Fisher (Hrsg.), *The Paris Peace Conference 1919: Peace without Victory?*, Basingstoke 2001, S. 13–33; Mark Mazower, »Two Cheers for Versailles«, *History Today* 49 (1999); Allan Sharp, *Consequences of Peace. The Versailles Settlement: Aftermath and Legacy 1919–2010*, London 2010, S. 1–40; Sally Marks, »Mistakes and Myths: The Allies, Germany and the Versailles Treaty, 1918–1921«, *Journal of Modern History* 85 (2013), S. 632–659.

26 Siehe etwa David Andelman, *A Shattered Peace: Versailles 1919 and the Price We Pay Today*, Hoboken 2008; Norman Graebner und Edward Bennett, *The Versailles Treaty and Its Legacy: The Failure of the Wilsonian Vision*, Cambridge/New York 2011.

27 Ian Kershaw, *Höllensturz: Europa 1914 bis 1949*, München 2016, S. 213.

28 Aviel Roshwald, *Ethnic Nationalism and the Fall of Empires: Central Europe, Russia and the Middle East, 1914–1923*, London 2001.

29 Siehe dazu die Einleitung und Fachbeiträge in Gerwarth/Manela (Hrsg.), *Empires at War*; zum Fall Deutschlands siehe speziell Sammartino, *Impossible Border*; Vejas G. Liulevicius, »Der Osten als apokalyptischer Raum: Deutsche Fronterfahrungen im und nach dem Ersten Weltkrieg«, in Thum (Hrsg.), *Traumland Osten*, S. 47–65.

30 Wolfgang Elz, »Versailles und Weimar«, *Aus Politik und Zeitgeschichte*, 50/51 (2008), S. 31–38.

31 Sally Marks, »The Myths of Reparations«, *Central European History* 11 (1978), S. 231–239; Niall Ferguson, *The Pity of War: Explaining World War I*, London 1998, S. 399–432. Der Londoner Zahlungsplan sollte noch zweimal modifiziert werden, 1924 (als Dawes-Plan) und 1929 (als Young-Plan), bevor er in der Wirtschaftskrise zeitweilig ausgesetzt wurde. Nach seiner Machtergreifung 1933 stellte Hitler alle weiteren Zahlungen ein. Zwischen

1919 und 1932 leistete Deutschland Reparationszahlungen von etwa mehr als 20 Milliarden Mark (von insgesamt 50 Milliarden Mark, die 1921 als A- und B-Bonds festgelegt worden waren). Siehe Boemeke/Feldman/Glaser (Hrsg.), *The Treaty of Versailles*, S. 424.

32 Richard J. Evans, *Coming of the Third Reich*, London 2003, S. 65; Sharp, »The Paris Peace Conference and its Consequences«; MacMillan, *Friedensmacher*.

33 *Verhandlungen der verfassunggebenden Deutschen Nationalversammlung. Stenographische Berichte*, Berlin 1920, Bd. 327, S. 1082ff.

34 Ebd., S. 1084.

35 Arthur Graf von Posadowsky-Wehner, »Gegen die Unterzeichnung des Friedensvertrages«, 22. Juni 1919, *Stenographische Berichte*, Bd. 327, S. 1120–1125.

36 Ebd.

37 Watson, *Ring of Steel*, S. 561; MacMillan, *Friedensmacher*, S. 601–608. Zu Wilsons Note vom 23. Oktober siehe Rudin, *Armistice 1918*, S. 173.

38 Zitiert in Peter Longerich, *Deutschland 1918–1933: Die Weimarer Republik. Handbuch zur Geschichte*, Hannover 1995, S. 99.

39 Andreas Krause, *Scapa Flow: Die Selbstversenkung der Wilhelminischen Flotte*, Berlin 1999.

40 Sharp, *Versailles Settlement*, S. 37ff.

41 Stéphane Audoin-Rouzeau, »Die Delegation der ›Gueules cassées‹ in Versailles am 28. Juni 1919«, in Gerd Krumeich u. a. (Hrsg.), *Versailles 1919: Ziele, Wirkung, Wahrnehmung*, Essen 2001, S. 280–287.

42 Edward M. House, *The Intimate Papers of Colonel House Arranged as a Narrative by Charles Seymour*, Boston/New York 1926–1928, hier Bd. IV, S. 487.

43 Zitiert nach Bruno Cabanes, »1919: Aftermath«, in Jay Winter (Hrsg.), *Cambridge History of the First World War*, Bd. 1, Cambridge 2014, S. 172–198.

44 Evans, *Coming of Third Reich*, S. 66.

45 Winkler, *Zeit der Weltkriege*, S. 127.

46 John Maynard Keynes, *Die wirtschaftlichen Folgen des Friedensvertrages*, München/Leipzig 1920.

47 Wolfgang Elz, »Versailles und Weimar«, *Aus Politik und Zeitgeschichte* 50/51 (2008), S. 31–38, hier S. 33.

48 Zum Vertrag von Saint-Germain siehe Nina Almond und Ralph Haswell Lutz (Hrsg.), *The Treaty of St. Germain: A Documentary History of its Territorial and Political Clauses*, Stanford 1935; Isabella Ackerl und Rudolf Neck (Hrsg.), *Saint-Germain 1919: Protokoll des Symposiums am 29. und 30. Mai 1979 in Wien*, Wien 1989; Fritz Fellner, »Der Vertrag von St. Germain«, in Erika Weinzierl und Kurt Skalnik (Hrsg.), *Österreich 1918–1938*, Bd. 1, S. 85–106; Lorenz Mikoletzky, »Saint-Germain und Karl Renner: Eine Republik wird diktiert«, in Helmut Konrad und Wolfgang Maderthaner (Hrsg.), *Das Werden der Ersten Republik … der Rest ist Österreich*, Wien 2008, Bd. 1, S. 179–186; Erich Zöllner, *Geschichte Österreichs: Von den Anfängen bis zur Gegenwart*, 8. Aufl., Wien 1990, S. 499.

49 S. W. Gould, »Austrian Attitudes toward Anschluss: October 1918–September 1919«, *Journal of Modern History* 22 (1950), S. 220–231; Walter Rauscher, »Die Republikgründungen 1918 und 1945«, in Klaus Koch, Walter Rauscher, Arnold Suppan und Elisabeth Vyslonzil (Hrsg.), *Außenpolitische Dokumente der Republik Österreich 1918–1938*, Sonderband: *Von Saint-Germain zum Belvedere: Österreich und Europa 1919–1955*, Wien/München 2007, S. 9–24. Zur Anschlussfrage in Deutschland siehe Robert Gerwarth, »Republik und Reichsgründung: Bismarcks kleindeutsche Lösung im Meinungsstreit der ersten deutschen Demokratie«, in Heinrich August Winkler (Hrsg.), *Griff nach der Deutungsmacht: Zur Geschichte der Geschichtspolitik in Deutschland*, Göttingen 2004, S. 115–133.

50 Ivan T. Berend, *Decades of Crisis: Central and Eastern Europe before World War II*, Berkeley/Los Angeles/London 1998, S. 224ff.

51 *Vorwärts*, 18. März 1919.

52 *Die Tradition* 1 (1919), S. 19f.

53 *Kreuzzeitung* (7. September 1919), abgedruckt in Kuno Graf von Westarp, *Konservative Politik im Übergang vom Kaiserreich zur Weimarer Republik*, hrsg. von Friedrich Freiherr von Gaertringen, Düsseldorf 2001, S. 272.

54 NV, 22. Juni 1919, Bd. 327, S. 1117.

55 Evans, *Coming of Third Reich*, S. 62f.; Gerwarth, »Republik und Reichsgründung«.

56 Eine allgemeine Darstellung der Auswirkungen des Vertrags von Trianon findet sich bei Robert Evans, »The Successor States«, in Robert Gerwarth (Hrsg.), *Twisted Paths: Europe 1914–45*, Oxford/New York 2007, S. 210–236; Raymond Pearson, »Hungary: A State Truncated, a Nation Dismembered«, in Seamus Dunn und T. G. Fraser, *Europe and Ethnicity: World War I and Contemporary Ethnic Conflict*, London/New York 1996, S. 88–109, hier S. 95–96; Ignác Romsics, *A trianoni békeszerződés*, Budapest 2008; Dániel Ballabás, *Trianon 90 év távlatából: Konferenciák, műhelybeszélgetések*, Eger 2011.

57 Berend, *Decades of Crisis*, S. 224ff.

58 Georgi P. Genov, *Bulgaria and the Treaty of Neuilly*, Sofia 1935, S. 31; MacMillan, *Friedensmacher*, S. 193–197.

59 Richard J. Crampton, *Aleksandur Stamboliiski: Bulgaria*, Chicago 2009, S. 75–109; Nejiski Mir, *Vojna enciklopedija*, Belgrad 1973, S. 19.

60 MacMillan, *Friedensmacher*, S. 199.

61 Zitiert nach ebd.

62 Daskalov, *1923*, S. 23.

63 Theodora Dragostinova, »Competing Priorities, Ambiguous Loyalties: Challenges of Socioeconomic Adaptation and National Inclusion of the Interwar Bulgarian Refugees«, in *Nationalities Papers* 34 (2006), S. 549–574, hier S. 553. Eine ausführliche frühe Analyse und höchst aufschlussreiche Deutung der Flüchtlingskrise im Bulgarien der Zwischenkriegszeit findet sich bei Dimitar Popnikolov, *Balgarite ot Trakiya i spogodbite na Balgaria s Gartsia i Turtsia*, Sofia 1928.

64 Einzelheiten zu den gesellschaftlichen und wirtschaftlichen Problemen bei der Aufnahme von Vertriebenen nach dem Ersten Weltkrieg in Bulgarien bieten Georgi Dimitrov, *Nastanyavane i ozemlyavane na balgarskite bezhantsi*, Blagoewgrad 1985; Karl Hitilov, *Selskostopanskoto nastanyavane na bezhantsite 1927–1932*, Sofia 1932.

65 Brief von Aleksandar Stambolijski an Georges Clemenceau vom 22. November 1919. Siehe Bilyarski/Grigorov (Hrsg.), *Nyoiskiyat pogrom*, S. 312.

66 Zürcher, »The Ottoman Empire and the Armistice of Moudros«, S. 266–275.

67 Zitiert in George Goldberg, *The Peace to End Peace: the Paris Peace Conference of 1919*, London 1970, S. 196.

68 Michael A. Reynolds, »Ottoman-Russian Struggle for Eastern Anatolia and the Caucasus, 1908–1918: Identity, Ideology and the Geopolitics of World Order«, unveröff. Diss. Princeton 2003, S. 377. Für eine nationalistische Sichtweise siehe Justin McCarthy, *Death and Exile: The Ethnic Cleansing of Ottoman Muslims 1821–1922*, Princeton 2004, S. 198ff.; Salahi Sonyel, *The Great War and the Tragedy of Anatolia: Turks and Armenians in the Maelstrom of Major Powers*, Ankara 2000, S. 161ff.

69 Gingeras, *Fall of the Sultanate*, S. 255.

70 Hasan Kayali, »The Struggle for Independence«, in Reşat Kasaba (Hrsg.), *The Cambridge History of Turkey*, Bd. 4: *Turkey in the Modern World*, Cambridge/New York 2008, S. 118ff.

71 Ebd.; Leonard V. Smith, »Empires at the Paris Peace Conference«. Siehe ferner Paul C. Helmreich, *From Paris to Sèvres: The Partition of the Ottoman Empire at the Paris Peace Conference of 1919–1920*, Columbus 1974.

72 Gerd Krumeich u. a., *Versailles 1919: Ziele, Wirkung, Wahrnehmung*, Essen 2001.

73 Henryk Batowski, »Nationale Konflikte bei der Entstehung der Nachfolgestaaten«, in Richard Georg Plaschka und Karlheinz Mack (Hrsg.), *Die Auflösung des Habsburgerreiches: Zusammenbruch und Neuorientierung im Donauraum*, München 1970, S. 338–349.

74 Dudley Kirk, *Europe's Population in the Interwar Years*, New York 1946; Pearson, »Hungary«, S. 98f.; István I. Mócsy, *The Effects of World War I: The Uprooted: Hungarian Refugees and their Impact on Hungary's Domestic Politics, 1918–1921*, New York 1983, S. 10.

75 Hannah Arendt, *Elemente und Ursprünge totaler Herrschaft*, Frankfurt am Main 1955, S. 352f. Zu diesem Thema im Allgemeinen siehe ebenso Karen Barkey und Mark von Hagen (Hrsg.), *After Empires: Multiethnic Societies and Nation-Building: The Soviet Union, and the Russian, Ottoman, and Habsburg Empires*, Boulder 1997; Smith, »Empires at the Paris Peace Conference«, in Gerwarth/Manela (Hrsg.), *Empires at War*, S. 254–276.

76 Norman Davies, *Microcosm: A Portrait of a Central European City*, London 2003, S. 337.

77 Ebd., S. 389f.

78 Wie Michael Mann gezeigt hat, waren ethnische Deutsche, die nach dem

Ende des Ersten Weltkriegs zu Minderheiten in nichtdeutschen Staaten wurden oder aus ehemals deutschen Gebieten vertrieben wurden, vielfach überrepräsentiert unter den Anhängern des Nationalsozialismus und späteren Tätern des Holocaust. Michael Mann, *The Dark Side of Democracy: Explaining Ethnic Cleansing*, Cambridge 2005, S. 223–228.

79 Statistiken aus M. C. Kaser und E. A. Radice (Hrsg.), *The Economic History of Eastern Europe, 1919–1975*, Bd. 1, Oxford 1985, S. 25. Siehe ebenso die ausführliche Diskussion dieser Frage in Prusin, *The Lands Between*, S. 11–124.

80 Robert C. Williams, *Culture in Exile: Russian Emigrés in Germany, 1881–1941*, Ithaca 1972; Karl Schlögel (Hrsg.), *Chronik russischen Lebens in Deutschland, 1918 bis 1941*, Berlin 1999.

81 Williams, *Culture in Exile*, S. 131.

82 Levene, *Crisis of Genocide*, Bd. 1, S. 230–240.

83 Zum Vertragstext siehe »Treaty of Peace between the United States of America, the British Empire, France, Italy, and Japan and Poland«, in *American Journal of International Law* 13, Supplement, Official Documents (1919), S. 423–440; Carole Fink, »The Minorities Question at the Paris Peace Conference: The Polish Minority Treaty, June 28, 1919«, in Manfred Boemeke, Gerald Feldman und Elisabeth Glaser (Hrsg.), *The Treaty of Versailles: A Reassessment after 75 Years*, Cambridge 1998, S. 249–274.

84 Ebd.

85 Jaroslav Kucera, *Minderheit im Nationalstaat: Die Sprachenfrage in den tschechisch-deutschen Beziehungen 1918–1938*, München 1999, S. 307.

86 Carole Fink, *Defending the Rights of Others: The Great Powers, the Jews, and International Minority Protection*, New York 2004, S. 260; Zara Steiner, *The Lights that Failed: European International History 1919–1933*, Oxford/New York 2005, S. 86.

87 Zum Thema des Revisionismus siehe insbesondere folgende Aufsatzsammlung: Marina Cattaruzza, Stefan Dyroff und Dieter Langewiesche (Hrsg.), *Territorial Revisionism and the Allies of Germany in the Second World War: Goals, Expectations, Practices*, New York/Oxford 2012.

88 Jerzy Borzęcki, »German Anti-Semitism à la Polonaise: A Report on Poznanian Troops' Abuse of Belarusian Jews in 1919«, in *East European Politics and Politics and Cultures* 26 (2012), S. 693–707.

89 Arnold Zweig, *Das ostjüdische Antlitz*, Berlin 1920, S. 9–11.

90 Klemperer, *Curriculum Vitae*, S. 686f.

91 Steven E. Aschheim, *Brothers and Strangers: The East European Jew in German and German-Jewish Consciousness, 1800–1923*, Madison 1982.

92 Trude Maurer, *Ostjuden in Deutschland, 1918–1933*, Hamburg 1990.

93 Lina Heydrich, *Leben mit einem Kriegsverbrecher*, Pfaffenhofen 1976, S. 42f.

94 Alfred Rosenberg, »Die russisch-jüdische Revolution«, in *Auf gut Deutsch*, 21.2.1919.

95 Norman Cohn, *Warrant for Genocide: The Myth of the Jewish World-Conspiracy and the Protocols of the Elders of Zion*, New York 1966.

Epilog

1 Johannes Erger, *Der Kapp-Lüttwitz-Putsch: Ein Beitrag zur deutschen Innenpolitik, 1919–20*, Düsseldorf 1967; Erwin Könnemann und Gerhard Schulze (Hrsg.), *Der Kapp-Lüttwitz-Putsch: Dokumente*, München 2002; Read, *World on Fire*, S. 319f.

2 Read, *World on Fire*, S. 320.

3 Siehe etwa Rüdiger Bergien, *Die bellizistische Republik. Wehrkonsens und »Wehrhaftmachung« in Deutschland 1918–1933*, München 2012; Peter Keller, *»Die Wehrmacht der deutschen Republik ist die Reichswehr«. Die deutsche Armee 1918–1921*, Paderborn 2014; William Mulligan, *The Creation of the Modern German Army: General Walther Reinhardt and the Weimar Republic, 1914–1930*, New York 2005.

4 Erwin Könnemann und Gerhard Schulze (Hrsg.), *Der Kapp-Lüttwitz-Putsch: Dokumente*, München 2002.

5 Ebd., S. 321.

6 Kessler, *Tagebuch*, Bd. 7, S. 294 (Eintrag vom 19. März 1920).

7 Ebd., S. 295 (Eintrag vom 20. März 1920).

8 Klaus Tenfelde, »Bürgerkrieg im Ruhrgebiet 1918–1920«, in Karl-Peter Ellerbrock (Hrsg.), *Erster Weltkrieg, Bürgerkrieg und Ruhrbesetzung. Dortmund und das Ruhrgebiet 1914/18–1924*, Dortmund 2010, S. 19–66.

9 Max Zeller zitiert nach Nigel H. Jones, *Hitler's Heralds: The Story of the Freikorps 1918–1923*, London 1987, S. 50.

10 Read, *World on Fire*, S. 323.

11 Christian Leitzbach, *Matthias Erzberger: Ein kritischer Beobachter des Wilhelminischen Reiches 1895–1914*, Frankfurt am Main 1998; Martin Sabrow, *Der Rathenaumord. Rekonstruktion einer Verschwörung gegen die Weimarer Republik*, Berlin 1995.

12 Der Mord an Erzberger war Teil einer verbreiteten Kultur politischer Gewalt, insbesondere – aber nicht ausschließlich – ausgehend von der extremen Rechten. Zu Statistiken siehe Emil J. Gumbel, *Vier Jahre politischer Mord*, Berlin 1924, S. 73f.

13 Anselm Döring-Manteuffel, »Der politische Mord als Anschlag auf die Demokratie. Das Attentat auf Walther Rathenau«, in Georg Schild und Anton Schindling (Hrsg.), *Politische Morde in der Geschichte. Von der Antike bis zur Gegenwart*, Paderborn 2012, S. 113–128; Sabrow, *Rathenaumord*.

14 Zur Organisation Consul, die für diese Terrorakte verantwortlich zeichnete, siehe insbesondere die folgenden Akten im Münchener Institut für Zeitgeschichte: Fa 163/1 und MA 14412. Vgl. ebenfalls Martin Sabrow, *Die verdrängte Verschwörung: Der Rathenau-Mord und die deutsche Gegenrevolution*, Frankfurt am Main 1999.

15 Verhandlungen des Reichstags, 1. Wahlperiode, Anlagen zu den Stenographischen Berichten, Nr. 2633; Verhandlungen des Reichstags, 1. Wahlperiode, Stenographische Berichte, 235. Sitzung, 24/6/1922, S. 8037 (D)–8039 (B).

16 Christoph Gusy, *Weimar – die wehrlose Republik? Verfassungsschutzrecht und Verfassungsschutz in der Weimarer Republik*, Tübingen 1991; Gotthard Jasper, *Der Schutz der Republik. Studien zur staatlichen Sicherung der Demokratie in der Weimarer Republik 1922–1930*, Tübingen 1963.

17 Christine Hikel, »Unsichere Republik? Terrorismus und politischer Mord in der Weimarer Republik und der BRD«, *Zeitschrift für Außen- und Sicherheitspolitik*, Sonderheft 1 (2011), S. 125–149.

18 Verhandlungen des Reichstags, 1. Wahlperiode, Stenographische Berichte, 235. Sitzung, S. 8037 (B).

19 Wolfgang Wehler, *Der Staatsgerichtshof für das Deutsche Reich – Die politische Rolle der Verfassungsgerichtsbarkeit in der Zeit der Weimarer Republik*, Diss. Bonn 1979.

20 Christian Welzbacher, *Der Reichskunstwart. Kulturpolitik und Staatsinszenierung in der Weimarer Republik 1918–1933*, Weimar 2010.

21 Geyer, *Verkehrte Welt*, S. 112–117.

22 Thomas Weber, *Hitler's First War: Adolf Hitler, the Men of the List Regiment, and the First World War*, Oxford/New York 2010.

23 Othmar Plöckinger, *Unter Soldaten und Agitatoren. Hitlers prägende Jahre im deutschen Militär 1918–1920*, Paderborn 2013.

24 Peter Longerich, *Hitler. Biographie*, München 2015; Thomas Weber, *Wie Adolf Hitler zum Nazi wurde. Vom unpolitischen Soldaten zum Autor von »Mein Kampf«*, Berlin 2016.

25 Ernst Deuerlein (Hrsg.), *Der Hitler-Putsch. Bayerische Dokumente zum 8./9. November 1923*, Stuttgart 1962; Hans Mommsen, »Hitler und der 9. November 1923«, in Johannes Willms (Hrsg.), *Der 9. November. Fünf Essays zur deutschen Geschichte*, München 1995, S. 33–48.

26 Harald Jentsch, *Die KPD und der »Deutsche Oktober« 1923*, Rostock 2005. Bernhard B. Bayerlein u. a. (Hrsg.), *Deutscher Oktober 1923: Ein Revolutionsplan und sein Scheitern*, Berlin 2003.

27 Evans, *Coming of the Third Reich*, S. 104.

28 Gerald D. Feldman, *The Great Disorder. Politics, Economics and Society in the German Inflation, 1914–1924*, New York 1993, S. 5 (Tabelle I). Zur Ruhrbesetzung siehe Conan Fischer, *The Ruhr Crisis 1923–1924*, Oxford 2003; Hermann J. Rupieper, *The Cuno Government and Reparations 1922–1923: Politics and Economics*, Den Haag 1979; sowie Klaus Schwabe (Hrsg.), *Die Ruhrkrise 1923: Wendepunkt der internationalen Beziehungen nach dem Ersten Weltkrieg*, Paderborn 1985.

29 Bruce Kent, *The Spoils of War. The Politics, Economics and Diplomacy of Reparations, 1918–1932*, Oxford 1989, S. 245–248.

30 Ebd., S. 778–793.

31 Ebd., S. 754–835.

32 Kurt Tucholsky publizierte dieses Gedicht unter dem Pseudonym »Theobald Tiger«, *Die Weltbühne*, 5. November 1929.

Ausgewählte Literatur

Quellensammlungen und Memoiren

Albrecht, Martin, *Als deutscher Jude im Ersten Weltkrieg. Der Fabrikant und Offizier Otto Meyer,* hrsg. von Andreas Meyer, Berlin 2014.

Amis de l'Armistice (Hrsg.), *Der 11. November 1918. Unterzeichnung eines Waffenstillstands im Wald von Compiègne*, Compiègne o. D.

Arbeitskreis verdienter Gewerkschaftsveteranen beim Bundesvorstand des FDGB (Hrsg.), *Erinnerungen von Veteranen der deutschen Gewerkschaftsbewegung an die Novemberrevolution*, 2. Auflage, Berlin (Ost) 1960.

Baden, Max von, *Erinnerungen und Dokumente*, Berlin 1927.

Baker, Ray Stannard, und William E. Dodded (Hrsg.), *Woodrow Wilson, War and Peace: Presidential Messages, Addresses, and Public Papers (1917–1924),* New York 1927.

Balla, Erich, *Landsknechte wurden wir: Abenteuer aus dem Baltikum,* Berlin 1932.

Barth, Emil, *Aus der Werkstatt der Revolution,* Berlin 1919.

Bauer, Otto, *Die österreichische Revolution*, Wien 1923.

Bernstein, Eduard, *Die deutsche Revolution*, Bd. 1: *Ihr Ursprung, ihr Verlauf und ihr Werk,* Berlin 1921.

Bernstein, Eduard, *Die Voraussetzungen des Sozialismus und die Aufgaben der Sozialdemokratie*, Stuttgart 1899.

Bischoff, Josef, *Die letzte Front: Geschichte der Eisernen Division*, Berlin 1935.

Böhm, Wilhelm, *Im Kreuzfeuer zweier Revolutionen,* München 1924.

Das Werk des Untersuchungsausschusses der Verfassungsgebenden Deutschen Nationalversammlung und des Deutschen Reichstages 1919–1928. Verhandlungen, Gutachten, Urkunden, hrsg. von Walter Schücking, Reihe 4: *Die Ursachen des deutschen Zusammenbruchs im Jahre 1918,* Berlin 1928.

Dehmel, Richard, *Zwischen Volk und Menschheit: Kriegstagebuch,* Berlin 1919.

Deppe, Ludwig, *Mit Lettow-Vorbeck durch Ostafrika*, Berlin 1921.

Deuerlein, Ernst (Hrsg.), *Der Hitler-Putsch. Bayerische Dokumente zum 8./9. November 1923*, Stuttgart 1962.

Döblin, Alfred, »Revolutionstage im Elsaß», in: *Die Neue Rundschau* (Februar 1919), Bd. 1, S. 164–172, Neudruck in: Alfred Döblin, *Schriften zur Politik und Gesellschaft,* Olten und Freiburg im Breisgau 1972, S. 59–70.

Ebbinghaus, Christof von, *Die Memoiren des Generals von Ebbinghaus*, Stuttgart 1928.

Einstein, Albert, *Einstein Papers,* Bd. 7: *The Berlin Years: Writings, 1918–1921*, Princeton, NJ, 1998.

Erzberger, Matthias, *Erlebnisse im Weltkrieg*, Stuttgart und Berlin 1920.
Foch, Ferdinand, *Mémoire pour servir à l'histoire de la guerre 1914–1918*, Bd. II, Paris 1931.
Foerster, Wolfgang (Hrsg.), *Kämpfer an vergessenen Fronten*, Berlin 1931.
Goltz, Rüdiger von der, *Meine Sendung in Finnland und im Baltikum*, Leipzig 1920.
Groener, Wilhelm, *Lebenserinnerungen: Jugend, Generalstab, Weltkrieg*, Göttingen 1957.
Hampe, Karl, *Kriegstagebuch 1914–1919*, hrsg. von Folker Reichert und Eike Wolgast, München 2007.
Haussmann Conrad, *Schlaglichter: Reichstagsbriefe und Aufzeichnungen*, hrsg. von Ulrich Zeller, Frankfurt am Main 1924.
Heinz, Friedrich Wilhelm, *Sprengstoff*, Berlin 1930.
Hendrick, Burton J., *The Life and Letters of Walter Hines Page*, Bd. 3, Garden City, NY, 1925.
Heydrich, Lina, *Leben mit einem Kriegsverbrecher*, Pfaffenhofen 1976.
Hill, Leonidas E. (Hrsg.), *Die Weizsäcker-Papiere 1900–1934*, Berlin 1982.
Hitler, Mein Kampf: Eine kritische Edition, hrsg. von Christian Hartmann, Thomas Vordermayer, Othmar Plöckinger und Roman Töppel, Berlin und München 2016.
Höss, Rudolf, *Kommandant in Auschwitz. Autobiographische Aufzeichnungen*, eingeleitet und kommentiert von Martin Broszat, Stuttgart 1998.
House, Edward M., *The Intimate Papers of Colonel House Arranged as a Narrative by Charles Seymour*, Boston und New York 1926–1928.
Institut für Marxismus-Leninismus beim ZK der SED (Hrsg.), *Dokumente und Materialien zur Geschichte der deutschen Arbeiterbewegung*, zweite Reihe, Berlin (Ost) 1957.
Institut für Marxismus-Leninismus beim ZK der SED (Hrsg.), *Vorwärts und nicht vergessen. Erlebnisberichte aktiver Teilnehmer der Novemberrevolution 1918/19*, Berlin (Ost) 1958.
Institut für Marxismus Leninismus beim Zentralkomitee der SED (Hrsg.), *Wladimir Iljitsch Lenin. Werke*, Bd. 23: *August 1916–März 1917*, 7. Auflage, Berlin (Ost) 1975.
Jünger, Ernst, *In Stahlgewittern: Ein Kriegstagebuch*, Berlin 1942.
Jünger, Ernst, *Kriegstagebuch 1914–1918*, hrsg. von Helmuth Kiesel, Stuttgart 2010.
Kessel, Eberhard (Hrsg.), *Friedrich Meinecke, Werke*, Bd. 8: *Autobiographische Schriften*, Stuttgart 1969.
Kessler, Harry Graf, *Das Tagebuch 1880–1937*, hrsg. von Roland Kamzelak und Ulrich Ott, Bd. 7: *1919–1923*, Stuttgart 2007.
Keynes, John Maynard, *The Economic Consequences of the Peace*, London 1919.
Killinger, Manfred von, *Der Klabautermann: Eine Lebensgeschichte*, 3. Auflage, München 1936.
Klemperer, Victor, *Man möchte immer weinen und lachen in einem: Revolutionstagebuch 1919*, Berlin 2015.

Klemperer, Victor, *Curriculum Vitae, Erinnerungen 1881–1918*, Bd. 2, Berlin 1996.

Köhl, Franz, *Der Kampf um Deutsch-Ostafrika 1914–1918*, Berlin 1920.

Kollwitz, Käthe, *Die Tagebücher*, hrsg. von Jutta Bohnke-Kollwitz, Berlin 1989.

Könnemann, Erwin, und Gerhard Schulze (Hrsg.), *Der Kapp-Lüttwitz-Putsch: Dokumente*, München 2002.

Körner, Hans-Michael, und Ingrid Körner (Hrsg.), *Leopold Prinz von Bayern, 1846–1930. Aus den Lebenserinnerungen*, Regensburg 1983.

Kramer, Hilde, *Rebellin in München, Moskau und Berlin: Autobiographie 1901–1924*, hrsg. von Egon Günther, Berlin 2011.

Kühlmann, Richard von, *Erinnerungen*, Heidelberg 1948.

Lafontaine, Oskar, »Rede auf dem Parteitag in Cottbus am 24./25. Mai 2008« – https://archiv2017.die-linke.de/fileadmin/download/disput/2008/disput_juni2008.pdf (zuletzt aufgerufen am 22. November 2017).

Lettow-Vorbeck, Paul von, *Meine Erinnerungen an Ostafrika*, Leipzig 1920.

Linket, Arthur S. (Hrsg.), *The Papers of Woodrow Wilson*, Bd. 40: *Nov. 20. 1916–Jan. 23. 1917*, Princeton, NJ, 1982.

Lloyd George, David, *The Truth About the Peace Treaties*, 2 Bde., London 1938.

Luxemburg, Rosa, *Politische Schriften*, hrsg. von Ossip K. Flechtheim, Frankfurt am Main 1975.

Luxemburg, Rosa, *Gesammelte Werke*, Bd. 4: *August 1914–Januar 1919*, Berlin (Ost) 1974.

Mann, Thomas, *Tagebücher 1918–1921*, hrsg. von Peter de Mendelssohn, Taschenbuchausgabe, Frankfurt am Main 2003.

Marhefka, Edmund (Hrsg.), *Der Waffenstillstand 1918–1919: Das Dokumenten-Material. Waffenstillstands-Verhandlungen von Compiègne, Spa, Trier und Brüssel*, Bd. 1: *Der Waffenstillstandsvertrag von Compiègne und seine Verlängerungen nebst den finanziellen Bestimmungen*, Berlin 1928.

Matthias, Erich, und Hans Meier-Welcher (Hrsg.), *Quellen zur Geschichte des Parlamentarismus und der politischen Parteien*. Zweite Reihe: *Militär und Politik: Militär und Innenpolitik im Weltkrieg 1914–1918*, hrsg. von Wilhelm Deist, 2 Bde., Düsseldorf 1970.

Matthias, Erich, und Susanne Miller (Hrsg.), *Die Regierung der Volksbeauftragten 1918/19*, 2 Bde., Düsseldorf 1969.

Matthias, Erich, und Rudolf Morsey (Hrsg.), *Quellen zur Geschichte des Parlamentarismus und der politischen Parteien*, Bd. 2: *Die Regierung des Prinzen Max von Baden*, Düsseldorf 1962.

Meinecke, Friedrich, *Die Deutsche Katastrophe*, Berlin 1947.

Michaelis, Herbert, Ernst Schraepler und Günter Scheel (Hrsg.), *Ursachen und Folgen*, Bd. 2: *Der militärische Zusammenbruch und das Ende des Kaiserreichs*, Berlin 1959.

Müller, Hermann, *Die Novemberrevolution: Erinnerungen*, Berlin 1928.

Müller, Richard, *Geschichte der deutschen Revolution*, 2 Bde., Neudruck Berlin 1973 und 1979.

Niemann, Alfred, *Kaiser und Revolution: Die entscheidenden Ereignisse im Großen Hauptquartier im Herbst 1918*, Berlin 1928.

Niemann, Alfred, *Revolution von oben – Umsturz von unten. Entwicklung und Verlauf der Staatsumwälzung in Deutschland 1914–1918*, Berlin 1927.

Noske, Gustav, *Von Kiel bis Kapp: Zur Geschichte der deutschen Revolution*, Berlin 1920.

Otto, Hellmut, und Karl Schmiedel, *Der Erste Weltkrieg. Dokumente*, 2. Auflage, Berlin (Ost) 1977.

Popp, Lothar, *Ursprung und Entwicklung der Novemberrevolution 1918*, Kiel 1918.

Rausch, Bernhard, *Am Springquell der Revolution. Die Kieler Matrosenerhebung*, Kiel 1918.

Remarque, Erich Maria, *Im Westen nichts Neues*, Köln 2010.

Riddell, George A. Baron, *Lord Riddell's Intimate Diary of the Peace Conference and After, 1918–1923*, London 1933.

Riezler, Kurt, *Tagebücher, Aufsätze, Dokumente*, Göttingen 2008.

Ritter, Gerhard A., und Susanne Miller (Hrsg.), *Die deutsche Revolution 1918–1919. Dokumente*, Hamburg 1975.

Rosenberg, Alfred, »Die russisch-jüdische Revolution«, in: *Auf gut Deutsch* 1 (1919), S. 120–124 (21. Februar 1919).

Rosenberg, Alfred, *Dreißig Novemberköpfe*, München 1927.

Roth, Joseph, *Das Spinnennetz*, Köln und Berlin 1967.

Ruckteschell, Walter von, »Der Feldzug in Ostafrika«, in: Paul von Lettow-Vorbeck, *Um Vaterland und Kolonie. Ein Weckruf an die deutsche Nation*, Berlin-Lichterfelde 1919, S. 17–122.

Salomon, Ernst von, *Die Geächteten*, Berlin 1923.

Samson-Himmelstjerna, Alfred von, »Meine Erinnerungen an die Landwehrzeit«, Herder Institut Marburg, DSHI 120 BR BLW 9.

Scheidemann, Philipp, *Der Zusammenbruch*, Berlin 1921.

Scheidemann, Philipp, *Memoiren*, Dresden 1928.

Schnee, Heinrich, *Deutsch-Ostafrika im Weltkriege. Wie wir lebten und kämpften*, Leipzig 1919.

Schreiber, Adele, *Revolution und Frauenwahlrecht. Frauen! Lernt wählen!*, Berlin 1919.

Shedletzky, Itta, und Thomas Sparr (Hrsg.), *Betty Scholem – Gershom Scholem, Mutter und Sohn im Briefwechsel 1917–1946*, München 1989.

Stampfer, Friedrich, *Die 14 Jahre der Ersten Deutschen Republik*, Offenbach 1947.

Starhemberg, Ernst Rüdiger, »Aufzeichnungen des Fürsten Ernst Rüdiger Starhemberg im Winter 1938/39 in Saint Gervais in Frankreich«, in: Nachlass Starhemberg, Oberösterreichisches Landesarchiv Linz.

Troeltsch, Ernst, *Spektator-Briefe, Aufsätze über die deutsche Revolution und die Weltpolitik 1918/22*, Tübingen 1924.

Die Verfassung des Deutschen Reiches vom 11. August 1919, hrsg. von Gerhard Anschütz, 2. Auflage, Berlin 1921.

Verhandlungen der verfassunggebenden Deutschen Nationalversammlung. Stenographische Berichte, Bd. 327, Berlin 1920.

Weber, Max, »Deutschlands künftige Staatsform« (November 1918), in ders., *Gesammelte politische Schriften*, hrsg. von Johannes Winckelmann, Tübingen 1988, S. 436–471.

Wenig, Richard, *Kriegs-Safari. Erlebnisse und Eindrücke auf den Zügen Lettow-Vorbecks durch das östliche Afrika*, Berlin 1920.

Wermuth, Adolf, *Ein Beamtenleben*, Berlin 1922.

Westarp, Kuno Graf von, *Das Ende der Monarchie am 9. November 1918*, hrsg. von Werner Conze, Berlin 1952.

Weygand, Maximè, *Le onze Novembre*, Paris 1947.

Wilson, Woodrow, *The War Addresses of Woodrow Wilson*, mit einer Einleitung und Anmerkungen von Arthur Roy Leonard, Boston 1918.

Yourcenar, Marguerite, *Le Coup de grâce*, Paris 1939.

Zweig, Arnold, *Das ostjüdische Antlitz*, Berlin 1920.

Sekundärliteratur

Adolph, Hans, *Otto Wels und die Politik der deutschen Sozialdemokratie 1894–1939: Eine politische Biographie*, Berlin 1971.

Afflerbach, Holger, *Falkenhayn: Politisches Denken und Handeln im Kaiserreich*, München 1994.

Afflerbach, Holger, *Auf Messers Schneide: Wie das Deutsche Reich den Ersten Weltkrieg verlor*, München 2018.

Alapuro, Risto, *State and Revolution in Finland*, Berkeley 1988.

Albertin, Lothar, *Liberalismus und Demokratie am Anfang der Weimarer Republik: Eine vergleichende Analyse der Deutschen Demokratischen Partei und der Deutschen Volkspartei*, Düsseldorf 1972.

Albrecht, Willy, Friedhelm Boll, Beatrix W. Bouvier, Rosemarie Leuschen-Seppel und Michael Schneider, »Frauenfrage und deutsche Sozialdemokratie vom Ende des 19. Jahrhunderts bis zum Beginn der zwanziger Jahre«, in: *Archiv für Sozialgeschichte* 19 (1979), S. 459–510.

Almond, Nina, und Ralph Haswell Lutz (Hrsg.), *The Treaty of St. Germain: A Documentary History of its Territorial and Political Clauses*, Stanford, CA, 1935.

Alpern Engel, Barbara, »Not by Bread Alone: Subsistence Riots in Russia during World War I«, in: *Journal of Modern History* 69 (1997), S. 696–721.

Andelman, David A., *A Shattered Peace: Versailles 1919 and the Price We Pay Today*, Hoboken, NJ, 2008.

Arendt, Hannah, *Elemente und Ursprünge totaler Herrschaft*, Frankfurt am Main 1955.

Ascher, Harvey, »The Kornilov Affair: A Reinterpretation«, in: *Russian Review* 29 (1970), S. 235–252.

Aschheim, Steven E., *Brothers and Strangers: The East European Jew in German and German-Jewish Consciousness, 1800–1923*, Madison 1982.

Audoin-Rouzeau, Stéphane, »Die Delegation der ›Gueulescassées‹ in Versailles am 28. Juni 1919«, in: Gerd Krumeich (Hrsg.), *Versailles 1919: Ziele, Wirkung, Wahrnehmung*, Essen 2001, S. 280–287.

Babík, Milan, *Statecraft and Salvation: Wilsonian Liberal Internationalism as Secularized Eschatology*, Waco 2013.

Balke, Friedrich, und Benno Wagner (Hrsg.), *Vom Nutzen und Nachteil historischer Vergleiche: Der Fall Bonn–Weimar*, Frankfurt am Main 1997.

Balkelis, Tomas, »Turning Citizens into Soldiers: Baltic Paramilitary Movements after the Great War«, in: Robert Gerwarth und John Horne (Hrsg.), *War in Peace, Paramilitary Violence in Europe after the Great War*, Oxford 2012, S. 126–144.

Ball, Alan, »Building a New State and Society: NEP, 1921–1928«, in: Ronald Grigor Suny (Hrsg.), *The Cambridge History of Russia*, Bd. 3, Cambridge 2006, S. 168–191.

Ballabás, Dániel, *Trianon 90 évtávlatából: Konferenciák, műhelybeszélgetések*, Eger 2011.

Barker, Ernest, *The Submerged Nationalities of the German Empire*, Oxford 1915.

Barkey, Karen, und Mark von Hagen (Hrsg.), *After Empires: Multiethnic Societies and Nation-Building: The Soviet Union, and the Russian, Ottoman, and Habsburg Empires*, Boulder, CO, 1997.

Barth, Boris, *Dolchstoßlegenden und politische Desintegration: Das Trauma der deutschen Niederlage im Ersten Weltkrieg*, Düsseldorf 2003.

Batowski, Henryk, »Nationale Konflikte bei der Entstehung der Nachfolgestaaten«, in: Richard Georg Plaschka und Karlheinz Mack (Hrsg.), *Die Auflösung des Habsburgerreiches: Zusammenbruch und Neuorientierung im Donauraum*, München 1970, S. 338–349.

Baudis, Dieter, und Hermann Roth, »Berliner Opfer der Novemberrevolution 1918/19«, in: *Jahrbuch für Wirtschaftsgeschichte* (1968), S. 73–149.

Bauer, Frieder, und Jörg Vögele, »Die ›Spanische Grippe‹ in der deutschen Armee 1918: Perspektive der Ärzte und Generäle«, in: *Medizinhistorisches Journal* 48 (2013), S. 117–152.

Baumgart, Winfried, *Deutsche Ostpolitik 1918: Von Brest-Litovsk bis zum Ende des Ersten Weltkriegs*, Wien und München 1966.

Becker, Winfried, *Frederic von Rosenberg (1874–1937): Diplomat vom späten Kaiserreich bis zum Dritten Reich, Außenminister der Weimarer Republik*, Göttingen 2011.

Benbow, Mark, *Leading Them to the Promised Land: Woodrow Wilson, Covenant Theology, and the Mexican Revolutions, 1913–1915*, Kent 2010.

Benz, Wolfgang, *Süddeutschland in der Weimarer Republik: Ein Beitrag zur deutschen Innenpolitik 1918–1923*, Berlin 1970.

Berdrow, Wilhelm, *Die Firma Krupp im Weltkrieg und in der Nachkriegszeit*, MS 1936, 2 Teile, 12, HA Krupp, FAH IV/E10.

Berend, Ivan T., *Decades of Crisis: Central and Eastern Europe before World War II*, Berkeley, Los Angeles und London 1998.

Bergien, Rüdiger, *Die bellizistische Republik: Wehrkonsens und ›Wehrhaftmachung‹ in Deutschland, 1918–1933*, München 2012.

Bergien, Rüdiger, »Republikschützer oder Terroristen? Die Freikorpsbewegung in Deutschland nach dem Ersten Weltkrieg«, in: *Militärgeschichte* 3 (2008), S. 15–17.

Bernhardt, Oliver, *Alfred Döblin*, München 2007.

Bessel, Richard, *Germany after the First World War*, Oxford 1993.

Bessel, Richard, »Revolution«, in: Jay Winter (Hrsg.), *The Cambridge History of the First World War*, Bd. 2, Cambridge und New York 2014, S. 126–144.

Beyer, Hans, *Die Revolution in Bayern 1918/1919*, Berlin (Ost) 1988.

Bieber, Hans-Joachim, *Bürgertum in der Revolution*, Hamburg 1992.

Bjork, James E., *Neither German nor Pole: Catholicism and National Indifference in a Central European Borderland, 1890–1922*, Ann Arbor, MI, 2008.

Blanke, Richard, *Orphans of Versailles: The Germans in Western Poland, 1918–1939*, Lexington 1993.

Boebel, Chaja, und Lothar Wentzel (Hrsg.): *Streiken gegen den Krieg: Die Bedeutung der Massenstreiks in der Metallindustrie vom Januar 1918*, Hamburg 2008.

Boell, Ludwig, *Die Operationen in Ostafrika. Weltkrieg 1914–1918*, Hamburg 1951.

Boemeke, Manfred F., Gerald D. Feldman und Elisabeth Glaser (Hrsg.), *The Treaty of Versailles: A Reassessment after 75 Years*, Cambridge und New York 1998, S. 249–274.

Boghardt, Thomas, *The Zimmermann Telegram: Intelligence, Diplomacy and America's Entry into World War I*, Annapolis, MD, 2012.

Bramke, Werner, und Silvio Reisinger, *Leipzig in der Revolution von 1918/19*, Leipzig 2009.

Braun, Bernd, »Die ›Generation Ebert‹«, in: ders. und Klaus Schönhoven (Hrsg.), *Generationen in der Arbeiterbewegung*, München 2005, S. 69–86.

Buber, Martin (Hrsg.) unter Mitarbeit von Ina Britschgi-Schimmer, G*ustavLandauer. Sein Lebensgang in Briefen*, Bd. 2, Berlin 1920.

Bührer, Tanja, *Die Kaiserliche Schutztruppe für Deutsch-Ostafrika: Koloniale Sicherheitspolitik und transkulturelle Kriegführung, 1885–1918*, München 2011.

Bunselmeyer, Robert E., *The Cost of War 1914–1919: British Economic War Aims and the Origins of Reparation*, Hamden, CT, 1975.

Burleigh, Michael, *The Third Reich: A New History*, London 2001.

Büttner, Ursula, *Weimar: Die überforderte Republik 1918–1933*, Stuttgart 2008.

Cabanes, Bruno, »1919: Aftermath«, in: Jay Winter (Hrsg.), *Cambridge History of the First World War*, Bd. 1: *Global War*, Cambridge 2014, S. 172–198.

Cabanes, Bruno, *Lavictoire en deuillée: La sortie de guerre des soldats français (1918–1920)*, Paris 2004.

Calvert, Peter, *A Study of Revolution*, Oxford 1970.

Canning, Kathleen, »›Sexual Crisis‹, the Writing of Citizenship, and the State of Emergency in Germany, 1917–1922«, in: Alf Lüdtke und Michael Wildt

(Hrsg.), *Staats-Gewalt: Ausnahmezustand und Sicherheitsregimes. Historische Perspektiven*, Göttingen 2008, S. 167–213.

Canning, Kathleen, Kerstin Barndt und Kristin McGuire (Hrsg.), *Weimar Publics/Weimar Subject: Rethinking the Political Culture of Germany in the 1920s*, New York 2010.

Canning, Kathleen, »The Politics of Symbols, Semantics, and Sentiments in the Weimar Republic«, in: *Central European History* 43 (2010), S. 567–580.

Carsten, Frances L., *Revolution in Central Europe 1918–19*, London 1972.

Chickering, Roger, *We Men Who Feel Most German: A Cultural Study of the Pan-German League, 1886–1914*, London 1984.

Chickering, Roger, *Imperial Germany and the Great War, 1914–1918*, Cambridge 2004.

Cipriano Venzon, Anne (Hrsg.), *The United States in the First World War: An Encyclopedia*, New York und London 1995.

Cohn, Norman, *Warrant for Genocide: The Myth of the Jewish World-Conspiracy and the Protocols of the Elders of Zion*, New York 1966.

Conrad, Sebastian, und Jürgen Osterhammel (Hrsg.), *Das Kaiserreich transnational: Deutschland in der Welt, 1971–1914*, Göttingen 2006.

Dähnhardt, Dirk, *Revolution in Kiel*, Neumünster 1984.

Davies, Norman, *Microcosm: A Portrait of a Central European City*, London 2003.

Deist, Wilhelm, »Die Politik der Seekriegsleitung und die Rebellion der Flotte Ende Oktober 1918«, in: *Vierteljahrshefte für Zeitgeschichte* 14 (1966), S. 341–368.

Deist, Wilhelm, »Verdeckter Militärstreik im Kriegsjahr 1918?«, in: Wolfram Wette (Hrsg.), *Der Krieg des kleinen Mannes: Eine Militärgeschichte von unten*, München und Zürich 1998, S. 146–167.

Denholm, Decie, »Eine Australierin in Leipzig: Die heimlichen Briefe der Ethel Cooper 1914–1919«, in: Bernd Hüppauf (Hrsg.), *Ansichten vom Krieg*, Königstein im Taunus 1984, S. 132–152.

Doerries, Reinhard R., *Prelude to the Easter Rising: Sir Roger Casement in Imperial Germany*, London und Portland 2000.

Dowe, Dieter, und Peter-Christian Witt, *Friedrich Ebert 1871–1925: Vom Arbeiterführer zum Reichspräsidenten*, Bonn 1987.

Drabkin, Jakov S., *Die Novemberrevolution in Deutschland*, Berlin (Ost) 1968.

Eimers, Enno, *Das Verhältnis von Preußen und Reich in den ersten Jahren der Weimarer Republik 1918–1923*, Berlin 1969.

Eley, Geoff, Jennifer L. Jenkin und Tracie Matysik (Hrsg.), *German Modernities from Wilhelm to Weimar: A Contest of Futures*, London 2016.

Eley, Geoff, und James Retallack (Hrsg.), *Wilhelminism and Its Legacies: German Modernities, Imperialism, and the Meaning of Reform, 1890–1930: Essays for Hartmut Pogge von Strandmann*, Oxford 2003.

Elz, Wolfgang, »Versailles und Weimar«, in: *Aus Politik und Zeitgeschichte*, 50/51 (2008), S. 31–38.

Engelmann, Dieter, und Horst Naumann: *Hugo Haase: Lebensweg und politisches Vermächtnis eines streitbaren Sozialisten,* Berlin 1999.

Erdmann, Karl Dietrich, »Die Geschichte der Weimarer Republik als Problem der Wissenschaft«, in: *Vierteljahrshefte für Zeitgeschichte* 3 (1955), S. 1–19.

Erger, Johannes, *DerKapp-Lüttwitz-Putsch: Ein Beitrag zur deutschen Innenpolitik, 1919–20,* Düsseldorf 1967.

Evans, Richard J., *Das Dritte Reich,* Bd. 1: *Aufstieg,* München 2004.

Eyck, Erich, *Geschichte der Weimarer Republik,* Bd. I: *Vom Zusammenbruch des Kaisertums bis zur Wahl Hindenburgs,* Zürich 1954.

Eyck, Erich, *Geschichte der Weimarer Republik,* Bd. II: *Von der Konferenz von Locarno bis zu Hitlers Machtübernahme,* Zürich 1956.

Fedyshyn, Oleh S., *Germany's Drive to the Eastland the Ukrainian Revolution, 1917–1918,* New Brunswick, NJ, 1971.

Feldman, Gerald D., und Irmgard Steinisch, *Industrie und Gewerkschaften 1918–1924: Die überforderte Zentralarbeitsgemeinschaft,* Stuttgart 1985.

Feldman, Gerald D., »Das deutsche Unternehmertum zwischen Krieg und Revolution: Die Entstehung des Stinnes-Legien-Abkommens«, in: ders., *Vom Weltkrieg zur Weltwirtschaftskrise: Studien zur deutschen Wirtschafts- und Sozialgeschichte 1914–1932,* Göttingen 1984, S. 100–127.

Fellner, Fritz, »Der Vertrag von St. Germain«, in: Erika Weinzierl und Kurt Skalnik (Hrsg.), *Österreich 1918–1938,* Bd 1., Graz 1983, S. 85–106.

Ferguson, Niall, *The Pity of War: Explaining World War I,* London 1998.

Ferro, Marc, *October 1917: A Social History of the Russian Revolution,* London 1980.

Figes, Orlando, *Die Tragödie eines Volkes. Die Epoche der russischen Revolution 1891 bis 1924,* Berlin 1998.

Fink, Carole, *Defending the Rights of Others: The Great Powers, the Jews, and International Minority Protection,* New York 2004.

Föllmer, Moritz, und Rüdiger Graf (Hrsg.), *Die ›Krise‹ der Weimarer Republik: Zur Kritik eines Deutungsmusters,* Frankfurt am Main 2005.

Friedensburg, Ferdinand, *Die Weimarer Republik,* 2. Auflage, Berlin 1957.

Fritzsche, Peter, »Historical Time and Future Experience in Postwar Germany«, in: Wolfgang Hardtwig (Hrsg.), *Ordnungen in der Krise. Zur politischen Kulturgeschichte Deutschlands 1900–1933,* München 2007, S. 141–164.

Gallus, Alexander, Die *vergessene Revolution von 1918/19,* Göttingen 2010.

Gatrell, Peter, *Russia's First World War, 1914–1917: A Social and Economic History,* London 2005.

Gautschi, Willi, *Lenin als Emigrant in der Schweiz,* Zürich 1973.

Genov, Georgi P., *Bulgaria and the Treaty of Neuilly,* Sofia 1935.

Georg, Kreis, *Insel der unsicheren Geborgenheit: Die Schweiz in den Kriegsjahren 1914–1918,* Zürich 2014.

Ģērmanis, Uldis, *Oberst Vācietis und die lettischen Schützen im Weltkrieg und in der Oktoberrevolution,* Stockholm 1974.

Gerwarth, Robert, *Die Besiegten: Das blutige Ende des Ersten Weltkriegs*, München 2017.

Gerwarth, Robert, »The Central European Counter-Revolution: Paramilitary Violence in Germany, Austria and Hungary after the Great War«, in: *Past & Present* 200 (2008), S. 175–209.

Gerwarth, Robert, und Martin Conway, »Revolution and Counterrevolution«, in: Donald Bloxham und Robert Gerwarth (Hrsg.), *Political Violence in Twentieth-Century Europe*, Cambridge und New York 2011, S. 140–175.

Gerwarth, Robert, und John Horne, »Bolshevism as Fantasy: Fear of Revolution and Counter-Revolutionary Violence, 1917–1923«, in: Robert Gerwarth und John Horne (Hrsg.), *War in Peace Paramilitary Violence in Europe after the Great War*, Oxford 2012, S. 40–51.

Gerwarth, Robert, und John Horne, »Vectors of Violence: Paramilitarism in Europe after the Great War, 1917–1923«, in: *The Journal of Modern History* 83 (2011), S. 489–512.

Gerwarth, Robert, und Erez Manela (Hrsg.), *Empires at War, 1911–23*, Oxford 2014.

Geyer, Michael, »Zwischen Krieg und Nachkrieg: Die deutsche Revolution 1918/19 im Zeichen blockierter Transnationalität«, in: Alexander Gallus (Hrsg.) , *Die vergessene Revolution von 1918/19*, Göttingen 2010, S. 187–222.

Gietinger, Klaus, *Der Konterrevolutionär: Waldemar Pabst – eine deutsche Karriere*, Hamburg 2009.

Gietinger, Klaus, *Eine Leiche im Landwehrkanal: Die Ermordung Rosa Luxemburgs*, Hamburg 2008.

Gilbhard, Hermann, *Die Thule-Gesellschaft: Vom okkulten Mummenschanz zum Hakenkreuz*, München 1994.

Gill, Graeme J., *Peasants and Government in the Russian Revolution*, New York 1979.

Gingeras, Ryan, *Fall of the Sultanate. The Great War and the End of the Ottoman Empire 1908–1922*, Oxford 2016.

Golczewski, Frank, *Deutsche und Ukrainer*, Paderborn 2010.

Goldberg, George, *The Peace to End Peace: the Paris Peace Conference of 1919*, London 1970.

Gosewinkel, Dieter, *Einbürgern und Ausschließen: Die Nationalisierung der Staatsangehörigkeit vom Deutschen Bund bis zur Bundesrepublik Deutschland*, Göttingen 2001.

Gould, S. W., »Austrian Attitudes toward Anschluss: October 1918–September 1919«, in: *Journal of Modern History* 22 (1950), S. 220–231.

Graebner, Norman, und Edward Bennett, *The Versailles Treaty and Its Legacy: The Failure of the Wilsonian Vision*, Cambridge und New York 2011.

Graf, Rüdiger, »Optimismus und Pessimismus in der Krise – der politisch-kulturelle Diskurs in der Weimarer Republik«, in: Wolfgang Hardtwig (Hrsg.), *Ordnungen in der Krise: Zur politischen Kulturgeschichte Deutschlands 1900–1933*, München 2007, S. 115–140.

Grau, Bernhard, *Kurt Eisner 1867–1919: Eine Biographie*, München 2001.
Grebing, Helga, *Frauen in der deutschen Revolution 1918/19*, Heidelberg 1994.
Grosch, Waldemar, *Deutsche und polnische Propaganda während der Volksabstimmung in Oberschlesien 1919–1921*, Dortmund 2003.
Groß, Gerhard, »Eine Frage der Ehre? Die Marineführung und der letzte Flottenvorstoß 1918«, in: Jörg Duppler und Gerhard P. Groß (Hrsg.), *Kriegsende 1918: Ereignis, Wirkung, Nachwirkung*, München 1999, S. 349–366.
Gueslin, Julien, »Riga, de la métropole russe à la capitale de la Lettonie 1915–1919«, in: Philippe Chassaigne und Jean-Marc Largeaud (Hrsg.), *Villes en guerre (1914–1945)*, Paris 2004, S. 185–195.
Gumbrecht, Hans Ulrich, *1926: Living on the Edge of Time*, Cambridge, MA, 1997.
Gusy, Christoph, »Die Grundrechte in der Weimarer Republik«, in: *Zeitschrift für neuere Rechtsgeschichte* 15 (1993), S. 163–183.
Gusy, Christoph (Hrsg.), *Weimars langer Schatten: »Weimar« als Argument nach 1945*, Baden-Baden 2003.
Haapala, Pertti, und Marko Tikka, »Revolution, Civil War and Terror in Finland in 1918«, in: Robert Gerwarth und John Horne (Hrsg.), *War in Peace Paramilitary Violence in Europe after the Great War*, Oxford 2012, S. 71–83.
Haase, Ernst, *Hugo Haase. Sein Leben und Wirken*, Berlin 1929.
Haffner, Sebastian, *Die verratene Revolution. Deutschland 1918/19*, Bern, München und Wien 1969.
Hagen, Mark von, *War in a European Borderland: Occupations and Occupation Plans in Galicia and Ukraine, 1914–1918*, Seattle, WA, 2007.
Hagenlücke, Heinz, *Deutsche Vaterlandspartei: Die nationale Rechte am Ende des Kaiserreichs*, Düsseldorf 1997.
Hahlweg, Werner, *Der Diktatfrieden von Brest-Litowsk 1918 und die bolschewistische Weltrevolution*, Münster 1960.
Haller, Oliver, »German Defeat in World War I, Influenza and Postwar Memory«, in: Klaus Weinhauer, Anthony McElligot und Kirsten Heinsohn (Hrsg.), *Germany 1916–23: A Revolution in Context*, Bielefeld 2015, S. 151–180.
Hardtwig, Wolfgang, *Ordnungen in der Krise: Zur politischen Kulturgeschichte Deutschlands 1900–1933*, München 2007.
Haupt, Georges, *Socialism and the Great War: The Collapse of the Second International*, Oxford 1972.
Hawkins, Nigel, *The Starvation Blockades: Naval Blockades of World War I*, Barnsley 2002.
Heimers, Manfred Peter, *Unitarismus und süddeutsches Selbstbewußtsein. Weimarer Koalition und SPD in Baden in der Reichsreformdiskussion 1918–1933*, Düsseldorf 1992.
Hermens, Ferdinand, *Mehrheitswahlrecht oder Verhältniswahlrecht?*, Berlin 1949.
Hervé, Florence, *Geschichte der deutschen Frauenbewegung*, Köln 1995.
Herwig, Holger, *The First World War: Germany and Austria-Hungary, 1914–1918*, London 1997.

Herwig, Holger H., *»Luxury« Fleet: the Imperial German Navy, 1888–1918*, London 1980.

Heymann, Lida Gustava, und Anita Augspurg, *Erlebtes – Erschautes: Deutsche Frauen kämpften für Freiheit, Recht und Frieden 1850–1950*, hrsg. von Margit Twellmann, Frankfurt am Main 1992.

Hiden, John, und Martyn Housden, *Neighbours or Enemies? Germans, the Baltic, and Beyond*, Amsterdam und New York 2008.

Hillmayr, Heinrich, »München und die Revolution 1918/1919«, in: Karl Bosl (Hrsg.), *Bayern im Umbruch. Die Revolution von 1918, ihre Voraussetzungen, ihr Verlauf und ihre Folgen*, München und Wien 1969.

Hillmayr, Heinrich, *Roter und Weißer Terror in Bayern nach 1918*, München 1974.

Hock, Klaus, *Die Gesetzgebung des Rates der Volksbeauftragten*, Pfaffenweiler 1987.

Hoffrogge, Ralf, *Richard Müller: Der Mann hinter der Novemberrevolution*, Berlin 2008.

Holquist, Peter, *Making War, Forging Revolution. Russia's Continuum of Crisis*, Cambridge, MA, 2002.

Holste, Heiko, *Warum Weimar? Wie Deutschlands erste Republik zu ihrem Geburtsort kam*, Wien 2017.

Höpp, Gerhard, *Muslime in der Mark: Als Kriegsgefangene und Internierte in Wünsdorf und Zossen, 1914–1924*, Berlin 1997.

Horak, Stephan M., *The First Treaty of World War I: Ukraine's Treaty with the Central Powers of February 9, 1918*, Boulder, CO, 1988.

Horn, Daniel, *Mutiny on the High Seas: Imperial German Naval Mutinies of World War One*, London 1973.

Hortzschansky, Günter (Hrsg.), *Illustrierte Geschichte der deutschen Novemberrevolution 1918/19*, Berlin (Ost) 1978.

Hoyningen-Huene, Iris von, *Adel in der Weimarer Republik. Die rechtlich soziale Situation des reichsdeutschen Adels 1918–1933*, Limburg 1992.

Huber, Ernst R., *Deutsche Verfassungsgeschichte seit 1789*, Bd. 5: *Weltkrieg, Revolution und Reichserneuerung 1914–1919*, Stuttgart 1978.

Huck, Stephan, und Frank Nägler (Hrsg.), *Marinestreiks – Meuterei – Revolutionäre Erhebung 1917/1918*, München 2009.

Hürten, Heinz (Hrsg.), *Zwischen Revolution und Kapp-Putsch: Militär und Innenpolitik, 1918–1920*, Düsseldorf 1977.

Jacob, Mathilde, *Rosa Luxemburg: An Intimate Portrait*, London 2000.

Janz, Oliver, *14: Der Große Krieg*, Frankfurt am Main 2013.

Jefferies, Matthew, *Imperial Culture in Germany, 1871–1918*, Houndmills und New York 2003.

Jentsch, Harald, *Die KPD und der »Deutsche Oktober« 1923*, Rostock 2005.

Jessen-Klingenberg, Manfred, »Die Ausrufung der Republik durch Philipp Scheidemann am 9. November 1918«, in: *Geschichte in Wissenschaft und Unterricht* 19 (1968), S. 649–656.

Jones, Mark, *Am Anfang war Gewalt. Die deutsche Revolution 1918/19 und der Beginn der Weimarer Republik*, Berlin 2017.

Jones, Nigel H., *Hitler's Heralds: The Story of the Freikorps 1918–1923*, London 1987.

Käppner, Joachim, *1918: Aufstand für die Freiheit. Die Revolution der Besonnenen*, München 2017.

Katz, Friedrich, *The Secret War in Mexico: Europe, the United States, and the Mexican Revolution*, Chicago, IL, 1981.

Keller, Peter, *»Die Wehrmacht der deutschen Republik ist die Reichswehr«. Die deutsche Armee 1918–1921*, Paderborn 2014.

Kellogg, Michael, *The Russian Roots of Nazism: White Russians and the Making of National Socialism, 1917–1945*, Cambridge/New York 2005.

Kershaw, Ian, *Höllensturz: Europa von 1914 bis 1949*, München 2017.

Kiesel, Helmuth, *Ernst Jünger: Die Biographie*, München 2007.

Kitchen, Martin, *The Silent Dictatorship: The Politics of the German High Command under Hindenburg and Ludendorff, 1916–1918*, New York 1976.

Kluge, Ulrich, *Soldatenräte und Revolution: Studien zur Militärpolitik in Deutschland 1918/19*, Göttingen 1975.

Knock, Thomas J., *To End All Wars: Woodrow Wilson and the Quest for a New World Order*, New York 1992.

Koch-Baumgarten, Sigrid, *Aufstand der Avantgarde: Die Märzaktion der KPD 1921*, Köln 1986.

Koehl, Robert Lewis, »Colonialism inside Germany: 1886–1918«, in: *The Journal of Modern History* 25 (1953), S. 255–272.

Kohlrausch, Martin, *Der Monarch im Skandal: Die Logik der Massenmedien und die Transformation der wilhelminischen Monarchie*, Berlin 2005.

Kolb, Eberhard, »1918/19: Die steckengebliebene Revolution«, in: Carola Stern und Heinrich A. Winkler (Hrsg.), *Wendepunkte deutscher Geschichte 1848–1990*, Frankfurt am Main 2001 (Neuausgabe), S. 100–125.

Kolb, Eberhard, *Die Arbeiterräte in der deutschen Innenpolitik 1918/19*, 2. Auflage, Düsseldorf 1978.

Kolb, Eberhard, *Die Weimarer Republik*, München 2002.

Kopp, Kristin, »Gray Zones: on the Inclusion of ›Poland‹ In the Study of German Colonialism« in: Michael Perraudin und Jürgen Zimmerer (Hrsg.), *German Colonialism and National Identity*, New York und London 2011, S. 33–42.

Kramer, Alan, *Dynamic of Destruction: Culture and Mass Killing in the First World War*, Oxford und New York 2007.

Krause, Andreas, *Scapa Flow: Die Selbstversenkung der Wilhelminischen Flotte*, Berlin 1999.

Kritzer, Peter, *Die bayerische Sozialdemokratie und die bayerische Politik in den Jahren 1918–1923*, München 1969.

Krumeich, Gerd (Hrsg.), *Versailles 1919: Ziele, Wirkung, Wahrnehmung*, Essen 2001.

Kucera, Jaroslav, *Minderheit im Nationalstaat: Die Sprachenfrage in den tschechisch-deutschen Beziehungen 1918–1938*, München 1999.

Large, David Clay, *Where Ghosts Walked: München's Road to the Third Reich*, New York 1997.

Laschitza, Annelies, *Im Lebensrausch, trotz alledem. Rosa Luxemburg: Eine Biographie*, Berlin 1996.

Laschitza, Annelies, *Die Liebknechts: Karl und Sophie, Politik und Familie*, Berlin 2009.

Lehnert, Detlef, *Sozialdemokratie und Novemberrevolution: Die Neuordnungsdebatte 1918/19 in der politischen Publizistik von SPD und USPD*, Frankfurt am Main 1983.

Leidinger, Hannes, »Der Kieler Aufstand und die deutsche Revolution«, in: Verena Moritz und Hannes Leidinger (Hrsg.), *Die Nacht des Kirpitschnikow: Eine andere Geschichte des Ersten Weltkriegs*, Wien 2006, S. 206–241.

Leidinger, Hannes, und Verena Moritz, *Gefangenschaft, Revolution, Heimkehr. Die Bedeutung der Kriegsgefangenproblematik für die Geschichte des Kommunismus in Mittel- und Osteuropa 1917–1920*, Köln und Wien 2003.

Leonhard, Jörn, *Die Büchse der Pandora: Geschichte des Ersten Weltkriegs*, München 2014.

Liulevicius, Vejas G., »Der Osten als apokalyptischer Raum: Deutsche Fronterfahrungen im und nach dem Ersten Weltkrieg«, in: Gregor Thum (Hrsg.), *Traumland Osten: Deutsche Bilder vom östlichen Europa im 20. Jahrhundert*, Göttingen 2006, S. 47–65.

Liulevicius, Vejas Gabriel, *War Land on the Eastern Front: Culture, National Identity and German Occupation in World War I*, Cambridge und New York 2000.

Longerich, Peter, *Deutschland 1918–1933: Die Weimarer Republik. Handbuch zur Geschichte*, Hannover 1995.

Longerich, Peter, *Hitler. Biographie*, München 2015.

Lösche, Peter, *Der Bolschewismus im Urteil der deutschen Sozialdemokratie 1903–1920*, Berlin 1967.

Lowry, Bullit, *Armistice 1918*, Kent, OH, und London 1996.

Luban, Ottokar, »Die Massenstreiks für Frieden und Demokratie im Ersten Weltkrieg«, in: Chaja Boebel und Lothar Wentzel (Hrsg.), *Streiken gegen den Krieg: Die Bedeutung der Massenstreiks in der Metallindustrie vom Januar 1918*, Hamburg 2008, S. 11–27.

Lüdke, Tilman, *Jihad made in Germany: Ottoman and German Propaganda and Intelligence Operations in the First World War*, Münster 2005, S. 117–125.

Luthardt, Wolfgang, *Sozialdemokratische Verfassungstheorie in der Weimarer Republik*, Opladen 1986.

Luther, Karl-Heinz, »Die nachrevolutionären Machtkämpfe in Berlin, November 1918 bis März 1919«, in: *Jahrbuch für Geschichte Mittel- und Ostdeutschlands* (1959), S. 187–222.

Lutz, Raphael, *Imperiale Gewalt und mobilisierte Nation: Europa 1914–1945*, München 2011.

Machtan, Lothar, *Die Abdankung: Wie Deutschlands gekrönte Häupter aus der Geschichte fielen*, Berlin 2008.

Machtan, Lothar, *Prinz Max von Baden: Der letzte Kanzler des Kaisers*, Berlin 2013.

MacMillan, Margaret, *Die Friedensmacher. Wie der Versailler Vertrag die Welt veränderte*, Berlin 2015.

Malinowski, Stephan, *Vom König zum Führer: Sozialer Niedergang und politische Radikalisierung im deutschen Adel zwischen Kaiserreich und NS-Staat*, Berlin 2003.

Mark, Rudolf A., *Krieg an fernen Fronten: Die Deutschen in Zentralasien und am Hindukusch 1914–1924*, Paderborn 2013.

Marks, Sally, »Mistakes and Myths: The Allies, Germany and the Versailles Treaty, 1918–1921«, in: *Journal of Modern History* 85 (2013), S. 632–659.

Marks, Sally, »The Myths of Reparations«, in: *Central European History* 11 (1978), S. 231–239.

Marx-Engels-Lenin-Institut beim ZK der SED (Hrsg.), *Karl Liebknecht, Ausgewählte Reden, Briefe und Aufsätze*, Berlin (Ost) 1952.

Materna, Ingo, »9. November 1918 – der erste Tag der Republik: Eine Chronik«, in: *Berlinische Monatsschrift* 4 (2000), S. 139–146.

Matthias, Erich, *Die deutsche Sozialdemokratie und der Osten*, Tübingen 1954.

Matthias, Erich, *Zwischen Räten und Geheimräten: Die deutsche Revolutionsregierung 1918/19*, Düsseldorf 1970.

Maurer, Trude, *Ostjuden in Deutschland, 1918–1933*, Hamburg 1990.

Mazower, Mark, *Dark Continent. Europe's Twentieth Century*, New York 1999.

Mazower, Mark, »Two Cheers for Versailles«, in: *History Today* 49 (1999), S. 8–14.

McElligott, Anthony, *Rethinking the Weimar Republic: Authority and Authoritarianism, 1916–1936*, London 2014.

McElligot, Anthony (Hrsg.), *Weimar Germany*, Oxford und New York 2011.

McElligott, Anthony, und Kirsten Heinsohn (Hrsg.), *Germany 1916–23: A Revolution in Context*, Bielefeld 2015.

Melzer, Liane, *Die Gesetzgebung des Rats der Volksbeauftragten (1918/19): Entstehungsgeschichte und Weitergeltung*, Frankfurt am Main 1988.

Menges, Franz, *Reichsreform und Finanzpolitik. Die Aushöhlung der Eigenstaatlichkeit Bayerns auf finanzpolitischem Wege in der Zeit der Weimarer Republik*, Berlin 1971.

Merridale, Catherine, *Lenin on the Train*, London 2016.

Michels, Eckard, *»Der Held von Deutsch-Ostafrika«: Paul von Lettow-Vorbeck. Ein preußischer Kolonialoffizier*, Paderborn 2008.

Michels, Eckard, »›Die Spanische Grippe‹ 1918/19: Verlauf, Folgen und Deutungen in Deutschland im Kontext des Ersten Weltkriegs«, in: *Vierteljahrshefte für Zeitgeschichte* 1 (2010), S. 1–33.

Middlebrook, Martin, *The Kaiser's Battle: The First Day of the German Spring Offensive*, London 1978.

Mierau, Fritz, *Russen in Berlin, 1918–1933*, Berlin 1988.

Mikoletzky, Lorenz, »Saint-Germain und Karl Renner: Eine Republik wird diktiert«, in: Helmut Konrad und Wolfgang Maderthaner (Hrsg.), *Das Werden der Ersten Republik*, Bd. 1: *... der Rest ist Österreich*, Wien 2008, S. 179–186.

Miller, Susanne, *Die Bürde der Macht: Die deutsche Sozialdemokratie 1918–1920*, Düsseldorf 1978.

Miller, Susanne, »Das Ringen um ›die einzige großdeutsche Republik‹. Die Sozialdemokratie in Österreich und im Deutschen Reich zur Anschlußfrage 1918/19«, in: *Archiv für Sozialgeschichte* 11 (1971), S. 1–68.

Miller, Susanne, und Gerhard A. Ritter, »Die November-Revolution im Herbst 1918 im Erleben und Urteil der Zeitgenossen«, in: *Aus Politik und Zeitgeschichte* 18 (1968), S. 3–40.

Mitchell, Allan, *Revolution in Bayern 1918/1919: Die Eisner-Regierung und die Räterepublik*, München 1967.

Mitchell, David J., *1919: Red Mirage*, London 1970.

Mitrović, Andrej, *Serbia's Great War, 1914–1918*, London 2007.

Mommsen, Hans, »Hitler und der 9. November 1923«, in: Johannes Willms (Hrsg.), *Der 9. November. Fünf Essays zur deutschen Geschichte*, München 1995, S. 33–48.

Morsey, Rudolf, *Die Deutsche Zentrumspartei 1917–1923*, Bonn 1966.

Moyd, Michelle, *Violent Intermediaries: African Soldiers, Conquest, and Everyday Colonialism in German East Africa*, Athens, OH, 2014.

Mühlhausen, Walther, *Friedrich Ebert 1871–1925: Reichspräsident in der Weimarer Republik*, Bonn 2006.

Müller, Sven O., und Cornelius Torp (Hrsg.), *Das Deutsche Kaiserreich in der Kontroverse*, Göttingen 2009.

Mulligan, William, *The Creation of the Modern German Army: General Walther Reinhardt and the Weimar Republic, 1914–1930*, New York 2005.

Murphy, Mahon, *Colonial Captivity during the First World War: Internment and the Fall of the German Empire, 1914–1919*, Cambridge 2017.

Myers, Duane P., *Germany and the Question of Austrian Anschluss 1918–1922*, New Haven 1968.

Nachtigal, Reinhard, *Russland und seine österreichisch-ungarischen Kriegsgefangenen (1914–1918)*, Remshalden 2003.

Nebelin, Manfred, *Ludendorff: Diktator im Ersten Weltkrieg*, München 2010.

Nettl, Peter, *Rosa Luxemburg*, Frankfurt am Main 1968.

Niemann, Alfred, *Kaiser und Revolution: Die entscheidenden Ereignisse im Großen Hauptquartier im Herbst 1918*, Berlin 1928.

Niess, Wolfgang, *Die Revolution von 1918/19 in der deutschen Geschichtsschreibung. Deutungen der Weimarer Republik bis ins 21. Jahrhundert*, Berlin 2012

Niess, Wolfgang, *Die Revolution von 1918/19: Der wahre Beginn unserer Demokratie*, Berlin u. a. 2017.

Nojowski, Walter, *Victor Klemperer (1881–1960): Romanist – Chronist der Vorhölle*, Berlin 2004.

Nowak, Karl Friedrich (Hrsg.), *Die Aufzeichnungen des Generalmajors Max Hoffmann*, Berlin 1929.

Oertzen, Peter von, *Betriebsräte in der Novemberrevolution: Eine politikwissenschaftliche Untersuchung über Ideengehalt und Struktur der betrieblichen und wirtschaftlichen Arbeiterräte in der deutschen Revolution 1918/1919*, 2. Auflage, Berlin 1976.

Oertzen, Peter von, »Die großen Streiks der Ruhrbergarbeiterschaft im Frühjahr 1919«, in: *Vierteljahrshefte für Zeitgeschichte* 6 (1958), S. 231–262.

Osborne, Eric W., *Britain's Economic Blockade of Germany, 1914–1919*, London und New York 2004.

Pedersen, Susan, *The Guardians: The League of Nations and the Crisis of Empire*, Oxford und New York 2015.

Pedroncini, Guy, *Les Mutineries de 1917*, 3. Auflage, Paris 1996.

Petzold, Joachim, *Der 9. November 1918 in Berlin: Berliner Arbeiterveteranen berichten über die Vorbereitung der Novemberrevolution und ihren Ausbruch am 9. November 1918 in Berlin*, Berlin (Ost) 1958.

Phillips, Howard, und David Killingray (Hrsg.), *The Spanish Influenza Pandemic of 1918–19: New Perspectives*, London und New York 2003.

Pieck, Wilhelm, *Gesammelte Reden und Schriften*, Bd. 1: *August 1904 – 1. Januar 1919*, Berlin (Ost) 1959.

Pipes, Richard, *The Russian Revolution 1899–1919*, London 1997.

Pistohlkors, Gert von, *Deutsche Geschichte im Osten Europas. Baltische Länder*, Berlin 1994.

Platthaus, Andres, *Der Krieg nach dem Krieg. Deutschland zwischen Revolution und Versailles 1918/19*, Reinbek 2018.

Plöckinger, Othmar, *Unter Soldaten und Agitatoren. Hitlers prägende Jahre im deutschen Militär 1918–1920*, Paderborn 2013.

Plowman, Matthew, »Irish Republicans and the Indo-German Conspiracy of World War I«, in: *New Hibernia Review* 7 (2003), S. 81–105.

Portner, Ernst, *Die Verfassungspolitik der Liberalen 1919: Ein Beitrag zur Deutung der Weimarer Reichsverfassung*, Bonn 1973.

Pourchier-Plasseraud, Suzanne, »Riga 1905–2005: A City with Conflicting Identities«, in: *Nordost-Archiv* 15 (2006), S. 175–194.

Pranckh, Hans von, *Der Prozeß gegen den Grafen Anton Arco-Valley, der den bayerischen Ministerpräsidenten Kurt Eisner erschossen hat*, München 1920.

Purseigle, Pierre, »›A Wave on to Our Shores‹: The Exile and Resettlement of Refugees from the Western Front, 1914–1918«, in: *Contemporary European History* 16 (2007), S. 427–444.

Pyta, Wolfram, *Hindenburg: Herrschaft zwischen Hohenzollern und Hitler*, München 2007.

Rabinowitch, Alexander, *The Bolsheviks in Power: The First Year of Soviet Rule in Petrograd*, Bloomington, IN, 2007.

Rachaminow, Alan, *POWs and the Great War: Captivity on the Eastern Front*, Oxford und New York 2002.

Raef, Mark, *Russia Abroad: A Cultural History of the Russian Emigration, 1919–1939*, Oxford und New York 1990.

Raleigh, Donald J., *Experiencing Russia's Civil War: Politics, Society and Revolutionary Culture in Saratov, 1917–1922*, Princeton, NJ, 2002.

Rappaport, Helen, *Conspirator: Lenin in Exile*, New York 2010.

Rauch, Georg von, *The Baltic States: The Years of Independence: Estonia, Latvia, Lithuania, 1917–1940*, Berkeley, CA, 1974.

Rauscher, Walter, »Die Republikgründungen 1918 und 1945«, in: Klaus Koch, Walter Rauscher, Arnold Suppan und Elisabeth Vyslonzil (Hrsg.), *Außenpolitische Dokumente der Republik Österreich 1918–1938*, Sonderband: *Von Saint-Germain zum Belvedere: Österreich und Europa 1919–1955*, Wien und München 2007, S. 9–24.

Raymond, Boris, und David R. Jones, *The Russian Diaspora 1917–1941*, Lanham, MD, 2000.

Read, Anthony, *The World on Fire. 1919 and the Battle with Bolshevism*, London 2009.

Reisinger, Silvio, »Die Revolution von 1918/19 in Leipzig«, in: Ulla Plener (Hrsg.), *Die Novemberrevolution 1918/19 in Deutschland: Für bürgerliche und sozialistische Demokratie. Allgemeine, regionale und biographische Aspekte. Beiträge zum 90. Jahrestag der Revolution*, Berlin 2009, S. 163–180.

Reulecke, Jürgen, *»Ich möchte einer werden so wie die …«: Männerbünde im 20. Jahrhundert*, Frankfurt am Main 2001.

Reuling, Ulrich, »Reichsreform und Landesgeschichte: Thüringen und Hessen in der Länderneugliederungsdiskussion der Weimarer Republik«, in: *Aspekte thüringisch-hessischer Geschichte*, Marburg 1992, S. 257–308.

Reynolds, David, *The Long Shadow. The Great War and the Twentieth Century*, London 2013.

Rhode, Gotthold, »Das Deutschtum in Posen und Pommerellen in der Zeit der Weimarer Republik«, in: Senatskommission für das Studium des Deutschtums im Osten an der Rheinischen Friedrich-Wilhelms-Universität Bonn (Hrsg.), *Studien zum Deutschtum im Osten*, Köln und Graz 1966, S. 88–132.

Richter, Ludwig, »Notverordnungsrecht«, in: Eberhard Kolb (Hrsg.), *Friedrich Ebert als Reichspräsident: Amtsführung und Amtsverständnis*, München 1997, S. 250–257.

Richter, Ludwig, »Reichspräsident und Ausnahmegewalt. Die Genese des Art. 48 in den Beratungen der Weimarer Nationalversammlung«, in: *Der Staat* 37 (1998), S. 221–247.

Richter, Ludwig, »Die Vorgeschichte des Art. 48 der Weimarer Reichsverfassung«, in: *Der Staat* 37 (1998), S. 1–26.

Ritter, Gerhard A. (Hrsg.), *Geschichte der Arbeiter und Arbeiterbewegung in Deutschland seit dem Ende des 18. Jahrhunderts*, Bd. 6, Berlin und Bonn 1985.

Röhl, John C. G., *Wilhelm II.: Der Weg in den Abgrund, 1900–1941,* München 2008.

Rose, Detlev, *Die Thule-Gesellschaft. Legende – Mythos – Wirklichkeit,* 3. Auflage, Tübingen 2017.

Rosenberg, Arthur, *Entstehung und Geschichte der Weimarer Republik,* Frankfurt am Main 1955.

Roshwald, Aviel, *Ethnic Nationalism and the Fall of Empires: Central Europe, Russia and the Middle East, 1914–1923,* London 2001.

Rossfeld, Roman, Thomas Buomberger und Patrick Kury (Hrsg.), *14/18. Die Schweiz und der Große Krieg,* Baden 2014.

Rothenberg, Gunther, *The Army of Francis Joseph,* West Lafayette, IN, 1997.

Rubenstein, Joshua, *Leon Trotsky: A Revolutionary's Life,* New Haven und London 2006.

Rudin, Harry R., *Armistice 1918,* New Haven 1944.

Rüger, Jan, *Helgoland. Deutschland, England und ein Felsen in der Nordsee,* Berlin 2017.

Rürup, Reinhard (Hrsg.), *Arbeiter- und Soldatenräte im rheinisch-westfälischen Industriegebiet: Studien zur Geschichte der Revolution 1918/19,* Wuppertal 1975.

Rürup, Reinhard, *Probleme der Revolution in Deutschland 1918/19,* Wiesbaden 1968.

Sabrow, Martin, *Die verdrängte Verschwörung: Der Rathenau-Mord und die deutsche Gegenrevolution,* Frankfurt am Main 1999.

Sammartino, Annemarie H., *The Impossible Border. Germany and the East, 1914–1922,* Ithaca 2010.

Sanborn, Joshua, *Imperial Apocalypse: The Great War and the Destruction of the Russian Empire,* Oxford und New York 2014.

Sauer, Bernhard, »Freikorps und Antisemitismus«, in: *Zeitschrift für Geschichtswissenschaft* 56 (2008), S. 5–29.

Sauer, Bernhard, »Vom ›Mythos eines ewigen Soldatentums‹. Der Feldzug deutscher Freikorps im Baltikum im Jahre 1919«, in: *Zeitschrift für Geschichtswissenschaft* 43 (1995), S. 869–902.

Sauer, Wolfgang, »Das Scheitern der parlamentarischen Monarchie«, in: Eberhard Kolb, *Vom Kaiserreich zur Weimarer Republik,* Köln 1972, S. 77–99.

Schade, Franz, *Kurt Eisner und die bayerische Sozialdemokratie,* Hannover 1961.

Schanbacher, Eberhard, *Parlamentarische Wahlen und Wahlsystem in der Weimarer Republik,* Düsseldorf 1982.

Schieder, Wolfgang, »Die Umbrüche von 1918, 1933, 1945 und 1989 als Wendepunkte deutscher Geschichte«, in: Dietrich Papenfuß und Wolfgang Schieder (Hrsg.), *Deutsche Umbrüche im 20. Jahrhundert,* Köln, Weimar und Wien 2000, S. 3–18.

Schivelbusch, Wolfgang, *Die Kultur der Niederlage. Der amerikanische Süden 1865, Frankreich 1871, Deutschland 1918,* Berlin 2001.

Schlögel, Karl (Hrsg.), *Chronik russischen Lebens in Deutschland, 1918 bis 1941*, Berlin 1999.

Schmidt, Ernst-Heinrich, *Heimatheer und Revolution. Die militärischen Gewalten im Heimatgebiet zwischen Oktoberreform und Novemberrevolution*, Stuttgart 1981.

Schröder, Joachim, *Die U-Boote des Kaisers: die Geschichte des deutschen U-Boot-Krieges gegen Großbritannien im Ersten Weltkrieg*, Bonn 2003.

Schulman, Jason (Hrsg.), *Rosa Luxemburg: Her Life and Legacy*, New York 2013.

Schulz, Gerhard, *Zwischen Demokratie und Diktatur: Verfassungspolitik und Reichsreform in der Weimarer Republik*, Bd. 1: *Die Periode der Konsolidierung und der Revision des Bismarckschen Reichsaufbaus 1919–1930*, 2. Auflage, Berlin 1987.

Schulze, Hagen, *Freikorps und Republik, 1918–1920*, Boppard am Rhein 1969.

Schwabe, Klaus, *Deutsche Revolution und Wilson-Frieden: Die amerikanische und deutsche Friedensstrategie zwischen Ideologie und Machtpolitik 1918/19*, Düsseldorf 1971.

Schwarz, Hans-Peter, *Adenauer. Der Aufstieg 1876–1952*, Stuttgart 1986.

Schwarzschild, Leopold, *Von Krieg zu Krieg*, Amsterdam 1947.

Sedlmaier, Alexander, *Deutschlandbilder und Deutschlandpolitik: Studien zur Wilson-Administration (1913–1921)*, Stuttgart 2003.

Seipp, Adam R., *The Ordeal of Peace: Demobilization and the Urban Experience in Britain and Germany, 1917–1921*, Farnham 2009.

Service, Robert, *Lenin: A Biography*, London 2000.

Service, Robert, *Trotsky: A Biography* Cambridge, MA, 2009.

Sharp, Alan, »The New Diplomacy and the New Europe«, in: Nicholas Doumanis (Hrsg.), *The Oxford Handbook of Europe 1914–1945*, Oxford und New York 2016.

Sharp, Alan, *The Versailles Settlement: Peacemaking after the First World War, 1919–1923*, 2. Auflage, London 2008.

Sheehan, James, *Where Have All the Soldiers Gone? The Transformation of Modern Europe*, New York 2008.

Shephard, Ben, *A War of Nerves: Soldiers and Psychiatrists, 1914–1994*, London 2002.

Siebrecht, Claudia, *The Aesthetics of Loss: German Women's Art of the First World War*, Oxford und New York 2013.

Siegfried, Detlef, *Das radikale Milieu: Kieler Novemberrevolution, Sozialwissenschaft und Linksradikalismus 1917–1922*, Wiesbaden 2004.

Smith, Douglas, *Former People: The Final Days of the Russian Aristocracy*, New York 2012.

Smith, Jeffrey R., *A People's War: Germany's Political Revolution, 1913–1918*, Lanham, MD, 2007.

Smith, Leonard V., »Empires at the Paris Peace Conference«, in: Robert Gerwarth und Erez Manela (Hrsg.), *Empires at War, 1911–1923*, Oxford 2014, S. 254–276.

Smith, Leonard V., »Les États-Unis et l'échec d'une seconde mobilisation«, in: Stéphane Audoin-Rouzeau und Christophe Prochasson (Hrsg.), *Sortir de la Guerrede 14–18*, Paris 2008, S. 69–91.

Smith, Leonard V., *Sovereignty at the Paris Peace Conference of 1919*, Oxford 2018.

Smit, Leonard V., »The Wilsonian Challenge to International Law«, in: *The Journal of the History of International Law* 13 (2011), S. 179–208.

Smith, Leonard V., Stéphane Audoin-Rouzeau und Annette Becker, *France and the Great War*, Cambridge 2003.

Smith, Stephen, *The Russian Revolution: A Very Short Introduction*, Oxford und New York 2002.

Snyder, Timothy, *The Reconstruction of Nations: Poland, Ukraine, Lithuania, Belarus, 1569–1999*, New Haven und London 2004.

Sondhaus, Lawrence, *German Submarine Warfare in World War I: The Onset of Total War at Sea*, Lanham 2017.

Sondhaus, Lawrence, *The Great War at Sea: A Naval History of the First World War*, Cambridge 2014.

Sondhaus, Lawrence, *World War One: The Global Revolution*, Cambridge und New York 2011.

Sprenger, Matthias, *Landsknechte auf dem Weg ins Dritte Reich? Zu Genese und Wandel des Freikorps-Mythos*, Paderborn 2008.

Steiner, Zara, *The Lights that Failed: Europe an International History 1919–1933*, Oxford und New York 2005.

Steiner, Zara, »The Treaty of Versailles Revisited«, in: Michael Dockrill und John Fisher (Hrsg.), *The Paris Peace Conference 1919: Peace without Victory?*, Basingstoke 2001, S. 13–33.

Stephenson, Scott, *The Final Battle: Soldiers of the Western Front and the German Revolution of 1918*, Cambridge und New York 2009.

Stevenson, David, *1917. War, Peace, and Revolution*, Oxford 2017.

Stevenson, David, *With Our Backs to the Wall: Victory and Defeat in 1918*, London 2011.

Stone, Norman, *The Eastern Front 1914–1917*, London 1975.

Strachan, Hew, *The First World War in Africa*, Oxford 2004.

Straub, Eberhard, *Albert Ballin: Der Reeder des Kaisers*, Berlin 2001.

Straub, Eberhard, *Kaiser Wilhelm II. in der Politik seiner Zeit: Die Erfindung des Reiches aus dem Geist der Moderne*, Berlin 2008.

Suval, Stanley, *The Anschluß. Question in Germany and Austria in the Weimar Era. A Study of Nationalism in Germany and Austria 1918–1932*, Baltimore und London 1974.

Swain, Geoffrey, *Trotsky and the Russian Revolution*, London und New York 2014.

Tasca, Angelo, *La naissance du fascism*, Paris 1938.

Thaer, Albrecht von, *Generalstabsdienst an der Front und in der OHL: Aus Briefen und Tagebuchaufzeichnungen, 1915–1919*, Göttingen 1958.

Ther, Philipp, »Deutsche Geschichte als imperiale Geschichte. Polen, slawophone Minderheiten und das Kaiserreich als kontinentales Empire«, in: Sebastian Conrad und Jürgen Osterhammel (Hrsg.), *Das Kaiserreich transnational: Deutschland in der Welt, 1971–1914*, 2. Auflage, Göttingen 2006, S. 129–148.

Theweleit, Klaus, *Männerphantasien*, 2 Bde., Frankfurt am Main 1977.

Thorsen, Niels Aage, *The Political Thought of Woodrow Wilson*, Princeton, NJ, 1988.

Thum, Gregor, »Mythische Landschaften: Das Bild vom deutschen Osten und die Zäsuren des 20. Jahrhunderts«, in: ders. (Hrsg.), *Traumland Osten: Deutsche Bilder vom östlichen Europa im 20. Jahrhundert*, Göttingen 2006.

Thum, Gregor (Hrsg), *Traumland Osten: Deutsche Bilder vom östlichen Europa im 20. Jahrhundert*, Göttingen 2006.

Toller, Ernst, *I was a German: The Autobiography of Ernst Toller*, New York 1934.

Tooley, Terry Hunt, *National Identity and Weimar Germany: Upper Silesia and the Eastern Border, 1918–22*, Lincoln und London 1997.

Tooze, Adam, *Sintflut: Die Neuordnung der Welt 1916–1931*, München 2015.

Tormin, Walter, *Zwischen Rätediktatur und sozialer Demokratie: Die Geschichte der Rätebewegung in der deutschen Revolution 1918/19*, Düsseldorf 1959.

Trippe, Christian F., *Konservative Verfassungspolitik 1918–1923: Die DNVP als Opposition in Reich und Ländern*, Düsseldorf 1995.

Trotnow, Helmut, *Karl Liebknecht: Eine politische Biographie*, Köln 1980.

Tuchman, Barbara W., *The Zimmermann Telegram*, New York 1958.

Ullrich, Sebastian, *Der Weimar-Komplex: Das Scheitern der ersten deutschen Demokratie und die politische Kultur der frühen Bundesrepublik 1945–1959*, Göttingen 2009.

Ullrich, Volker, »Kriegsalltag. Zur inneren Revolutionierung der Wilhelminischen Gesellschaft«, in: Wolfgang Michalka (Hrsg.), *Der Erste Weltkrieg. Wirkung – Wahrnehmung – Analyse*, Weyarn 1997, S. 603–621.

Ulrich, Bernd, und Benjamin Ziemann (Hrsg.), *Frontalltag im Ersten Weltkrieg: Wahn und Wirklichkeit. Quellen und Dokumente*, Frankfurt am Main 1994.

Urbach, Karina (Hrsg.), *European Aristocracies and the Radical Right, 1918–1939*, Oxford 2007.

Verhey, Jeffrey, *The Spirit of 1914: Militarism, Myth, and Mobilization in Germany*, Cambridge 2000.

Vestring, Sigrid, *Die Mehrheitssozialdemokratie und die Entstehung der Reichsverfassung von Weimar 1918/1919*, Münster 1987.

Vincent, Charles Paul, *The Politics of Hunger: the Allied Blockade of Germany, 1915–1919*, Athens, OH, 1985.

Volkmann, Hans-Erich, *Die deutsche Baltikumpolitik zwischen Brest-Litowsk und Compiègne*, Köln und Wien 1970.

Wachs, Friedrich-Carl, *Das Verordnungswerk des Reichsdemobilmachungsamtes*, Frankfurt am Main 1991.

Wade, Rex A., *The Russian Revolution, 1917*, Cambridge und New York 2000.

Waite, Robert G. L., *Vanguard of Nazism: The Free Corps Movement in Postwar Germany, 1918–1923*, Cambridge 1952.

Waldeyer-Hartz, Hugo von, *Die Meuterei der Hochseeflotte: Ein Beitrag zur Geschichte der Revolution*, Berlin 1922.

Watson, Alexander, »Fighting for Another Fatherland: the Polish Minority in the German Army, 1914–1918«, in: *The English Historical Review* 126 (2011), S. 1137–1166.

Watson, Alexander, *Ring of Steel: Germany and Austria-Hungary at War, 1914–1918*, London 2015.

Watt, Richard M., *The King's Depart: the German Revolution and Treaty of Versailles 1918–19*, New York 1968.

Wawrzinek, Bert, *Manfred von Killinger (1886–1944): Ein politischer Soldat zwischen Freikorps und Auswärtigem Amt*, Preußisch Oldendorf 2004.

Weber, Thomas, *Becoming Hitler: The Making of a Nazi*, Oxford 2017.

Weber, Thomas, *Hitler's First War: Adolf Hitler, the Men of the List Regiment, and the First World War*, Oxford und New York 2010.

Wette, Wolfram, *Gustav Noske: Eine politische Biographie*, Düsseldorf 1987.

White, James D., »National Communism and World Revolution: The Political Consequences of German Military Withdrawal from the Baltic Area in 1918–19«, in: *Europe-Asia Studies* 8 (1994), S. 1349–1369.

Wickert, Christl, *Unsere Erwählten: Sozialdemokratische Frauen im Deutschen Reichstag und im Preußischen Landtag 1919 bis 1932*, Bd. 2, Göttingen 1986.

Williams, Robert C., *Culture in Exile: Russian Emigrés in Germany, 1881–1941*, Ithaca 1972.

Wilson, Tim K, »The Polish-German Ethnic Dispute in Upper Silesia, 1918–1922: A Reply to Tooley«, in: *Canadian Review of Studies in Nationalism* 32 (2005), S. 1–26.

Winkler, Heinrich August, *Von der Revolution zur Stabilisierung: Arbeiter und Arbeiterbewegung in der Weimarer Republik, 1918 bis 1924*, Berlin 1984.

Winkler, Heinrich August, *Weimar 1918–1933: Die Geschichte der ersten deutschen Demokratie*, München 1993.

Winkler, Heinrich August, und Alexander Cammann (Hrsg.), *Weimar: Ein Lesebuch zur deutschen Geschichte 1918–1933*, München 1997.

Winter, Jay, *Sites of Memory, Sites of Mourning: The Great War in European Cultural History*, Cambridge und New York 1995.

Wirsching, Andreas, *Vom Weltkrieg zum Bürgerkrieg: Politischer Extremismus in Deutschland und Frankreich 1918–1933/39. Berlin und Paris im Vergleich*, München 1999.

Wirsching, Andreas, und Jürgen Eder (Hrsg.), *Vernunftrepublikanismus in der Weimarer Republik: Politik, Literatur, Wissenschaft*, Stuttgart 2008.

Wohlgemuth, Heinz, *Karl Liebknecht: Eine Biographie*, Berlin (Ost) 1975.

Wollstein, Günter, *Theobald von Bethmann Hollweg. Letzter Erbe Bismarcks, erstes Opfer der Dolchstoßlegende*, Göttingen 1995.

Zabecki, David T., *The German 1918 Offensives: A Case Study in the Operational Level of War,* New York 2006.

Ziemann, Benjamin, *Contested Commemorations: Republican War Veterans and Weimar Political Culture*, Cambridge und New York 2013.

Ziemann, Benjamin, »Enttäuschte Erwartung und kollektive Erschöpfung. Die deutschen Soldaten an der Westfront 1918 auf dem Weg zur Revolution«, in: Jörg Duppler und Gerhard P. Groß (Hrsg.), *Kriegsende 1918: Ereignis, Wirkung, Nachwirkung,* München 1999, S. 165–182.

Zöllner, Erich, *Geschichte Österreichs: Von den Anfängen bis zur Gegenwart,* 8. Auflage, Wien 1990.

Zorn, Wolfgang, *Geschichte Bayerns im 20. Jahrhundert*, München 1986.

Zürcher, Erik Jan, *Turkey: A Modern History,* London und New York 2004.

Personenregister

Bildnachweis

8 Süddeutsche Zeitung Photo/SZ Photo
40 Bridgeman Images/The Stapleton Collection/Private Collection/Amerikanischer Fotograf (20. Jh.)
53 Alamy Stock Foto/World History Archive
65 ullstein bild/ADN-Bildarchiv
85 picture alliance/akg-images
87 Interfoto/Friedrich
101 Stadtarchiv Wilhelmshaven
107 picture alliance/dpa
119 Süddeutsche Zeitung Photo/Scherl
120 Getty Images/Bettmann
141 Süddeutsche Zeitung Photo/Scherl
146 Süddeutsche Zeitung Photo/Scherl
153 Süddeutsche Zeitung Photo/SZ Photo
177 The National Museum of Tanzania/Afrikanischer Künstler (20. Jh.)
186 Deutsches Historisches Museum/A. Psille
189 Süddeutsche Zeitung Photo/Scherl
192 Süddeutsche Zeitung Photo/Scherl
196 Deutsches Historisches Museum
207 Süddeutsche Zeitung Photo/Scherl
213 Süddeutsche Zeitung Photo/Scherl
219 bpk/Kupferstichkabinett, SMB/Dietmar Katz
225 Universitätsbibliothek Heidelberg, Titelblatt der Zeitschrift Kladderadatsch, Heft 3, 1919: »Damenwahl am 19. Januar« (Gustav Brandt) – CC-BY-SA 3.0
237 Süddeutsche Zeitung Photo/Scherl
247 bpk/Bayerische Staatsbibliothek
263 Süddeutsche Zeitung Photo/Scherl
267 ullstein bild/Robert Sennecke